ジェンダーと
セックス

精神療法とカウンセリングの現場から

及川 卓

弘文堂

推薦の辞

馬場 謙一

　久しく待望してきた及川卓氏の論文集が，ようやく上梓されることとなった．これは私だけにとどまらず，日本の精神医学界にとっても，まことに喜ばしいことであり，わが国の精神医学がこれまでの域を越えて，一段と豊かになる契機となるに違いない，と確信されるのである．

　本書は，目次からも明らかなように，「性別異和 Gender Dysphoria」から「パラフィリア Paraphilia」まで，性の問題のほぼ全域に渉っている．これらの問題については，わが国では一種の差別意識からか，従来あまり研究対象とされてこなかった．しかし，及川氏は，青年の頃から，この領域の研究に格別の意を注いでこられた．そして数々の性の問題について，精神分析的な解明に努められ，精神病理学的な精緻な記載とともに，その内的な独自性を解明してこられた．私たちは，ここにその成果の全体像を見ることができるとともに，性のもつ深遠な問題について，一切の偏見を越えて直截かつ実体的に知ることができることを，何よりも嬉しく思うのである．

　及川卓氏は，心理系の大学院を終了された後，若くして慶應大学医学部の小此木啓吾先生の研究室に入られた．私とは，その研究室で机を並べる仲間となったが，及川氏は当時からきわめて熱心な勉強家であり，その関心は精神医学の全領域に渉っていて，研究会での発言は鋭利かつ独創的で，私たちの注目の的であった．当時の及川氏がいかにすぐれた研究者であったかは，小此木先生との共著「性別同一性障害」(現代精神医学大系 8, 中山書店, 1981) を見れば明らかである．そこでは氏は，実に広範な文献を渉猟してそれらを的確に紹介し，性別同一性の問題について深くて犀利な分析を展開しておられる．私たちはそれを読むと，それが精神医学の一研究論文であるにとどまらず，人間の心の深部を照らす，明晰な光でもあることを知るのである．

このような性格は，本書所収の各論文にも見てとれる。本書が一研究書として読まれるだけでなく，広く人間学の書として読まれることを期待する所以である。

　及川卓氏は，小此木研究室を辞された後は，及川心理臨床研究室を主宰して，精神障害全般の精神分析的治療と研究に従事してきておられる。性の問題以外の心の病全般についても，広範な研究を続けておられるので，私たちは他日それらの論文がまとめて上梓されるのを，刮目して待ちたいと思う。

まえがき

　本書は，1981年から2013年にかけて私が発表した論稿の中から19編を選び，テーマ別に編纂をしたものである。本書のタイトルとなっている「ジェンダーとセックス」の分野と領域は，20世紀後半から21世紀初頭にかけて，臨床精神医学・心理学，精神療法，カウンセリング，等々のみならず，社会的・文化的な領域においても，大きな変貌と展開を遂げている。すなわち，本書に収録された論稿は，この激動と変化の時代のただ中で書き上げたものばかりである。

　「第6章　同性愛者アイデンティティの形成」。精神病理懇話会・宝塚での発表年は1981年であり，DSM-Ⅲが公刊された翌年であった。「第3章　性別違和状態の精神療法的展開」投稿の年，2011年はDSM-5が発表された前年にも当たる。本書のそれぞれの章には，その発表年をそれぞれ記載してあり，それぞれの論文の背景に存在していた社会状況や時代性を想像していただけるように配置した。

　本書の章立ては，「性別違和状態」「ゲイ・アイデンティティ」，精神分析臨床と社会学・文化人類学が交差し交流する「臨床的エスノグラフィー」，現代社会ならではのニュータイプの問題行動「セックス依存症や電車内痴漢行為」，性嗜好障碍（パラフィリア障碍［DSM-5］），とりわけ「小児性愛やS＆Mについての心理と病理」のテーマ群に則して大別した。いずれもが，私が臨床家として駆け出しの時代から，現在に至るまでの間，社会的な価値観やライフスタイル，地域的・文化的な差異，経済的な格差，等々，大きな変動の中で発現している。こうした複雑な要因を絡ませながら，そしてそうした変化を背景にして精神医学的な位置づけや認識が，大きく変わったテーマ群ばかりである。

　これは率直に言って，きわめて残念なことであるが，ジェンダーやセクシュアリティ，等々，"性的マイノリティ（LGBT）"の精神医学的診断・分類，そしてそれらの位置づけに関しての変革は，精神医学や臨床心理学，あるい

は精神分析学の進歩によってもたらされたものではなかったのである。異常であるとか病理・疾患と見なされていた性的マイノリティ（LGBT）に対する差別や偏見への抗議，人権の主張を求めた各種の活動によって生み出されたものである。おそらく，他の精神医学領域，たとえば統合失調症，双極性障碍，神経発達障碍群などが，神経科学や脳生理学，精神薬理学の地道な検査・研究を積み重ねることで，再分類や再定義が促進されたされたのとは著しく対照的に，精神医学領域以外における変化を，精神医学が受け入れざるをえなかった結果である（第5章「2015年における追記」を参照）。

本書の「第Ⅰ部　性別違和状態」は，性別（ジェンダー：gender）の多様性の解明を主目標としている。テレビや新聞などのマスコミで，性別違和状態，とりわけ性転換希望者の性別変更手術が大きく取り上げられ，この「心は女性（男性）でありながら，体は男性（女性）。心のセックスと身体とが不一致」といったイメージが一般に広がることになった。しばしば語られる「心は女性で体は男性。心と体が不一致な状態」という表現は，一部の性別違和状態から抽出した単純化であり，性別違和状態を全般的に理解する上で，適切なものとは見なしえないと，私は考えている。

性別違和状態というのは，本書をお読みいただければご理解いただけるが，それほど単純なものではなく，実は多種多様な臨床状態の一群であって，一直線ではないプロセスと複雑な臨床像を呈している。第53回日本児童青年精神医学会総会（2012年）における「シンポジウム　小児青年期の性同一性障害」で，シンポジストとして「小児期・青年期の性同一性障害の精神療法：その"幻想と現実"」の中でも言及したが，性別違和状態の直線的ではないプロセス，複雑で多様な臨床像に関しては，今後は冷静に見極めてゆかなければならないだろう。「心は女（男）で身体は男（女），心の性と体の性の不一致，そしてそれを解消するための性別変更」という発想や技術は，ある種の精神医学的幻想であり，言い換えれば，医師・研究者と患者（とりわけ性転換希望者）との"共同幻想"とも呼べるものではないだろうか。

さらに，近年，学校教育やスクール・カウンセリング現場などでその対応に慎重さが求められる「小児期・学童期」の性別違和状態のテーマがある。発達過程にある性別違和状態の小児・学童の理解や対応は，いまだ十分なものではない。そうした小児・学童を育てる両親や関係者たちは当然のこと，

幼稚園，小学校・中学校の教員の方々にも不安を与えることが多い。こうした問題に適切な対応を求められるはずのスクール・カウンセラーや小児精神科医たちも，手探りの状態にあると言っていいであろう。「小児期・学童期」の性別違和状態に関しては，第15回学校臨床心理士全国研修会（2010年）における特別講演の講演草稿を土台にして，第3章で集中的に考察を加えている。「小児期・学童期」の性別違和状態を，その後に出現する青年期や成人期の性別違和状態と同一のもの，あるいはその"先駆的状態"と単純に見なしえないことを強調してある。

　また本書において，詳しく論及できなかったテーマの一つとして，「女性の性別違和状態」があった。この女性の性別違和状態を，多くの研究者・臨床家たちは，単純に男性の性別違和状態と同一視する傾向があるが，私の臨床経験は，必ずしもそうした臨床的印象とは異なり，そのような見解とは一線を画したい。ロバート・ストラーが，「女性の性転換希望（性別違和状態）は，男性の性転換希望とは，臨床像，精神力動，病因において異なると考えている」（1975年）と論じているが，私もその見解に近い。

　「第II部　ゲイ・アイデンティティ」は，1970年代から始まるアメリカ社会におけるゲイの権利運動を踏まえて書かれている。精神分析学を志した当初から，同性愛を疾患や病理と見なす伝統的な精神病理学・精神医学には疑問をもち，さらに同性愛を治療対象として捉える古典的精神分析理論には，大いに懐疑的であった。しかしながら私自身は，その当時に明確な形で，同性愛に関する精神分析的な治療論を展開することはできずにいた。したがって出発点においては，同性愛者であることに伴う自信の欠如や疎外感，対人的なトラブル，社会や家族との関係の不安などを解決し，同性愛者としての生き方を受け入れ，その上で，より充実した人生を構築できるところに"治療的焦点づけ"をして，同性愛者との精神療法やカウンセリングを進めていったように思う。

　こうした長年のゲイやレズビアンの方々への精神療法的関わりを通して，ゲイやレズビアンの偏った対象関係を改善し安定的なパートナーシップの構築，そして職業選択などを含む社会適応にも，精神分析的精神療法の立場に立って，多少なりとも支援と協力を行い，その有効性を感じ取れるようになってきている。私のゲイ，レズビアン，さらには性別違和のクライエントの中においても，同居しているにせよ，別々に暮らしているにせよ，生活のス

タイルはさまざまであるが，男女の夫婦関係とほとんど変わらない長期にわたる安定的で充実したパートナーシップ，生活面での相互協力を続けている方々が少なからず現れてきている。

　こうしたゲイやレズビアンのパートナーシップに関して，欧米では「同性婚制度」をめぐっての法制上の議論へと発展している。それは我が国においても，新たな問題を提起することに繋がった。私の心理臨床研究室のある東京都世田谷区，隣接する渋谷区などにおいては，すでに「同性パートナーシップ証明書」を発行するまでに至っている。また，世田谷区においては，性別違和を自己表明された区議会議員が，3期にわたって活躍されていることも付け加えておきたい。あえて言うまでもないことであるが，私もこの区議会議員の推薦者の一人となった。

　「第Ⅲ部　臨床的エスノグラフィー」に収録したような社会科学・人文科学との交差的・交流的分野は，臨床内部の視点と臨床外部の視点（Intra-clinical and Extra-clinical view points）との統合を促進させることにつながる。今後，ジェンダーやセクシュアリティの精神療法やカウンセリングの発展を望むならば，必要不可欠な方法論だと思われる。新宿二丁目，インドのニューデリー，韓国，沖縄の石垣島，そして青森の下北半島など日本本土の山村部でのフィールドワークの体験は，精神療法的面接室の臨床的知見を，より広い人間的文脈で考察するうえで，非常に貴重なものとなった。

　「セックス依存症」や「電車内痴漢行為」，等々，"ニュータイプの性嗜好障碍"の精神療法的なアプローチからは，性別違和や同性愛，また小児性愛，S＆Mとは異なった（これらが，太古の昔から時代を超えて・地域を越えて存在するのに対して），より現代的な，率直に言えば第2次世界大戦後，資本主義の高度経済成長がもたらした現代文明病のようなものを感じ取った。これら"新奇で新種の性嗜好障碍"は，さらに研究を深めてみたいと考えている問題群である。

　「ジェンダーとセクシュアリティ」という"マイナーでコアな領域"に学問的・臨床的に関わる営みは，多くの先生方，友人・知人たちの励ましと協力無しにはありえなかった。特に，40年の長きにわたって理解と支援をし続けてくだり，さらに「推薦の言葉」をお書きくださった馬場謙一先生（元横浜国立大学教授）に，まず何よりも御礼を申し上げたい。馬場謙一先生によって，

私は臨床の場を得たのみならず，日本精神神経学会（1978年），精神病理懇話会（1981年），青年期精神療法交流会（1982年）などで，駆け出しの時期から「ジェンダーとセクシュアリティ」の研究発表の機会を与えていただいた。その上に，数多くの精神医学・精神病理学における先生方と学問的な交流のチャンスを作ってくださった。私の広範囲な活動の土台は，馬場先生が築いてくださったのである。また，精神分析学の基本を，時には厳格に時には受容的に，それこそ手取り足取り伝授してくださった故・小此木啓吾先生（元慶應義塾大学医学部教授）には深く感謝している。海外の著名な精神分析家や研究機関への推薦状を積極的に書いてくださり，私が海外での見学や研修への参加を可能にしてくださった。日本を出発する前夜に自宅にお招きくださり，励ましの言葉を述べてくださったことは，昨日のことのように思い出される。臨床活動の場を提供してくださった片山登和子先生（元片山心理相談室・室長），さまざまな形で応援をしてくださった牧野英一郎先生（武蔵野中央病院・院長）に御礼を申し上げたい。また，風変わりな研究に没頭する"奇妙な友人"に対し，いつも温かい眼差しを向けてくださっていた田中勝博先生（目白大学教授・カウンセリングセンター所長）の友情にも感謝する次第である。

　さらに，最初に構想されてから25年の歳月を過ぎながらもなかなか実現に至らなかった本書の企画を，ようやく刊行にまで漕ぎ着けてくださった弘文堂編集部・浦辻雄次郎氏にも，心から御礼を申し上げたい。浦辻氏の力強く繊細な編集作業無しには，本書は完成できなかったと思われるからである。

　そして最後に，私との精神療法やカウンセリングの体験を共有してくださり，そのやり取りの中から数々の臨床的難問を乗り越える契機を作ってくださった，数多くのクライエントや関係者の方々にも，あらためて感謝を表明したい。

2015年11月

及川　卓

目　次

推薦の辞　（馬場謙一） …………………………………………………… i

まえがき …………………………………………………………………… iii

I　性別違和状態

1章　ジェンダーの病と精神分析臨床の実践
　　　──ジェンダー・クリニックの体験より── ………………… 2

この論考を読まれる前に……… 2
　（1）"ジェンダーの病"という言葉・用語について
　（2）"ジェンダー・クリニック"とは，診療・相談機関ではなく，研究グループを意味する
　（3）精神分析的精神療法と性別違和状態のダークサイドの強調

はじめに……… 6
　"ジェンダー・クリニック"とプライバシーの厳守

1. "ジェンダーの病"とは……… 7
　"ジェンダーの病"という言葉・用語について
　男であること・女であること
　"ジェンダーの病"の臨床像・全体像
　"ジェンダーの病"についての誤解と先入観
　"ジェンダーの病"についての分類と定義
　　● "ジェンダーの病"によって現実的なトラブルや心理的な困難を有しているもの。狭義の"ジェンダーの病"
　　　（1）トランスセクシャリズム（性転換希望症）
　　　（2）女装症
　　　（3）さまざまな同性愛
　　● "ジェンダーの病"を顕在化させてはいないが，一見したところでは見落としてしまう症状や行動の中に"ジェンダーの病"を潜ませているもの
　　　（4）パラフィリア
　　　（5）パーソナリティ障害

(6) 精神病
　　　(7) 性機能障害
　　●いまだ知られざる一群。正常 – 異常の常識を超えて
　　　(8) 倒錯者のパートナー
2. "ジェンダー・クリニック" ………12
　システムとしての "ジェンダー・クリニック"
3. "ジェンダー・クリニック" の試み──開設当初の背景と意図について──………14
　【症例1】
　【症例2】
　【症例3】
　"ジェンダー・クリニック" の必要性
4. "ジェンダー・クリニック" を訪れた人々──これまでの約10年間の問いあわせ，来談，受診のあり方を通して見た社会的，経済的背景と，心理学的特徴──………19
5. "ジェンダー・クリニック" を，ただ通り過ぎてしまった人々──コンタクト・ラポール・関係を作り上げる困難さの中から見いだした「原始的防衛機制」と「分裂 – 対象関係」──………21
　【症例4】
　【症例5】
　【症例6】
　原始的防衛機制と分裂 – 対象関係
6. "ジェンダーの病" の精神療法………24
　従来の悲観論・消極論・否定的見解への批判と再検討
　【症例7】
　性転換手術を前提とするのか，しないのか？
　【症例8】
　同性愛の精神療法の目標の設定，その意義とは？
7. むすび："ジェンダーの病" に悩む人々への問いかけ
　　──根源的心理としての関係性への破壊と憎悪──………33
　相談の機会への錯覚──"出会い" の喪失──
　心を見つめる姿勢・態度のとぼしさ──日米の違い──
　関係性への憎悪──他者を傷つけてやりたいという情念──

おわりに………36

【資料補足】………36

2章　女性的資質——その病理性と創造性——………40
　はじめに………40
　1. 女性的資質………41
　2. 「指標」としての女性的資質………42
　3. 「動因」としての女性的資質………44
　4. 女性的資質の分類………45
　　（1）第1グループ
　　（2）第2グループ
　　（3）第3グループ
　　（4）第4グループ
　　（5）新グループ（第5）について——創造性と美的感性の源泉——
　むすび………48

3章　性別違和状態の精神療法的展開
　　　　——性別違和を生き抜く人々——………49
　はじめに………49
　1. 青年期の性同一性障碍の臨床登場——臨床像の多様性・複雑さ，柔軟な対応の重要性——………49
　　（1）青年期の性同一性障碍は，成人期の「前段階」なのか？　あるいは小児期・学童期の「延長段階」なのか？
　　　①再構成と事後性そして青年期の直接観察の重要性
　　　②小児期・学童期の性同一性障碍の追跡調査の成果
　　　③成人期の性同一性障碍がもたらした知見
　　（2）青年期の性同一性障碍は，すべて性別変更を希望するのだろうか？　また必要とするのだろうか？
　　（3）青年期の性別違和状態のすべてが，性同一性障碍なのだろうか？　それは目的か手段か？
　2. 精神療法の展開
　　　　——性別違和感の出現と青年期発達課題——………56
　　第1グループ
　　　症例1

症例2
　　第2グループ
　　　症例3
　　第3グループ
　　　症例4
　　第4グループ
　　　症例5
　むすび——社会と文化の変化——………63

付論1　R. J. ストラー博士との対話　ジェンダー・アイデンティティ研究の事始め——こうしてジェンダー違和の研究は出発した——……………………………………………68
　　ジェンダー・アイデンティティの研究"事始め"——1955・UCLA
　　最初の患者との出会い——女性の性転換希望者
　　女性の性転換希望者。男性化した女性ではなく，男性そのものと
　　　——臨床的驚き
　　「彼」とその友人——女性の同性愛者なのか？　男性の中間性なのか？
　　アンドロゲン不感症候群
　　男性性・女性性の発達形成への強い生物学的寄与について
　　症例ランス——ラルフ・グリーンソン博士との共同研究
　　性転換希望者（トランスセクシャリズム）の要因としての発達の最
　　　早期への関心
　　リチャード・グリーン博士と小児期のジェンダー・アイデンティティの観察と調査
　　非-性転換希望型のジェンダー障害——異性装症，フェティシズム的
　　　異性装症，女性化した男性同性愛
　　倒錯の構造
　　分　裂
　　倒錯と非-倒錯
　　エロティークな生活の力動と性的興奮
　　現在の課題——ジェンダー・アイデンティティと性的興奮
　　生物学的圧力・内圧
　　心理学的なものと生物学的なもの
　　ジェンダー・アイデンティティの起源

■ 解説　ストラー博士との対話………88
【対談者紹介】………88

II　ゲイ・アイデンティティの形成

4章　同性愛の政治学 …………………………………………92

はじめに――この研究の概観と目的とするもの――………92
1. "準拠枠"としての同性愛………95
   A. 米国精神医学の混迷――DSM-III から III-R へ――
      a. 疾患論から反-疾患論へ，さらに脱疾患論へ
      b. 同性愛の位置づけ（Position-Disposition）
   B. 伝統的病理学――その治療目標，治療的情熱，そして「治療的積極主義」――
2. Gender Pratique ――同性愛への臨床的アプローチと方法論の検討をとおして――………97
   A. 性別同一性と同性愛
   B. 精神療法的前提の変化と進展，そして臨床内的留意点
   C. 同性愛に特有な差異性――二相・交差的・階層性――

5章　精神分析的ゲイセラピーは可能か　私の治療 '86
　　　――一つの問題領域と一つの決断――……………………102

はじめに………102
1. 同性愛へのアプローチ――伝統的基準からの解放――………103
   （1）性別同一性と同性愛
   （2）同性愛者の治療的関わり，治療意欲
   （3）多種で多様な臨床像――求められる柔軟な対応――
   （4）伝統的基準――その目標と成果――
   （5）精神分析的理解の拡張――私の選択と決断――
2. 症　例………106
3. 力動的分析と治療の展開………108
4. 治療に際しての留意点………109
おわりに――精神医学の混迷と課題――………110

2015年における追記………111

付論2　伏見憲明氏との対談　日本の精神医学・心理学は，どのように同性愛に取り組んだか……………114
　　【対談者紹介】………130

6章　同性愛者アイデンティティの形成
　　——Homosexual Identity Formation——……………132

　はじめに………132
　1. 同性愛者アイデンティティの形成の過程という観点
　　　　　　　　　　　　　　　　　　　　　　　……………132
　2. 同性愛者アイデンティティ形成の五つの段階………134
　3. 同性愛者アイデンティティの形成のそれぞれの段階の特徴………135
　　（1）第1の段階——同性愛傾向に勘づき，混乱する段階——
　　【事例1】
　　（2）第2の段階——同性愛傾向の自覚と社会的規範との葛藤と緊張の段階——
　　（3）第3の段階——同性愛者であることを受容する段階——
　　【事例2】
　　（4）第4の段階——ことさら同性愛者であることを強調し，自己主張しようとする段階——
　　【事例3】
　　（5）第5の段階——成人期，中年期，老年期における同性愛者アイデンティティの危機と再統合——
　　（6）第6の段階——未知のもの——
　4. 同性愛者アイデンティティ形成と精神療法的関与
　　　　　　　　　　　　　　　　　　　　　　　……………141
　むすび………143

7章　同性愛恐怖症・再考 ……………145
　はじめに………145

1. 同性愛への恐怖を訴える人々との出会い………145
2. 「同性愛恐怖症」の着想──可能性としての同性愛──………147
3. 段階としての同性愛への恐怖──事例A君──………148
   【事例1】
4. 同性愛恐怖パラノイア──同性愛者への敵意と憎悪──………150
5. 精神療法的事例──異性愛者の同性愛恐怖──………151
   【事例2】
   【事例3】
6. 同性愛恐怖の特質──その意味と力動──………156
むすび──今後の研究課題──………158

付論3 シルヴァースタイン博士との対話　ゲイ・セラピーの悦び──人はいかにしてゲイになり，またゲイ・セラピストになるか，そしてHIVのことなど──………162

「GAA」から現在まで
ゲイ心理学者／精神療法家の活動
ゲイ・クライエントはどんな悩みをかかえているか
今後の研究の糸口
ゲイ・クライエントの発達ライン
転移／逆転移について
【対談者紹介】………186

III　ジェンダーの臨床的エスノグラフィー
──社会学的・文化人類学的研究──

8章　二丁目病………190

はじめに………190
1. 「二丁目病」──ワンステップ・ワンナイト主義──………191
   (1) 「二丁目病」の臨床像
   (2) 二丁目感覚
   (3) 「二丁目病」の臨床特徴──診断基準──
2. 「二丁目病」の臨床例………196

【症例 1】
　　　【症例 2】
　　　【症例 3】
　　3. 精神療法的考察………201
　　むすび——精神療法の課題として——………204

9章　Hijula of India——インドのヒジュラ——……………………208
　　1. ヒジュラ………208
　　2. ヒジュラの Clinical Ethnography………209
　　　（1）はたして"ヒジュラ"は、「半陰陽者」か、「両性具有者」か？
　　　（2）現代精神医学の〈診断・分類表〉の枠組
　　　（3）ジェンダー障害との関連性について
　　　（4）ヒジュラの〈自己神話化〉
　　　（5）ジェンダー障害との連続性と非連続性
　　3. ヒジュラのジェンダー化………212
　　むすび………214

10章　シャーマニスティックな性変容の過程
　　　　——メタ・ジェンダー学の試み——……………………216
　　序　論………216
　　1. 性転換と性変容
　　　　——"ジェンダーのゆらぎ"と性変容精神病——………218
　　　（1）性変容精神病（trans-gender psychosis）
　　　（2）性変容の展開と進行
　　　（3）性転換希望症の性転換（Trans-Sex）と精神病的な性変容（Trans-Gender）
　　　（4）臨床的差異
　　　（5）性別同一性の解体過程と構造変動
　　2. シャーマニスティックな性変容——N さんとの対話——
　　　　　　　　　　　　　　　　　　　　　　　　………222
　　　　N さんのプロフィール
　　　　性転換
　　　　夜の力

姫の魂
神理学
3. 中間考察として
——シャーマニスティックな性変容と"創造の病"——……232

IV　セックス病の新時代

11章　セックス依存症の臨床的解明 ……236
はじめに………236
1. 性的欲望の「欠乏」と「過剰」………237
   (1) セックス依存症は，性的欲望障害か？　その曖昧な位置づけ
   (2) 性的欲望の過剰状態とは？　そのさまざまな状態像とその可能性
2. セックス依存症の虚像と実像………239
   (1) セックス依存症は，セックスをエンジョイしているわけではない
   (2) セックス依存症は，性的にエネルギッシュではない
   (3) セックス依存症は，セックスでは満足できない
むすび——セックス依存症と対象希求性——………242

12章　セックス依存症に苦しむ人々 ……245
1. セックス依存症の臨床的範囲と定義………245
   はじめに
   (1) セックス依存症の臨床的範囲と定義
   (2) セックス依存症の6症例
   (3) セックス依存症の診断基準（試案）
   (4) 精神力動的考察
   (5) 治療方針と提言
2. セックス依存の〈臨床的スペクトラム〉………253
   はじめに
   (1) 4症例
   (2) セックス依存症者の一週間——臨床的エスノグラフィー——
   (3) 臨床的スペクトラム

3. セックス依存の〈複合的依存症〉と〈深刻な抑うつ〉
　　　　　　　　　　　　　　　　　　　　　　……………259
　　はじめに
　　（1）9症例の概観
　　（2）複合的依存症（Co-addictions）
　　（3）深刻な抑うつ──人格の基底部分における重篤な欠損（Basic fault）──

13章　電車内痴漢行為
　　──東アジア・メガシティに出現した新種の性嗜好障害──…266

はじめに──新種の性嗜好障害の出現──………266
1. マイナーでコア──臨床的に観ると，実に捉えがたく，治療的には，著しく苦慮するような一群の性嗜好の障害と偏倚──………267
2. 電車内痴漢行為………268
　　（1）来談者の推移と増加
　　（2）最初の相談者
　　（3）3年以上の精神分析的精神療法例
まとめ………271
　　（1）電車内痴漢の臨床的特徴
　　（2）電車内痴漢と"Frotteurism"と"Toucheurism"との異同
　　（3）アジア新興国のメガシティに出現した新たな性嗜好障害

V　小児性愛の謎

14章　小児性愛の精神医学的解明と精神力動的理解…276

はじめに──臨床的問題点と再検討──………276
1. 定義と臨床像………277
2. 分類と副分類………278
　　（1）専属型（exclusive type）と非専属型（nonexclusive type）
　　（2）異性愛型（heterosexual type），同性愛型（homosexual type），両性愛型（bisexual type）
　　【症例A】
　　（3）固着型（fixated type）と退行型（regressed type）

3. 性的外傷………280
    4. 診断基準と鑑別………282
        （1）診断基準（DSM-Ⅳ）
        （2）鑑別診断，および留意しなくてはならない点
    5. 症例と精神力動………283
        （1）小学生の男の子への性的接触（副分類：専属型-同性愛型-固着タイプ）
        【症例B】
        （2）中学生の女の子への性的接触と援助交際（副分類：非専属型-異性愛型-退行タイプ）
        【症例C】
    6. 治療と予後………285

15章　小児性愛者の精神療法的アプローチ………289
  はじめに………289
    1. 症例の概要………290
        主訴
        家族歴
        生活歴
        病前性格・性格診断
        現病歴
        性的外傷
    2. 治療経過………294
        （1）精神療法への導入と性的問題行動についての基本的な取り決め
        （2）治療関係の確立と小児愛的徘徊の減少
        （3）性愛化の分析の進行とマスターベーション
        （4）圧倒する母親像と去勢恐怖
        （5）ポルノグラフィと倒錯のシナリオ
        （6）敵意と小動物の殺害
        （7）二つの女性イメージ，欲望の排除された小児愛の世界
        （8）面接の終了とその後
    3. 考　察………301

VI　S＆M（サディズム・マゾヒズム）
――受苦より歓喜へ？――

16章　S＆M（サディズム・マゾヒズム）の精神分析的精神療法――受苦より歓喜へ―― …… 308

はじめに……308

1. S＆Mの世界
　――S＆Mサブカルチャーの臨床的エスノグラフィー――……309
　（1）S＆Mの構成要素
　（2）S＆Mの相互作用――テクニックとシーン――
2. S＆M行為の基本的前提……311
3. S＆M世界と精神医学的「性的マゾヒズム・性的サディズム」……314
4. 診断基準と鑑別……316
   a. 性的マゾヒズム（Sexual Masochism）
   （1）診断基準（DSM-Ⅳ）
   （2）鑑別診断，および留意しなくてはならない点
   【症例1】
   （3）症例と精神力動
   【症例2】
   b. 性的サディズム（Sexual Sadism）
   （1）診断基準（DSM-Ⅳ）
   （2）鑑別診断，および留意しなくてはならない点
   （3）症例と精神力動
   【症例3】
   むすび――精神分析的考察：受苦から歓喜へ――……325

あとがき…… 334

初出一覧…… 336

I　性別違和状態

1章　ジェンダーの病と精神分析臨床の実践

ジェンダー・クリニックの体験より

（1989年発表）

この論考を読まれる前に

　本論文を執筆した1989年当時と現在とでは，「性別違和」に関する精神医学的基準を含めて，社会の受け止め方にも大きな変化が生じています。その当時，我が国では，「性別違和」の分野は，まったく未知の領域でした。精神医学的にも心理学的にも，当然，整形外科や内分泌学を含め，「性別違和」の診断を含め対策や治療に至るまで，一貫した方針はまったく確立されておりませんでした。主としてアメリカから入ってくる「性別違和」に関係する情報（それも主として性転換希望者〈トランスセクシャリズム Transsexualism〉に関するもの）を参考にして対処する以外にありませんでした。

　本論文において，私はできるかぎりその当時の日本の実情・実態に正確に即するという意図で，「性別違和」（本稿では"ジェンダーの病"という言葉を使用しています）の問題を記述しました。その後，日本精神神経学会（1997年）によって「性同一性障害の診断と治療のガイドライン［初版］」が作成され，1999年に「第1回GID研究会」（現在はGID学会）が発足，「性同一性障害者特例法」が成立し，"性別変更"に必要とされる法的・社会的な整備も整い，この論文を執筆した当時と現在とでは，隔世の感があります。

　「第1回GID研究会」において初代会長・埼玉医科大・原科孝雄教授より，「長年の性同一性障害への治療研究に対し，その貢献を認め，深い感謝を表し，『表彰状と記念品』を贈呈します」とお言葉を頂いた時は，心から感動いたしました。

　現在では想像がつかないような限られた情報や条件の中での性別違和に関する臨床的な試行錯誤と，そこから得られたわずかばかりの知見と見解に依拠して，この論文は執筆されました。

しかしそうした制約の多かった時代から，「性同一性障害の診断と治療のガイドライン」に繰り返し改訂が加わり，性別変更の社会的受容までも実現した今日に至るまでの，容易ではなかった道程を想像していただききたいと思い，この論文を冒頭に載せてあります。

また性別違和の人々の精神的な葛藤や不安に関しては，その当時も現在も大きく変わっていないようにも思われます。性別違和の人々の心理的・人格的・感情的側面の理解を深めるために，この論文が読まれる意味が残っているようにも思われます。

(1) "ジェンダーの病" という言葉・用語について

"ジェンダーの病"は，現代精神医学の用語では，「性別違和」(『DSM-5』2013)とほぼ同義語です。それまでは精神医学・心理学の専門用語で，「性別同一性障害」「性別障害」「性別異和感症候群」と表現されていました。これらの言葉は，1950年代以降，米国において造語され使用されている"Gender Identity Disorder" "Gender Disorder" "Transsexualism" "Gender Dysphoria Syndrome" "Gender Dysphoria State" の訳語です。本論文の執筆に際して，「性別同一性障害」「性別障害」「トランスセクシャリズム・性転換希望症」「性別異和症候群」といった学術用語をそのまま当てはめ使用することが，自らの性別に違和感を覚え，さまざまな困難や苦しみを抱えている人たちを表現する言葉として，適切なものとはとうてい感じられませんでした。そこで私としては，「ジェンダーの病」という用語を考案しました。

「性別違和状態」が，人間のジェンダーの多様性の一つとして認識され，一つの在り方として，生き方として認められる時代においては，この「病」という言葉はふさわしいものではないと，現在，私は考えております。

(2) "ジェンダー・クリニック" とは，診療・相談機関ではなく，研究グループを意味する

読者の方々に，誤解を与えないために，本論文において使用されているジェンダー・クリニックの活動内容に関して説明を加えておきたいと思います。現在，日本の数ヵ所の医療機関で行われている性別変更手術を前提にする「ジェンダー・クリニック」と，本論文で使用されている"ジェンダー・クリニック"とでは，その意味内容を大きく異にしています。本論文においても言及していますが，その当時は，「性別違和」および「性別違和に付随するさまざまな精神医学的な訴えや問題」を取り扱う心理学者や研究者がきわめて少なく，自助グループの活動も始まったばかりという段階にあり，それに対して一貫した対応や情報の交換を行

うことがきわめて困難な状況でした。そこで，そのような受診や来談があった際に，どのような対応が可能なのか。それぞれの研究者や自助グループ，医療機関との連携を試みました。そしてこれらの性別違和を困難や訴えをテーマとした人々と，性別違和に関連する分野に関わる専門家との連係プレーの必要性を痛感して，そうした人々やグループのコーディネーター的存在として私自身を位置づけ，その臨床的活動を，"ジェンダー・クリニック"と名づけました（13頁の図1参照）。

UCLAのストラー教授のジェンダー・クリニックも同様であって，ストラー教授は「そうした診療所・研究所があるのではありません。これらの患者たちに対して，より好ましい相談や治療が受けられるようなセッティングと，またジェンダーに関しての専門家による協力システムがあるにすぎません」と，私あての私信の中で述べられています。私もそれを参考にしてこの言葉を使用しています2)。

(3) 精神分析的精神療法と性別違和状態のダークサイドの強調

この論文（そして本書）では，数多くの症例が記述され，精神分析的な観点より分析と解釈とが行われています。それらの方々は，読んでいただければおわかりのとおり，単純に性別違和状態で悩まれて受診された方々ではありませんでした。むしろ，強い不安感，慢性的な空虚感，抑うつ状態，強迫症状，パニック，一過性の妄想，等々の症状や病理を併発されていました。現時点からすれば，重篤な精神医学的症例と見なされる方々も，少なからずいました。現在，ジェンダークリニックを受診される方々は，性別違和感や性別変更を主要な問題に置き，その解決を求めるために来談する方々がほとんどです。こうした今日的な状況と，この論文が書かれた当時とは，性別違和状態の受診・来談事情が著しく異なっていました。

それでもそれらの方々は，大きな時間とエネルギーを費やして「精神分析的精神療法やカウンセリング」に取り組まれました。その意味では，治療や改善に対する大きな意欲をもたれている方々だったことは間違いありません。こうした未知の領域に踏み込むにあたって，私はロバート・ストラーの研究を大きな指針としながらも，より深刻な精神内界を掘り下げていったメラニー・クライン，ヘルベルト・ローゼンフェルド，ドナルド・メルツァーらのアプローチに，臨床的には依拠していました。精神分析的なプロセスが進行するにつれて，私は性別違和状態の方々の背後に潜む原始的な不安や破壊的な側面，解消することが著しく困難な敵意や憎悪，精神内界の混乱と向き合わざるをえませんでした。そのために，どうしても性別違和状態の"ダークサイド"（暗い側面）を強調する記述になってしまったと思います。

その後の私の臨床経験の積み重ねや，さまざまな性別違和状態の人々との交流や接触を通して，精神的にも情緒的にも安定し，対象関係をより良く構築し，さらにそれを維持してゆく能力をもち，対人的なコミュニケーションの能力も高く，社会適応も順調な性別違和状態の人々が存在していることを，私は間違いなく確認できました。したがってこの論文（そして本書）は，その当時の限られた臨床状況と症例，すなわち他の精神医学的問題を抱えざるをえなかった重篤なレベルにある症例にもとづいていることを，率直に認めざるをえません。性別違和状態にありながらも，向上心と積極性をもって，人生の課題に正面から立ち向かっている，奇妙な表現になりますが，"健康な"性別違和状態の方々が存在していることを強調しておきたいと思います。

　しかしその一方で，性別違和や性別変更の作業に伴うさまざまなトラブルや事件・犯罪を起こすような，深刻な問題を抱えている方々もいることを見逃すわけにはいきません。また，いったん性別変更を達成させながらも，時間の経過で，「あれは一時の間違いで，元の性別に戻してほしい」と言い出すようなケースも現れてきました。こうしたトラブルや混乱は，それまでのアメリカでの研究を念頭に入れれば，十分に予想がつくはずのものでした。

　性別違和状態には，社会適応の良好な方々もいますが，深刻な病理を抱えたり，反社会的行動を繰り返したりする方々も，間違いなく存在しています。そこで，本論文の性別違和状態の"暗い側面"に関しての分析は，こうした問題の理解や対処にとって，いまだ有効なものと考えて，私はあえて修正を行いませんでした。

＊UCLA．ジェンダー研究クリニック（Gender Research Clinic）

　「UCLA．ジェンダー研究クリニック」は，ロバート・ストラー博士（Robert J. Stoller）を中心にして，19名の臨床精神科医・神経学者，内分泌学者，臨床心理学者，数理心理学者，精神分析家，犯罪学者，社会学者，文化人類学者，政治学者らによって構成されていた。今日，ジェンダー・クリニックの参加者たちの名前を見ると，その錚々たる顔ぶれに，ため息が出るばかりである。

　まず，精神分析家としては，『精神分析の技法と実践』（1967年）を著したラルフ・グリーンソン博士（Ralph Greenson），また彼はマリリン・モンローの主治医でもあった。ラルフ・グリーンソン博士が，ジェンダー・クリニックへ参加した成果としては，「ジェンダー・アイデンティと同性愛」（1964年），「母親からの脱同一化と父親への同一視」（1968年）の2本の論文が挙げられよう。とりわけ，後者は男児における男性性構築を主題とした重要な研究である。ストラー博士の教育分析を担当したハンナ・フェニヒェル博士（Hannah Fenichel），彼女の夫は，世界的水準で評価を受けている精神分析家オットー・フェニヒェル博士（Otto

Fenichel）である。
　また，「小児・児童期の性別同一性障害」の先駆的な研究者となるリチャード・グリーン博士（Richard Green），そのグリーン博士と共同して，その後，「ジェンダーやセクシュアリティの国際的研究誌」"Archives of Sexual Behavior" の創設メンバーとなり，30年以上にわたり，編集委員を務めたリチャード・ワーレン博士（Richard E. Wahlen）。
　社会科学領域では，その後，「エスノメソドロジー」（Ethnomethodology）を提起し，社会学領域に大きな衝撃を与えることになるハロルド・ガーファンクル博士（Harold Garfinkel）。さらに，政治心理学者のネイサン・ライテス博士（Nathan Leites）。彼は，『ボルシェビズム体制の研究』『ソビエト共産党政治局の作戦教典』や『ナチスドイツに関する心理学的仮説』の全体主義体制の政治心理学的解明において，政治学的な方法論に加えて精神分析学的解釈を統合させた研究によって，世界的に高い評価を得ている。
　ピーター・ベントラー博士（Peter M. Bentler）は，統計学と数理心理学を専門としている。彼は，構造方程式モデリング（Structural Equation Modeling），共分散構造（Covariance Structure Analysis）を心理学の分野に適用し，さまざまな心理学的調査法や検査法を開発している。それらは性別違和や性嗜好障碍などの臨床場面においても有効な調査方法となっている。さらにピーター・ベントラー博士の代表的な研究としては，薬物依存の統計的研究が挙げられよう。
　以上のような，各分野において秀でた研究者たちによって，このジェンダー研究クリニックは，約20年間にわたり活動を継続した。その成果は，それぞれの研究者によって発表され，そしてそれぞれの臨床家・研究者の輝かしい業績の一部を成している。

はじめに

　編者より，"ジェンダーの病"と，また"精神分析臨床の実践"というテーマで依頼を受け，私に，どのようなものが書けるかを考えながら，あらためて"ジェンダー"（gender: 性別領域——男性性・女性性）という問題構成（プロブレマティーク）に対し，それが人間存在の深層と広範囲な領域に関わるものであるということを自覚しました。
　今，このように執筆の準備をしながらも，"ジェンダーの病"の全体像と精神分析臨床の実践という，私にとって本質的な重みをもつ事象を，どのようにして論ずることが，現時点において，研究者のみならず，また読者だけでもなく，もしかするとこれを読まれるかもしれない"ジェンダーの病"に悩まれている方々にとっても，有意義なものとなりうるだろうかと，実際のと

1章 ジェンダーの病と精神分析臨床の実践　7

ころ考えこんでしまいました。

　これまで私は，自分の見解のそのほとんどを，学術誌，専門図書，学会での口頭発表に限って発表していましたし，そのように自己限定をすることが，臨床にたずさわる私にとって，最善の方法と考えていました（その理由は次に述べますが）。

　そこで私としましては，近年さかんになりつつある「ジェンダー論」や，精神医学における「ジェンダー障害」の概念，分類，診断，あるいは心理学での「男性性・女性性」の発達や形成に関わる抽象的論議・専門用語のたぐいは，必要最小限にとどめ，むしろ今回は，思いきって私の臨床体験と臨床の現場で取り組まなければならなかった数々の問題を，これまでの臨床体験に即しつつ，その深まりに従いながら論述を展開してみたいと思いました。そうすることが，"ジェンダーの病"に悩まれた人々と，臨床精神療法家としての私の関係性を，私なりに内在化した事実として，ある意味では，最も率直に語れると思いました。以上がこうした構成を選択した所以です。

"ジェンダー・クリニック"とプライバシーの厳守

　"ジェンダー・クリニック"の実際の雰囲気を伝えるために，「症例」(case)を多く挿入しましたが，そういう方々のプライバシーを厳守しなければならないという，心理臨床家としての私の社会的な責任と倫理性のため，かなりの部分を変更・修正しています。しかし本質的な事柄については，理解に支障の出ないように工夫してあります。また3名の方からは「許可」もいただきました。

1. "ジェンダーの病"とは

　いったい"ジェンダーの病"とは何を指すものなのか，また具体的にはどのような人間的な現象なのか，どうしてこうした言葉がつくりだされたのか，それらの人々は社会的−医学的にどのように取り扱われているのか。まずその辺から考えを進めてゆきたい。ここでは本書の内容上，男性における"ジェンダーの病"を取り上げることになった。しかし"ジェンダーの病"は，なにも男性のみに出現するものではなく，女性においても男性とはきわめて異なった表現や特徴を示しながら出現する。男性における"ジェンダーの

病"と女性におけるそれとは，本質的に異なるものだと筆者は考えている。この"ジェンダーの病"における《男女差》の問題は，ジェンダーの研究にとって本質的に重要なものであり，かつ慎重に探究されなければならない今後の課題である。

"ジェンダーの病"という言葉・用語について

"ジェンダーの病"は，精神医学・心理学の専門用語では，「性別同一性障害」「性別障害」「性別異和感症候群」と表現されている。これらの言葉は，1950年代以降，米国において造語され使用されている"Gender Identity Disorder""Gender Disorder""Gender Dysphoria Syndrome"の訳語である。

男であること・女であること

"ジェンダーの病"とは，ひとまず「自分自身のジェンダー（性別）について悩む人々」と言えるであろう。言いかえるならば，男性性・女性性についての深刻な悩みを感じている人々である。ただし男性性・女性性に関しての悩み，不安，葛藤，混乱があるからと言って，ただちにそれを"ジェンダーの病"と呼ぶわけではない。いかなる男性・女性にあっても，自分自身の男らしさ・女らしさについて，多少の悩みや不安を感じるものであろう。そうした悩みや不安がないというような人は，だれ一人としていないはずである。

すなわち"ジェンダーの病"とは，一般的な意味での男らしさ・女らしさについての悩みや不安ではなく，通常であれば意識にものぼらないような，あるいは疑問すら覚えないような，「自分自身が男性であること」「女性であること」への根源的不満あるいは混乱を，人格（personality）や同一性（identity）の中核において，長年にわたり慢性的に抱き続けている人々に対して用いられる言葉なのである。

"ジェンダーの病"の臨床像・全体像

いくつかの手順を追いつつ，"ジェンダーの病"に悩む人々の臨床像・全体像を，描き出してみたい。

まず最初に重要なこととして，自分自身についてのイメージ，内的感覚，空想や願望に関わる事柄である。つまり男性でありながらも，「自分が男らしくない」「男であることが嫌である」「男として生きられない」「男と思いた

くない，思われたくない」「女に生まれてくればよかった」「女へと性転換したい」等々。こうした思いで人生の過程において長期間悩んでいたり，一日の生活のうちでも長時間にわたりそうしたことで思いつめていたりする人々である。

次に考えなくてはならないことは，こうした"ジェンダーの悩み"が，発達年齢からみて，いつごろから生じたのか，どのくらいの期間そうした悩みで困っているのか，思いつめているのかということである。ある発達の一時期だけにすぎないものなのか，その時はかなり深刻であっても，「過ぎてみれば，それほどのことはなかった」という場合もある。発達の早期から女性化していた人々もいれば，思春期に入ってから悩み出したりする人々もいるし，あるいは成人になって初めて自覚する人々もいれば，人生の最晩年に至って思いつめる人々もいたりする。

さらにつけ加えたいこととして，こうした"ジェンダーの悩み"をかかえつつも，どのような日常生活を過ごしているか，その日常生活のあり方，社会的場面での言動等々に，よりいっそう注意をはらわなくてはならないであろう。単に内面上の悩みのレベルにとどまっているのか，その悩みのために，不安，抑うつ，空虚感，絶望感，不眠や拒食といった神経症的症状が伴っているのか，より積極的に自分自身の女性化したい願望を受容して生活を送っているのか，等々である。こうした"ジェンダーの悩み"をかかえつつも，肯定的に生きようと努力している人々も中にはいるであろうし，はたまた"性転換"を人生の目標とするようなより過激で極端な生き方を選択する人々もいるのである。

これまで述べてきたように"ジェンダーの病"とは，実に多種多様な人々の総称であって，そもそもこうした"病"が，あたかも内科学的疾患の癌や胃潰瘍のように，実体的に存在しているわけではないのである。

"ジェンダーの病"についての誤解と先入観

さらに誤解や先入観を取り除くために強調しておきたいことがある。それはテレビ，週刊誌等々で話題になったり注目されたりした人々を基準に，こうした"ジェンダーの悩み"をもった人々のイメージをつくり上げてはならないということである。たとえ本人が同意したうえでのテレビ出演であったりしても，さらに自分自身の手記や告白を執筆する人々も数多くいるが，そ

れらの人々の発言や内容には"合理化""自己正当化"の努力が見いだせる。無論，そこに耳を傾けなくてはならない体験や指摘はあったとしても，そうした人々が話す事実や体験談を，うのみにしたり，一般化したりすることはできないということである。ましてや「モデル・ケース」と見なすわけにはゆかないであろう。

このように論を展開してゆくと，いったい"ジェンダーの病"を，どのように定義・分類し，どの程度の範囲までをも含めるのかという疑問がわいてくる。そうした疑問は，いたって当然のことで，現代の精神医学・心理学の内部でも，その定義や基準をめぐって，いまだに論議が戦わされているのである。さまざまな研究者，臨床家が，それぞれの立場と資料に依拠しつつ，明確な定義や基準をつくり上げようと試みている。このような長年に及ぶ論議がありつつも，それでも見解の一致を見ないという事実それ自体が，ある意味で"ジェンダーの病"の複雑で多種多様な臨床像・全体像を証拠づけるものではなかろうか。

"ジェンダーの病"についての分類と定義

ここでは，私が日ごろ臨床の現場で使用している定義，分類や診断の基準を提示しておきたいと思う。ただ私の道具箱には二つのものさしがあって，その第1は記述的（discriptive）なもの，第2は精神力動的（psycho-dynamic）なものであり，症例に応じて（case by case），この両者を統合しつつ対応している。

精神力動的な理解は，後の節で提示する「症例」の中から考察することとして，まずここでは記述的な観点からの"ジェンダーの病"の診断，分類，定義，範囲を述べておきたい。

● "ジェンダーの病"によって，現実的なトラブルや心理的な困難を有しているもの。狭義の"ジェンダーの病"

(1) トランスセクシャリズム（性転換希望症）　トランスセクシャリズムとは，"ジェンダーの病"の中でも，最も極端で深刻な状態である。すなわち，生物学的には"完全かつ正常な"男性でありながらも，心理的‐人格的には——しかも意識的‐無意識的にも——自分が女性であると確信している人々である。「自分は男性の肉体をもってはいるが，元来は女性であって，男性に生まれてきたのは何かの間違いである」と考えている。このように自分自身

を女性と確信しているために，当然のことながら日常生活においては女性的な言動やふるまいを示し，女性の衣類や装身具類を身に着けたりする。さらにこうした範囲だけでは満足することができず，本物の"正真正銘"の女性になりたいという"性転換"の願望や空想をもち，それはやがてホルモンの服用や性転換外科手術まで実行するに至る。

(2) **女装症**　女装症は，女性の衣服や装身具への強い嗜好，さらに女装行為などによって，性的快感や興奮を求める性倒錯の一種として見なされてきた。従来，精神病理学においては「服装倒錯」という訳語が当てられてきたが，この訳語は，女装症の本質を的確に表現しているとは思われず，私としては"女装症"という言葉を使用している。

　女装症の人々は，外見的な行動という側面から見ると女装行為として表現され，しかも内面的−精神的には，女性の衣服や装身具に触れたり身に着けたりすることで得られる性的興奮と，さらに女装を通しての女であるという感覚状態を追求する人々と言えよう。したがって社会生活においては普通の男性でいて，一時的に女性へと変身するが，このように自分の中に男性と女性とが"共存"していることには，矛盾を感ずることがない。

(3) **さまざまな同性愛**　"さまざまな同性愛"という言葉を用いた根拠は，何よりも同性愛者と呼ばれている人々が呈する臨床像の多種多様さにある。私は，「同性愛」は，将来においていくつかの分類，あるいは再分類の作業を必要とすることになるであろうと，くり返し主張してきている。

　"さまざまな同性愛"は，男性に対して性的な興奮や関心があるという共通項だけで結ばれているにすぎない。同性愛のあり方は"さまざま"であり，極端に男性性を強調するグループから，「トランスセクシャリズム」や「女装症」と識別が困難になるくらい女性化してしまったグループまで，まさしく"さまざま"である。

● **"ジェンダーの病"を顕在化させてはいないが，一見したところでは見落としてしまう症状や行動の中に"ジェンダーの病"を潜ませているもの**

(4) **パラフィリア**　パラフィリアとは，「性倒錯」という用語を回避するために，1970年代，米国において造語された。サディズム，マゾヒズム，フェティシズム等々の中にも，表立ってはいないが"ジェンダーの病"が潜んでいることが多い。

(5) **パーソナリティ障害**　パーソナリティ障害においてしばしば出現する

性的問題行動，性非行，性犯罪の中には，詳しく観察してみると男性性の承認や保証を追求しているものがある。一見したところでは，こうした行動それ自体は男性的な印象すら与えかねない。しかしこのようにして男性性の自己確認，承認や保証を追求するということが，ある意味では自信の欠如の表われである。それはいわば反動形成の産物であり，そこから逆に男性性のもろさをうかがい知ることができる。

(6) **精神病**　精神病の妄想，幻覚，異常行動の中にも，男性性・女性性をめぐってのテーマを見いだすことができる。「急性精神病状態」で呈する同性愛的行為や女装行為，あるいは「慢性精神病」の妄想構築の中での"性転換"はその好例である。

(7) **性機能障害**　性機能障害そのものは，"ジェンダーの病"とは明白に区別されるべきものと思う。しかし性機能障害の相談の一部には，ジェンダーに関わる悩みを有している人々がいる。

●いまだ知られざる一群。正常－異常の常識を超えて

(8) **倒錯者のパートナー**　この倒錯者のパートナーという言葉は聴きなれないと思う。こうした人々は，自らは，"ジェンダーの病"とは無縁の存在と思っているが，トランスセクシャリズム，女装者，女性化した同性愛者のパートナー，ある時は"パトロン"，"取りまき"となって，他者を介して代償的満足を得るところに，その特徴がある。こうした人々は，社会的不適応を生ずることもなければ，自分自身の行為を問題であると思ったり悩んだりすることがなく，したがって来談・受診はありえない。そのために，精神医学・心理学のメスのはるかに及ばない存在である。しかし，"ジェンダーの病"を認識するためには見落とすことができない人々である。

2. "ジェンダー・クリニック"

システムとしての"ジェンダー・クリニック"

"ジェンダー・クリニック"と称していても，そうした"宣伝""広告"をしているわけでもなく，実際に"看板"を掲げているわけでもない。いわゆる"診療所"として存在しているのでもない。私が精神分析的精神療法家として，主たる臨床の仕事をしている心理臨床相談室で，"ジェンダーの病"の

来談・受診の経路

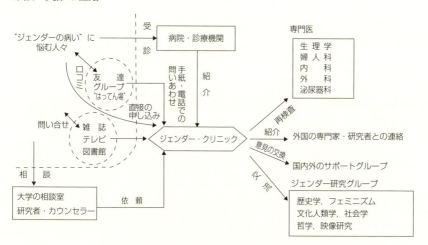

図1 ジェンダー・クリニックのシステムと機構

相談，カウンセリング，対応，治療にあたっているにすぎないのである。こうした私の方法は，UCLAのストラー教授の「ジェンダー・クリニック」も同様であって，ストラー教授は「そうした診療所・研究所があるのではありません。これらの患者たちに対して，より好ましい相談や治療が受けられるようなセッティングと，またジェンダーに関しての専門家による協力システムがあるにすぎません」と，私あての私信の中で述べられている。

私の場合においても，このストラー教授の活動やセッティングを参考にしつつ，まず第1に，"ジェンダーの病"で悩み来談・受診される人々が，不愉快な思いをすることなく，自分の感情や気持ちを率直に話せるような面接態度，面接技法を考えつつ，好ましい面接環境をつくり上げることを心がけた。また遠方の人々には，面接の時間帯を，仕事や学校の終わる夜間や土曜，日曜の休日に設けたり，特別の事情のある方々には，手紙や電話での相談にも応じたりするように努めている。あえてつけ加えるならば，こうした相談やカウンセリングの料金も，"ジェンダーの病"に悩む人々の社会的・経済的状況に応じて低額なものにしている。

"ジェンダー・クリニック"を標榜する以上は，このような外的な条件づくりにとどまらず，"ジェンダーの病"に関しての「高度に専門的な心理テスト」を作成，準備している。また日本あるいは欧米における各種の情報，たとえ

ば医学的側面について，社会的問題，倫理的評価，法律的判断，サポート・グループの存在などについて，各種の情報を収集し，その提供も行っている。必要な場合には，米国の専門家への問い合わせや照会も行っている。また主として米国の専門家や研究グループとの個人的連絡を密にすることで，私自身の"ジェンダーの病"に関しての認識や対応方法の向上に努力している。さらに"ジェンダーの病"に関係する内科医，婦人科医，泌尿器科医，生理学者，心理学者，教育学者との連絡システムをもっている。"ジェンダーの病"という問題を多方面から理解してゆくために社会学者，文化人類学者，歴史学者，フェミニズムの研究者などとの意見の交流の場を求めるように努めている。そして将来的には，"ジェンダーの病"に関心を抱く人々との定期的な会合や，また専門家の養成が行えればよいと願っている。

3. "ジェンダー・クリニック"の試み
―― 開設当初の背景と意図について ――

"ジェンダー・クリニック"を開設し，より高度で専門的な相談に応じ，速やかな問題解決のためのプログラムづくりを考えるにあたっては，UCLAのストラー教授の「ジェンダー・クリニック」，ジョンズ・ホプキンス大学のJ.マネー教授の診療所，マイヤー助教授の病院臨床，スタンフォード大学のフィスク博士のジェンダー・プログラムの見学や資料が大きな参考となった。しかもこうした"ジェンダーの病"に悩む人々に対して仕事を行うことに関しては，慶応大学精神科助教授・小此木啓吾先生の深い理解と強力な支持，私にとってのスーパーヴァイザーである群馬大学教授・馬場謙一先生の助言が大きな励ましとなった。

私設の「心理臨床相談室」で，"ジェンダー・クリニック"を開設してみようという決心に至るまでには，私自身のいくつかの心理的局面，あるいは臨床体験が，その背後にあり，そうした迷いの中から私自身が一歩前進する勇気をもつためにも，さらに性別違和の方々にとっての好ましい面接環境作りをする上でも，開業臨床心理士・片山登和子先生が，全面的な協力を下さった。

ここでそれらのすべてを語るということはとうていできないことであるが，"ジェンダー・クリニック"の必要性を私に強く印象づけた臨床例を述べてみ

たいと思う。

【症例 1】 A さん　自殺未遂，抑うつ状態　→トランスセクシャリズム

　A さんは，当時 28 歳，職業は美容師であった。自殺を試みたが，発見が早く，救急車で近くの総合病院へ緊急入院。内科的治療が成果を上げて，身体的状態はすみやかに回復したものの，内科の主治医とも口をきかず，面会に来た家族とも会いたがらず，食事も拒み続け，ただ世話をしてくれる看護婦にのみ，「どうして死なせてくれなかったのか」と涙を流しながら訴えた。ベッドの中にもぐりこみ泣き続けるばかりの日々が続いた。内科医は，「抑うつ状態」が深刻であると判断し，精神科医へと紹介した。この時点での診断名は「うつ病」ときいている。しばらくの間，精神科医は問診と抗うつ剤の投薬をし，やがて A さんの気分の改善や意欲の向上が起きて，そこで退院となった。引き続き外来での診療を行っていたが，やがて自殺念慮の動機として"性転換"について語り始めた。そして精神療法がすすめられて，私がその担当となったのであった。

　A さんの話によると，「自分は女性であるのに，身体はいまわしい男性である」「本来の姿である女性に戻りたい」「そのためにお金を貯めて"性転換手術"を受けたいと思い続けてきた。仕事でもらう給料も，家族からの仕送りも，すべて貯金し，日々，最低限の生活費ですごしていた」。いくつかの外科診療所，婦人科診療所を訪れては，「女性ホルモンを下さい」「性転換手術をしてはいただけませんか」と哀訴し，「ばかなことを言うな」「男性ホルモンと勘ちがいしているのでは」と断られ，いろいろなうわさや口コミをたよりにしてあちらこちらの診療所や開業医を訪ね歩く日々が長年にわたって続いた。その中には，女性ホルモンを注射してくれた所もあったりした。でも本物か偽物か今でもわからない，「手術して欲しければ，500 万円用意しろ」と法外な金額をふっかけられたこともあったそうである。面接を重ねるうちに，こうした A さんの"性転換"にかける執念に，私は驚かされたものであった。

　また自殺を試みたきっかけとしては，当時信頼して頼りきっていた男性に，A さんからすると貴重なお金をふんだくられ，裏切られ，「お金も使い果たし，このままいくら努力したところで，性転換はとうてい無理だ」と絶望的感情がこみあげ，自殺を思いたったそうである。

【症例2】 Bさん　性交不能，夫婦間の不和　→女装症

　Bさんは33歳，まじめな銀行員であった。泌尿器科からカウンセリングの依頼があったケースである。結婚して1年半になるにもかかわらず，性交渉がもてずにいた。妻が不信感と不満をもち，それでも結婚当初は，「私が好きではないの」「他に女性がいるためではないの」と言っていたが，やがて「あなたは男性として欠陥がある。欠陥商品を買わされた私の人生は台なし。いったいどうしてくれるの」と泣いたり，責めたり，罵倒するようにまでなった。実家に帰って，夫婦間のトラブルを話しだしたり，Bさんの父親・母親にまで，Bさんの性的問題を話したりするようになった。耐えきれなくなったBさんは，一時離婚を考えたが，父親・母親に「世間体に傷がつく」「出世に悪影響する」と大反対され，父母と妻との重圧で，「こんな問題をどこで話したらよいものか」「まさか友達に話すこともできないし，相談する所がない」と悩みぬいたあげく，とりあえず近所の泌尿器科医院に飛び込んだのであった。その泌尿器科医からは，「どこにも異常は見当たりません。心配ないでしょう」と言われたがBさんは納得することができず，それ以後いくつかの内科医，泌尿器科医を受診したが，同じ返事が戻るばかりであった。ある一人の泌尿器科医より，「心理的問題があるのかもしれませんから」と言われ，精神科受診をすすめられた。そして精神科医より，私にカウンセリングの依頼がきたのである。Bさんの場合，いわゆる「インポテンツ」「勃起不全」「射精不能」などといった，"心因性の性機能障害" という診断が下されていた。しかしカウンセリングが深まるにつれて，Bさんの性的な空想，性的な興奮，マスターベーションの際のエロティークな空想の内容が，「自分が女性になって，女性と女性同士としての肉体接触を空想すると興奮してしまいます」「そうした空想をしては，マスターベーションにふけっていました」「自分を男性とイメージして，男女の性交を考えるとまったくいやになります」「自分が男性と思うと，不自然で，役割をおしつけられているように思われて，性的興奮が生じません」と語り始めた。ここより私は，Bさんの性交不能が，「心因性の性機能障害」などではなく，女装症に起因していることを知ったのである。

　しかしBさんは "潜在的な" 女装症者とでも呼びうる人であって，実際的に女装行為をしたり，女装者のたまり場に出入りしたりするような事実はなかったようである（現在では，実行に移している可能性もある）。

【症例3】Cさん　重症対人恐怖症，強迫神経症　→同性愛

　Cさんは28歳の教員であった。高校生の頃より，人の視線が気になり始めて，周囲の人々と話したりつきあったりすることでは，ひどく緊張してしまいぎこちなくなった。「人が自分を嫌っているのではないか」「優しそうな態度や表情をしていても，本心は悪意を抱いているにちがいないという観念がうかんできてしまいます」「ばかばかしいと打ち消してはみるものの，どうにもなりません」「このごろは職場との行き帰りの電車の中でも，車内の人々が気になってしまいます。電車にも乗れません」ということで悩みだし，教育相談所の知人に話してみたところ精神科医を紹介された。この精神科医も，初診時においては，「しばしば見られる対人恐怖症の重いレベル」と診断し，抗不安剤の投薬と並行して，精神分析療法を受けてみるようにと，私に依頼をしてきたのであった。

　ところが，Cさんの「人の視線が気になる」という不安や恐怖感は，さかのぼってゆくと「自分のことを，みなが"女みたい"とうわさしているため」「自分の身体は，尻も大きいし，女のようなからだつきに見られはしまいか」「しぐさが女っぽいと印象づけてはいないか」ということが，最も重要な原因であることが明らかになった。こうした「自分は女性的なのではないか」「女性のように見られはしないか」という不安や恐怖感，強迫観念について，一つ一つ話し合いを続けていたが，ある時，突然に「先生は，ぼくのことをホモだと思っていませんか」と質問され，私が「どうしてそんなことを言いだすのだろうか」と返答に窮

表1　ジェンダー・クリニックの過程と内容

手紙，電話での問いあわせ，質問，紹介，依頼，相談
　　　　　　　↓
1. 面接予約の受けつけ
2. 初回面接：本人 or 家族
　　　　　　　↓ 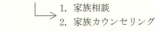 1. 家族相談
　　　　　　　　　　　　　　2. 家族カウンセリング
3. 予備面接　1. 情報の提供（医学的，法律，社会，
　　　　　　 2. 他科（内科，婦人科，泌尿器科）での検査・診察
　　　　　　 3. 外国への問いあわせ
4. 診断面接＋心理テスト
　　診断面接　　　心理テスト
　　1. 記述的　　・ロールシャッハ
　　2. 発達的　　・MMPI
　　3. 力動的　　・HTP
　　　　　　　　・BSRI
5. 総合的所見
　　Ⅰ. 外国への紹介
　　Ⅱ. 1. コンサルテーション（不定期）
　　　　2. カウンセリング
　　　　3. 短期心理療法
　　　　4. 精神分析療法

していると,「先生はホモということを知りませんか。男のくせに女みたいで,男と男でセックスしたりする気持ちの悪い人間ですよ」「ほら時々,テレビに出る"おかま"ですよ」と話しだした。

　その後の面接の展開の中で,Cさんが男らしい男性に性的にひかれることや,そうした同性愛の人たちの集まる所に出て行きたい気持ちを無理やりにおさえつけていることを告白した。このようにしてCさんの対人恐怖症や強迫観念が,同性愛と密接にしかも深いレベルで関係していることが判明したのであった。しかしCさんの男性への性的なあこがれは,空想の範囲にとどまっており,実際の行動に移すまでには至っていなかったのである(Bさんと同じく,現在は実際の行動に至っているかもしれない)。しかし女性に対しては,性的には無関心であり,夫婦の性関係は,Cさんの言葉を借りると"まったく義務的"であるとのことである。

"ジェンダー・クリニック"の必要性

　これらの3例において共通して見いだされる問題点は,その悩みや不安の中心が,"ジェンダーの病"にあり,現在であれば,それぞれ「トランスセクシャリズム(性転換希望症)」「女装症」「同性愛」というカテゴリーに入れられる人々であったということである。しかもこうした"ジェンダーの悩み"をかかえつつも,それらを十分に認識,理解されず,他の診断名にもとづいての治療や関与が行われていたことにあろう。

　Aさん・Bさん・Cさんが,私との面接中に等しく語ったことは,「話しづらかった」ということと,「話したけれども,十分に考えてもらえなかった」ということであった。つまりこの「話しづらい」という感想は,当時あるいは現在も,病院・治療機関の構造上の問題点で,このような"ジェンダーの悩み"を,とてもではないが話せるような雰囲気,環境が存在しないということである。さらに「十分に考えてもらえなかった」ということは,"ジェンダーの病"を認識する予備知識がないことや,対応の仕方を欠いていたということもあるであろう。しかもこうした問題は,あまり正面からは取り扱いたくないという医療サイドの"抵抗感"もあったと推測される。また専門家にスムーズに紹介・依頼できるシステムが欠けていることも指摘できよう。これらの臨床体験より,私は"ジェンダー・クリニック"の必要性を痛感したのであった。

4. "ジェンダー・クリニック"を訪れた人々
―――これまでの約10年間の問いあわせ，来談，受診のあり方を通して見た社会的，経済的背景と，心理学的特徴―――

"ジェンダーの病"についての専門的窓口を設けてから，かれこれ10年近くになる。この10年間に手紙や電話で問いあわせがあったり，来談・面接を希望したり，さらにはカウンセリング・精神療法にまで進んだりした人々を分類・整理してみたい。このように分類・整理してみると，"ジェンダーの病"に悩む人々のあり方，その社会的・経済的背景，また心理学的特徴が鮮明に浮び上ってくる。

表2に示されているとおり，この10年間の総数が108名であり，そのことは年平均10名近い人々から，何らかのコンタクトを求められたということを表わしている。しかしこの数字がはっきりと示しているとおり，約半数の人々は，直接に来談・受診してこなかったという事実も無視できないであろう。この点についてはいろいろな事情や背景が予測される。その中でも，私は二つの傾向を見いだした。第1は，社会的・経済的な背景であって，地理的に遠くて来談や受診が困難なことや，経済的に恵まれず面接料の支払いが難しい場合などである。第2は，心理的抵抗感とでもいうべきものであり，「どんなところか興味はあるが，相談するには抵抗がある」「名前や顔を知られたくない」といったことから受診をためらわせている場合が多かった。

さらになんとかクリニックにまでたどりついてはみたものの，1～3回の面接で中断，ドロップ・アウトしてしまっている人々が，これまた半数もいる。もちろん，こうした1

表2　何らかの関わりをもった人々（108名）
(1979年～1989年)

1. 手紙，電話での簡単な問いあわせや質問だけにとどまり，直接の来談にまでは至らなかった人々　43名

2. 来談・受診者の総数（家族を含む）　65名
   (1) 家族による来談　5名
   (2) 本人自身の来談　60名
      ⅰ) 1～3回の短期間の面接で，中断，終結，連絡がとれなくなってしまった人々　33名
      ⅱ) 心理テスト，カウンセリング，精神療法を希望した人々　27名
         ・1年以内　　　　　　15名
         ・1年以上，2年以内　 6名
         ・2年以上，3年以内　 2名
         ・3年以上　　　　　　 4名

表3 来談・受診によって、直接に悩み・訴えを聴くことで、ある程度の診断・分類ができた人々（65名）
(1979年〜1989年)

1. トランスセクシャリズム　12名
    - 男→女　10名
    - 女→男　2名
2. 同性愛　36名
    - 男　33名
    - 女　3名
3. 女装症　5名
4. その他　12名
    - (1) パラフィリア　4名
    - (2) 性機能障害　2名
    - (3) 精神病　3名
    - (4) 診断不能　3名

〜3回の面接であっても，何がしかの情報を得て満足したり，自己認識を深めることでいちおうの終結をした人々もいるにはいた。しかしながら，やはり多くの場合は，過剰なまでの期待を抱いていて，そうした期待が満たされないということを知って中断してしまった人々であり，「一度どんなところか，どんな人がやっているのか見てみたい」という"のぞき""ひやかし"的な人も多くいた。

このように検討してみると，心理テスト，カウンセリング，精神療法などといった，なんらかの有効性のある治療的な関与や働きかけができた人々は，全体の4分の1にも満たないのである (27名)。このように"ジェンダーの病"で悩む人々と，治療的関係を形成したり維持したりすることがいかに難しいかということを，表2の数字は物語っている。こうした困難は，私の側の責任なのか，あるいは来談者の側の病理なのか，はたまた両者の関係や立場がもたらす結果なのか，悩まざるをえない。おそらくは，それらすべてなのであろう。しかも"ジェンダーの病"に悩む人々のすべてが，来談・受診を望むわけではないということを念頭に入れると，ここに表わされた人々の動向は，あくまでも"氷山の一角"であるということも忘れてはならないであろう。

表3は，直接に来談・受診し，それにもとづいて一定程度の診断や分類ができた人々の数字である。まず第1に"ジェンダーの悩み"の中でも来談・受診する数が多いのは，「同性愛」であることが示されている。また私にとってみると意外なことに，「トランスセクシャリズム」も少なくはなかったことがわかる。それにくらべて「女装症」が少ないことが表わされている。これらの比率は，それぞれのグループの社会的立場を反映したものと，私は分析している。つまり「同性愛」は，結婚や世間体という社会的適応を目的として意図して来談・受診しており，「トランスセクシャリズム」は，それとは逆に社会的不適応の結果，意図せずして来談・受診をしなければならなかったのであろう。「女装症」においては，社会的適応が他のグループにくらべて，

はるかによいために来談・受診の必要度が低いものと思われた。

5. "ジェンダー・クリニック"を，ただ通り過ぎてしまった人々
―― コンタクト・ラポール・関係を作り上げる困難さの中から見いだした「原始的防衛機制」と「分裂‐対象関係」――

【症例4】Dさん　同性愛――イヤイヤの受診

　Dさんは，コンピューター関連のエンジニアで，30歳である。一見したところは，"ジェンダーの病"など想像できないような，平均的な男性である。同性への性的関心，興味は，中学生のころより自覚し始め，男性的な，たとえば"スポーツマン"のような男性にあこがれて，そうした男性との性行為を空想している。大学2年の時に同性愛の雑誌を見かけ，そこから得た情報によって，同性愛者のたまり場に頻繁に出入りするようになった。

　女性に対してはまったく関心がなく，Dさんに思いを寄せる女性に対して「ガールフレンドがいないとみっともない」といった動機より交際を続けているものの，「結婚を迫られたらどうしようか！」と内心おそれていた。Dさん自身の言葉を用いると，"かくれホモ"だそうである。両親から「一度でもいいから見合いをしてみるように」と言われ，それを断わると「好きな女性がいるのか。そうならば連れてくるように」と応えられてしまい，どうしたものかと困っていた。

　「これでもぼくは，けっこうもてるんですよ」と強気に自分の同性愛交友を語り，同性愛関係者，仲間うちでの顔も広く，そうした対人関係を楽しんでいる様子すら見られた。そもそもDさんの悩みは，同性愛ということではなく，「年齢も年齢だから結婚をしないと」「ガールフレンドにつきまとわれて」「親が見合いをしろとうるさくて」などといった，"世間体"という対社会評価についての悩みにすぎなかった。

　「別に，同性愛を治したいわけではないんです。女性とセックスができればそれでかまいません。要は，結婚ですね」と，ある意味では同性愛者である自分を受容して，人生を割り切った見方をしていた。

　Dさんのようなケースにあっては，来談・受診の表向きの動機が，"結婚のため"という社会的な名目であり，また治療に対する見方も，「すぐに治して欲しい」「男性ホルモンを飲めば直りませんか？」ときわめて"単純"であっ

た。しかしながらこのように "すぐに治してくれる人" という全能的治療者像を求めていることが，力動的観点から容易に推察された。したがって1，2回の面接で，そうした "全能的治療者像" が充足されないとわかると，治療関係の中断となる。この "全能的治療者像" とは，無意識的レベルにおいて "男性的な男性" と等しいものであり，それはまさしく同性愛関係において，自分の期待するイメージに相手が応えないということがわかると，ただちに関係を断ち切ってしまうように，私との関係も切れてしまったのであった。

【症例5】Eさん　トランスセクシャリズム，性転換希望症——性転換手術の情報を引き出す，渡米への踏み台，あせりとあがき

　Eさんは28歳で，定職につかないままアルバイト暮しを送っていた。幼い頃より女性的であり，中学生になると自分が女性であると確信するようになった。来談の際にも，女装をして化粧をし，しぐさや話し方も女性的であって，不自然な印象は受けなかった。
　現在は家族との関係も断ち切れてしまい，友人もいないという孤独な生活を送っており，いろいろと話を聞くと生活状態は恵まれていないようであった。
　こうしたEさんにとっての唯一の心の支え，生きる励みとは，渡米して性転換手術を受けて完全な女性へと変身することにあった。「完全な女性になった時に，私の人生が始まります」と繰り返し私に語った。渡米して "性転換手術" を受ける費用を捻出するために，きりつめにきりつめた生活をしていても不満はなかった。安いアパートに暮し，遊ぶこともせず新しい衣服も買わず，外出や旅行もせずに，夜になるとスナックでホステスをしては，貯金をする日々であった。
　私はEさんと5回の面接を行ったが，"性転換手術" のためには，外科的な処置だけではなく，心理学的・精神医学的なサポートが必要であることを具体的にいくら説明してみても，いっこうに耳を貸そうとはしなかった。ただ一方的に "性転換手術" をしてくれる病院を紹介しろとせがみ，米国の医師への紹介状を書いて欲しいと強要した。「一定の精神医学的基準を満たし，カウンセリングを通しての心理的準備が整わなければそうしたことはできない」と，私の見解や立場を説明すると，深い失望と落胆の感情を現した。"性転換手術" に関わる現実的な諸々の条件や困難を認識するように求めると，

憎悪をむきだしにして「何の役にも立たなかった。ひどい思いをさせられた」「私は，私の力だけでアメリカに行き性転換手術をするから」と，どなりつけて面接室を出ていった。

結局のところEさんにとって私の存在価値とは，米国の診療機関の情報を得ることと，紹介状が欲しいということだけにすぎなかった。その意味では，米国へ飛び立つための"踏み台"のようなものであったのであろう。米国の診療機関への過大評価（idealization）と私への価値切下げ（devaluation）が働いていたことは明白であった。

【症例6】Fさん　女装症――お義理のカウンセリング，自己正当化と合理化

Fさんは，他のカウンセラーより依頼を受けた女装症の人であった。そのカウンセラーは，Fさんの夫婦関係のトラブル，離婚問題についてのカウンセリングにあたっていたが，このF夫婦のトラブルの原因が，Fさんの"女装癖"にあることが明らかになったために，Fさんの診断，治療可能性などを含めて，私のもとに問いあわせがあったのである。

Fさんは，35歳で自動車会社の管理者であった。女性の衣服に性的な関心を向け，女装することで性的興奮をおぼえるようになったのは，大学入学後だったそうである。しかし女装行為にのめり込むこともなく，ほどほどの楽しみと思っていたが，33歳になって会社の上司の紹介で見合い結婚をしてから問題が生じてきた。

女性の衣服や化粧品を隠していたのを妻に発見され，その場はなんとかとりつくろうことができたものの，やがて女装行為の現場を発見されてしまい，妻はパニックに陥った。Fさんは繰り返し弁解し，「二度とやりません」という誓約書までしたためたのであったが，妻の感情が激した時に"変質者""変態"とののしられ，Fさんも「それなら自分もとことんやってみせる」と意地となり，夫婦関係は険悪になった。

私のもとに来談した時点において，すでに両人ともに離婚を内心決意していたのであったが，妻の気持ちとしては，Fさんを"性的異常者"と決めつけることで自分の立場を有利なものに計ろうとしており，またFさんの方も，女装者という"診断"を専門家に下してもらうことで，自分の女装行為や女装者としての生き方を正当化・合理化しようとしていたのである。

原始的防衛機制と分裂－対象関係

　これらの3症例より指摘できることが二つあると思われる。それらは来談・受診に際しての動機であって，第1には現実的要因であり，第2は精神力動的側面である。

　この第1の現実的要因とは，結局のところ，来談・受診は，自分自身を合理化・正当化したり，都合のいいように利用しようとしたり，周囲や自分を納得させるための手段としている点にある。無論，こうした"納得""正当化"が，自分が異常であるのではないかという不安感やコンプレックスから解放するという機能を有している面もありえるであろう。そうしたわずか数回にも満たない面接内での成果とは，その程度のものなのかもしれない。

　次に，第2の精神力動的分析とは，ここに示した症例に限らず，短期間の面接で中断やドロップ・アウトしてしまうケースには，対人関係の病理や障害が潜んでいるということである。"安定し""恒常的で""基本的な信頼感に裏づけられた"対人関係をつくり上げることの困難な人々である。Dさんも"全能的治療者像""理想化された男性像"を追い求めては，男性から男性へと渡り歩き，Eさんは，米国への理想化と日本の価値切下げという，特徴的な「分裂－対象関係」が顕著であり，Fさんにおいても，妻という現実的な女性の存在よりも，太古的・夢幻的な女性イメージの中への没入，引きこもり（withdrawal）の機制が目立っている。

　ここで指摘した「分裂」「理想化」「無価値化」「引きこもり」等々は，深刻で重篤な障害や病理を有する人々が，しばしば使用する原始的防衛機制と呼ばれるものである。こうした原始的防衛機制の結果，対象関係は分裂し，対人関係は混乱する。このような人格構造における深刻な病理や障害をはらむがゆえに，長期間に及ぶ有効な治療者－患者関係を作り上げることが困難となるのであろう。

6. "ジェンダーの病"の精神療法

　"ジェンダーの病"に悩む人々が，深刻な気持ちと切迫感をいだいて，手紙や電話などを通して私とコンタクトを求めたり，実際に"ジェンダー・クリニック"を来診・受診したりしながらも，結果的にみると，効果的で成果の

あるカウンセリングや精神療法にまで至らないという、この臨床的現実に直面した際に、私はきわめて気持ちが暗くなり、「こういう人々には、何をしてもだめなのではないか」という、絶望には至らないまでも当惑やとまどいの感情におそわれることが少なからずあった。とは言うものの、そうした気持ちを乗り越えて、より良い治療者－患者関係を作り上げる努力を怠るようなことはしなかった。しかしながらより良い治療者－患者関係、有効で成果のあがる精神療法とは、なにも治療者の"ひとりよがり"で作り上げられるものではなく、"ジェンダーの病"で来診・受診された人々からの、"励まし""いたわり""さまざまな助言や勇気づけ"にも、多くを負っているのだということを、私としては率直に告白しておきたいと思う。

従来の悲観論・消極論・否定的見解への批判と再検討

　これまでの精神医学、臨床心理学においては、"ジェンダーの病"に悩む人々は、「カウンセリング」「精神療法」の対象にはなりようがない、との通説が流布している。そうした通説の根拠としては、第1に、そうした人々は、アルコール依存や万引き行為などのように、問題行動や症状それ自体が"快感"を引き起こすのだから、無理をしてまで治そうなどという気持ちにはなりようがない。そうした状態を、専門的用語で表現するならば、「自我親和的」（ego-syntonic）ということになるのであろう。そして第2に、たとえ来談・受診するようなことがあったとしても、それは現実的・外的な要因が大であり、治療的な働きかけを可能とするような、"安定性のある""恒常的な"、しかも"基本的信頼感に裏付けられた"治療者－患者関係（作業同盟）は、作り上げるすべもなく、したがってカウンセリングを含めたいかなる精神療法的な働きかけも、"無効""無駄"あるいは治療者側の"徒労"にすぎないという考え方である。第3に、なおいっそう批判的・拒否的な治療者は、現時点においては、"ジェンダーの病"への精神療法的アプローチは、その理論的根拠を欠き、技法的にも確立されておらず、"ジェンダーの病"に対しては手を出すべきではないといった"門前払い的態度"に徹する考えを主張する人々もいる。私は、これまでのこうした通説に対して、それを現時点において全面的に否定することまではできないにせよ、それでも再検討の余地が多くあるという見解をもっている。より好ましい条件さえ整うならば、"ジェンダーの病"に対しても、他の諸々の神経症と同じように、精神療法的成果

が期待できないものではないということを、次の2症例の精神療法の体験を紹介しつつ、主張したいと思う。

これらの2症例は、約3年間以上に及ぶ「定期的面接」がなされた症例であり、この治療体験から、私は"ジェンダーの病"の精神力動について多くのことを知ることができただけではなく、こうした"ジェンダーの病"に悩む人々への治療的アプローチ・技法についても、多くのことを学びえたのである。

【症例7】Gさん　トランスセクシャリズム（性転換希望症）——受診時21歳、約4年間の精神療法、あせりとゆとり

　Gさんは、21歳の大学生であり、長いこと"ジェンダーの悩み"に苦しんでいた。「自分は男ではなくて、本当は女なのだ」「自分が女のようで、周囲から気持ち悪がられはしないか」「自分のペニスの存在がどうにも不快でたまらない。いっそのこと切除できないものだろうか」「ホルモン注射や性転換手術を受けに、アメリカへ行きたい」と考えるにまで至った。

　Gさんの父親は養子であって、そのため母親が家庭内では大きな影響力、発言権をもっていた。Gさんは4人兄弟の上から2番目で、上には姉さんが一人、下には弟と妹が一人ずついた。Gさんにとって最も大きな心の依りどころは、あらためて言うまでもないが母親であり、それに対して父親は嫌悪と拒否感の的であった。父親の人柄や仕事（弁護士）には興味がなく、"養子の分際"とあざけっていた。

　幼い頃から女性的であり、とりわけ母親とはつねに密着した生活を過していた。姉さんもGさんのことを、家の長男ということでかわいがってくれた。弟や妹に対しては、細やかな気づかいや心くばりを示してはいたものの、Gさんの心の中では、弟や妹は"ペット"と同格であった。

　大学進学のために上京し、1年間は普通の大学生として、つきなみなキャンパスライフを送っていた。2年生の夏休みを過ぎた頃より、ある男子学生M君に思いを寄せるようになり、明けても暮れても、M君への思慕の情がつのり、やがてその後を追いかけまわした。M君の自宅に頻繁に電話をかけたり、手紙を書いたり、誕生日にはプレゼントを贈るという恋愛状態におちいってしまった。明るい人柄のM君は、Gさんのそうした態度に、とりたてて変だとか奇妙だとかとは思わずに、一人の友人としてあたたかく接していた。

M君は，女子学生たちからも好意を集めていたが，Gさんにとってはそれが"許しがたい背信行為"のように感じられたのである。M君の回りに集まる女子学生に対しては，あからさまな嫉妬とむき出しの敵意を示し，とりわけM君ときわめて親しいガールフレンドには，"M君をかどわかすメスブタ"とののしった。

　こうしたM君をめぐっての，M君，他の女子学生たち，Gさんの心理的葛藤と混乱状態に，Gさん自身が耐えきれなくなり，M君に"恋を告げる"という過激な行動に走ってしまった。そこではじめてM君は，Gさんのただならぬ精神状態に気づき，ただひたすら逃げまわるという日々が続いた。Gさんは，絶望感と生きることの何もかもに疲れ果てたという精神状態におちいってしまった。たまたま親戚の一人に医学関係者がいたために，あまりにもやつれ思いつめているGさんの状態を心配して，内科を受診させた。そこから神経科医を介して，私のもとに紹介されて来たのであった。

　約4年間に及ぶ精神療法の過程と展開を，すべて紹介するなどということはとうていできないが，主要な局面だけに的をしぼって論じておきたい。

　精神療法の開始時から，Gさんは治療者との面接時間を，日常生活の重要な一部と感じ取るようになった。それというのも，"ジェンダーの病"について，これほどまでに気軽に話せることに驚き，そこから治療者の存在を，嫌な感情や不快感を示すことなく，ひたすら耳を傾けてくれる理解者・共感者として感じ取っていたようである。やがてしだいに治療者に，依存的，求愛的となっていったが，そうしたGさんの態度は，いささか治療者にとって負担ではあった（治療者の逆転移）。しかしM君との痛ましい恋愛関係や心の傷つきを配慮すれば，治療者が，多少なりとも積極的，受容的に接することによって，Gさんの精神状態の安定をはかることも必要であったであろうと思われる。

　治療者は，Gさんの外的な女性的な言動やふるまい，"性転換"を主題とする内的な願望や空想に理解を示すことに努める一方で，他方では，ホルモン注射やペニスの切除手術については，「一定期間の精神療法を受けた後に，あらためて検討する問題」として，ひとまず棚上げにした。このように，Gさんの「しばらく精神療法を受けてみてから」という"ゆとり"の感情や気持があってくれたおかげで，精神療法の導入の局面はスムーズにいったものと思われる。他のトランスセクシャリズムの人々の場合では，「とても待てま

せん。そんな時間はない。早く手術を受けなければ」という"あせり・あがき"のために，しばしば精神療法への導入が困難となってしまう。

　こうして精神療法の初期の局面では，Gさんにとって治療者は，"理想化された男性像"として，イメージされた。また「もしも男であれば，先生のようになりたかった」とも語っているとおり，H. コフートがいう意味での，自己＝対象（self-object）となっていた。このような理想化転移は，その後の治療者－患者関係の展開の中においても維持され深化されてゆく。Gさんのみならず，こうした症例の精神療法においては，この理想化転移の早急な分析や解釈は，無意味であるばかりでなく危険であることを，私は指摘しておきたい。むしろ治療者を，"男性として"の自己＝対象として作り上げ，それを内在化させてゆくことこそが，Gさんにとってのジェンダーをめぐっての混乱状況を沈静化することにつながるのである。

　精神療法の次の重要な局面では，以下のような問題が，中心的な葛藤や不安となった。すなわちそれは，「治療者が結婚しているかどうか」という疑問であり，「他の女性患者に対して自分よりも親切な治療を行っているのではないか」という猜疑心と，そうした感情を治療者に向かって強く主張すると，「治療者から嫌われてしまいはしないか」，あげくのはてには「見捨てられてしまうのではないか」という怖れとおののきであった。こうした治療者に向けられた猜疑心や，怖れとおののきをまず手がかりとして，GさんのM君のガールフレンドへの憎しみと関連づけて取り上げ，それをさらに一つ深めて，母親や姉さんとの関係にまでさかのぼりつつ，分析を進めた。すると，それまでは"ひたすら美化され憧憬の対象"であったはずの母親への，不満や怒りを意識化するようになった。それまでは，「女性はすべて美しく完全であり，男性はただみじめで，無能で異和感しか感じられない」と，イメージしてきたGさんにとって，女性に対しての憎しみや怒りの意識化は，Gさん自身にとっても驚きであったようである。こうした女性への嫌悪の意識化や自覚にともなって，Gさんは，以前ほどには女性へと性転換したいとは言わなくなった。だからといって，Gさんの内面における女性へのイメージや夢・空想には変化はなく，女性的な言動やふるまいが大きく変わったというわけでもない。しかしあれほどまでにこだわった"性転換"ということは，それほどの現実性や重大性をもたなくなったようである。

　精神療法も2年半を過ぎる頃より，Gさんの内に治療者への競争的感情が

こみ上げてくるようになってきた。

「先生は男性として一人立ちして，仕事もりっぱにやっている。他の患者さんからも好かれているだろうし，大学に行けば学生たちにも慕われているかもしれない。幸せな家庭もある」「それに比べると，自分は男なのやら女なのやら，どうやってこれから生きていけばいいのか」「たとえ好きな人とめぐり会ったとしても，結ばれることはない。一生おあずけを食う状態に置かれている」と，治療者と自分とを比較し，治療者への"ねたみ"を語れるようになった。Gさんのこうした言葉の中には，治療者－患者関係が凝縮されており，その転移状況に関してはさまざまなレベルでの解釈ができるであろうが，ここではあくまでも主要なポイントだけを指摘するにとどめたい。それは，Gさんが，男性としての治療者を，ただ依存的な対象，理想化された男性像・自己＝対象として位置づけるという，発達論的レベルから見るとジェンダーの融合的状態より，自他の分化にもとづきつつ男女差を認め，自分と治療者とを"同じ男性"として感じられるようになったということである。この時期にGさんは，さかんに"悪夢"を見ている。凶暴な動物やホラー映画に出てくるような怪物が，しばしば登場したそうである。言うまでもなく，こうした恐怖を与えるような対象像は，治療者を，すなわち男性一般を象徴している。この精神療法の局面を過ぎてからは，Gさんは，男性に対して激しい恋に落ちるということはなくなり，また男性と一緒にいっても，怖いとか恐いとかいう気持ちにおそわれることはなくなってきた。

日常生活を振り返ってみても，学校に"男あさり"のために出席するのではなく，勉強のために通学するようになった。女性的な男性である自分が，将来どういう仕事や領域で生きてゆけるのかを真剣に考え始め，面接中においてもしばしば将来の職業選択のことが話題になった。現在は，宝石デザイナーの道を志望している。女性とも，良い友人関係でいられるようになり，男をめぐって激しい競争をするということはなくなった。

性転換手術を前提とするのか，しないのか？

Gさんが，精神療法の開始の頃に感じていた空虚感，自己喪失感，抑うつ状態は，著しく改善された。ここでお断りしておきたいことがある。それは，Gさんとの精神療法の導入にあたり，"性転換手術"は，「しばらく棚上げにしてみる」というGさんと私との了解事項ができて，そこからこれまでの精

神療法が進行し展開している。したがって、"性転換手術"を前提とした、あるいはそれを目標とした精神療法とは、その展開プロセスがきわめて異なっている。"性転換手術"を前提にし目標とするカウンセリングや精神療法をも、私は拒むものではない。ただ本稿において、そうした症例を取り上げられなかったにすぎない（つまりそうしたカウンセリングや精神療法も、実際に行っていることも強調しておきたい）。

【症例8】Hさん　同性愛――受診時23歳，約3年間の精神療法，同性愛の真実

　Hさんは，26歳の図書館員である。この職域を選択したことからも推測できるとおり，読書や音楽を好むような内向的なまじめな青年である。Hさんは，自分の同性愛傾向に中学生の頃より気づき始め，そのことでひどく自責感におそわれる日々が多かったそうである。同性愛に対しての不安や自責感は，高校・大学と年齢を経るにつれてますひどくなりながらも，それでも自分の内から生ずる抑えられない欲望に悩み続けた。こうした同性愛についての葛藤は，Hさんの知性化傾向と相まって，A. ジード，M. プルーストなどといった，同性愛に悩んだ作家の作品を読みふけり，その中から自分自身の生き方や在りようを見いだすことで，なんとか解決をはかろうと努力していた。大学進学の際も文学部・仏文科を迷うことなく選択し，卒業後はフランスへの留学を志していた。Hさんのそうした背景から，私の知人の一人である仏文学者を介して，Hさんは私のもとを訪れるようになったのである。しかしこの仏文学者に対しては，Hさんは「あくまでも自分はノイローゼ」と語っており，"同性愛という真実"は語っていない。また知人の仏文学者も，私に対してHさんのことを，「まじめすぎてノイローゼになった」と話しており，Hさんの同性愛については，何も知らされていない。無論のこと，私も知人には「ノイローゼの精神療法をしています」と伝えてある。

　Hさんには，厳格な教育者である父親がいたが，母親はHさんが16歳の時に死去してしまい，その出来事は，Hさんにとって最愛の人を失ったという心の痛手となり，強く喪失感情を引き起こし続けていた。Hさんは，3人兄弟の末っ子で，上には兄さんと姉さんがいる。兄さんは，Hさんに対してはとても優しく，東京の大学に進学する時も，かつてフランスへの留学を志ざした時にも，全面的に支援してくれた。姉さんは，母親が早く死んだという

こともあって，Hさんの世話をいろいろとやいてくれた。ただこの姉さんが，父親ときわめて親密であるために，姉さんが，何かあると父親の側に立ち自分の側に立たないことが，Hさんにとっては大きな不満であった。また姉さんも勉強家であったが，これは父親の影響が大きかったことが推測される。

　Hさんは，大学2年になると，自分の欲望をおさえることができなくなり，同性愛者の雑誌の「紹介欄」をとおして知り合った男性と性関係をもってしまった。Hさんの，同性愛願望における理想の男性は，"中年の優しくて包容力があり，かつ知的で自分自身と文学や音楽について語り合うことのできるような男性"であった。Hさんが望むような男性が，そうそう容易に求められないことは，数多くの同性愛者とのつき合いをとおして気づくのであった。しかしそれ以上にHさんにとって，ショッキングだったことは，Hさんが真剣に人間関係を求めても，相手の年長の男性は，「ただ若い肉体を求めているだけにすぎない」という事実を知ったことにあった。それ以来というものHさんは，同性愛者のたまり場へと頻繁に出入りするようになっていった。夜ともなると，"みじめさ" "やり切れなさ" "淋しさ"とが入りまじった複雑な感情で，同性愛者のたまり場へと足を向けるのであったが，その時その場かぎりの性行為だけがあるのみで，心理的・情緒的には満たされず，すさんでいった。こうした"落ちてゆく自分"への自己嫌悪と，「これではいけない」と思ってみても，どうしてもやめることのできない同性愛行為のために，自責感がひどくなり，「一時は自殺すら考えた」ことがあるという。

　精神療法への導入は，Hさんが読書家で，文学や映像を通して精神療法に関しての，ある程度の予備知識を有していたことより，きわめてスムーズであった。Hさんは，フランスにおける精神分析学の発展を哲学や文学を通してよく知っており，「むしろこういう機会を待ちのぞんでいたくらいでした」「日本では精神分析を受けることが難しいと聞いていました。自分がフランス留学を志ざしたのは，率直に言いますと，フランス文学への関心もありましたが，それよりもパリならば精神分析家がたくさんいると期待していたからです」と語っていた。当時の私もフランス精神分析の論著を翻訳していたりしたこともあり，Hさんとの面接は楽しいものであり，きわめて積極的になっていたように思われる。

　Hさんの"理想とする男性像"と治療者の現実像とが，きわめて近いということもあって，やがてHさんは治療者に対して強い思慕の情を向けるよう

になった。このようにして精神療法の導入からある一時期までは，Hさんが，治療者の中に"理想の男性像"を見いだしたという充足感にいろどられ，その結果，それまでのように同性愛者のたまり場へと頻繁に足をのばすということは減少した。しかしながらその頃になると，「職場の同僚や上司との関係が，どうもしっくりといきません。上司は自分のことを嫌っているのではないかと思います」といった，男性に対しての被害的な不安をも語り始めている。言うまでもなく，Hさんには，"理想化された男性像"と"迫害的な男性像"との「分裂」(splitting)があり，その分裂の機制を取りあつかうことが，精神療法の次の局面の重要な課題となるのである。

　Hさんの父親に対しての拒否感と，兄さんに対しての依存的な感情とが，治療者 – 患者関係の中でくり返し取りあげられた。「そう言えば，今になって思い出すことですが，同性愛者のたまり場で，たまたま知り合った年長の男性に対しても，自分が思慕の感情ばかりを向けていたというわけではなかったように思えます。いろいろと食事や映画などにさそってもらっても，本心から"ありがとう"などと言ったことは，一度もありませんでした。ぼくの心の中には，何か邪悪なものが潜んでいるように感じられます」と語った。このようにして男性に対しての破壊的な感情が意識化されるに及んで，「長年ぼくが，自己嫌悪感や自責感に苦しんでいたのは，同性愛のためだけと思いこんでいました。でもようやくわかりました。こうした自己嫌悪感や自責感は，なにも同性愛だけが原因にあるのではなくて，男性に対しての"邪悪な感情"にあるのだと思います」と，自責感や被害感についての洞察が進んでいったのである。

　Hさんには，これまでも好感を寄せる女性が少なくはなかった。Hさんの誠実な人柄や文学的な素養に，何人かの女性がひかれたのも無理もないことである。しかしHさんは，こうしたガールフレンドたちに対しては，即かず離れずの態度でのぞみ，一方において女性との親密な関係を享受しながらも，他方では「こんな自分を好きになっても幸せにはなれない」と馬鹿にしてもいた。そして，心のどこか奥底で，"女性をもてあそぶことで楽しんでいる自分"についてのおぼろげながらの自覚があった。そうした自分の感情や態度のことを，Hさんは，「自分は女性にはサディストです」と表現している。

　こうした「女性をもてあそびたい」という願望と，あまりにも早く自分を見捨ててこの世を去った「母親への思慕の情」とが，面接ごとにめまぐるし

く現れては消えていった。そうしたHさんの女性への愛着と増悪は、治療者が直接的に分析したり解釈したりするというよりも、M. デュラスの小説『広島わが愛』、ロブグリエの映画『去年マリエンバードで』などについて語り合い、その理解を深めることを通して自覚されたと思う。

同性愛の精神療法の目標の設定、その意義とは？

　同性愛者の精神療法の有効性に関しては、さまざまな議論があり、その点に関して私は他の専門的な論著の中で論及しているので、ここではくり返さないことにしよう。ただこれまでの臨床経験にもとづいて確実に言えることは、精神療法によって性的方向づけ（sexual orientation）が、男性から女性へと変更・修整されるという可能性は少ないとは言うものの、同性愛にまつわる不安感や自責感、すさんだ同性愛行為によって引き起こされた対人不信感、絶望感などは大きく改善されるものである。精神療法の過程と結果として、夜ごと夜ごとセックスのパートナーを取り変えるというような、殺伐とした同性愛行為へののめりこみは解消すると言えるであろう。同性愛者としての自分を、だますことなく率直に見つめることによって、自信、対人関係への配慮などは、必ず回復すると言えるのである。このことこそ、Hさんが私に語った"同性愛の真実"というものなのであろう。

7. むすび："ジェンダーの病"に悩む人々への問いかけ
——根源的心理としての関係性への破壊と憎悪——

　"ジェンダー・クリニック"を開き、仕事を始めてかれこれ10年の歳月が過ぎようとしている。今回、このように執筆の機会を得たことであらためて自分自身の臨床実践と体験とを見つめ直すことができたように思われる。そこで私が、これまでに"ジェンダー・クリニック"の体験をとおして感じたこと、より直接的に表現すると"ジェンダーの病"に悩む人々への"疑問"について、あるいは「どう考えてみてもおかしい」と思う事柄について、率直に述べたいと思う。それらは、次の3点にまとめられよう。

相談の機会への錯覚——"出会い"の喪失——

　"ジェンダーの病"についての情報提供や相談、カウンセリング、精神療法

などの"場"は，現在の日本においてはきわめて少ない（ほとんどないと言ってもよいかも知れない）。内科の先生や歯科の先生が，日本国中にまんべんなく居住して医療に従事しているのに比較すると，"ジェンダーの病"に関しての相談・治療機関は，皆無と言ってよいほどである。こうしたきわめて少ない"出会いの機会"を，私は大切なものとして，受診・来談される方々はもちろんのこと，手紙・電話などでの質問や相談に対しても，時間的・エネルギー的にできる限りの配慮をし最善を尽くしてきたように思っている。ところが最近気づいたことであるが，"ジェンダーの病"に悩まれる方々は，こうした日本の実情を，まったくご存知ないようである。"ジェンダーの病"について，数多くの相談機関があって，しかも数多くの精神科医や心理学者が，相談・治療にあたっていると思いこんでいるフシが見られる。この"どこにでも""いつでも""いくらでも"という錯誤のために，せっかくのチャンスを大切にしようとはしない。ジェンダーの悩みについての受診・相談そのものが難しいというだけでなく，現在の日本の診療体制の中では，10分，20分の面接時間ですら貴重なのである。ましてや1時間の面接など，信じがたいことであり，電話や手紙での対応は，考えられないことである。ところが来談・受診される方々は，こうした治療者の側の努力を，"あたり前""当然"のことと思いこんでいて，そのためにおたがいの気持や感情にどうしても食い違いが生じてしまう。

心を見つめる姿勢・態度のとぼしさ——日米の違い——

このことは，なにも"ジェンダーの病"で悩まれる人々に限られることではないのであるが，つまり対人恐怖症，強迫神経症，抑うつ状態といった，さまざまな神経症や精神病の人々においても見いだせる現象なのではあるが，とりわけ"ジェンダーの病"の人々においては，その感が強い。それを一言で言い表わすならば，"心を見つめる姿勢・態度"（psychological mindness）というものが，著しく欠けているように思われるのである。相談，カウンセリング，精神療法といった"形にならないもの"には評価を置かず，ホルモン注射や性転換手術といった"形に見えるもの"に価値を置きすぎるのではないだろうか。こうした，心を見つめる姿勢・態度をもたず，相談，カウンセリング，精神療法を無価値化する人々と接することが，これまで実に多かった。そのことは精神療法家としては，本当に悲しいことである。

まったく対照的とも言えるだろう。あるいは私には不思議にすら思われる現象であるが，同じように"ジェンダーの病"で悩みつつも，米国においてはカウンセリングや精神療法がきわめて重要視されている。しかも相談・受診される方々も，こうしたことを求められる。またそうしたカウンセリングや精神療法がないことに対して，大きな不満をいだく。ところが日本の場合は，よほどのことがない限り，こうした心理学的行為を評価しようとはしない。同じように"ジェンダーの病"に悩みつつも，米国と日本ではどうしてこれほどの差ができてしまうのか，私には実に不可解である。

関係性への憎悪――他者を傷つけてやりたいという情念――

最後に特に述べておきたいことは，"ジェンダーの病"の人々との相談，カウンセリング，精神療法を行いつつ，どうしても感じないわけにはいかなかった深刻かつ最大の難問である。こうした人々は，人間関係-関係性（対象関係）に，きわめて激しい破壊と憎悪とを，心の奥底に有しているのではないかという疑問を，私はいだいてしまった。その一例として表2, 3にも現れているとおり，問い合わせはするものの，長期間にわたる精神療法的関係を作り上げることがきわめて困難であることがあげられる。また少しでも自分の意に沿わない，思いどおりにならないとなると，激しい憎悪と敵意をあからさまに表現しぶちまける人々が多い。いささか瑣末な例をあげるならば，問い合わせの手紙に対して，徹夜をして長文の返事を書いても礼状の一通もこない。深夜に不安になって相談の電話をかけてきて，私がねむい目をこすりながら長時間にわたって真剣に応対しても，気持が落ち着くと「ありがとうございます」の一言もなく，一方的に電話を切ってしまう。休日や夜間に特別に面接時間を設定しても，それが日本の標準的な医療システムからすれば，特別な行為であるはずなのだが，それを当然のことと思っている。あといやがらせの手紙やいたずらの電話が多くて困り果ててしまう。本当にこうしたことは人間を傷つける行為であり，こういうことが積み重なると治療者の側に，"ぬぐいさることのできない不信感や恐怖感"が生じてきてしまうことになる。やがて"ジェンダーの病"は嫌だという否定的感情が生じてしまいかねない。こうなってしまうことが私にとっては一番恐しいように思われる。

慢性統合失調症をはじめとして，深刻な病理や障害をかかえた人々の精神分析的精神療法に長年にわたりたずさわったH.F.サールズも，もちろん私と

は比べものにならないくらい彼は努力と苦労をしていると思うが，同じような感想を述べている。「こうした患者の行為や態度が，長年にわたり積み重なりくり返されていくと，治療者の心の中にある人間への愛情とか信頼の気持がぐらついてきてしまう」と。こうした人々が心の奥底に押し隠している，"他者を傷つけたい願望""復讐と怨念""見返してやる。見下してやる"といった情念を，ストラーは，"ジェンダーの病"の主要な精神力動と見なして，そこから"愛の姿をとった憎悪"と結論づけた。正直なところ，私も同じ事象を見てしまったという思いである。このような激しい情念は，面接状況の内で必ず治療者にぶつけられるのであるが，それに耐え，乗り越え，解消していく作業は，大仕事である。近頃はたしてまだ私に，それをやりぬく力があるのかどうなのかと，考えこんでしまう時間が多い。

おわりに

これらの問題点や困難，私の側の限界を充分に自覚しつつ，これまでの体験を基盤として"ジェンダー・クリニック"を，ささやかながらも発展させてゆきたいと願っている。

末尾ながら，私にジェンダーという大きな問題構成を提示してくださった"来談者・受診者"の方々に感謝をいたします。

文献（冒頭に述べたとおり，プライバシーの厳守ということもあり，ここでは以下の2点に限って載せた。それというのも，私のこれまでの学会での口頭発表，専門図書，学術論文は，すべて守秘義務をもった専門家を対象として書かれているためである。）
1) 及川 卓（2012）「小児期・青年期の性同一性障害の精神療法。その"幻想と現実"」第53回日本児童青年精神学会・シンポジウム講演 (6).
2) Stoller, R. J. (1980) Personal letter（7月11日付）.

【資料補足】
1979年から実験的に試みた私の"ジェンダー・クリニック"は，その後いくつかの試行錯誤を繰り返しながらも，多くの方々の関心を呼び，多数の問い合わせや来談希望へと発展していった。そこで，1991年に場所を移動して，より複雑な問題にたいしても柔軟で速やかな対応ができる治療構造を作り上げようと計画し，「ジェンダーとセックスに悩みを持つ人々の心理臨床相談室」を開設した。以下の表（表4～表7）は，来談者の状況を具体的に整理したものである。またそれは本論文（本章）だけでなく，本書全体を概観するにも役立つようになっている。

表4 「ジェンダーとセックスに悩みを持つ人々の心理臨床相談室」(1991年〜2010年)
——来談者数と相談内容(臨床的分類にもとづく)の一覧表——

	1991年-1995年	1996年-2000年	2001年-2005年	2006年-2010年	合計
男性性別変更希望(MtF)	8名	24名	15名	10名	57名
男性性別違和状態	9名	7名	5名	7名	28名
女性性別変更希望(FtM)	4名	6名	14名	8名	32名
女性性別違和	2名	1名	2名	1名	6名
女装症	2名	1名	2名	1名	6名
男性同性愛(Gay)	12名	11名	10名	6名	39名
男性既婚者の同性愛(Married homosexual)	2名	2名	1名	0名	5名
女性同性愛(Lesbian)	1名	2名	3名	1名	7名
女性の既婚者の同性愛(Married lesbian)	2名	1名	0名	0名	3名
各種の性嗜好障碍(小児性愛, S&M, 露出症, 覗き症, フェティシズム, 電車内痴漢行為, etc)	18名	24名	28名	16名	86名
セックス依存症*	3名	4名	9名	4名	20名
性機能不全(男性・女性)	5名	6名	10名	0名	11名
夫婦不和・セックスレス不倫, 別居, 離婚, etc	9名	18名	21名	10名	58名
複雑な性的問題を伴うパーソナリティ障碍	4名	5名	3名	5名	17名
精神病状態	1名	2名	1名	1名	4名
両親面接, 合同家族面接, 学校関係者, 医療関係者への助言や協力, サポート, その他。	3件	5件	8件	4件	20件
HIV感染(MSM)**		1名	3名		4名

　2011年以降は、いまだ継続中であったり、断続的に精神療法やカウンセリングを行っているケースもあるために、臨床的関与の結果を評価するには時期尚早と考えて、2010年までに臨床的な結論が出たケースだけを一覧にした。
＊「セックス依存症」は、本書の13章の症例数と一致していない。セックス依存症は、さまざまな臨床像を示し、この一覧表においては、「パーソナリティ障碍」や「性嗜好障碍」「同性愛」など、それぞれのケースにおいて、主要な症状・問題と思われる分類項目に振り分けたためである。
＊＊HIV感染(MSM) 4名のうち、3名はゲイであったが、他の1名はそれを特定できず、HIV感染の項目を、あえて男性同性愛の項目とは切り離し別項目にしてある(MSM：Men who have Sex with Men の略)。

表5　性別違和状態の初診・来談時の年齢

	男　性 性別変更希望	男　性 性別違和	女　性 性別変更希望	女　性 性別違和
10代	4名	3名	7名	
20－24歳	10名	3名	9名	2名
25－29歳	12名	5名	8名	2名
30－34歳	10名	3名	5名	1名
35－39歳	5名	3名	2名	1名
40－44歳	6名	6名	1名	
45－49歳	4名	3名		
50－54歳	2名	1名		
55－59歳	3名	1名		
60－65歳	1名			
合　計	57名	28名	32名	6名

表6　性別違和状態の精神療法やカウンセリングの経過と期間

	男　性 性別変更希望	男　性 性別違和	女　性 性別変更希望	女　性 性別違和
1回限りの面接	16	1	4	
1～3回のコンサルテーション	12	2	13	3
3ヵ月のカウンセリング	5	1	2	1
6ヵ月の定期的面接やカウンセリング	3	5		
1年間の定期的面接やカウンセリング	4	3	9	1
1年間～2年間の精神療法やカウンセリング	2	7	1	1
2年間～3年間の精神療法やカウンセリング	4	4		
3年間～4年間の精神療法やカウンセリング	3	1	2	
4年間～5年間の精神療法やカウンセリング	1		1	
5年以上の定期・不定期の精神療法やカウンセリング	3	2		
10年以上定期・不定期の精神療法やカウンセリング	1	2		
性別変更後もカウンセリングを継続的に続けている人々の継続	3			
合　計	57	28	32	6

表7　性別違和状態の精神療法的成果

	男性 性別変更希望	女性 性別変更希望
1回限りの相談やオリエンテーション。	12	4
一方的な中断・無断のキャンセル・連絡が取れなくなるようなケース。	16	10
性別違和に関する情報提供の範囲の面接を求める人々	6	6
医学的な計画的行動や指導のレベル	8	5
性別変更の具体的・実際的準備まで進められる人たち	4	4
性別変更手術，そして戸籍の修整を実現し達成できた人々 **医学的・法的性別変更を達成した人たち***	9	3
性別変更手術をしたにもかかわらず，あえて戸籍の修整や名前の変更を行わなかった人*	1**	

　13名の性別変更後の精神的安定と社会適応は"良好"である。このことは，性別変更にあたっての準備段階として，あるいは前提として，一定期間の精神療法やカウンセリングな有効であることを実証するものと考える。これらの方々は，年単位での定期的なカウンセリングを受けられていた。段階的に，医学的な手続きや，家族を含めての周囲の人々との協調的関係，性別変更に伴う職場の調整，仕事のスキルアップなどを，精神療法的関係を通して入念に準備できた成果である，と評価できるのではないだろうか。
* 13名の性別変更後の精神的安定と社会適応は"きわめて良好"である——このことは，性別変更にあたっての準備段階として，あるいは前提として，一定期間の精神療法やカウンセリングが有効であることを実証するものと考える。これらの方々は，年単位での定期的なカウンセリングを受けられていた。段階的に，医学的な手続きや，家族を含めての周囲の人々との協調的関係，性別変更に伴う諸々の手続き，職場での調整，仕事のスキルアップなどを，精神療法的関係を通して入念に準備できた。このように長期間にわたるカウンセリング（性別適合手術や改名，戸籍の変更に必要とされる証明書類を入手するためだけの形式的な来談ではない）が，トータルに考えるならば，大きな成果を上げるための必要条件となる，と評価できるのではないだろうか。
**この方の場合は，ご高齢でもあるために，ご家族のことを考慮して，法的な手続きを取られなかった。しかし，老年に入ってからの「自己実現」に大いに充足されていると伺っている。

【追記】
　本稿は1989年に執筆され，**表2**（19頁），**表3**（20頁）は，1979～89年までの臨床活動（ジェンダークリニック）を表として数量化したものである。本書を刊行するにあたって，それ以降（1991～2010年）の"ジェンダーやセックスに悩みを持つ人々の心理臨床研究室"に来談・受診された方々の臨床分類と整理を試みることで，"心理臨床研究室"の活動を客観視することができるのではないかと考えた。
　表4「来談者数と臨床分類」は，表2，表3に対応しているので，それぞれ（1989年と2010年）を比較してみることは，性別違和状態，LGBT，性嗜好障碍，夫婦間緊張・セックスレス，HIV感染者などの臨床的−時代的変遷を知る上で興味深いものとなっている。
　さらに本稿の中心的なテーマとなっている「性別違和状態」に関しては，他の臨床グループと切り離し，より詳しく検討を加えてみた。**表5**「来談数と年代」，**表6**「治療の経過と期間」，**表7**「治療的関与の成果・評価」を見るならば，"性別違和状態の臨床的動向"が具体的に見て取れると思われる。

2章　女性的資質

その病理性と創造性

（1986年発表）

はじめに

　同性愛の人々や——なにもそれだけに限ったことではないが——，それ以外にもさまざまな性的逸脱や障害を呈している人々と接した際に，しばしば「女っぽい」「女々しい」「女性的な人物」といった印象や感想をいだくことが多い。こうした印象や感想はさしたる根拠をもたないもののようでもあるけれども，実際にかなりの人々が共通していだいている。
　そうした事実から，性的逸脱や障害と"なにか女性的なもの"との間に，どこかで深い結びつきがあったり，それぞれに関係しているのではないかと推測されるのである。
　筆者は，かなり以前よりこの点に着目して来ており，かつ，その辺を手がかりとすることで，性的逸脱や障害，あるいは倒錯，性犯罪，性的問題行動など，こうした領域に一つのアプローチが可能なのではないかと考えていた。この"なにか女性的なもの"は，それまで女性的性格，女性的特徴として周縁的に取り扱われていた事柄であった。それを本稿ではあえて中心に置き，新たな問題構成を行ってみたいと思う。
　性的逸脱や障害にはさまざまなものが存在しているが，本稿において取り上げるものは，主として性別同一性障害（Gender Identity Disorder），2，3の倒錯，性的問題行動やその周辺に限られている。それらはトランスセクシャリズム（Transsexualism），女装症（Transvestism），多種の同性愛（Homosexuality），フェティシズム（Fetishism），小児性愛（Pedophilia），いくつかの性犯罪（強姦）や性的問題行動（乱交）などである。

1. 女性的資質

　性的逸脱や障害と，"女性的なもの"とが，どこかで結びつき，関係しあっているのではないかという感想や印象は，かなり問題の核心をついているのではないか，と筆者には思われてならない。その点に論及するに先立って，こうした「女っぽい」「女々しい」といった印象や感想が，どこに由来するのかを考え直し，論議を整理しておきたい。

　なによりも女性的とも呼べるような言葉使いやふるまい，行動やしぐさなどに目が向いてしまう。まず最初にこうした人々のことが頭に浮かんでくるが，このような人々の女性的言動や態度は隠しようもないほどはっきりとしている。女っぽいしぐさ，女もどきの数々の振るまいは，周囲から嫌悪や顰蹙(ひんしゅく)を買うこともしばしばである。

　しかし，こうした自分たちの女性化傾向を，あたかも自己主張するかのごとく人前で露わにしている人たちだけではなく，むしろ，そうでないような普通の人々の中にも，いやそれどころか，男っぽいと見なされる人々の場合にすら，こうした"女っぽさ"のようなものを感じ取ることも少なくないのではなかろうか。こうした人々は，一見したところ，露わな女性的特徴を呈しているわけではないことは言うまでもない。

　つまり，多くの人々が直感的に感じ取る，こうした"女っぽさ"とは，なにも外見上露わで，表面に出現していて，誰の目にも明らかとなり，直接的に女性性を訴えて来るものだけではないようである。こうした"女っぽい感じ"は，もう少し広い範囲にまで及んでいるようであるし，それはなんとも言い難く，微妙なもののようである。それらはどこか心のより深いところで，そんな風に感じ取らせるものがあるのであろう。

　それらは，たとえば，ものに対する見方とか，興味や関心のもち方，空想とか夢，事態や問題に対しての対処のし方など，どこかで女性的なのである。さらに詳しく見てゆくならば，女性に接する際のきめこまやかさ，共感的態度や受容能力の高さなどもあげられよう。男性であるといささか困難を感じたり，とまどったりするような場面でもうまく適応したり，なじんだり，女性と一緒にグループを作り，それに無理なくとけこんでしまっていたりしている。

こうしたことすべてから，女性的なものとの強いつながりを十分に推測させるこれらのことこそ，外見上の女性的特徴より重要で，見落としてはならないことなのである。

以上のように，女っぽさを筆者はかなり広くとらえていて，普通に見て「女性的」といったものだけに限ってはいない。通常感じ取れる女っぽさは，あくまでもそうした「女っぽさ」の，氷山の一角にすぎないであろう。外見上の問題行動から内面的空想に至る広い範囲での女っぽさというものを，筆者は念頭に置いている。そこでそれらをここでは「女性的資質」と呼んでおこう。

もちろん，ここで言う「女性的資質」は，女性的性格，女性的傾向とでも言い換えたり，また，そのように表現することも可能な，ある種の心理学的資質である。実際に，そうした言葉の方が，これまでも頻繁に使用されて来たし，なじまれてもいる。しかしここであえて，"性格" "傾向" "特性" という，従来の用語ではなく，女性的資質という用語を提示するに至った理由は，すでに述べた外見の印象にもとづいたものと決定的に区別しておきたいためであった。

女性的資質は，それが表面に表われ，それとして感じ取ることのできる部分もある。しかしそれと同時に，これは単なる外部からの観察によってだけでは把握したり指摘することが困難であるような部分でもある。

したがって女性的資質とは，その個人の発達過程や人格構造と深く関係し，日常生活のさまざまな局面での活動やその動機をも含む力動的概念なのである。

2. 「指標」としての女性的資質

ここでは女性的資質というものが，性的逸脱や障害にとって「指標」（indicator）になりうるものであるという，筆者の観察と見解とを述べておきたい。ただし，ここで言う指標とは，女性的資質のそのありようが，顕在的であって，外部から観察や確認が可能であるという意味であるだけでなく，再構成されてはじめて理解できるような力動的な指標という二重の意味を含んでいる。

この指標は，著しく女性的であったり，女性的な印象を与えていたりする

ような人々にとってはいたって自明なことであろう。しかし筆者が強調しておきたい点は、このような印象をさほど与えなかったり、まったくそうしたものがなかったり、あるいは、それどころか正反対に男性的な印象を与えるような人々の場合にあってすら、「指標」となりうるものだという点である。

　第1に、トランスセクシャリズム（性転換希望症）、女性型の男性同性愛、一部の女装症の人々は、現在、女性的であるだけでなく、発達の全過程をとおして女性的であった。こうした人々における女性的資質は、直接的に観察されて指標として見落とされることはまずないだろう。

　第2に、女性型ではない男性同性愛、一部の女装症は、いささか女性的、あるいはやや女性的である。だが、発達の過程をさかのぼると、明らかに女性的であった一時期が見いだせる（患者の発達歴を聴取すると、「子どもの頃、"女みたい"とか"女っぽかった"と言われました」と多くの患者が語っている）。

　第3に、男性的な同性愛や男性性を自己確認したり、男性性の承認や保証を追求している倒錯や性的問題行動（たとえば乱交）、性犯罪（たとえば強姦）は、一見したところ女性的ではない。むしろ、外見から来る印象や行動それ自体は男性的ですらある。しかし、こうした人々の発達歴には、女性的であったというエピソードが見いだせることもあれば、そうでないこともある。

　第4に両性愛、小児性愛、フェティシズム、など倒錯の各種。このようなグループでは、明白な女性化のエピソードや発達の一段階は見いだしにくい。ただ第3、第4のグループにおいては、強い母親への固着であるとか、母親同一化などがあり、豊富な女性的資質の持ち主であることは、力動的分析をとおして明らかにされることであろう。

　第1、第2のグループにおいて、その女性的資質は、明白な「指標」であり、第3、第4のグループにおいては力動的に分析し再構成された「指標」となる。外見上の指標は、その症状や問題の表れから容易にとらえられるものである。むしろ、重要なのは力動的な指標の方にあるであろう。

　さらに、こうして指標に加えて、筆者は"第3の指標"ともいうべきものを考えに加えている。それは、こうした性的逸脱や障害においては現在がどうであれ、明らかに女性的であった発達の一時期が存在していた。この臨床的事実に発している。

　すでに述べたように、こうした人々が、発達の早期においてきわめて女性的であったことは、「小さい頃"女みたい""女の了のようだ"と言われまし

た」という患者たちの言葉からもうかがわれる。

　もちろん，それは客観的にそのことが観察されるようなケースもあれば，力動的に再構成する手続きの中で，その存在を推量されたものであるようなケースもあろう。

　だが，これこそが性的逸脱や障害をとらえるための最も重要な指標であって，これをひとまず"発達論的指標"と呼んでおきたい。筆者としては，この３種の指標を有効に活用することで，性的逸脱や障害，各種の倒錯や問題行動をすみやかにとらえられるものと考えている。

　この発達において，女性的であった一時期を女性的段階——筆者は女性的態勢（Feminine Position）という用語を好むが——とひとまず呼ぶことにしよう。発達のごく早期におけるこの女性的段階は，それが比較的容易に通過してしまう場合，正常な男性性への一段階にすぎないものである。しかし何らかの要因によって，そこに固着したり，長く停滞する時には，これはその後の性的逸脱や障害の恰好の病因となってしまう。

　こうした女性的段階への，何らかの原因による固着は，その個体をとりまく諸条件によって，少なくともその表れ方はかなり異なる。このそれぞれの差異に大きな注意を払いたい。

3.「動因」としての女性的資質

　女性的資質そのものは，とりたてて目くじらを立てなければならないものでもないし，特別な注意を払い，すぐさまその対策や治療を必要とするものでもない。それは正常な発達や調和のとれた人格においては，穏やかな形で存続し，人間生活のさまざまな局面を色どる要因ともなっている。

　それでは性的な逸脱や障害と深く結びついて，しかもその病理を引き起こさせるような女性的資質とは，いったいどのようなものであろうか。正常範囲のものと病理性を有しているもの，許容可能なものと注意を払わなくてはならないもの，そこまではいかないものなど，それらを識別し評価することが，すぐさま頭に浮かんで来る。

　結論を先取りするようであるが，まず第１に，性的な逸脱や障害を示す人々の大部分（全部ではない）は，明らかに病理的な女性的資質を有していると言える。そして第２に，性的な障害のありよう（病状），型態（臨床分類），

そして表れ（臨床経過）などは，その女性的資質の病理性の質と量によって規定されてくる。

それらの点を詳しく述べると，以下のようになる。
① 病理的な女性的資質を生み出すこととなった何がしかの原因（体質，あるいは発達早期の外傷など）。
② こうした女性的資質をよりいっそう病理化させ膨張させてしまうような，もろもろの環境的，外的誘因。
③ 女性的資質の病理化を促進させてしまう内的な葛藤や緊張。
④ そうした女性的資質の病理化の進行をコントロールしたり，食い止めようとする防衛機制。あるいはその力を弱体化させ修整させる修復の働き。さらには"昇華"や"置き換え"。

これらおのおのの要因がからみ合って，性的な障害，倒錯や問題行動は，そのさまざまな姿や形を出現させたり進行させたりしていくのである。

病理的な女性的資質は，次のような特徴を有している。
① 女性的資質の《強度》……著しい強さと力をもった女性的資質。
② 《深度》（あるいは"進行程度"）……人格や活動の全体から見て，あまりにも深く進行し，重大な影響を与えるまでに拡大してしまっている。

4. 女性的資質の分類

さまざまな性的逸脱や障害，2, 3の倒錯，そして性犯罪や問題行動を，病理的な女性的資質の進行と顕在化という角度から分類と記述を試みてみたい。

それらを筆者は，ひとまず四つのグループに分類した。

第1は，女性的資質の病理性がきわめて深刻かつ重度であるグループ。

第2は，女性的資質はかなり病理的なレベルにあるものの，その拡大をなんとか食い止め，特異的ながらも防御が機能し，やっとのところで安定しているグループ（むろん，この安定は，不安定と動揺の上に立った安定にすぎない）。

第3は，女性的資質の病理性が，第1，第2のグループに比べるとやや穏やかで，その病理をより部分化，限局化することに成功しているグループ。それは代償されたり補償することで安定がはかられている。

第4は，精神病の悪化や進行によって，女性的資質の病理的拡大が生じ，女性化を顕在化させてしまうグループ。

さらにこうした病理的な女性的資質との対比で論じておきたいこととして，女性的資質はかなり力をもちつつ，しかも影響力が大きいながら，病理性を有することなく，またそれを呈することもなく「置き換え」や「昇華」を可能にしている，より適応的な人々の存在である。こうした人々についても，女性的資質の一面として最後に触れておきたい。

(1) 第1グループ
　女性的資質の病理性が，かなり重度でかつ深刻で，人格や活動の全領域あるいは大半が，こうした病理的な女性的資質によって支配を受け，その影響のもとにある。
　① トランスセクシャリズム（性転換希望症）。
　② 女装症。
　③ 女性型の同性愛。
　性別同一性障害の重要なものは，ほとんどこのグループに属することになる。こうした人々は，当然のことながら，日常生活の全般にわたってきわめて強い女性化傾向や特徴を露わなものとしている。そして人生の最早期より現在に至るまで一貫して女性的であった。

(2) 第2グループ
　女性的資質そのものは，かなり病理的ではあるにしても，第1のグループに比べると，その強度が弱く，また進行程度も浅く，そのため防衛によってかろうじて一定の安定が保たれている。
　① 男性性強調型の同性愛。
　② ある種の強姦や乱交。
　③ 病的で極端なまでの女嫌い。
　こうした人々は，一見したところ男性的性格の持ち主であって，男性性を追求しているような印象すら与える。だが，それは人格の土台を揺るがし，日常生活や対人関係に歪みを生じさせかねない，肥大化し強力になりつつある女性的資質に対しての特異的な防衛にすぎないのである。
　だからこそ，こうした人々の男性性への偏愛と執着は度を越していて，それは，すなわち女性的資質への反動と裏返しと見なしうる。日常生活の行動や目的は，しばしば男性性の自他への確認と保証に費やされている。

(3) 第3グループ

より部分化されたり限局化されているもの。このグループにおいても，女性的資質の病理性は疑うべくもない。ただ第1，第2のグループに比較してみた時に，その女性的資質が活動や生活の全体にまで拡大しておらず，部分的なものにとどまりそれを限局化することに成功している。

① 両性愛。
② 小児愛。
③ 倒錯者のパートナー。

女性的資質の病理は，主として他者を介しての《代償行為》や《補償作用》によって食い止められているところに，その特徴がある。こうした人々の問題や病理は一見したところ見つけにくい。

(4) 第4グループ

精神病の進行や急激な悪化によって，それまで安定していた人格が解体し，とりわけ女性的資質が病理性を帯びてしまう。精神病による混乱と女性的資質の病理が重複し，性転換妄想を語ったり，自己去勢などの自傷行為，女装や女性化した数々のグロテスクなまでの振るまいが，日常生活で目立つ。しかし精神病の沈静によって，こうした女性的資質の病理化も回復する。

① パラノイアや妄想精神病。
② 急性精神病。

(5) 新グループ（第5）について──創造性と美的感性の源泉──

さらにここで取り上げた病理的な女性的資質のグループと対比させつつ，同じように強い影響力がある女性的資質をもちつつも，性的逸脱や障害には至らない人々の存在である。こうした人々にあっては，その女性的資質は，人格の内部で中和化され統合されて，人格の安定した一部分を形づくっている。そうした人々は，女性的資質を源とする女性的な空想や観念を，ファッションやデザインなどのさまざまな創作活動に《置き換え》ることができる。

さらに豊富な女性への同一化や共感的態度が《昇華》されると，産婦人科医，精神科医，教育者，あるいはサイコセラピストの仕事へと向かわせることにもなる。

むすび

「女性的資質」は，確かに性的逸脱や障害の一要因にしかすぎないものなのかもしれない。そして広い範囲に及び，さまざまな型態を示す性的逸脱や障害，多様な倒錯に対しては，いろいろな角度からの検討やアプローチが求められてしかるべきであろう。

だが筆者は，ここであえて強調しておきたいのであるが，この「女性的資質」なるものこそは，それらの理解や解明にとって本質的なものと見なしうると考えている。そして，その上に，将来におけるより深い探求が求められ，そこから大きな成果の期待できる"突破口"であるとも確信している。

文献

1) Bettelheim, B. (1954) Symbolic Wounds：Puberty Rites and the Envious Male. Glencoe, Ill: Free Press. (岸田訳『性の象徴的傷痕』せりか書房，1971.)
2) Böhm, F. (1930) Über den Weiblichkeitskomplex des Mannes. Internationale Zeitschrift für Psychoanalyse 17: 185-209.
3) Jung, E. (1967) Animus und Anima. Zürich: Rascher. (笠原訳『内なる異性——アニムスとアニマ』海鳴社，1976.)
4) Klein, M. (1932) The Psycho-Analysis of Children: The Writings of Melanie Klein, Vol. 2. (小此木ほか編訳『児童の精神分析』メラニー・クライン著作集第2巻，誠信書房，1995.)
5) 及川 卓 (1983) 「男性性確立の挫折と崩壊——性別同一性障害」. 清水・村上編『青年の精神病理3』弘文堂.
6) 及川 卓 (1983) 「女性忌避——アブジェクションの原表現」『現代思想』11 (5) 203-211.
7) 及川 卓 (1989) 「女性的資質と美的創造性（その1）——女性親和型と女性忌避型：谷崎潤一郎と折口信夫」第36回日本病跡学会発表.
8) 及川 卓 (1989) 「Cross Gender Transference——転移‐逆転移における男性性・女性性：抑うつ状態にある女性の精神療法の体験より」第8回日本心理臨床学会大会発表.
9) 小此木啓吾・及川 卓 (1981) 「性別同一性障害」『現代精神医学大系8』中山書店.
10) Stoller, R. J. (1968) Sex and Gender: On the Development of Masculinity and Femininity. Science House.
11) Stoller, R, J. (1978) Boyhood gender aberrations: treatment issues. J Am Psychoanal Assoc 26 (3): 541-558. (及川・中野訳「少年期の性別の逸脱——治療上の諸問題」米国精神分析学会編集／日本精神分析協会編訳『精神分析学の新しい動向——米国精神分析論集 1973-1982』岩崎学術出版社，1984.)

3章　性別違和状態の精神療法的展開
性別違和を生き抜く人々

(2011年発表)

はじめに

　小児期・青年期を含む「性同一性障碍」(Gender Identity Disorders) は，1983年の『DSM-III』において提示され，その後，幾度かの修正を加えられながら，『ICD-10』(1992年)[29]，『DSM-IV-TR』(2000年)[1] において，やや形式的には見えるが，診断基準や臨床像の一般的な記載がなされている。そして性同一性障碍の原因に関しても，生物学的基礎に依拠する立場から，心理学的・環境的要因を重視する立場まで，数多くの見解が公表されてきた。

　筆者が，本稿において考察しようとするものは，性同一性障碍の診断基準や分類，あるいはその原因（病因）ではない。それらに関しては，他の専門書にゆだねるとしたい[30]。筆者としては，第1に，精神療法的関わりを通して見た青年期の性同一性障碍の多種多様で複雑極まりない臨床像と，そして第2に，性別違和を抱えながらも，青年期の発達課題に立ち向かう性同一性障碍の人々を，精神療法的観点より理解をしたいのである(注1)。

1. 青年期の性同一性障碍の臨床登場
　――臨床像の多様性・複雑さ，柔軟な対応の重要性――

　これまでにも，筆者は繰り返し指摘してきたが，性同一性障碍，あるいは「性別違和状態」(Gender Dysphoria) は，"性別違和の訴え"を中核に置くという以外には，それぞれのケースにおいて，それぞれに特徴的な訴えや心理が存在して，実に多様で複雑な臨床群である。当然のことながら，その臨床的

過程や転帰も驚くほど異なっているのである。

　性別違和感を強く訴える青年期のケースに対して，精神療法的に関わる場合，以下の三つのテーマが，論議の的になる。あるいは，そこで大きな混乱と誤解が発生しているように思われる。それぞれのテーマを整理しながら，臨床的に考察を進めていこう。

(1) 青年期の性同一性障碍は，成人期の「前段階」なのか？　あるいは小児期・学童期の「延長段階」なのか？

　そもそも性同一性障碍の臨床的定義や範囲は，成人期にある性同一性障碍や，広くは性別違和を訴える人々を通して，概念化されたものであった。今日においてこそ，わが国においても，思春期・青年期の性別違和状態の人々の来談があって，この発達時期のケースに接することは，難しくはなくなってきている。しかしながら，この分野の研究の始まりにおいては，米国においても，思春期・青年期の症例報告は，きわめてわずかであった。

　① 再構成と事後性そして青年期の直接観察の重要性　　したがって，青年期における性同一性障碍についての知見のすべては，成人期における性同一性障碍，すでに成人期に達している性別変更希望者（Transsexualism）の発達歴から，いわば「再構成」（reconstruction）したものであった。「再構成」された青年期が，成人期にある性同一性障碍の人たちが，性別変更（性転換希望）を周囲に承諾させるために，あるいは，性別変更を医学的に合理化するために，「事後的」（deferred action）に，彼ら自身の青年期像を作り上げたどうかを，判別することは，客観的に見て非常に困難である。

　性別変更の"マニュアル化"が進んだ現在において，この傾向はますます顕著になり，性別変更手続きにとって有利に働くような，青年期発達の一局面・自己像のみが，語られるようになってきている。現状における思春期・青年期の性同一性障碍の概念化には，残念ながらこうした一面があることも，無視することはできないのである。

　以上のような臨床的な背景から，青年期における性同一性障碍の臨床像に関しては，今後，さらに多数の思春期・青年期のクライエントを，彼らの青年期の発達過程に則して，同時進行的に観察することが求められる。さらには追跡調査によって，補完されることがいっそう望ましい。そうした地道な臨床的作業の積み重ねが，将来における，青年期の性同一性障碍の臨床像の

トータルな認識をもたらすであろうし，それによってより適切な臨床的な関わりや支援も，可能になるのではないだろうか[22]。

② **小児期・学童期の性同一性障碍の追跡調査の成果** さらに，研究初期においてはきわめて少なかった，小児期・学童期の性同一性障碍の観察や研究も，近年になって，現れるようになった。小児期・学童期の性同一性障碍の臨床的観察に加え，治療的な関与の有効性や転帰に関しての資料や記録は，小児期・学童期の性同一性障碍のみならず，性同一性障碍全般に関する，驚くほどに豊かな知見をもたらしている[5) 28) 30)]。

小児期・学童期に始まり，思春期・青年期を通過し，成人期に至る性同一性障碍の発達・成長的な変化は，思春期・青年期の性同一性障碍が，小児期・学童期の性別違和状態の"単純な延長線上"にはないこと。さらに，思春期・青年期の性同一性障碍が，成人期における性同一性障碍の"予備軍"でもなければ，"前段階"でもないことを，明らかにしてくれた。

③ **成人期の性同一性障碍がもたらした知見** 画一化された臨床的基準に収まりきらない，性別違和を訴える数多くの人たちと接し，性同一性障碍の臨床的複雑さを実感させられ，私は研究当初より，その臨床分類に関して，いくつかの提案を行った。

既に成人期に達している性同一性障碍の発達歴・生活歴を聴取しながら，それぞれのケースにおいて，当然のことながら心理的・社会的条件を，それぞれに異にし，かなり異なった経過を経て，成人期の性同一性障碍へ到達した事実を認識したのである。つまり成人に至って，性同一性障碍という自己認識，周囲からの評価を得るまでには，さまざまで複雑な発達的経緯と臨床的背景があって，それぞれのケースにおける思春期・青年期の臨床像は，驚くほどに異なっていた。

小児期，学童期において，ほとんど性別違和を自覚せず，それがあったとしても，きわめて漠然としていたものにすぎず，思春期，青年期に入ってから，性別違和を明白に自覚するようなケースもあれば，小児期から周囲との性別違和を感じていて，青年期に入って，鮮明にそれを自覚したというケースもあった。また，高校生・大学生の時期には，普通にガールフレンドがいて，「卒業して就職したら，結婚することは当然」「男としての生き方に，何の疑問も抱かなかった」ケースが，ある時期から，自分自身の男としての生き方に強烈な違和感や嫌悪感を覚えるようになったというケースもあった。

以上，成人期の性同一性障碍の知見から，性同一性障碍，性別違和状態が，それぞれの発達段階において特徴的な性質や表現を有しているという臨床的認識が導き出されるに至った。それはまた，青年期の性同一性障碍に対して，精神療法的に関わろうとする者にとって，つねに直面させられる臨床的難問なのである。

(2) 青年期の性同一性障碍は，すべて性別変更を希望するのだろうか？ また必要とするのだろうか？

青年期の性同一性障碍は，中学生・高校生の時期に，性別違和感を表現する。"自分の性別が，何か違っているという感覚や感情""本来の性別を受け入れてもらいたいという思い"，そうした自分を受け入れてもらいたいという訴えや言動から，周囲の人々からは，奇異な眼差しで見られ，苦しむようになる。さまざまな精神医学書や心理学関係の本を読んだり，最近は，インターネットを通して，性同一性障碍に関する多くの知識，それらは主としてホルモン療法や性別適合手術についての具体的情報を獲得する。ケースによっては，性同一性障碍の自助グループとコンタクトをとったり，積極的に参加したりするようにもなる。

かくして，性別違和は，周知の事実となり，両親や家族，友人や知人，学校関係の人々によって，精神科受診や臨床心理士への来談となる。

しかし，青年期における性別違和状態のレベルは，実にさまざまで，人格や，言動の広い範囲において，他の性別と自認するケースもあれば，性別違和を実感していても，あくまでもそれは，内面的な感覚や気分，空想のレベルに留っていて，もしも本人がそれを語らなければ，周囲は，性別違和感をもっていることに，まったく気がつかないというレベルもある。

次の点が，臨床的－精神療法的に重要になるのであるが，「性別変更プログラム」の希望は，すべてのケースにおいて，最初から求められるわけではない。それを求める程度も熱意も，ケースによってさまざまのレベルがある。言い換えれば，精神療法的関わりの始まりから，強く性別変更プログラムを求めるケースもあれば，あるいはそれが目的で受診し来談するケースもあれば，当初は漠然としたままであった性別違和感が，精神療法の過程でより明確に自覚され，「性別変更プログラム」へと，治療目的がシフトしてゆくケースもあった。精神療法の全過程を通して，性別違和感を強く訴えながらも，

結果的には「性別変更プログラム」を求めないケースもあり，場合によっては，いったん開始したプログラムを中断してしまったり，自らの意思で諦めてしまうようなケースもあった。

精神療法の展開の中で，自分自身が，他の性別で生きることが，「より好ましい，無理がない」という結論になって，その結果，性別変更プログラムへ参加してゆくケースもあった。またそれとは正反対に，当初，あれほど強く性別変更プログラムへの参加を要求していたケースが，精神療法のやりとりの中で，神経症的問題が改善され，周囲との関係や社会適応がよりスムーズになったために，性別違和へのとらわれが減少してゆくケースもある。また別の自分や人生の目標を発見することで，性別変更プログラムを，棚上げにするということもあった。

精神療法の展開によって，心理的感情的な不安定さが調整され，自我の現実検討力がより良く機能するようになると，性別変更プログラムの具体的手順を，より自分に即して考えられるようになり，「まだその準備が整っていないように思います」「私には合わないのかもしれません」「今のところ，その必要性を感じなくなりました」と言い出すケースがあった。

このように，性同一性障碍の精神療法においては，性別変更プログラムは，不可避のテーマであり，間違いなく中心的な話題ではあるが，しかしながら，精神療法的相互作用によって，必ずしもそこには至らないという臨床的事実に驚かされた。

(3) 青年期の性別違和状態のすべてが，性同一性障碍なのだろうか？ それは目的か手段か？

性同一性障碍が，社会的関心事になり，マスコミやジャーナリズムから注目を浴びることが多くなり，さらには当事者の「手記」やTV出演によって，性同一性障碍の"ある一面"ばかりが強調され過ぎてしまい，性同一性障碍のいささか単純化され・片寄ったイメージが作り上げられ，"キャラクター化"が出現している。そしてその一方で，精神科・心理臨床・教育現場においては，性同一性障碍への対応の標準化・マニュアル化も進行している。

こうした事態に，筆者が多少なりとも危惧の念を抱かざるをえないのは，特定の臨床理論や概念枠に依拠してではなく，精神療法上で出会ったさまざまな問題に発しているのである。

第1に，性別変更に伴うであろう多大な困難に対して，人は当然のことながら躊躇を示すが，そのような消極的な反応ではなくて，精神療法の開始時においても，その後の展開の中においても，性別変更プログラムを求めることもなく，"性別の揺れ"を表現しながらそこに留まり続けるケースの一群の存在に気づいたからであった。性別変更プログラムを強く希望し，「それが叶えられないならば，生きていても仕方がない」「自分の本来の姿を取り戻したい」と主張していたケース（中学3年生）が，必ずしもその後の性別変更プログラムへと前進したわけではなかった。そのケースに留まらず，当初，強い性別違和を訴えながらも，性別変更プログラムへ参加することに，「そこまではしたくない」と，不安感や抵抗感を表現するケースもあった（大学2年生）。しかしながら，こうしたケースも，成長するに従って性別変更を希望するようになるのであろうと，筆者は予想していたが，大学入学後も，ことさら性別変更を急ぐ様子は見られなかった。

　第2に，中学生の頃から，性別違和感で悩み始め，それを担任の先生に周囲に打ち明けると，「あなたは性同一性障碍だから，将来，ホルモン療法や手術を受けることになります」と言われて，「そこまでしなければ，自分は，いけないのだろうかと，正直言って，不安になりました」と語るケースと出会ったことがある。また大学1年生になる別のケースでは，精神科医を受診したところ，「あなたは性同一性障碍で，そのための手術を受ける資格が，すでにあります」と診断されて，「しかし自分が望んでいることは，手術ではなくて，この"性別の不安定感と曖昧さ"を解消したいだけなのです」と反論して，「その精神科医とは気まずい雰囲気になって，困りました」と，自身の経験を話すケースもあった。両方のケースにおいても，その学校の先生，そして精神科医も，"善意の人"であったことは間違いない。しかしながら，性別違和感を訴える人が，すべて性同一性障碍であるといった先入観があったようだ。その結果，ケースとの間で，微妙なズレが生じてしまった。「学校の先生から，性別変更プログラムを押し付けられているようで嫌だった」「お医者さんの方で，性同一性障碍を前提にして私を見ているようで，困りました」という訴えは，少なからず聞いている。性別変更プログラムが，既知のものとなり，マニュアル化されるに従って，精神科・心理臨床，学校教育現場での，こうしたズレは，しばしば起きているようである。

　さらには，高校3年生のケースであるが，性別違和感に苦しみ，「自分と同

じような苦しみをもっている人と話し合うことができれば，自分がどういう状態にあるのか，そしてどうしたらよいのかがわかるかもしれない」と期待して，性同一性障碍のサポートグループに問い合わせてみたところ，そのグループのメンバーから，「親や周囲に対して，カムアウトして，性別変更のプログラムを"実践するべきだ"と指示されて，混乱してしまった」「それが合う人もいるかもしれないけれど，自分とは違うように思います」と語るケースもあった。この場合は，性同一性障碍のサポートグループにおいても，「性別違和状態とは，イコール性同一性障碍であり，それは本人の自覚と努力によって，性別変更プログラム積極的に参加していかなければならない」という，前者と同様の先入観に起因している。

第3に，当事者による出版物や，自己PR，さらには芸能活動によって，"理想化された性同一性障碍のイメージ"が形作られ，その理想化されたイメージに支配されてしまうようなケースとも見いだせた。そうしたケースにおいては，性別違和感を抱いていたとしても，性別変更プログラムにとっての，必要かつ十分な臨床的・社会的条件を満たしておらず，プログラムの追及が，これらのケースにとって，必ずしも適しているとは思われない状態にあった。性別変更プログラムを理想化して，性別変更プログラムを"人生の万能的治療薬"のように思い込む状態に陥ってしまっていた。そもそも性別変更プログラムとは，性別違和状態のより好ましい心理・社会的解決のために作り上げられた医学的一手段に過ぎない。しかしながら，それが自己目的化してしまい，一手段であったはずの性別変更プログラムが，自己目的化してしまい，自分自身を精神的に思い詰め，社会的に追い詰められてゆくといった青年期の性別違和状態とも，数多く出会ってきた。

これらのケースは，以前から精神医学的報告において記載される「非性転換希望型の性同一性障碍」（non transsexual type GID）と関連するであろうし，当事者の間でしばしば使用される言葉「トランスジェンダー transgender（TG）」（自分の性別は拒否しても，だからといって性別適合手術や法的手続きを求めるわけではない。改名の手続きはするけれども，性別適合手術の必要性を感じない）とも関係する問題なのであろう。また筆者がかつて言及した「性変容精神病」[20]とも重なっていて，興味深い。

この三つの問題群は，現在，青年期の性同一性障碍に対して，精神療法的

に関わろうとする者にとって、つねに直面する困難な課題であると、筆者は考えている。

以上のことを踏まえ、筆者は、自身の症例を報告しながら、青年期の性同一性障碍の臨床的多様性と複雑さ、そして柔軟な臨床的対応が求められることを、説明してゆきたいと思う（注2）。

2. 精神療法の展開──性別違和感の出現と青年期発達課題──

性別違和感が小児期や学童期など発達の早い段階から現れているケースにせよ、思春期・青年期に至って初めて自覚されたケースにせよ、そしてまた、心理的にも家族的にも安定し、恵まれた環境に生きるケースから、経済的にも恵まれず、家庭内の不和でさらには性別違和のみならず、他の精神医学的疾患をも明白に併発させているケースまで、さまざまなケースを見いだせるが、青年期の性同一性障碍は、青年期にある人間が直面する心理社会的な発達課題と結びついて、多様な臨床像をとって現れる。そして性別違和感を解決しようという努力そのものが、性同一性障碍という結果をもたらしているケースもある。ここで取り上げるいずれのケースも、性別違和状態を乗り越えようとする壮絶な努力を行っている。実るにせよ実らないにせよ、これらのケースは、青年期の性同一性障碍の内面を理解する手がかりを与えてくれるはずである。

第1グループ──発達早期からの性別違和は明白であり、思春期・青年期に入って、より拡大したが、その問題と正面から向き合い、性別違和感を逆に活用して、社会的進路へと前向きに結びつけることができたケース。性別違和の昇華

【症例1】Aさん（MtF）　初診時は中学3年生　デザイナー

Aさんは、強度の神経症的症状や不登校を伴っていた。その意味では、思春期や青春期における、ありふれたケースとも言えなくもない。しかしながら、このケースにおいて興味深い点は、性別違和感を訴える男の子がもつ独特の美学的な感覚、センスにある。言い換えれば、女性化した男性の有する美学的特性へとも言えるであろう（注3）。

Aさんの性別違和感は、学童期より見られ、明らかに女性的な振る舞いや

言動が目立っていた。周囲との違いを，薄々感じてはいたが，中学校に入ると，性別違和感は決定的なものになった。内向的な性格であり，男子同士の遊びやスポーツについてゆくことができず，ますます自分自身の内面へと向かうようになった。女性の衣服やファッション，アクセサリーへの興味をもち，絵を描いたり，「美しい女性になりたい」という女性化空想へとますます没入したりするようになる。それとは反対に，男性的な肉体的変化を，穢らわしいもの，汚いものと感じるようになり，不潔恐怖が始まった。それをきれいにしたい，清潔にしたいと感じて，頻繁に手を洗ったり，1日に何度も入浴したり，男性の衣服を着ることを嫌悪するようになった。

　Aさんは，高校に進学するもしだいに不登校がちになり，それに気づいた保健の先生が，筆者への受診を進めることになる。

　精神療法的関係において，不潔恐怖や強迫行為と，その背後にある性別違和感との繋がりについて，Aさんが理解を進め，やがて不安感や強迫行為は軽減された。高校へも登校できるようになり，卒業も可能になった。さらに，このケースが本来的にもっていた女性的なものへの関心や興味を積極的に伸ばし，ファッション専門学校への進学もかなった。

　当初は強く希望していた性別変更に関しても，20歳前後までは希望があったが，その後その希望は漠然としたものになり，28歳の現在において，もうしばらく様子を見てからでいいと思うと，話すようになっている。

　性同一性障碍の男の子の美学的な感性について，深く理解させてくれるケースでもある[12) 14) 16)]。

【症例2】Bさん（FtM）　初診時は高校1年生　スポーツインストラクター

　幼い時から活発で，スポーツ万能であった。男の子と一緒に遊ぶことを好み，近所の少年野球チームやサッカーチームでは，弟の代役として，参加することもあった。弟よりも，野球やサッカーははるかに上手で，チームからは，弟よりも「役に立つ，頼もしい存在」と見なされていた。特にサッカーの才能は秀でていて，Bさんのその後の人生を方向づけてゆくことになる。

　当然のことながら，本人は自分自身を男性と思い，中学に入った頃から，制服を着ることを嫌がり始めた。テレビやインターネットを通して，性同一性障碍のことを知り，自分自身もそれに間違いないと確信するようになった。中学3年時に，信頼する担任の先生に性別違和感について相談し，理解を示

してもらい，それが「自分はいったい何なんだろうか」という不安定感を鎮めてくれたという。高校1年時に，母親に打ち明けるが，母親は驚愕して，数名の精神科医を経て，筆者への来談となる。

　自身の性別違和感を的確に言語化し，ホルモン療法をはじめとする性別変更のプログラムを希望する自立した一面をもちながら，母親への強い甘えを示すという幼い一面をも併せもっていた。「お母さんならきっとわかってくれる。私のお母さんだから，わからないわけはない」といった，母親への万能感や理想化を示していた。

　「わかってくれないならば死んだ方がマシ，これからどうやって生きていってよいかわからない」といった，抑うつ的な感情も示していた。「貯めた小遣いでホルモン剤を買って，飲んでみようとも思いました。いっそのこと，親に知らせないまま"決行"してしまおうかとも思いました」。性別変更には，一定の手続きと，そのための長い時間が必要とされるということを説明すると，ため息を漏らして落ち込んでしまったり，治療者が結局のところは親や周囲の味方になって，性別変更の希望をくじくのではないかと，アンビバレントな感情を示したりもしていた。

　このBさんにおいても，自分自身のあり方や，生き方，自分自身のイメージをつかめずに混乱していた。Aさんのケースのように，自分自身の好む分野で身を立ててゆくことが可能であること，周囲から評価してもらえることを知ることによって，暴走しかねなかった性別変更の要求が，一歩一歩進めるという，より現実的な努力へと繋がった。それは大学進学や，将来の職業選択という，青年期的な発達課題にも，適うものであった。

　Bさんにおいては，こうしたスポーツへの関心をより社会化させ，体育学部への進学が実現した。精神療法を開始した当初の性別適合手術への要求は強固なものであり，その後も持続している。それを両親や教師に執拗に訴えては，周囲を困惑させていた。性別変更への要求は変わることなく，ただ精神療法的な関わりによって，性別変更プログラムへの"暴走"を食い止め，それを一つずつこなしてゆくという現実的で，発達課題に則した具体的な努力へと修正することが可能になった。性別違和を訴えによって生じた，周囲との緊張状態は薄れて，大学での成績も優秀とのことである。

第2グループ——性別違和感の自覚と認識が，家族との葛藤を引き起こし，結果的にそれが社会的自立へと繋がった。性別変更とは，嫌いだった両親との決別であり，新たな自分との出会いとなった。理想化された自己像の追求と無価値な自己の抹消 forclusion [10] [11]

【症例3】 Cさん（MtF） 初診時21歳　家庭崩壊と理想化された自己

　このCさんの家族は混乱しており，父親は暴力的で母親は無力であり，家庭内は諍いが絶えなかった。そうした家族に対して，Cさんはすっかり心を閉ざしており，「いつかは幸せな女性になる」ということだけを心の支えにしていた。

　Cさんの女性的な傾向を父親は嫌い，そのことで叱られたり，怒鳴られたりすることが多かった。高校1年時に，母親とともに家を飛び出す。その後は，アルバイトをしながら生活を支え，さらには性別変更プログラムの準備を行うようになってゆく。21歳の時に筆者のもとを訪れているが，この時点においてかなり女性化が進み，女性として仕事（ホステス）に就いていた。経済的にも自立しており，すでに恋人もいた。Cさんにおいて，印象的であったことは，性別変更がただ単なる医学的目標なのではなく，新しい自分との出会いになるという点にあった。「男性であった時の自分は，なにも楽しいことはなく，両親の諍いでうんざりした自分だった」「より素晴らしい，より幸せな家庭を築くため，私は女になるんです」と，Cさんは語っていた。

　Cさんにおける幸せな自分とは，まさしく理想化された自己像であった。青年期における理想化された自己像は，これまでにも指摘されているが，このケースにおいては，そうした理想化された自己像（幸せな自分）の追求が，性別変更という形で，出現している。その実現のためには，いかなる苦労も努力も惜しまないという，青年期的な情熱が，いずれのセッションにおいても，治療者に伝わってきた。

　その後，性別変更プログラムを完成させた時点で，このケースは，「きっぱりと過去と決別」して，一女性としての新たな人生を送っていると聞いている。Cさんは，過去において「男性であったことを知っている」すべての人間関係を断ち切り，「男性であった」過去を証明する一切の書類や記録を"抹消"した。当然のことながら，性別変更を承認する旨の証明書を手にするやいなや，治療者との接触も，1年後に「問題なく生活をしています」という挨拶状（終結の際の約束）を送ってくれた以外，まったくない。Cさんの無意

識は，治療そのものも抹消したかったのであろう．自らの人生を抹消するという，推理小説仕立ての展開は，性同一性障碍の精神療法で，時々出会う人間的事実なのである22) 24)．

第３グループ——性別違和感と，それを解消することが，青年期発達の段階特有の自己確立のテーマと結びつくだけでなく，さらに性別変更手術や社会的手続きを求めることが，青年期的な理想追求となったケース．性別違和感を通して，家族への反抗，既成の秩序や価値観への反発と抗議

【症例4】Dさん（FtM）　初診時高校2年生　家出のケース

　Dさんも，**症例2**（Bさん）と同様に，幼い頃からお転婆で，スポーツ万能であった．特に格闘技を好み，「個人スポーツや球技では，まったく物足りない．最も男らしいスポーツはボクシングです」と語っていた．中高一貫の女子校に進学したが，さっぱりとした気性なので，多くの女子同級生たちから好意をもたれた．

　中学3年の時から女子校の制服を嫌がり始め，「自分は男だから」と，両親に主張するようになった．教師でもあった父親が担任の先生に相談して「一時のことかもしれない」となだめられたが，それに納得できない両親は，「娘は病気です，心を病んでいます」と，精神科医を受診させる．しかし，その精神科医からは，あっさりと性同一性障碍を認めるようにと説明されてしまう．その精神科医に対して両親は激しく憤り，校長に相談し，他の精神科医を受診することとなる．

　こうした両親の一方的な態度や，教師や医師のもとを連れ回るといった行動に対して，やがてDさんは激しく抵抗するようになった．自分を性同一性障碍として認めるか否かが，彼女にとっての人間評価の唯一の基準となり，「それを認める人が良い人，認めない人が悪い人」となり，その基準によって，すべての人を分類するようになった．おのずと学校内の先生や受診する医師の評価も，対応した．

　高校2年時になると，インターネットを介して知った性同一性障碍のサポートグループにも参加するようになり，そこにおいて積極的に自分自身の窮状を訴えるようになる．またサポートグループのメンバーの支援を受けて，両親を批判するようになり，両親もまた，「あなたは騙されているだけ」と，

Dさんの主張に反発し，毎日のように家庭内で論争が，続くようになった。この時期，Dさんにとって，人生の目標は，性別変更プログラムであり，心の支えとなる理想は，"性別によって差別されない社会"を作り上げること。その実現のためには，「自分自身の人生をささげても悔いはない」と考えるまでに達した。

親世代がもつ既成の価値観と，それに対する青年の側の反発と反抗，さらには抗議行動といった一連のテーマは，青年期臨床においては，よく知られているテーマである。

Dさんのみならず，青年期の性別違和感は，それを解決する手段として，性別変更を求めるのであるが，それを認めようとしない家族や周囲との緊張と対立によって，自分自身を，明確に性同一性障碍と，社会的に自己認定・定義するのである。とりわけ自分自身を知りたい，自分を認めてもらいたい，自分自身の生き方を作り上げたいという自己実現への要求が強い場合は，なおのことである。さらには，「苦しんでいるのは自分だけではない。同じように苦しんでいる人たちもいる」「差別を受ける者同士が連帯し，ともに戦って行こう！」といった社会への高い意識をもっているケースにおいては，性別変更は，ある種の「運動」となる。こうしたケースに出会う度に，筆者は若き日に見聞した学生運動を思い起こす。

Dさんには，中学校の頃から同級生に恋人がいて，その恋人との関係を両親に咎められ，ついには家出をしてしまう。Dさんは恋人と同棲しながら，現在はサポートグループの主要メンバーとなっている。

第4グループ——性別違和感を抱え込んでしまい，それと青年期のもろもろの発達課題を，統合的に解決することができずに，社会的に孤立してしまうグループ。パートナーとの出会いによって悪循環から脱出したケース

【症例5】Eさん（FtM） 初診時22歳

青年期の性別違和状態は，他の精神医学的な問題を併発させていることが多く，しばしばそうしたケースへの対応が求められることになる。Eさんは，性別違和感をもちながらも，それに関しては家族も周囲も協力的であり，理解を示していた。しかしながら，重度の対人恐怖とうつ状態で，高校2年時から不登校状態に陥る。家で引きこもった生活を続けていたが，「このまま

ではいけない」と思い，アルバイトを始めてみるが，周囲からは好奇の眼差しで見られてしまい，働き始めてもすぐに辞めてしまう。それは性同一性障碍が原因というよりも，Eさんの対人関係を形成する能力や，協調性・社会性の無さに由来していた。しかしEさんは，その事実をもって，「自分は差別されている。自分が本当の男性ならば，こんなひどい仕打ちは受けないはずだ」と，周囲への被害感を募らせ，ますます孤立を深めるという悪循環に陥ってしまっていた。

性別違和の問題に，正面から立ち向かうわけでもなく，自分自身を苦しめている神経症状の治療に，本気で取り組むわけでもなく，仕事も続かず，かといって他の目標も無く，劣等感と自信喪失の日々を続ける有り様であった。

Eさんにとって転機となったのは，年長のMtFとの出会いであった。Eさんより10歳以上も年長のMtFのこの人は，かつて筆者のクライアントであり，精神療法の経験を有していた。彼女との出会いによって，Eさんは心理的にも落ち着き，生活面でも支えられ，安定した日々を過ごすことができるようになった。また彼女の思いやりや，親切な助言によって，自分自身を見つめ直すことができるようにもなる。当初，警戒心を隠さなかった精神科医へも，継続的に受診するようになり，投薬を受けて，それまで苦しんでいた不安や不眠，うつ状態からも，次第に回復するようになった。そして，負担の少ない作業やアルバイトであれば，続けられるようにもなってゆく。仕事場で，男性として受け入れられているという感覚，お金を稼いで，それなりに自活しているという感覚は，自己回復に繋がった。また，彼女のアドバイスによって，通信教育を受け，専門的な技能を身につけようという社会的目標ももつことができた。こうした社会的な課題を達成できたのは，何といっても，「男として働き，お金を稼ぎ，そして女房を養い，『夫としての責任』を果たしたい」といった気持ちと，自分自身を男性として受け入れてくれる存在がいることによって，自信を回復し，社会的孤立に陥ることから脱出することができたからである。

これまでに，精神療法的関わりより，性同一性障碍，広くは性別違和状態にある人々たちの青年期への理解を進め，考察を加えてみたが，それを一言で述べれば，性同一性障碍には，性同一性障碍なりの青年期があって，"性別違和感"という一点を除けば，他の青年期にある人々と，なんら異なること

はないという，単純で明白な事実である。これまで多くの青年期臨床の専門家によって語られてきたように，自立と自己確立が，その中心に存在する。そして精神療法的関わりは，性別変更を目指すにせよ目指さないにせよ，この自立と自己確立に意味を見いだしてゆく試みにほかならない。

むすび──社会と文化の変化──

性同一性障碍の分野に長年にわたり理論的・実践的に関わってきて，あらためて実感したことは，セックスやジェンダーの領域が，文化的・社会的・歴史的に相対的なものであり，それは地域を超え，文化を超え，歴史を超えて，あらかじめ決定されているような，普遍的・絶対的なものではないということである。事実，筆者が，臨床的実践や研究を行ってきたこの約40年の間においても，「同性愛の精神医学的疾患リストからの削除」「性同一性障碍の社会的認知，権利の保障」「性的マイノリティへの理解と支援」といった具合に，大きな時代の変化と潮流を体験している。21世紀に入っても，こうした社会的・文化的な大変化は続いてゆくであろうし，そうした変化は，青年期精神療法にとっても，大きな変革を迫ることになるだろう。性的少数者の問題は，少数者が受け入れられ，より良く暮らせる社会への改善の流れの中で，とりわけ性同一性障碍に関しては，そうした生き方も，一つの性別として理解し，多様な性別の在り方（gender variant）を受容する社会が求められるであろう。筆者としては，今後，性同一性障碍の精神療法的アプローチにおいては，"性別の多様性を受容し意義づける臨床的姿勢"（gender variant loving psychotherapy）が求められると思う。青年期の性同一性の精神療法においては，性的マイノリティの社会的主張や，文化的な変化を，柔軟にかつ誠実に対応してゆく臨床的姿勢が重要となろう。

注
(1) 本稿においては，「性同一性障碍」「性別違和」「性別違和状態」「性別違和感」などの同義的で，類似性を含んだ用語が多用されている，混乱を避けるために，若干の説明を加えておきたい。
　「性同一性障碍」については，「身体sexは男性（女性）でありながらも，心や人格・内面の性別genderは，女性（男性）」「発達の早い段階，すなわち幼少期，学童期から，自然に女性化（男性化）していた」「こうした"性別の違和"や"不一致"は，成長過程でより確固となり，修正や変更をいっさい受け付けない」「本人は，こ

の心の性別 gender と生物的性 sex のギャップに，非常に苦しんでいる」状態にある。こうした認識に導かれて，「社会は，こういう人々の性別違和感や不一致を認めて，むしろ社会的性別 gender に生物学的性 sex を一致させるべきである」。そして，「治療的には，精神医学的評価，心理カウンセリング，ホルモン療法，性別適合手術等の『性別変更プログラム』を速やかに進めて」，さらには「法律的にも，戸籍上の性別変更を許可して，より好ましい社会適応を可能にする」という方向性が生まれた。

あらためて説明するまでもなく，明確で，しかも変更不能な「性別変更（性別適合手術や戸籍の訂正）」（性転換希望者）を求める人々のみが，厳密には「性同一性障碍」と呼びうるであろう。しかしながら，自分自身の性別に対して，不快感や違和感，変更の希望を訴える人々は広範囲にわたり，しかもそのすべてが，性別変更を希望したり，さらには性別変更プログラム（カウンセリング，ホルモン療法，生活場面での練習，外科手術，改名手続き，戸籍の訂正の申請）のいずれかに参加したり，それらプログラムのすべてを全うするわけではない。不一致や違和感，変更の希望を訴える人々の臨床像は，実に多種多様であって，「性同一性障碍」の基準には，きっちりと収まりきらないケースがたくさんある。上記のような性同一性障碍の定義・診断基準は，あくまでも精神医学的"理念型" Idealtypus に過ぎないのである。

また思春期・青年期という発達段階が，人間的な変化に富んでいて，発達の過程，家族を含む環境の変化，精神療法の展開を通して，こうした訴えや悩みはさまざまに変化してゆく。そこで，性別に違和感を覚える人たち全体を，「性別違和状態」と呼んでいる。そして，明確な性別変更の手続きやプログラムの実施にまで至った人たちを，「性同一性障碍」として区別した。

「性別違和状態」と「性同一性障碍」という，この二つの概念は，それぞれに重なり合っていて，基本的に大きく異なるものではない。性同一性障碍の臨床研究者のあいだでは，この両者は，文脈的に使い分けられている。本稿においても，それぞれのケースの状態と精神療法的関与の時点によって，これらを使い分けている。

(2) 青年期の性同一性障碍において，見落とせない臨床的問題。

　1. 思春期・青年期の性同一性障碍においては，性別違和感のみならず，さまざまな神経症状や，問題行動等を併発させているケースが多い。

　青年期の性同一性障碍に関連する特徴的な症状や問題行動としては，以下のようなものがある。一見してわかる通り，思春期・青年期のあらゆる神経症的，人格構造的な可能性を含んでいる。

　① 強迫症状。強迫観念，強迫行為。
　② 抑うつ感，空虚感（思春期以降に出現）。
　③ 不登校，あるいは学校内での，さまざまなトラブル。例えば，仲間はずれやいじめ。
　④ 長期間に及ぶ引きこもり，社会や周囲の人々との関係を回避する傾向。
　⑤ 不安やパニック。
　⑥ 心身症状や身体化された訴え。例えば，アトピー，偏頭痛，下痢。
　⑦ 青年期中期以降になると，性別違和状態に，統合失調症や，パーソナリティ障碍が併発しているケースが多くなってくる。

　2. 性別違和感で悩みを訴えるケースの家庭環境や家族関係には，その家族特有の

問題や葛藤を，ケースによっては家族の病理を抱えていることもある。
　性別違和感を訴える子どもの家庭には，複雑で破壊的な家族力動が影を落としていることがあって，くれぐれもそれを見落としてはならない。
　また，子どもが「性別変更」を主張し始めて，それを実行に移す姿勢を見せた時に，多くの親たちは，動揺し混乱をきたす。そうした親たちと，「性別変更は，自己実現だ！」と主張して止まない子どもたちとの間に起きる緊張と軋轢，さらには"心の溝"を，どのように和解させてゆくかも，精神療法において求められてくる。
　3．これらのことからも容易に推察することができるが，思春期・青年期の性別違和状態の背後には，深刻な外的・内的な問題が潜んでいることがしばしばある。当然のことながら，精神療法的関わりにおいては，慎重な臨床的評価，そして柔軟な対応が求められてくるであろう。何よりも重要な臨床的ポイントは，それらの問題行動や症状が，ケース自身の人格構造的・精神力動的な不安定さに起因するものなのか，あるいはケースが内面的に抱える性別違和感を，周囲に理解してもらえず，既定の性別役割を強いられることによって，もたらされているものなのかを，見極めることである。
　筆者自身の臨床経験にもとづくと，それぞれのケースによって，レベルの違いはあるものの，この両者が，相互に作用していると考えている。
　4．こうした思春期・青年期の「性別違和状態」「性同一性障碍」が出会う，日常的困難や課題に対して，精神療法的な理解にもとづいて，具体的で現実的なサポートや援助が計られるべきである。具体的には，①"いじめ"対策は，「性別違和状態」のケースにおいて，とても重要である。②日常生活上の実際的で具体的な諸問題への対策。例えば，制服，トイレ，更衣室の使用。書類への（男性名・女性名）記名に関して。③性別違和感の配慮とその受容。必要なケースにおいては，性別変更プログラムの提案など。

(3)　女性的な資質——筆者はかつて，これを"男性における女性的資質"と提示したことがあった。性同一性障碍の男性が，ファッション，デザイン，料理，音楽，演劇などの美学的追究と芸術的能力において秀でていることは，周知の事実である。その事実は，ストラーやグリーンの性別同一性障碍に関する古典的な諸研究においても取り上げられている。男性の内面に深くに存在する女性性のテーマは，ユングによってアニマとして概念化された。こうした男性性の発達過程と，内面に潜む女性性との葛藤を，性同一性障碍の症例（MtF）は，その関連性について理解させる手がかりを与えてくれると，筆者は考えている。

付記

　本稿に記載したクライエント5名の方々には，「症例提示」に関する同意を得ています。さらに匿名性保持のために，精神療法過程に関しては，内容やテーマに影響が出ない範囲で加工と若干の修整を加えました。

文献

1) American Psychiatric Association （2000） Diagnostic and Statistical Manual of Mental Disorders - Fourth Edition Text Revision（DSM-IV-TR）.（高橋・染矢・大野監訳『DSM-

IV-TR 精神疾患の診断・統計マニュアル』医学書院, 2002)
2) 馬場謙一 (1976)「自我同一性の形成と危機——E.H. エリクソンの青年期論をめぐって」. 笠原・清水・伊藤編『青年の精神病理』第1巻, 弘文堂.
3) 馬場謙一・及川 卓 (1988)「性別同一性役割 (Gender Identity Role)」. 西園編『ライフサイクル精神医学』医学書院.
4) Erikson, E. H. (1959) Identity and the life cycle. International Univ. Press. (小此木訳『自我同一性』誠信書房, 1973)
5) Green, R. (1987) The Sissy Boy Syndrome: The Development of Homosexuality. Yale University Press.
6) Jung, E. (1967) Animus und Anima. Zürich: Rascher. (笠原・吉本訳『内なる異性——アニムスとアニマ』海鳴社, 1976)
7) 及川 卓 (1980)「青年期の性的同一性 (Sexual Identity)」.『精神神経誌』82:154.
8) 及川 卓 (1980)「二次的性的同一性」.『精神神経誌』82:525.
9) 及川 卓 (1982)「性別同一性障害の精神療法——男性同性愛者の治療経験から」. 馬場編『青年期の精神療法』金剛出版.
10) 及川 卓 (1982)「トランスセクシャリズムの家族布置——抹殺 (forclusion) めぐって」. 加藤・藤縄・小此木編『家族精神医学』第3巻, 弘文堂.
11) 及川 卓 (1983)「男性性確立の挫折と崩壊」. 清水・村上編『青年の精神病理』第3巻, 弘文堂.
12) 及川 卓 (1986)「女性的資質」. 託摩監修『パッケージ性格の心理第3巻 問題行動と性格』ブレーン出版. (本書2章)
13) 及川 卓 (1987)「トランスセクシャリズム (Transsexualism) の臨床的再検討, とりわけ一次トランスセクシャリズムについて——それは"中核群"か,《理念型》(Idealtypus) か? 性別同一性障害の精神病理 (第一報)」. 精神病理懇話会・日光-87 発表.
14) 及川 卓 (1989)「女性的資質と美的創造性 (その1) ——女性親和型と女性忌避型・谷崎潤一郎と折口信夫」. 第36回日本病跡学会発表.
15) 及川 卓 (1989)「"ジェンダーの病"と精神分析の実践」. 渡辺編『男性学の挑戦』新曜社. (本書1章)
16) 及川 卓 (1989)「Cross gender transference. 転移 - 逆転移における男性性・女性性」. 第8回日本心理臨床学会発表.
17) 及川 卓 (1990)「ジェンダーの変位——ヒジュラの Clinical Ethnography」.『Imago』1 (2) 166-172, 青土社. (本書9章)
18) 及川 卓 (1992)「セックスの臨床心理学」. 藤原編『臨床心理学大事典』培風館.
19) 及川 卓 (1994)「シャーマニスティックな性変容過程とメタ・ジェンダー学」.『Imago』1, 青土社. (本書10章)
20) 及川 卓 (1995)「ストラー博士との対話——ジェンダー・アイデンティティーの精神分析的研究」.『別冊 現代のエスプリ 精神分析の現在』至文堂. (本書付論1)
21) 及川 卓 (1997)「性別同一性とロールシャッハテスト——女装症の精神分析的心理療法とロールシャッハテスト」.『ロールシャッハ研究』32:55-69.

22) 及川　卓（1999）「精神病水準にあるトランスセクシャリズム（仮称）——性別同一性障害の精神病理(第二報)」．第 22 回日本精神病理学会発表，『臨床精神病理』20 巻．
23) 及川　卓（1999）「性同一性障害の社会心理的側面——GID の精神療法の経験から」．第 1 回性同一性障害（GID）研究会発表．
24) 及川　卓（2000）「女装症——ジェンダーの分割と変換：性別同一性障害の精神病理（第三報）」．第 22 回日本精神病理学会発表，『臨床精神病理』21 巻．
25) 及川　卓（2001）「精神療法の展開からみた"法的再認定"の象徴的意義——法律的問題と精神療法の現場」．石原・大島編『性同一性障害と法律』晃洋書房．
26) 及川　卓（2002）「精神療法の中で出会う家族の問題——混乱と受容，そしてそれぞれの成長」．第 4 回性同一性障害（GID）研究会発表．
27) 小此木啓吾・及川　卓（1981）「性別同一性障害」．『現代精神医学大系』第 8 巻，中山書店．
28) Stoller, Robert J.（1978）Boyhood Gender Aberrations: Treatment Issues. J Am Psychoanal Assoc 26: 541-558.（及川・中野訳「少年期の性別の逸脱：治療上の諸問題」日本精神分析協会編訳『精神分析学の新しい動向』岩崎学術出版社，1984.）
29) World Health Organization（1992）The Tenth Revision of the International Statistical Classification of Diseases and Related Health Problems（ICD-10）.（融・中根ほか訳『ICD-10 精神および行動の障害——臨床記述と診断ガイドライン』医学書院，2005.）
30) Zucker, K. J., Bradley, S. J.（1995）Gender Identity Disorder and Psychosexual Problems in Children and Adolescents. New York: The Guilford Press.（鈴木・古橋・早川ほか訳『性同一性障害——児童期・青年期の問題と理解』みすず書房，2010.）

付論1　R. J. ストラー博士との対話
ジェンダー・アイデンティティ研究の事始め
こうしてジェンダー違和の研究は出発した
（1981年10月30日　UCLAにて）

（1995年発表）

ジェンダー・アイデンティティの研究"事始め"
—— 1955・UCLA

及川　卓　私が，ストラー博士の3番目の著書『性倒錯・愛の姿をした憎悪』(Perversion: the Erotic Form of Hatred, 1975)の日本語訳に取り組んでいることは，以前にもお話ししました。日本語版の末尾に，私はストラー博士の研究の概説を書いて，日本の研究者や一般読者に博士の研究のわかりやすい紹介を提供したいと願っています。そこで本日，いろいろとおうかがいしようと思いました。

　日本では，その研究や理論をよりよく知ろうと思うならば，その研究の成り立ちというか，歴史というか，そうした学問研究の流れというものを知ることが一番だと，よく言われます。ですから博士の，ジェンダー・アイデンティティや，ジェンダー障害の，臨床的研究に立ち向かわなければならなかったような状況や背景について，是非ともうかがっておきたいと思います。それはちょうど，フロイトの初期の臨床経験を知ることが，精神分析理論の理解に必要不可欠だということと，似ていると思います。

　そしてまた，そうした事情をうかがいたいと思う理由の

付論1　R.J.ストラー博士との対話

中には，精神分析的に言うと，私の博士に向けた転移や同一化といったような，私自身の問題をも明確化しておきたいという動機もあるように，私自身は自己分析しています。
　ストラー博士の研究の出発点からお話し下さい。
ロバート・ストラー　始めたいきさつから，お話ししてゆけばよいのでしょうか。
及川　はい，そうお願いします。できれば，出発点から，これまでの研究の流れについても，ご説明して下さい。
ストラー　ジェンダー・アイデンティティに絞ってですね。
及川　1950年代の前半から1960年代にかけて，……確かジェンダー・アイデンティティという概念の最初の提示は，1963年だったと記憶しています。ストラー博士が，ジェンダー・アイデンティティという概念を，提示しなければならなかった事情について，特にその必要性について，さらにストラー博士の患者との出会いや，学問的状況について，などです。
ストラー　ジェンダー・アイデンティティを研究することが，私の一生の学問や研究になるとは，私自身まったく思ってもいませんでした。だいいち私は研究に興味がありませんでした。また私は，著作活動にも興味はなかったのです。ただ私としては，精神医学の仕事をし，精神分析の臨床実践をしたかったにすぎませんでした。そしてまた教えたいという気持ちもありました。ですから自分が，ジェンダー・アイデンティティに関して仕事をすることになるなどという思いは，まったくありませんでした。
及川　それは驚きました。まったく予想もしていませんでした。ストラー博士が，ジェンダー・アイデンティティの研究のパイオニアになってゆく経緯について，いったい臨床場面において，何があったのだろうかと，なおさら詳しくお話を聞きたい気持ちです。ますます興味がわいてきました。
ストラー　そうそれは，1955年のことだったのです……。

私は，1954年に，このUCLAにやってきました。そして1955年に入ってからだったと思います。ここUCLAに，ウォーデン博士とマーシュ博士という二人の同僚がおりまして，すでに両博士とも教授職に就いていました。当時この両博士は，"性転換希望者"（the transsexual）の研究をしていたのです。ウォーデン博士とマーシュ博士は，「こうした患者の何人かと面接をしてみないか」，また「こうした患者に興味があるかどうか」と，私に問い合わせてきたのでした。それに対して私は両博士に，「"性転換希望者"との面接には関心がない」と答えたように思います。

　事実，私はその当時，"性倒錯"（perversion）にも"性的行動全般"（sexuality）にも，興味が皆無だったのです。言うまでもないことですが，"ジェンダー・アイデンティティ"という用語も，未だ存在してはいませんでした。そして私の関心は，そこにあったのではないのです。結局のところ，ウォーデン博士とマーシュ博士の依頼を受け入れて，こうした"性転換希望"の患者の一人から二人を，私は面接することになってしまうことにはなるのですが……。

最初の患者との出会い――女性の性転換希望者

ストラー　それから大分過ぎまして，1958年になっていたと思いますが，ウォーデン博士とマーシュ博士は，とうとう"性転換希望者"に関する研究の中止を決定しました。両博士は，神経生理学に興味を持ち始めていたようでした。そして脳の研究をすることになっていました。そしてそのために両博士は，受け持つことが予定されていながら，いまだ診察していない患者の診療予約が残ってしまっていたのです。両博士は，「どうかできればこの女性患者を診察してほしい」と，私に頼んできました。

　その女性とは，女性の"性転換希望者"だったのです。ただし私は，彼女に簡単に会うだけにとどめるつもりで，そ

れも「両博士が，これから先この性転換に関する仕事を行わない」と，この患者に告げる役目にとどめるつもりでした。私は，非常に男性的であり，そしてたぶん男性のような姿・恰好をしている女性と会うのだと，すっかり思い込んでいました。

及川　その女性患者についてですが，もしかして，彼女は『分裂』(Splitting: A Case of Female Masculinity, 1973)の症例なのではないのでしょうか。

ストラー　いいえ違います。あなたは私が以前に書いた著作のことを言っているのですね。この女性は，それとは違う方のことです。その『分裂』の症例については，後でお話ししましょう。

及川　その性転換希望の女性について，どこかに書かれていませんか。私は，どこかでその症例報告を読んだことがあるように，記憶しています。

ストラー　この女性については，すでに書いたことがあります。もう今となっては，どの患者のことを，どの著作やどの論文の中に書いたかを，正確に思い出すことができません。今までに，ずいぶんたくさんの著作や論文を書いてきましたから。

女性の性転換希望者。男性化した女性ではなく，男性そのものと——臨床的驚き

ストラー　彼女に会ったとき，私は本当に，びっくり仰天してしまいました。彼女は，私が思っていたような"男性的な女性"(masculine woman)などではありませんでした。まさしく男性そのものでした。私にはとても違って見えました……。これは知りませんでした……。最初に私が彼女を見かけたのは，彼女の診察を行う前だったのです。私の側を，彼女が歩いていたときでした。まさかこの人が，私が会わなければならない患者だとは，思いもよらなかった

ので，注意を払いさえしませんでした。私は，"同性愛の女性"（homosexual woman）に会うのだとすっかり思いこんでいたのです。何とその患者は，私にとって男性に見えたのです。

　まさにその瞬間だったと，言えるでしょう。私に，こうした考えが浮かんできたのです。「こうしたことについて，私はどのような知識もない。私には，いかなる理論もないのだ。私が，それまでに受けた精神分析的訓練などでは，こうしたことに充分な説明を与えることはできない。」と。

及川　そうした気持ちは，よくわかります。私も，"性転換希望者"と出会ったときの驚きは，強烈でした。あまりにもあたりまえで自明なはずの古典的精神分析理論が，根底から揺さぶられたように感じました。

ストラー　そのときこそがまさしく，私がジェンダー・アイデンティティに，最初に興味を抱いたときだったのでした。どうにもこうにも答えを出すことのできない疑問が，たくさんあるのだということに，気づき始めました。私は，どうしても知りたくなったのです。それも単なる理論的説明ではなくて……。好奇心が起きたのは，「いったいぜんたい，どうしてこのようなことが，ありえるのだろうか」ということでした。

及川　私にも，そうした臨床的驚きの体験があります。それまでに身につけていた知識とか理論とかの限界を自覚して，まったく壁に突き当たったような感じになりました。それが，ストラー博士の研究への関心に，私の場合つながることになりましたが。

「彼」とその友人
　　——女性の同性愛者なのか？　男性の中間性なのか？

ストラー　そうしたことがあって，私としても，その女性患者とじっくりと話をするようになりましたし，"彼"を知

ろうと努力しました。「彼」は，あらためて言うまでもないことですが，女性でした。しかし私にとっては，まさしく「彼」でした。やがて「彼」のことが，とてもよくわかるようになってきました。そしてその症例については，たぶん予備的な論文を書いておいたはずです。

　私が「彼」のことを，よく知るようになるにつれて，「彼」には，「彼」が"女性の同性愛者"と見なしている友人がいることがわかってきました。そして私は，その友人にも会うことができて，しばらくこの女性と話をしてみたのです。「彼」を知ってから，6ヵ月たったときのことでした。この最初の患者の友人とは，「彼」が思い込んでいたような"女性の同性愛者"ではないことを，私は発見したのです。それは大変複雑な……，そのことを自覚していなかった男性の"中間性"(intersexuality)の患者だったのです。このことは，おそらく『セックスとジェンダー　第1巻――男性性・女性性の発達形成について』(Sex and Gender. Volume I: On the Development of Masculinity and Femininity, 1968)に，私は書いておいたように思います。

　かくして私は，二人のまったく異なる患者をもつようになりました。この二人には，少なからぬ時間をかけました。けれどもこの二人の患者は，大変に意義深かったです。それらのことについて，私は論文にまとめています。

及川　本当に興味の尽きない症例ですね。驚きました。私には，まったくない臨床的経験です。

アンドロゲン不感症候群

ストラー　やがて，その論文を読んだ人から，他の患者を紹介されることになりました。その患者のことを，私は"中間性"の患者だと見なしていましたが，その人物は男性の生殖器をもったとても美しく若い女性だったのです。これは1959年，あるいは1960年にかけてのことです。ここ

UCLAの内分泌学の同僚の協力を得て，私はその患者に取り組みました。彼女のような症例は，今日では"アンドロゲン不感症候群"（androgen-insensitivity syndrome）と呼ばれるようなケースです。

それから私と同僚たちは，当時において可能であったテストをすべて施行し，その後，彼女はUCLAで手術を受けることになったのです。私は彼女に"性転換手術"（sex change operation）を受けさせましたけれど，私も同僚たちも，彼女のことを"性転換希望者"などとは思っていませんでした。数年後，私は彼女が"性転換希望者"であって，"アンドロゲン不感症候群"の症例ではないということを，発見するに至りました。

男性性・女性性の発達形成への強い生物学的寄与について

ストラー そしてそれからおそらく3年が過ぎてしまったと思います。その頃までには，私はよりいっそうの興味を，この分野に向けるようになっていました。そうして私は，"中間性"の患者を，数多く診るようになりました。UCLA・医学センターにおける私の同僚たちは，それもとりわけ内分泌学の泌尿器科医たちは，"ホルモン障害"（hormone disorders），"中間性""染色体異常"（chromosomal disorders）の子どもや大人の患者を，私に紹介してきたのです。

その頃には私は，"半陰陽－雌雄具有者"（hermaphrodite）について知り始めるようになりましたし，よりいっそうの関心を向けるようになったと思います。そうした"半陰陽－雌雄具有者"のような人間存在においては，少なくともいくつかの症例では，男性性または女性性の発達形成に対して，強い生物学的な寄与が存在していることを，私は認識し始めました。

及川 そうした知見は，ストラー博士が「国際精神分析学会」で行った最初の発表「ジェンダー・アイデンティティ研究への貢献」(Contribution to the study of gender identity) として，結実することになるものですね。またあるいはジェンダー・アイデンティティの生物学的基盤の指摘となるものでしょう。

症例ランス──ラルフ・グリーンソン博士との共同研究

ストラー その後になると，一人の"非常に女っぽくなった幼い男の子"(very femine little boy) がいる家族との面接をしました。これは，私とラルフ・グリーンソン博士（Ralph Greenson）とが，共同で取り組んだ研究の一つです。

及川 その"非常に女っぽくなった男の子"とは，画期的な症例提示となった「ランス」のことですね。
　ところでグリーンソン博士は，ストラー博士のスーパーヴァイザーだったのでしょうか。

ストラー いいえ，違います。グリーンソン博士は，私のスーパーヴァイザーではありませんでした。確かに，私が精神分析を学んでいた時点では，グリーンソン博士は，私のスーパーヴァイザーであったと言えるでしょう。しかしながら，ジェンダー・アイデンティティを研究するについては，私の方が，彼のスーパーヴァイザーになりました。
　私によって，グリーンソン博士は，ジェンダー・アイデンティティへの興味をもつようになったにすぎません。私のところに来ては，グリーンソン博士は，私と一緒に患者の面接をしていました。また私の研究会があるときに出席しては，話に耳を傾けていたのです。

及川 とりわけこの症例の家族の治療的研究において，両博士がはたした精神分析的な役割に，私としては大きな関心が起きました。この家族に対しての治療的研究では，ストラー博士の方が，主として家族面接を，グリーンソン博

士が児童面接を担当していたように，その研究報告を読むかぎり，思っていました。グリーンソン博士の研究では，"脱－同一視"（dis-identification）の問題が，概念化されています。

ストラー そうです。グリーンソン博士が，その男の子を診ました。私は，その母親を分析しました。しかし私とグリーンソン博士は，どうしても父親を治療に参加させることはできなかったのです。

及川 そのランスの症例の治療経過については，今話されましたが，……特に父親を治療に参加させることが，きわめて困難であったことなどは，こうした子どもの家族力動との関連において，きわめて重要な点だと，私も思っています。私の日本における臨床でも，こうした症例で，父親を治療に参加させることはできていません。

性転換希望症（トランスセクシャリズム）の要因としての発達の最早期への関心

ストラー こうした経験が，何年か続いたのです。それから"女っぽい幼い男の子"のいる家族が，以前より増えてきました。ただそうした男の子だけでなく，"男っぽい女の子"（masculine little girl）のいる家族も，来始めるようになっていました。そのために，幼い女の子における男性性，それも極端なまでの男性性に，私は眼を向けることになったのです。言い換えるならば"女性のトランスセクシャリズム（性転換希望症）"（female transsexualism）になりますが，女性における極端なまでの男性性の原因を作り上げるような小児期の最早期において，いったい何が見いだせるのだろうかと，私は注意を集中させていったのでした。

この時期において，私が特別な興味をもったことは，"性転換希望症（トランスセクシャリズム）"にあったと言えるでしょう。そして私は，生物学的なもののみならず，"性転換

希望症"へと寄与することになるような人生の最早期の出来事を，探り出すことに向かいました。その頃になると，私はジェンダー・アイデンティティの研究に，一日のうちの多くの時間を費やし，それに没頭するようになっていたのです。

リチャード・グリーン博士と小児期のジェンダー・アイデンティティの観察と調査

ストラー そしてこれからは，1960年代のことに入ります。

リチャード・グリーン博士（Richard Green）が，精神医学の研修を受けるために，ここ UCLA にやって来ましたが，それはまさに 1960 年のことだったのです。

1963年か1964年でしたか，……遅くとも1965年までには，リチャード・グリーン博士と私とは，この研究に共同で着手し，数年にわたって取り組みました。グリーン博士は，治療を目的としてではなく，研究をその第一義的な目的に置いて，小児を観察面接することに，特に関心をもっていました。グリーン博士は，観察面接や心理学的テストのための，さもなくばデータ収集のためのさまざまな技法を開発しました。当時それに関しての論文を，グリーン博士は書き上げました。それは現在でも，書き続けられているようです。……彼の研究は，ご存じですよね。どのように評価されていますか。

及川 グリーン博士の，小児期のジェンダー・アイデンティティの研究は，見事と言うほかはありません。『小児と成人における性同一性葛藤』（Sexual Identity Conflict in Children and Adults, 1974）で提示された観察やテストの技法について，私も大きな興味をもちました。しかしまだ小児の症例が，私にはきわめて乏しくて，それの実効性については何も言えない状態です。そうした技法的な面だけではなくて，グリーン博士の行った追跡調査研究（follow-up study）は，私の想像をはるかに越えたものでした。日本では，真似をしたくても，日本の研究水準を考えれば，とうていできないものばかりですから．

非-性転換希望型のジェンダー障害
―― 異性装症，フェティシズム的異性装症，女性化した男性同性愛

ストラー　1960年代の前半は，こうした研究に平行しながら，"性転換希望者" に加えて，さらに性転換手術を希望することのないような "ジェンダー障害"（gender disorder）の人々の面接も，始めていました．そうした "非-性転換希望型のジェンダー障害" とは，すなわち "異性装者"（transvestite），"フェティシズム的異性装者"（fetishistic cross dresser）などを指しています．

　しだいに，こうした性転換手術を希望しない "ジェンダー障害" の人々と，私がそれまでに研究をしてきた "性転換希望者" との間に横たわる差異とは，いったいどこにあるのだろうかということに，私は注意を払わざるをえなくなったのです．そして私は，"同性愛者"，それも "女性化した（男性の）同性愛者"（femine homosexual）の研究を始めたのでしたが，それというのも "異性装症" "中間性"，そして "性転換希望症" のそれぞれと，同性愛との関連性を，私としては認識するためだったのです．

及川　同性愛という，精神医学においてつねに政治的に論議されることの多い問題に，ストラー博士が取り組む背景は，そこにあったのですね．ようやく解りました．

ストラー　1960年代の中頃というこの時点において，実際，私の第一義的な関心事とは，"ジェンダー障害" を研究することにあったように思います．1968年になって，『セックスとジェンダー　第1巻』を書き上げて出版しましたが，その著作の一部分は，1966年と1967年，そして1968年の

3年の間に書き進めていたいくつかの論文を収録したものですし，また部分的には新しい素材を取り入れていました。

倒錯の構造

ストラー 1960年代後半には，それまでに行ってきた研究よりも，こちらの方に非常に大きな興味がわいてきました。そして，"倒錯"（perversion）というものに関して思考するのを，避けて通ることはできないのだということに，徐々にですが私は気づくようになったのでした。そして"倒錯の構造"（structure of perversions）に関しての研究に，私は着手したのです。それはあなたが関心を向けて下さっている著作の主題ですね。

及川 以前に差し上げた手紙の中でしたか，アメリカと日本では，"倒錯"をとらえる枠組に，大きな違いがあるということを，私は申し上げたように思います。

ストラー それは私にとっても，大きな関心事となっています。その後の見解をうかがえることを，私はとても期待しています。

分　裂

ストラー それと次に，"倒錯の構造"と関連させて，『分裂――女性における男性性の一症例』（Splitting: A Case of Female Masculinity, 1973）という題名の著作を，私は書きました。それについては，さきほど少し話題になりましたが……。それは，倒錯的で，精神病的で，多重人格的で，その他にも数多くの問題をもっていた，一人の女性についての研究でした。

及川 その女性とは，「Mrs.G」ですね。

ストラー そうです。彼女，すなわち「Mrs.G」の問題の核心とは，彼女がペニスをもっていると，揺るがぬ信念を

もっていたことにあったのです。それも彼女が，ペニスをもてないときに，ペニスをもっているのだという，幻覚の中に身を浸していたのです。そうした女性のジェンダー・アイデンティティの発達過程で，いったい何が起きていたのかを見届けたいと思って，私はその女性に強い興味をひかれたのでした。そういう理由で，私は彼女の面接を行っていましたし，そのために「Mrs.G」のためには，何千時間もの面接時間を割きました。

及川 あそこまでの詳細な症例研究を，これまでに見たことはありません。それも，一症例研究なのですから……。メラニー・クラインの『児童分析の物語』にも匹敵するでしょう。「Mrs.G」の症例提示は，ジェンダー・アイデンティティの研究で有意義というだけではなくて，精神分析学においても記念碑的だと思います。ただし英語がネイティブでないと，ほとんど理解できないのが，残念です。

　その「Mrs.G」の症例のおかげといってよいのでしょうが，私としては精神病のレベルで生ずるジェンダー・アイデンティティの変容というテーマにも，取り組めるようになりました。

ストラー　また 1970 年代の前半ですが，つまり『分裂』を公刊したその頃には，私の精神分析の患者の大部分が，"ジェンダー障害"をもつ子どもの親になっていたように，記憶しています。

倒錯と非‐倒錯

ストラー　それではここ 5, 6 年の間に，私が大きな関心を向けている最新の話題に，触れたいと思います。そしてそれらは，"倒錯"の研究からもたらされたものばかりです。私が"倒錯"と考えることを，よりよく理解するためには，次に"エロティークな興奮"(erotic excitement) である事象を理解しなければいけないと，私は自覚したのでした。私

の著書の中で述べておいたとおり，人々が，いったい何を"倒錯"と呼び，そして何を"倒錯"とは呼ばないのかを，それまで私は知らずにいたのです。ですからそのために，"倒錯"と"倒錯でないもの"（非‐倒錯）の，この両者の差異を理解することが，ますますもって難しくなっていくのでした。

及川 精神分析学的観点から，倒錯と非‐倒錯との差異を明確化するのは，必要（必然）なことですが，確かに困難な作業を伴います。倒錯という用語は，精神分析の内部でも，ルーズに使用されているように，私には思われます。

エロティークな生活の力動と性的興奮

ストラー そうした事情と背景があって，『性的興奮——エロティークな生活の力動』(Sexual Excitement: Dynamics of Erotic Life, 1979) というタイトルの著書を，私はまとめたのでした。その著書の中では，そうした"性的興奮"が，"倒錯"に伴われる性質のものなのか，あるいは"倒錯"によらない性質のものなのかといったような，"性的興奮"に関しての私自身の考えのすべてを，一つにまとめてみようとしたのでした。事実，それは『性倒錯』の第2巻目と見なされてもよいものでしょう。

現在の課題
——ジェンダー・アイデンティティと性的興奮

ストラー 1970年代の半ばまでに，私がやり遂げたことは，以上がすべてです。こうしたジェンダー・アイデンティティの研究にとって，何らかの関連性を有さない限り，たとえ精神分析を行うためであっても，患者とは会うことはありませんでした。この何年間かは，ジェンダー・アイデンティティ研究のために，私はすべての時間を費やしていま

す。ただ例外として，医学生に講義をしたり，研修医のスーパーヴィジョンを引き受けたりもしているのです。

　それこそ1日12時間から13時間は，性的行動全般（sexuality），ジェンダー・アイデンティティ，そして"性的興奮"についての研究を，行っていると言えます。研究のほとんどが，読むことと書くことになってしまっていますが，患者を診察することも，いくらかはあります。執筆のほとんどは，ジェンダー・アイデンティティが，どのようにして"性的興奮"に寄与するかについてのものとなっています。そのために，ジェンダー・アイデンティティと"性的興奮"というこの二つの研究主題は，現在の私の中で完全に混ざり合っています。

　以上，手短に話をしましたが，これが私の研究の歴史と言えるものです。

生物学的圧力・内圧

ストラー　……何か，質問はありますか。
及川　一つ質問があります。ストラー博士のジェンダー・アイデンティティの研究の"主要な"（main）概念としては，"生物学的圧力・内圧"（biologic force）があげられると，私は考えているのですが。
ストラー　これは最も主要（the main）な概念ではありませんが，主要（a main）な概念の一つです。
及川　"生物学的圧力"についてですが，その概念について，詳細にご説明いただけますか。
ストラー　えーと……，"生物学的圧力"という用語は，曖昧な（vague）言葉です。その意味を，ご存じですか。それは，明瞭・明確ではない，という意味なのです。私は知らないのですから，本当に「ある一つの"生物学的圧力"」が実在しているとは，私も信じているわけではありません。私が信じていることとは，あくまでも「一つの"生物学的

圧力"が，働いているということにあります。その働きについては，私などよりも同僚たちの方が，はるかに研究を進めているはずです。それというのも，私は，実験室にいる科学者ではありませんので。

　私が信じていることをあえて述べるならば，次のとおりです。ジェンダー・アイデンティティの発達形成には，脳（brain）から由来するような貢献が，明らかに存在しているということなのです。その貢献は，けっして心（the mind）からだけではないのです。そして出生前に始まる脳の機能は，脳それ自体の機能を変化させるある種のホルモンの圧力によっても，影響を受けています。またひょっとすると，細胞の化学的反応も，そこにはあるでしょう。そうでないとは私には，信じられませんが，ただしその研究は，始まったばかりと言える状態にあるのです。

　動物の研究は，動物のジェンダー（性別行動）が，と言ってみても動物には，ジェンダー・アイデンティティなどあろうはずもありません。むしろここでは，動物のセクシュアリティ（性的行動）と言いかえられるでしょう。それは，「一つの」生物学的中枢神経系のホルモン作用の決定によって，強大な影響を受けているのです。その事実を，動物の研究は，非常にはっきりとさせました。そして人々が，実験室の中において，そうした圧力に修正を加えるに従って，動物は，その後の行動を修正してゆきます。

　しかしながら，私が「一つの」"生物学的圧力"と呼んでいる脳の機能とは，人間においては，他の動物種に比較して，それほど絶対的なものではないと考えています。ねずみの場合は，これの支配はきわめて厳格ですが，犬の場合には，ねずみほどではありません。猿は，それ以下でしょうし，高等類人猿になると，いっそうそれ以下になります。当然のことながら，人間は高等類人猿よりも，それ以下という具合で，ますます生物学的作用の支配を受けなくなります。私が，その研究対象のほとんどとなるような人間に

おいては，特にそうなるはずです。

　そして前進は，生後に生じます。社会学者がするような調査，文化人類学者のフィールドワーク，そして心理学者の観察，精神分析医の臨床，こうしたさまざまな学問の研究対象となるような，非生物学的な作用が起こってくるのです。こうした非生物学的な影響力は，他の動物種よりも，人間においてはるかに大きな役割をはたしています。

及川　お話し下さっている途中ですが，ストラー博士が，ジェンダー・アイデンティティの研究の生物学的基盤，あるいは寄与というものを，つねに考えていることが，私にも理解できました。そしてハインツ・ハルトマンの自我心理学を土台として，生物学的な精神医学の成果をも，吸収しようと努力されているようですね。

心理学的なものと生物学的なもの

ストラー　そういうわけですね。……さらに話を進めれば，私が存在しないと言った"生物学的圧力"とは，脳の化学および電気生理学に用いる用語にすぎません。幼児は出生後になって，その幼児を取り巻いている環境・外界に依存しつつ，多かれ少なかれ"生物学的圧力"それ自身を，修正・変化させてゆくものなのです。大多数の精神分析家が考えているように，私もまた，出生後の最初の数ヵ月が，非常に重要であると，確信しています。

　つまり，私が確信していることとは，二つの主要な圧力が存在しているということなのです。その一つとは，"生物学的"なものであり，他のもう一つとは，出生後の体験に属していて，すなわち"心理学的"なものです。しかもこれら"生物学的"なものと"心理学的"なものの両方は，相互に影響を与えることになります。そしてまたこの心理学的な経験とは，生物学的なものを変化させると，私は考えるのです。また確実に生物学的なものは，心理学的なも

のへと圧力を加えることになるでしょう。その結果として言えることは，心理学的なものがなしうることには，そもそも限界があるということです。これは出生後に属することになりますが。

そしてこれまでに私が診てきた患者たちについての話になりますが，そうした患者たちのジェンダー・アイデンティティは，出生前の生命状態にあったときに生じたであろう出来事によって，そもそも出生後においては，すでに固定されてしまっていたことが確実と，私には見て取れました。しかしながら，出生時にあっては，"生物学的圧力"がそれなりに働いていても，出生後のさまざまな心理学的効果によって，"生物学的圧力"が修正されたり手なづけられたりするような人々をも，これまた私はたくさん見てきています。

ですから私は，"生物学的なもの"と"心理学的なもの"，その両方を研究してきましたけれど，ただ私の受けた教育・訓練は，"生物学的圧力"よりも，どちらかと言えば"心理学的圧力"の方を，より良く研究できるようにと，その方向づけがなされていたと思います。そのために，"生物学的なもの"については，優秀な成果を上げた同僚たちが書いたものを読んでは，学習しなければなりませんでした。

そうした素晴らしい研究成果のいくつかを挙げてみましょう。ここUCLAのゴースキー博士は，動物の研究を行って，見事な成果を挙げてきました。ジョン・マネー博士（John Money）は，これまでに臨床的で，内分泌学的で，心理学的な諸研究を成し遂げました。ジョン・マネー博士の研究は，非常に価値あるもので，私としても大いに当てにしている次第です。リチャード・グリーン博士は，この分野の研究をたくさん行っています。そしてこうした人々以外にも，"生物学的圧力"に関しては，私よりもはるかに多くの事柄を知っている大勢の研究者がいるでしょう。

ジェンダー・アイデンティティの起源

ストラー しかしですね，これらのことが，ジェンダー・アイデンティティの要因となるものだと，私が考えているとは，とうてい言えませんね。それに関しては，私には確信がもてません。人間存在においては，ジェンダー・アイデンティティを作り出すために，"生物学的なもの"と"心理学的なもの"の，その両方が必要であると，私は確信しているからです。このように述べることは，あまりにも曖昧でしょう。ですから，人々がしなくてはならないこととは，より良い理解のため，個々の人間についての細部にわたる詳細な研究が求められることになります。

"生物学的圧力・内圧"と"心理学的圧力・効果"という，これら二つの圧力が，ジェンダー・アイデンティティを作り出すために，どのように寄与しているのかについては，未だ充分に解ってはいないのです。しかしながら，私が得意としているのは，"心理学的なもの"に関して多くのことを，理解したり，研究したり，いろいろと試みたり，そして発見したりすることです。これが，私にとっては，いちばん得意なことなのです。すなわち精神分析家が，ジェンダー・アイデンティティの発達形成への心理学的体験の効果に関しての研究作業をするところとは，まさにこの"心理学的なもの"となるでしょう。

ジェンダー・アイデンティティの研究において，私は生物学的圧力と心理学的圧力の両方に，目を向けています。ですから両方なのですよ。……そうです，どちらか一方ということではありません。

及川 あとニューギニアに調査研究に行かれたということを聞いていますが。

ストラー よくご存じですね。そのことをどうして知りましたか……。これまでに，お話をしましたでしょうか。

及川 以前いただきましたお手紙の中に，そのことについて書かれておりました．それと小此木博士から聞きました．小此木博士は，UCLAにおける友人のジョー・ヤマモト博士から聞かれたとのことです．

ストラー 文化人類学者ギルバート・ヘルト博士（Gilbert Herdt）との共同研究です．約1年近く，ニューギニアでフィールドワークをしました．ジェンダー・アイデンティティについての私の基本概念のすべては，現代アメリカ社会で作り上げられたものです．それらを，まったく異質の文化・社会で再検討してみようと思ったわけです．非常に大きな成果が上がりました．資料が膨大で，整理中です．もうしばらくすると，発表できるところにまで漕ぎ着けられそうです．

及川 成果を期待していますし，発表を楽しみにしております．

ストラー博士のご厚意に，心から感謝しています．本日は，本当にありがとうございました．

文献

ジェンダー・アイデンティティそしてジェンダー障害に関しての主要な概念・用語，およびストラー博士の研究成果の構造的理解のためには，次の論著を参考にしていただきたい．

1) Herdt, G. & Stoller, R. J. (1990) Intimate Communications: Erotics and the Study of Culture. New York: Columbia University Press.
2) 及川 卓 (1979) 「性別同一性」．『Medicina』16：2168-2169．
3) 及川 卓 (2002) 「R. J. ストラー」．小此木・北山編『精神分析事典』岩崎学術出版社．
4) 及川 卓 (2002) 「共生不安」．小此木・北山編『精神分析事典』岩崎学術出版社．
5) 小此木啓吾・及川 卓 (1981) 「性別同一性障害」．『現代精神医学大系第8巻』中山書店．
6) Stoller, R. J. (1968) Sex and Gender: On the Development of Masculinity and Femininity. New York: Science House.
7) Stoller, R. J. (1973) Splitting: A Case of Female Masculinity. New York: Quadrangle.
8) Stoller, R. J. (1975) Transsexual Experiment: Sex and Gender, vol 2. London: The Hogarth Press.
9) Stoller, R. J. (1975) Perversion: The Erotic Form of Hatred. New York: Pantheon.

10) Stoller, R. J.（1979）Sexual Excitement: Dynamics of Erotic Life. New York: Pantheon.

■ 解　説　ストラー博士との対話

　冒頭の部分で語られているように，この"ストラー博士との対話"は，その当時私が計画していた『性倒錯——愛の姿をした憎悪』（Perversion:the Erotic Form of Hatred）の翻訳にあたって，原著に関するいくつかの疑問点を正し，さらにその訳者解説の内容をより良いものにするためになされたものである。さらにその当時，小此木啓吾先生の指導で「性別同一性の精神分析的研究の展望」（『精神分析研究』）の執筆を準備しており，性別同一性研究のパイオニアと直接に面談し，その見解を聞くことは，私にとって必要不可欠に思われた（残念ながら，諸般の事情により，この二つの企画は，両者ともに実現していない）。

　1981 年から 82 年にかけて，私は米国に滞在していた。その目的は，UCLA，Johns Hopkins 大学，等々，米国におけるジェンダー・アイデンティティとジェンダー障害にかかわる主要な研究機関を訪れて見学をしたり，また研究動向を調べたりすることにあった。それは，R・ストラー，J・マネー，R・グリーン，J・マイヤー，E・アベリン，E・ギャレンソン，D・ヘルツォークらの著名な臨床研究者たちとの面識をもつという貴重な機会を，私にもたらしてくれたのだった。

　すでにストラー博士とは，その 3〜4 年前より手紙を介しての意見の交換を行っていたが，直接にお目にかかったのは，この米国滞在のときが初めてであった。今このようにして，このテープに録音されたストラー博士との対話を聞き直していると，小此木啓吾先生の推薦状をもって，ストラー博士のもとを訪れた日のことが，懐かしく思い出される。

　この"対話"がなされた以後の時期，すなわち 1980 年代から 90 年代初頭にかけてのストラー博士の業績について，簡単に触れておこう。ストラー博士は，1985 年に『エロティークな想像力の観察』と，『ジェンダーの提示』とを，さらに 1991 年には『痛みと情熱——一人の精神分析家の解説によるサド・マゾヒズムの世界』と，『ポーン—— 20 世紀の神話』とを，それぞれ刊行した。これら単独の研究書とは別に，共同研究の成果として『認知科学と精神分析学』（1988 年），『親密なコミュニケーション』（1990 年）がある。

　1991 年，不運なことにストラー博士は交通事故に巻き込まれてしまい，亡くなられた。最後にいただいたお手紙の中での，温かい励ましの言葉が，今でも私の心に残っている。それはジェンダー障害の精神分析的アプローチの困難さを，しきりに訴える私に対して，「精神分析的な解明を，根気強く試みるように」と，書き記されていたのであった。

【対談者紹介】

ストラー（Robert J. Stoller）

　米国の精神科医・精神分析家（1924-1991）。元 UCLA 医学部教授。"Sex"と"Gender"の非連続性を明確にし，性別同一性（Gender Identity）の概念を最初に提唱する。「性別

違和」の臨床研究のパイオニアの一人である。UCLA における Gender Research Clinic を組織して、その中心的かつ指導的な役割を果たす。今日、さまざまな分野で普通に使用され、すっかり日常生活に溶け込んだ感のある「ジェンダー」(Gender) という用語の意味内容は、基本的にはストラー（そしてマネー, J [1957]）に由来する。

ストラーの学問の最大の特徴は、精神分析学の独善性と閉鎖性を極力排し、実証性を重視し、最新の医学的知見、実験的研究、そして社会科学的調査の成果をも取り入れる努力を試みている点であろう。ニューギニア高地におけるフィールドワーク、ロスアンジェルスの"S&Mクラブ"での社会調査に見られるような、"臨床外的観点 (Extra-Clinical view point) と臨床内的観点 (Intra-Clinical view point) との統合"という方法論的難題にも取り組んでいる。とりわけ"臨床外的観点"の導入に関しては、そもそも精神分析家が面接室と言われる精神分析空間から超えて出で、治療者であるという立場からも離れて（臨床外的観点）獲得される資料の取り扱いや解釈に関して、大きな論争を巻き起こした。

精神分析学をめぐる認識論的・方法論的な諸問題に対して、現代の認知科学の視点からの総合を目指して、『認知科学と精神分析学』(Cognitive Science and Psychoanalysis.1988) を発表している。

この対談は、筆者が 1981 年 11 月から 12 月、UCLA の "Gender Research Clinic" を訪問した際の記録の一部である。この時、ストラー教授は長い時間を私の数々の質問のために割いてくださった。本書においては、約5回分の対談記録の一つを翻訳して公開した。他に4回分の記録が残っているが、それらは私が扱っていた性別違和および女性化した男性（異性女装症，同性愛）のケースのスーパーヴィジョンになっているため、現時点では非公開である。

また性別違和の臨床研究に関する基本的な質問に対しても、繰り返し丁寧な返事を書いてくださり、それらは約二十数通にも達している。そこには「性別違和の諸状態」の基本概念から、さまざまな臨床的対応に至るまでの重要な内容が書かれている。機会を見て、この書簡類も公表できればと願っている。

ストラー教授との面談は、大変に和やかなものであった。彼が朝鮮戦争時に軍医として従軍し、日本に滞在した時の思い出などを聞かせてくださったり、私が米国内で研究する際に必要になるであろう諸条件についても配慮をしてくださった。温かい人柄の人物であるということが、短期間の交流ではあったが、十分に伝わってきた。なによりもストラー教授との出会いは、私の米国における貴重な思い出の一つとなっている。

II　ゲイ・アイデンティティの形成

4章　同性愛の政治学

(1990年発表)

はじめに――この研究の概観と目的とするもの――

同性愛とは，三つの病理学（Pathology）――社会の病理学（Social Pathology），精神の病理学（Psycho Pathology），そして性の病理学（Sexual Pathology）――が，重なり合う《圏域》である。

同性愛者への臨床精神分析的アプローチから，筆者は，従来の同性愛に関するもろもろの"病理学的準拠枠"の，《認識論的－社会学的》な再検討と批判的作業とを迫られた。このような作業は，筆者自身の臨床精神分析家としての反省にもとづき，その自覚から発したものである。この研究の概観と目的とを，次の3点に要約できよう。

第1に，同性愛とは，単に性事象（Sexuality）に限局される問題ではない。それは，社会的存在としての人間に関係する《正常性－異常性》《生理－病理》《規範－逸脱》《自然－文化》の"準拠枠"を，構成する主題となっている。その意味でも，同性愛とは，精神医学の広範囲な領域にあって，「統合失調症」（Schizophrenia）とならぶ重大な"準拠枠"として，位置づけられるべきものであろう。もはや約20年前になるが，「統合失調症」に関しては，世界同時進行的に発生したとも言える《反精神医学運動》において，批判的作業がなされた。我が国においても，他の国々と同様の問題が提示され，活動がなされたのである。しかしながら我が国では，そうした批判的作業が「統合失調症」の領域に限られてしまい，欧米において行われたような，同性愛を含む《性事象》を対象とした論議には発展しなかった。

そうした"準拠枠"としての同性愛を分析するうえで，格好の《歴史的－

社会的事例》として，米国精神医学界における，約半世紀にわたる同性愛論争が取り上げられるであろう。この長年の論争は，同性愛をめぐってのあらゆる現代的論点を含んでいて実に興味深い。しかもその論争それ自体が，《臨床的－社会的言説》の内において解読されてしかるべき対象領野ともなっている。そしてこの米国における論点を念頭に入れつつ，筆者もその考察を深めたい。

第2に，筆者の臨床精神分析の営みの内部から生じて来たいくつかの臨床的疑問を，よりいっそう治療関係論的に展開させることにある。筆者が，同性愛に関して最初に論じた主題は，「同性愛者アイデンティティの形成」(1981年)，「男性同性愛者の精神療法の過程」(1982年)であった。「同性愛——私の治療'86」(1986年)においては，"伝統的基準への批判"を主張した。このように，同性愛を，性的変質，性的異常，性倒錯の一種と見なす《伝統的性病理学》とは，出発点から明らかに一線を引いてある。具体的には，同性愛者の自己イメージ，同性愛者アイデンティティの在り方，ライフスタイルについて，関心を抱いていた。また同性愛者が訴えることの多い，"自責感""のけもの意識""つら汚し""よそ者感"などについての理解が進み，そこから"labeling""stigma"という自己－社会的相互作用に目が向いたのであった。それはまた，精神分析家の同性愛者に対する，特異的な《逆転移》(Counter-Transference)にも直面することにつながった。そして，それらをまとめつつ精神分析臨床的行為の《存在根拠－正当性》を問い返さなければならないという，難問に突き当たったのであった。

第3に筆者が焦点を当てたいのは，"現代社会の"同性愛者が顕著に示す，きわめて特異な同性愛関係と，それを背後で支えている社会的《空間》の存在の発見に関してである。それは同性愛者の隠語で言う"はってん場"であり，そうした《空間》が資本主義的サービス産業として成立している社会的現実についての，社会学的な考察である。そのうえにこのような"はってん場"において顕著に観察される，《分裂化（Splitting）》《物象化：モノ化（Fetishization）》《脱人格化（Dehumanization）》された対人関係や対人状況は，同性愛者の人格的安定性を，著しく脅かし傷つけるものである。しかしながら"現代社会の"同性愛者は，一方ではこうした"はってん場"を軽蔑しつつも，他方で，その《場》で，一時の心の安らぎを得なければならないという，"心理－社会的脆弱さ"を有している。こうした"はってん場"は，精神

分析的には《集合的－躁的防衛》（Collective-Manic Defence）と表現しうるものである。この《個体内－集合的防衛》は，"現代社会の"同性愛者に特有な行動様式や下位文化を形成するうえで，重要な要因の一つとなるものである。

　＊この研究主題となっている《同性愛者アイデンティティ》という発想については，これまでにもさまざまな議論がなされてきた。私から見てそのなかでも重要と思われるものは，G. オッケンゲムの「同性愛欲望論」である。この《同性愛者アイデンティティ》という発想に対して，哲学者 M. フーコー，G. ドゥルーズらの哲学的分析を前提に置いて，オッケンゲムは，同性愛者の内在的視点から激しい批判と反論を行った。フーコーやドゥルーズを縦横に活用したオッケンゲムの精神分析学批判は，その"認識論的なラディカルさ"において，実に興味深い。とりわけ同性愛という精神医学的準拠枠（paradigm）の歴史的相対化の作業は，評価できるものがある。しかしながらこれをどのように臨床のコンテクストに則して活用できるものなのか，それに関して私は，今のところまったく発言することができない。あるいはこうした論争は，哲学－認識論の内部において有効なのかもしれないし，または同性愛解放運動の活動家にとってのみ意義のあることなのかもしれない。残念なことに，このようなフランスにおける《性事象》（sexualité）についての一連の研究成果を，本論文では論議することができなかった。

　ここであらためて，筆者が明確化しておきたい事実がある。以上の３点のなかに提示してあるとおり，筆者は伝統的な《病理学的準拠枠》に向けて，疑問を投げかけている。だからと言って，誤解していただきたくないことは，"現代社会"における同性愛を，無条件に肯定したり，無批判に承認を与えたりしているわけではない。筆者の，この研究における問題構成は，あくまでも《医学的－警察的－研究的》とも表現しうるような体制化されたもろもろの《病理学》への懐疑にもとづいている。

　以上の「研究の概観と目的」からも理解されるとおり，《同性愛に関わる言説》（discour homosexuel）は，きわめて"政治的"にならざるをえない。そうした事実認識をふまえて，この研究のタイトルとして，「同性愛の政治学」を採用したのである。

　本論文は，《伝統的な準拠枠》と，《同性愛者アイデンティティ》に関わる議論とを取り上げた。第３の，現代社会における同性愛者のライフスタイルや下位文化，資本主義的サービス産業，あるいは性事象の資本主義化そして《集合的－躁的防衛》に関しては，より厳密な方法論的－認識論的検討を踏まえ，臨床的追跡研究，社会学的調査，人類学的資料等をも参照して，本書において論議を深化させるつもりである。

1. "準拠枠"としての同性愛

A. 米国精神医学の混迷――DSM-III から III-R へ――

a. 疾患論から反‐疾患論へ、さらに脱疾患論へ　1973年,「米国精神医学会」(American Psychiatric Association: APA) は,数年に及んだ激しい論争の末に,とうとう同性愛をその「診断分類リスト」より除外してしまった。さらにそれから2年後の1975年になると,今度は「米国心理学会」(American Psychological Association: APA) も,次のような決議を採択する。「米国心理学会は,あらゆる精神衛生に携わる専門家たちに対して,同性愛にながらくつきまとっていた精神障害という烙印 (Stigma) を消し去るために,率先して行動することを主張するものである」と。このことは,いったい何を意味するのであろうか。それはもはや同性愛は,"病気"とか"疾患"とか見なされるべきではない,したがって精神医学の《治療対象》とはなりえないということである。病気ではないというのだから,《治療》しなくてはならないということはないし,《治療》のしようもなければ,《治療》する必要もない。当然,《治療》の根拠も権利も成り立たないということになろう。このような時代状況にあって,同性愛についての見解を述べようとするならば,同性愛の認識や方法論なり,その社会的・倫理的な評価などが求められる。それはまた,筆者自身の精神分析臨床体験をも語らなくてはすまされないであろう。本稿では実際的な面接場面や具体的な精神療法のプロセスに加えて,その基礎をなすところの社会的‐歴史的背景について,より多く考察したい。

b. 同性愛の位置づけ (Position-Disposition)　現在,同性愛をめぐる精神医学的論議は,混迷を極めていると言えよう。診断基準や分類方法をはじめとして,精神医学の体系内での位置づけも,いたって曖昧なままである。「米国精神医学会」が,1973年に同性愛を「診断分類リスト」より除外したことはすでに述べたとおりである。1980年に,約20年ぶりに改訂された『精神医学診断分類表・第3版』(DSM-III) においては,「自我‐異和的同性愛」(Ego-Dystonic Homosexuality) という小項目をわずかに使用し,同性愛をその「診断分類リスト」にかろうじてとどめている (「自我‐異和的同性愛」なる概念は,筆者の見解では,臨床的に見てなんら有効性をもたない概念である。それは議論のレベルの低下と現実との妥協の所産であろう)。その後,1984年には「自

我異和的同性愛」も,「診断分類リスト」から削除された。そして1987年に刊行された『精神医学診断分類表・第3版修正版』(DSM-III-R)においては,同性愛という用語は,もはやどこにも見当たらない。こうした経緯からも,米国精神医学が,同性愛をどのように位置づけようとしているのか,ますます曖昧である。

　精神医学においては,同性愛への理論的‐概念的関心や,各種の治療的アプローチ技法論についての研究は,その熱意や意欲を喪失しつつあるように見える。しかしそれとは対照的に,哲学,歴史学,社会学,文化人類学,文学批評などの領域では,同性愛は,重要な研究課題として注目され,その人間的意味での重要性を認められる方向である。もはや同性愛は,精神医学といった医学の一領域を越えて出て行こうとしているのだろうかと,筆者としては問い直さなくてはならない。そのことについて明確な回答を,筆者は未だ得ていないが,しかし他の学際領域の成果を吸収して,新たな臨床的可能性を模索している。

B. 伝統的病理学——その治療目標,治療的情熱,そして「治療的積極主義」

　同性愛者に対しては,過去1世紀にわたりさまざまな治療法が,それぞれの人々によって施されてきた(この事実は欧米においては,いかに同性愛が深刻な問題であったかを示すものと言えよう。わが国においては,それほどの深刻さもなく,また治療的関心事にもいたってはいないのが,どうやら実情のようである。このことは,比較‐文化論的に見ても,興味深い事実であろう)。ホルモン療法に始まり,催眠法,精神分析療法,嫌悪療法,セックス・セラピーと,それこそあげたらきりがないくらいである。しかしどのような種類の治療法を施行するにせよ,同性愛の"治療目標"は,つねに「同性への性的興味や関心を喪失させ,異性に向かった正常な性的関心を引き起こさせること」「それまでの同性への性的偏愛を異性の方向へと逆転させ取り戻させること」,まさしくその一点にあったと言えるだろう。

　こうした"治療的情熱"に関しては,「統合失調症」の領域において,精神医学の歴史的批判(反精神医学)の作業をするなかで,かつて森山公夫が,《治療的積極主義》と規定したものと同一のものである。この「統合失調症」に向けられた《治療的積極主義》について,統合失調症と社会‐政治体制とが,密接不可分な関係にあることを,森山は分析した。そのことは,本論文の主

題である同性愛の領域においても，驚くほど一致する。

　この"性的偏愛の逆転"という《治療目標》は，いかなる治療的立場をも越えて，一貫して主張されてきたものである。それについて筆者に言わせると，《精神病理学－性病理学－社会病理学》の"伝統的基準"とも呼ぶべきものである。ところがこの"伝統的基準"そのものが，現代においては問い直されようとしているのである。そこから次のように語ることができるであろう。同性愛を，"異常""変態""病理"と見なし，それを"治療""矯正"させようとする立場は，明確に放棄されてしまったという事実である。ではいったい，次にくるものは何なのだろうか。それを見いだせないまま，臨床の現場では各人が各様に，同性愛に対処しているのが実情のようである。そう言う筆者も，そうした臨床精神分析家の一人であることを率直に告白しておきたいと思う。そしてこの研究も，そうした混迷状況からの脱却の試みの一つなのである。

2. Gender Pratique
―― 同性愛への臨床的アプローチと方法論の検討をとおして ――

A．性別同一性と同性愛

　筆者が，同性愛者と精神療法的関わりの機会を多くもつようになったのは，性別同一性（gender identity 男性性・女性性）の臨床的研究を開始して以後のことであった。同性愛は，性別同一性という観点より見ると，性別同一性を構成している3要素のうち，とりわけ性対象選択（sexual partner orientation）に主要な障害が見いだせるのであった。その意味で，筆者の臨床研究にとって，同性愛は避けて通ることのできない重要な領域と映ったのであった。筆者の同性愛への認識や臨床的アプローチは，そもそもの出発点において，「性別同一性という地平」からの展望を重視していたことは，あらためて述べるまでもない。

　筆者の同性愛の臨床研究の関しての方法論は，なによりもH.サリヴァンの『精神医学面接』『精神医学は対人関係論である』『精神医学と社会科学の統合』において示された《関係しながらの観察》という立場から出発している。社会学的側面では，「象徴的相互作用論」のなかに大きな臨床的な有効妥当性を見いだした。「エスノメソドロジー」については，率直に言って筆者は懐疑的

である。また P. ブルデューが提起し，山本哲士が大胆な解釈と活用を展開している《Pratique》の発想に注目を払っている。そして文化人類学の領域から，G. ドゥブローが強調してやまない「文化人類学のフィールドワークとしての精神分析臨床」という観点も導入し，《伝統的病理学》の打開を図っている。

B. 精神療法的前提の変化と進展，そして臨床内的留意点

　この数年において，特に筆者は，この《伝統的基準》に制約されずに，同性愛に対して，精神分析的アプローチができないものかと，考え始めている。筆者としては，精神分析的な方向性を維持しつつも，それぞれのケースの主たる訴えや悩み，臨床像，受診や来談の事情と目的とを考慮しつつ，あるいは精神療法への自覚や意欲などによって，さまざまなアプローチを試みるようになった。

　こうした《治療目標》や《技法論》に関しての大幅な変更や修正を筆者に熟考させたのは，臨床体験である。それはなにも筆者が，同性愛をめぐる現代的潮流のうずに巻き込まれたためということではないことを，おことわりしておこう。それは何にもまして《伝統的基準》が要求する，現状においてはまず達成しようがないという，その治療目標の非現実性にあったのである。《伝統的基準》にとらわれ，そこに依拠した《治療的積極主義》から抜け出せないでいる限り，ほとんどの同性愛者は，精神療法関係を"中断"したり"ドロップアウト"してしまうという臨床的現実に，筆者が繰り返し直面化させられたためである。こうした事実に加えて，さらに何も同性から異性への"性対象選択"の変更にこだわらず，またそれが達成できなくとも，精神分析的精神療法が，実際的なコンサルテーションから内的葛藤や不安などを含む，広範囲な精神的問題の解消になりえた。その結果は，同性愛者にとっては有効で，精神療法者にとってみても有意義な体験でありえたという，臨床経験からも裏づけられている。

　かつて筆者は，そうした同性愛者への精神分析的アプローチを，「男性同性愛者の精神療法の過程」(1982年) のなかで，かなり詳しく記述した。その末尾の個所において，筆者がその時点で理解できていたと思われる，同性愛者の精神療法において留意しなければならないポイントを，五つあげている。それぞれのポイントに関して，その後の臨床経験を加味しつつ再検討してみよう。そこにおいて浮かび上がる筆者の臨床的関心の推移と力点の移動を説

明しつつ,問題構成をしたい。
 a. 精神療法者が,同性愛者に対して,完全な知識や臨床的観察,研究が十分ではないことを率直に伝える。しかも同性愛という問題に対して,強圧的な治療的意図をもってはいないことを理解してもらう。また現代社会の標準的な倫理的規範や一般的な常識にとらわれていないことも,示さなくてはならない。こうした精神療法者の,同性愛者との一定の心的距離を持続的に保って,中立的に耳を傾ける姿勢。
 b. 同性愛が,その同性愛者の日常生活の全体やライフサイクルのなかで,どのように意味づけられているかを,充分に考えておくべきである。どれほどの心理的重みを帯びているかを,冷静かつ慎重に配慮すること。
 c. しばしば同性愛者が抱く,同性愛に関しての――同性愛者自身が,その事柄について,語るにせよ語らないにせよ――,罪悪感,羞恥心,自己嫌悪感,疎外感,不安,抑うつ状態などを,精神力動的に理解したうえで,その解消をはかるような精神療法的方向性を与えること。
 d. 同性愛者の,同性愛に対してのすでに作り上げられている価値観や見方などについては,精神療法者は,ひとまずそれを承認し,かつ許容する。
 e. そのうえで精神療法者の方針や限界を述べる。精神療法的働きかけが,同性愛者が,それまでの人生のなかで形成した,同性愛者としての自己イメージやアイデンティティ,ライフスタイルや価値観などを,否定したり非難したりするものではないことを,同性愛者が,真から納得できる形で伝達することに,努力する。

C. 同性愛に特有な差異性――二相・交差的・階層性――

 筆者が,同性愛に関して"性別"(Gender)の《同一性》(Identity)という「地平」よりアプローチしたことはすでに述べた。現時点から遡及的に臨床体験を分析しつつ,出発点における《同一性》という観点だけでに止まらず,それ以後において筆者に生じた新しい観点への"移動と推移"という問題を,特に考察しておきたい。それは《同一性》という概念とは,"対立的"であり,しかも"相補的"でもある《差異性》に関する pratique な問題構成がなされた。同性愛者においては,"男性性・女性性"の《差異性》という局面が,当然のことながら見いだせる。それと同時に,"異性愛・同性愛"の《差異性》にも直面せざるをえない。同性愛者における,このような《二相の交差的で

階層性を有した差異性》という内的‐外的現実が，浮かび上がってくる。こうした《二相の差異性》の自覚化は，筆者の出発点における性別の《同一性》から，同性愛における《同一性》と《差異性》という対比的‐二項対立的な認識より，"相互連関"へと目を向けるようになった。しかもそのことは，同性愛という臨床的問題が，《Gender pratique》の認識と深く結びつく地点なのである。臨床精神分析の営みをとおして現前化された，同性愛における性事象の《二相の差異性》は，山本哲士が着目した《Gender pratique》の一局面を開示するものと，筆者は見なしている。

文献

1) American Psychiatric Association (1980) Diagnostic and Statistical Manual of Mental Disorders, 3rd Edition (DSM-III). Washington DC.
2) American Psychiatric Association (1987) Diagnostic and Statistical Manual of Mental Disorders, 3rd Edition-Revised (DSM-III-R). Washington DC.
3) Bayer, R. (1981) Homosexuality and American Psychiatry: The Politics of Diagnosis. New York：Basic Books.
4) Bourdieu, P. (1980) Le sens pratique. Paris: Les Éditions de Minuit.（今村・港道訳『実践感覚』みすず書房，2001）
5) Cassirer, E. (1907) Das Erkenntnisproblem in der Philosophie und Wissenschaft der neueren Zeit. Band 4: Von Hegels Tod bis zur Gegenwart. (1832-1932).（山本・村岡訳『認識問題――近代の哲学と科学における．4（ヘーゲルの死から現代まで）』みすず書房，1996）
6) Cassirer, E. (1910) Substanzbegriff und Funktionsbegriff. Untersuchungen über die Grundfragen der Erkenntniskritik.（山本訳『実体概念と関数概念――認識批判の基本的諸問題の研究』みすず書房，2012）
7) Deleuze, G. (1967) Présentation de Sacher-Masoch: le froid et le cruel.（蓮實訳『マゾッホとサド』晶文社，1973）
8) Deleuze, G. & Guattari, P.-F. (1972) L'Anti-Œdipe: Capitalisme et schizophrénie 1.（宇野訳『アンチ・オイディプス――資本主義と分裂症』河出書房，2006）
9) Durkheim, É. (1895) Les Règles de la méthode sociologique. Paris：Alcan.（宮島訳『社会学的方法の規準』岩波書店，1978）
10) Foucault, M. (1961) Folie et Déraison. Histoire de la folie à l'âge Classique. Paris: Librairie Plon.（田村訳『狂気の歴史――古典主義時代における』新潮社，1975）
11) Foucault, M. (1976) Histoire de la sexualité, vol. 1: La volonté de savoir. Paris: Gallimard.（渡辺訳『知への意志（性の歴史）』新潮社，1986）
12) Foucault, M. (1976) Les entretiens avec Foucault.（増田訳『同性愛と生存の美学』哲学書房，1987）
13) Goffman, E. (1963) Stigma: Notes on the Management of Spoiled Identity. Prentice-

Hall.（石黒訳『スティグマの社会学——烙印を押されたアイデンティティ』せりか書房，2001）
14) Hocquenghem, G.（1972）Le Désir homosexuel. Paris: Éditions Universitaires.（関 訳『ホモセクシュアルな欲望』学陽書房，1993）
15) Hocquenghem, G.（1989）La dérive homosexuel. Paris：Presse Universitaires.
16) 石井洋二郎（1993）『差異と欲望——ブルデュー『ディスタンクシオン』を読む』藤原書店．
17) von Krafft-Ebing, Richard Freiherr（1886）Psychopathia Sexualis. Schuttgart: Verlag von Ferdinand Enke.（柳下訳『変態性慾ノ心理』原書房，2002）
18) Kutchins, H. & Kirk, S.（1997）Making Us Crazy: DSM: The Psychiatric Bible and the Creation of Mental Disorders. New York: Free Press.（高木・塚本監訳『精神疾患は作られる——DSM診断の罠』日本評論社，2002）
19) Kwawer, J.（1980）Transference and Countertransference in Homosexuality, Changing in Psychoanalytic View. American Journal of Psychotherapy 34（1）: 72–80.
20) 森山公夫（1975）『現代精神医学解体の論理』岩崎学術出版社．
21) 及川 卓（1982）「性別一性障害の精神療法——男性同性愛者の治療経験から」．馬場編『青年期の精神療法』金剛出版．
22) 山本哲士（1983）『経済セックスとジェンダー』新評論．

5章　精神分析的ゲイセラピーは可能か
私の治療 '86

――一つの問題領域と一つの決断――

(1986年発表)

はじめに

　1973年，米国精神医学会（American Psychiatric Association: APA）は，数年に及んだ激しい論争の末に，とうとう同性愛（Homosexuality）をその「疾患リスト」より除外してしまった。さらにそれから2年後の1975年になると，今度は米国心理学会（American Psychological Association: APA）も，次のような決議を採択する。「米国心理学会は，あらゆる精神衛生に携わる専門家たちに対して，同性愛にながらくつきまとっていた精神疾患という烙印（Stigma）を消し去るように，率先することを主張するものである」と。
　このことはいったい何を意味するのであろうか。それはもはや同性愛は，病気とか疾患とかは見なされず，したがって精神医学の「治療」の対象とはなりえないということである。病気ではないというのだから，治療しなくてはならないということはないし，治療のしようもなければ，治療する必要もない。当然の根拠も権利も成り立たないということになろう。いやはや「ない」ことずくめである。このような時代にあって，同性愛および"私の治療 '86"を述べようとするならば，同性愛のとらえ方なり，その社会的・倫理的な評価など，治療者自身の治療観をも語らなくてはすまされないであろう。
　本稿では，実際的・具体的な治療そのものだけでなく，その背景をなすところの治療観についてより多くのことを論及し，さらに現在米国において主張され始めた「ゲイセラピー」との関わりについても若干の考察を加えることで，私の役割を果たしたい。

1. 同性愛へのアプローチ——伝統的基準からの解放——

(1) 性別同一性と同性愛

　私が，同性愛のクライエントとしばしば治療的関わりをもつようになったのは，性別同一性（gender identity——男性性・女性性）の臨床的研究を開始して以後のことであった。同性愛は，性別同一性という観点より見ると，性別同一性を構成している3要素のうち，とりわけ性対象選択（sexual partner orientation）に主要的な障害が見いだせるのであった。その意味で私にとって，同性愛は見落とすことのできない重要な領域と映ったのであった。

　私の同性愛への認識や臨床的アプローチは，どちらかと言えば当初から伝統的な精神病理学（特に性病理的）に対しては懐疑的であった。「性別同一性という地平」からの展望をむしろ重視していたことは，あらためて述べるまでもない。これが後述するような，私の"選択と決断"を促進させ容易なものとさせたのである。

(2) 同性愛者の治療的関わり，治療意欲

　私はこれまでに約60例の同性愛者と治療的接触を行っている。しかしながらそのうちの半数は，1～5回で終わってしまうような簡単な相談や悩み事の訴えにとどまり，明確な治療意欲をもってはいなかった。むしろ治療への意欲や意志ではなくて，外的な諸条件——とどのつまりは世間体ということになるが——による受診にすぎなかった。残りの約30例のうち約15例は，神経症，精神病，人格障害などを併発させていて，その治療と並行して同性愛の悩みが語られた。こうしたケースは，純粋に同性愛の治療を求めることもあれば，そうでない場合もあった。明確に同性愛を意識して，自覚的・自発的に来談したのは残りの15例ぐらいにすぎないということになってしまう。

(3) 多種で多様な臨床像——求められる柔軟な対応——

　これらの約60例と接して驚かされたことは，いずれのケースもきわめて多様な臨床像と経過を示していたことであった。とてもではないが，十把一からげに論じきれるものではないことを，これまでの体験より痛感させられた。

同性愛とよばれている人々の示す臨床像は多様で多彩であって，そのことよりおそらく将来において，同性愛はいくつかの臨床単位へと《再分類》されてしかるべきなのではないだろうか。私は，その必要性を感じている。こうした多彩な臨床像を示す同性愛に対しては，治療的に関わることは相当に困難で，柔軟な対応が求められるのではないかとも思われた。

(4) 伝統的基準――その目標と成果――

　同性愛に対しては，過去半世紀にわたり各種の治療法が，それぞれの人々によって施されてきた（この事実は欧米においては，いかに同性愛が深刻な問題であったかを示すものと言えよう。我が国においては，それほどの深刻さもなく，また治療的関心事にも至ってはいないのが，どうやら実情のようである）。ホルモン療法に始まり，精神分析療法，行動療法，嫌悪療法と，それこそあげたらきりがないくらいである。しかしどのような種類の治療法を施行するにせよ，その"目標"は，つねに「同性への性的興味や関心を喪失させ，異性に向かった正常な性的関心を引き起こさせること」「それまでの同性への性的偏愛を異性の方向へと逆転させ取り戻させること」。まさにその一点にあったと言えるだろう。

　この目標は，いかなる治療的立場をも越えて，一貫して主張されてきたものであり，私に言わせると精神病理学の"伝統的基準"とも呼ぶべきものである。ところが，この基準そのものに対して，現代においては批判と疑問が投げかけられ，そして問い直されようとしているのである。冒頭において述べた米国精神医学会や心理学会においてなされた，同性愛の精神医学的・心理学的再検討も，こうした時代の流れに抗しきれなくなったためのものであろう。

(5) 精神分析的理解の拡張――私の選択と決断――

　このような伝統的基準への批判や疑問は，後述するとおり時代的・社会的変化によって生じたものである。しかし，こうした同性愛をめぐる現代的論議に深入りをしたがらない《保守的治療者》であっても，この伝統的基準が臨床の現場では，ほとんど達成不可能とも言えるような非現実的な目標となってしまっていることは，どうやっても認めないわけにはいかないはずである。

私が依拠している精神分析にあっても，同性愛の精神分析療法の有効性に関しては，しばしば意見がたたかわされてきた。そのなかでも，アンナ・フロイト（Freud, A. 1949）の発言や，アーヴィン・ビーバーら（Bieber, I. et al. 1962）の報告や追跡調査はよく知られ，取り上げられることが多い。そうした調査，報告では，程度の差こそあれ治癒や改善が見いだせたことが謳われている。だが彼らの論文や報告を慎重に検討したうえで，私の正直な感想を述べさせてもらえば，さしたる成果はあがってはいないと思われる（それは何も精神分析療法に限られたことではないが）。

　ここ近年になって，ついに私は，この伝統的基準にあえてこだわらず，あるいはそれに制約されずに，同性愛に対して，精神分析的アプローチができないものかと考え始めている。私としては，精神分析的な準拠枠とその方向性を維持しつつも，それぞれのケースの主訴や病態，受診や来談の事情と目的，あるいは治療への自覚や意欲などによって，さまざまなアプローチを試みるようになった。

① 目標について

　これはすでに述べたように伝統的基準に従って分析を進める場合もあるが，それは私の側から提示する治療目標ではなく，来談者が強固に要望して止まないテーマなのである。むしろ私としては，こうした伝統的な基準に束縛されずに，家族や周囲の人々の視線によって自らを拘束してしまっている価値観からいったん距離を取り，あるいはそれを放棄することで，同性愛者としてどのように充実した人生が送れるかというところに治療の目標を置く場合も多くある。

② 技法について

　1. 精神分析的精神療法
　2. カウンセリング
　3. コンサルテーション

　こうした目標や技法に関して私に考えさせ，かつ大幅な変更や修整を突き付けたものは，なにも私が同性愛をめぐる現代的潮流のうずに巻き込まれたためということではないことをお断りしておこう。それは何にもまして，伝統的基準がもつ，現状においてはまず達成しようがないという，その臨床的

な非人間性にあったのである。伝統的基準にとらわれている限り、ほとんどのクライエントは、自分自身の人格の一部を否定されているように意識的にせよ無意識的にせよ受け止め、中断やドロップアウトしてしまう。こうした臨床的現実に繰り返し直面化させられたためである。こうした事実に加えて、さらに何も同性から異性への性対象選択の変更にこだわらず、またそれを治療の目標に設定すること無しに、精神分析的精神療法が実際的な相談から内的葛藤や不安などの広範囲な精神的問題の解決や助言を与えられ、クライエントにとっては有意義な体験でありえたという、臨床経験からも裏づけられている。

　私はこうした理由により、積極的に伝統的基準から距離を置き、ある時点で放棄することを決断したのであった。だがそのことが精神分析療法の意義を失ったり、それと対立してしまったりする結果をもたらすとはとうてい思われない。すでに1935年、フロイト自身あるところで、「同性愛は……何ら恥ずべきものではありません。それは背徳と見なされるものでもなく、人間的な堕落とも違うものです。同性愛を精神疾患として分類することはできません」と述べている。私の治療目標の変更や修整も、このフロイトの認識の延長線上にあり、それと矛盾するものではないと確信する。

2. 症　例

　ここに提示する同性愛のケースは、私が約2年半にわたり精神分析的精神療法を行ったケースである。お読みいただければおわかりになるとおり、性対象選択の変更には成功していない。しかしながら、面接を積み重ねることによって、受診当時の状態からは、日常生活のうえだけでなく、力動的な観点から見ても大きな改善が計られた。そしてまた面接のそもそもの始めから、伝統的基準にこだわらずに取り組んだ最初のケースである。

症　例　A氏　26歳になる銀行員

主　訴

　仕事柄であろう、身だしなみも良く、受診に際しても礼儀正しく、私は好青年という印象を受けた。中学校の頃より同性に対して性的にひかれ、同性

との性的な空想を行ったり，マスターベーションを行うようになったという。実際の同性愛体験は大学に入学してからであり，それ以後，こうした行為を頻繁に続けている。A氏の「自分が同性愛者である」という悩みはかなり深刻であって，「機会さえあれば治療を受けたい」「できることなら直したい」と長年望んでいたそうである。その真面目で真剣な口調や態度から，しばしば経験させられた"ひやかし的受診""お義理の来談"ではないと感じて，精神分析的療法へとつなげてみる気持ちになった。

　A氏の悩みは，「男性に対してしか性的関心や興奮をおぼえない」ことであり，女性には，「お友達程度のお付き合いはできるけれど，とても性的交渉はもてない」という。大学生のとき以来，同性愛者が集まる"はってん場"（同性愛者の隠語）に出かけていっては，同性愛行為の相手を探すという日々を続けてきている。しかし職場の同僚たちも，次々に結婚をしてゆき，いつかは自分もしなくてはと思いつつも，まったくその自信がなくて，実際どうしてよいものかと悩んでいる。また自分自身が同性愛者であるという孤独感や疎外感も激しいものであった。両親に対して申し訳ない気持ちなども起きてしまい，自分の将来などを考えると，ときどき暗澹とした感情に激しく襲われるそうである。

治療への導入と問題の焦点化

　当初，面接は「同性愛は本当に治るのかどうか」という話題に終始していた。そのことからも私は，A氏の"治したい"という欲求の大きさだけでなく，「自分を理解してほしい」「孤独な立場や気持ちを支えてほしい」という，A氏の治療的期待を感じることができた。ただ同性愛の治療がきわめて困難なことや，治療改善の前例が少ないことを率直に伝えると，まったくがっかりした様子であった。大多数のケースでは，この段階で来談しなくなるのであるが，A氏は「やるだけやってみたい」と意欲的であり，私も「同性愛そのものが治るということは約束できないけれど，不安や抑うつ，自信の欠如など，精神的向上がはかられる可能性が大いにありうる」と対応した。したがって，治療契約に際しては同性愛の変更や修整が困難であり，その達成を保証できないことを了解してもらったうえで，①"伝統的基準"にとらわれず，「やるだけやってみる」，②同性愛行為や，それにまつわるいくつかの対人関係上の問題，それに神経症的な不安や抑うつ，自信の喪失などの改善を，

当面の目標に置くこととなった。

　当面，焦点をあてなくてはならないと私の目に映った問題点は二つあった。その第1は，同性愛の激しすぎる行動化と乱交である。この点については，同性愛をあまり知りえない人々にとって，実に理解しづらいことであろうが，同性愛者の性的関係は恒常性や安定性に著しくかけ，その日その日で性のパートナーを，次々に取っかえ引っかえ目まぐるしいほど変えてゆき，その場その場で性的欲求のはけ口としてしか接触せず，その結果として，莫大な数の人物との性体験が生ずることとなる（これが近年話題となり始めた，同性愛者がAIDSそしてB型肝炎などに罹患しやすい要因である）。そして肉体関係の多さに反比例して，心理的に充実した関係は乏しく，きわめて情緒的に希薄で殺伐とした対人関係が残るのであった。A氏もそのことで思い悩み，「それが良くないと思っています。良い人とめぐり会えて長続きできる関係が欲しい」と語っていた。「しかしどうにも気持ちが抑えられなくなって，はってん場に出てしまいます。そうしたイージーな行為を長年続けてきて，すっかり気持ちもすさみました」と嘆いていた。

　このようなA氏の言葉から，ただ性的欲求を満たすだけでは解消しえない，情緒的・心理的欲求や愛情飢餓感を推察した。また孤独感や対人不信感の根強さをうかがわせている。

　第2に，自分自身が同性愛者であることへの，強い罪悪感や自己嫌悪感があった。「周囲の人々とはどこかで違っている」という疎外感や，「もしも同性愛者であることがバレたらどうしよう」という恐怖感もあった。なによりもまして「結婚もできず生涯一人ぼっちになってしまいはしないか」という不安感が，そうした感情にさらに拍車をかけていた。そして近頃はひどく気持ちが沈み込んでしまう時間が多くなっていた。

3. 力動的分析と治療の展開

　以上のようなことを当面の改善の目標に置きつつ，"伝統的基準"にあえてとらわれない精神分析的精神療法を試みていった。

　第1の点として，同性愛のあまりにも激しい乱交とも呼べるような行動化については，単なる性的衝動の自我のコントロールの欠如によるものと見なさずに，むしろA氏の発達早期にさかのぼれる情緒的・愛情飢餓感，そして

それが得られないことで生ずる強い恐怖や不安への原始的防衛として，とりわけ性愛化（erotization）の機制としてとらえ，その解消を図ったのである。

　第2の点として，自己価値，自己評価の問題としてとらえ，こうした自信の欠如が，単純に同性愛者であるということに由来するものだけでなく，A氏の自己像の形成の障害や，傷ついたナルシズムに関わる深い問題であるとして，分析を進めていった。

　こうした面接の過程をすべて語り切ることは不可能であるし，その展開も時として容易なものではなかったのである。しかし約2年半に及んだこの治療は，A氏に多大の変化と改善をもたらしている。それはまず第1に，あれほどに激しかった同性愛の行動化が，かなり減少したことである。同性愛化がなくなったり，行為を求めなくなったわけではない。しかし同性愛の乱交がもたらすそうしたすさんだ対人的状態からは脱したようである。同性愛についても語り合えるような親しい知人や友人ができたようであるし，良好な対人関係も作り上げられ，A氏もそれに満足している。

　第2の点としては，私がかつて提示した"同性愛者アイデンティティ"（homosexual identity）が，より安定し確立されたことである。それにより，同性愛者であることを意識的・無意識的に恥じたり，罪悪感で沈んでいた状態からずいぶん解放され，自己評価や自信の向上につながっていった。そのおかげで疎外感や孤独感も薄らぎ，同性愛者として生きていく自覚や生活態度ができあがっていったことである。これらの点は，治療的な成果として評価できるのではないかと，私は考えている。

　フロイトは，先に引用した個所で，引き続き次のように語っているが，それは私の臨床経験にきわめて近いものと言えよう。「……精神分析は，同性愛が治るにせよ治らないにせよ，いずれにしても精神の平和と十分な社会的能力をもたらしています」。

4. 治療に際しての留意点

　約4年前，私は《男性同性愛者の精神療法の過程》をかなり詳しく報告した。その際，末尾において同性愛の精神療法において留意しなければならない点を，四つあげている。その点に関して，その後の治療経験を加味しつつ再度述べるとしよう。そのことで「私の治療'86」の現況として論をしめく

くりたいと思う。
①　科学的態度と治療者的中立性。
②　同性愛が、そのクライエントの生活や人生の過程のなかで、どのように位置づけられ、どれほどの心理的重みを帯びているかを、冷静かつ客観的に配慮すること。
③　しばしばクライエントが抱く、同性愛に関しての——クライエント自身が語るにせよ語らないにせよ——、罪悪感、羞恥心、疎外感、不安を、まず何よりも理解して、その解消をはかること。
④　クライエントの同性愛に対しての価値観や見方などをひとまず認め受容し、そのうえで治療者の方針や目標を述べて、それがクライエントがそれまでに形成して来た同性愛者としてのアイデンティを否定するものではないことを、クライエントが心から納得できるように伝えるように努力すること。

おわりに——精神医学の混迷と課題——

現在、同性愛をめぐる精神医学的論議は混迷を極めていると言えよう。診断をはじめとして、その体系内での位置づけも至って曖昧なままである。米国精神医学会が、同性愛を疾患リストより除外したことは冒頭で述べたとおりであり、その後公表された『DSM-III』においても、「自我‐異和的同性愛」(Ego-Dystonic Homosexuality) という用語をわずかに使用し、同性愛をそのリストにかろうじてとどめている在り様からも、そうした混迷ぶりが十分に推察できよう(「自我‐異和的同性愛」なる概念は、私の見解では、臨床的に見てなんら有効性をもたない概念である。それは議論のレベルの低下と現実との妥協の所産であろう)。このことからも米国精神医学会が同性愛をどのように取り扱ったらよいものかと、現在混迷をきたしている姿が浮かびあがってこよう。

ともあれ同性愛に関して、最もその探求を——それは何も精神医学に限らず、哲学、心理学、社会学、文化人類学の広範な学際的領域に及び——深化させ、その蓄積と成果においては他の追従を許さないものがある、米国における、目下の在り様なのである。今や米国の精神医学界は、同性愛への探求を諦めてしまったのだろうか。あるいは単に一息ついて周囲の様子をうかがっているだけなのであろうか。それとも新たな探求の可能性を模索しているのであろうか。そのことについて明確な回答を私は与えられないが、しかし

判断停止の状態にあることが，どうやら本当のところのようである。

少なくとも次のことだけは指摘できる。一方において同性愛は——日常の生活や活動において，倫理，法律，宗教などを含みつつ——解禁となり，その社会的許容度が増大していること。そして哲学，社会学，文化人類学などの領域で，同性愛は主要な研究課題として評価され，その人間的意味での重要性を認められる方向であると。他方でそれとは対照的に，精神医学においては，同性愛への関心や興味，各種の理論的・技術的アプローチについての研究は，その熱意や意欲を喪失しつつあると言えよう。もはや同性愛が，精神医学の領域を外れつつあるのだろうか，あるいはそれを越えて出て行こうとしているのだろうかと問い直さなくてはならない。

念頭に入れておかねばならないこと，臨床の現場に関わる時にとりわけ心掛けておかねばならないこととは，次のようなことであろう。伝統的な精神医学，とりわけ性病理学にその準拠枠や基準を置き，同性愛を疾患，変態，病理と見なし，それを"治療""矯正"しようとする立場は，明確に放棄されたということである。遺憾なことではあるけれど，従来の精神医学的研究は，その大多数がこのような準拠枠によって支えられていたのである。その準拠枠に疑問が投げかけられ，そして支持を失ってしまった現在，ただ大きな空白が残されてしまう。

ではいったい次にくるものは何なのだろうか。それを見いだせないまま，臨床の現場で各人が各様に，同性愛に対処しているのが実情のようである。そう言う私もその一人であることを率直に告白しておきたいと思う。

2015年における追記

米国精神医学会（1973年）が，そして米国心理学会（1975年）も，「同性愛」（Homosexuality）に対する差別や偏見を公式に批判している。それでは米国精神分析学会（American psychoanalytic Association: APA）は，同性愛の問題に対して，どのように取り組んだのであろうか。興味深くもあり，実にいまいましい問題でもある。結論から言えば，米国精神医学会，米国心理学会が1970年代に，同性愛に対するその見解を大きく変更・修正したのに対して，米国精神分析学会が，社会や臨床現場の声を聴き入れて，ゲイやレズビアンであったとしても，精神分析研究所の研修生として受け入れるという判断を下したのは，米国精神医学会，米国心理学会に遅れること20年であった。

フロイトにより，人間生活における精神性愛活動の重要性を解明してきた精神分析学こそ，本来であれば率先して同性愛への偏見や差別に対して，立ち向かわなければならなかったはずである。しかしながら，この問題に関しては，米国精神分析学会が，皮肉

なことに最も保守的で頑固であった。

1950年代後半、ある精神分析家志願の精神科医は、「ニューヨーク精神分析研究所」(New York Psychoanalytic Institute)の訓練コースに申し込み、教育分析を受けることになった。教育分析家の担当は、その後ニューヨーク精神分析協会会長や米国精神分析学会会長を務めることになる、ジェイコブ・アーロウ（Jacob Arlow）であったそうである。その精神科医が、教育分析の"初日"に「自分自身が同性愛である」ことを率直に伝えたところ、ジェイコブ・アーロウは、すぐさま「教育研修委員会」に報告し、その結果、その精神科医は教育研修を拒否されることになる。

現在、その時代を生きた精神分析家たちの回想録や記録を読むと、研修期間中は、ゲイであることを教育分析家に話すことをせずに「資格取得」を目指すというやり方を選択していたようである。あるいは「結婚した同性愛者」（Married Homosexual）として生きることで、精神分析学界内部での差別を避けようと努力していたようである。精神分析学会内部での"隠れゲイ"（psychoanalyst in the closet）に対する詮索や噂話はつねにあり、実際、ハインツ・コフートもゲイの噂や陰口に事欠かなかった。

米国精神分析学会が、ゲイやレズビアンに対しても、すなわち性的方向性に関わりなく、研修生として門戸を開くようになったのは、1991年になってからであった。それも米国精神分析学会が、同性愛に対しての精神分析的臨床的の深まり、かつ概念的前進によってその門戸を開いたわけではなかった。それは、私から見ると実に恥ずべきことだと思われるのであるが、アメリカ社会に大きな影響力をもつ《アメリカ自由人権協会》（American Civil Liberties Union: ACLU、直訳で「アメリカ市民自由連合」──主に米国権利章典で保障されている言論の自由を守ることを目的とした、米国で最も影響力のある NGO 団体）からの強い批判と圧力とを受けての結果であった。

ゲイやレズビアンの精神分析家が登場するのは、21世紀に入ってからであり、《ウィリアム・アランソン・ホワイト精神分析研究所》では、2000年にはスーパーヴァイザーや教育分析者としての資格も認められている。しかし、ゲイやレズビアンセラピストの教育・スーパーヴィジョン・資格問題に対しては、米国精神分析学会（APA）が、率直に言って最も"反動的・頑迷"である。1991年からすでに14年間が経過したにもかかわらず（私が調べた2005年の時点までの範囲で）、ゲイの教育分析家はわずか1名に過ぎず、レズビアンの教育分析家は、未だに出現していない。

フロイトの女性患者にレズビアンが多くいたこと、またフロイト自身の人生において、数多くの伝記や研究が示す通り14)、同性愛的とも呼べる男性との強い感情的結びつきの存在を無視できないことを考えると、米国精神分析学会をはじめとして、国際精神分析学会（International Psycho-analytical Association: IPA）のLGBTへの対応は、あまりにも時代錯誤であるだけでなく、一般社会から多くの批判を浴び、結果的には、このジェンダーやセクシュアリティの分野における精神分析療法の信頼性や評価をおとしめる結果となってしまった。

文献

1) American Psychiatric Association （1973） The Symposium on Homosexuality in the 'Journal of American Psychiatric Association（November 1973）'.
2) American Psychiatric Association （1980） Diagnostic and Statistical Manual of Mental

Disorders. Third Edition (DSM-III). (高橋・花田・藤縄訳『DSM-III──精神障害の分類と診断の手引』医学書院, 1982.)
3) American Psychiatric Association (1987) Diagnostic and Statistical Manual of Mental Disorders, Third Edition, Revised (DSM-III-R). (高橋・花田・藤縄訳『DSM-III-R──精神障害の分類と診断の手引［第2版］』医学書院, 1988.)
4) American Psychological Association (1975) News, 24-January.
5) Bieber, I. et al. (1962) Homosexuality: A Psychoanalytic Study of Male Homosexuals. Basic Books.
6) Freud, A. (1949) Some clinical remarks concerning the treatment of cases of male homosexuality. International Journal of Psycho-Analysis 30: 195.
7) Freud, S. (1935) Letter to an American Mother.
8) Gershman, H. (1968) The Evolution of Gender Identity. American Journal of Psychoanalysis 28: 80-90.
9) Gerson, B.(ed.) (1996) The Therapist as a Person: Life Crises, Life Choices, Life Experiences, and Their Effects on Treatment. The Analytic Press.
10) Greenson, R. (1964) On homosexuality and gender identity. International Journal of Psycho-Analysis 45: 217-219.
11) Jones, E. (1953) The Life and Work of Sigmund Freud. Basic Books. (竹友・藤井訳『フロイトの生涯』紀伊国屋書店, 1969.)
12) 及川 卓 (1979) 「性別同一性」.『Medicina』16：2168-2169.
13) 及川 卓 (1982) 「性別同一性障害の精神療法，1. 男性同性愛者の治療経験から」. 馬場編『青年期の精神療法』金剛出版.
14) 及川 卓 (2015) 「解説」. M. ガンザーほか編／馬場監訳『ねずみ男の解読──フロイト症例を再読する』金剛出版.
15) 及川 卓・馬場謙一 (1981) 「同性愛者アイデンティティーの形成について──同性愛の精神病理（その1）」. 精神病理懇話会抄録号.
16) 小此木啓吾・及川 卓 (1981) 「性別同一性障害」. 現代精神医学大系8, 中山書店.

付論2　伏見憲明氏との対談

日本の精神医学・心理学は，どのように同性愛に取り組んだか

(1997年発表)

伏見憲明　先生は精神分析の立場で臨床の場にいらっしゃるわけですが，日本のアカデミズムのギョーカイでは，同性愛などの性的マイノリティは歴史的にどう捉えられてきたのでしょうか。

及川　卓　私の立場ですが，精神分析家・臨床心理学者として，フロイト（Freud,S.）から出発していることは，明白な事実です。だからと言って，同性愛にアプローチをするうえで，フロイトを，それもとりわけ古典的な精神性愛発達論を，金科玉条にしているわけではありません。私の臨床実践は，フロイトの精神分析学を中心に置いてはいますが，近年のジェンダーやセクシャリティについてのさまざまな研究成果を踏まえてなされています。

　日本の精神医学や臨床心理学では，同性愛やある種の両性愛を含むような「性対象選択」（sexual orientation）に関わる問題，次に「パラフィリア」（paraphilias）と呼ばれるサディズム，マゾヒズム，フェティシズム，小児愛などの性的興奮の様式が多数派と異なるもの，そして私が専門としている「ジェンダー障害」（gender disorders）などのセクシュアリティやジェンダーの領域には，あまり関心が向けられていませんでした。

　欧米の精神医学のように，既存の社会体制とがっちり結びついた形で出発して，宗教や政治レベルで性的行動を検

討していくような意識は，善し悪しはわからないけれど，存在していませんでした。したがって，関心もなかったかわりに，これといって差別もなかった。

これまでに日本で出版された精神医学，精神病理学，臨床心理学のテキストを読むとわかりますが，なにせ日本は輸入文化 - 翻訳文化の国ですから，欧米で論議されている性的問題行動も，一応紹介という形にせよ，記載はされてはいます。が，日本での臨床的必然性であるとか，研究課題として取り上げられることはありませんでした。現に，少なくとも数年前までは，同性愛やジェンダーに関する研究発表はほとんど存在せず，系統的に行っているのは私だけのようでした。

伏見 19世紀頃，欧米では精神医学が成立するときの主要な主題に，明らかに同性愛の問題がありました。それが，輸入されたときに語られないのは，ただ関心がないのか，学会の中でホモフォビアが強かったのか。

及川 伏見さんが言うとおりです。欧米の精神医学の成立には，同性愛の主題を無視するわけにはいきません。"精神医学の出生の秘密"とでも言えると，私は考えています。そこを理解しておかないと，あの学問体系の本質的部分を見落とすことになってしまう。

ただ日本の場合ですが，精神医学や心理学は，どうしても"輸入文化的・輸入学問的性格"がありますし，欧米とはそもそも学問の成立の背景が違いすぎますよね。日本の精神医学や心理学を振り返ってみても，学問の体系と社会的現実とが激しくぶつかり合うとようなことは，こと同性愛に関してはなかったように思います。

欧米の学会で見られるようなホモフォビアは，なかったのではないでしょうか。だからと言って，「日本にはホモフォビアが，存在していない」などといった超 - 楽観的な見解を，私がもっているわけではありません。

ここで強いて私の見解を申し上げれば，日本と欧米では

ジェンダーやセクシュアリティのシステムに質的な違いがあって、欧米とは異質な日本的なホモフォビアが強かったからと、推測できるかもしれませんね。欧米のようなあからさまな反発や攻撃ではなくて、表向きは受容的で波風を立てないけれど、深いところでは冷たいく侮蔑的と言ったような。こんな感じでしょうか、日本的なフォビアとは。

　こうした日本的フォビアに、私自身も経験したように思っています。その経験は、ゲイの人たちとはかなり違っていますが、遭遇しているように記憶しています。それは私の同性愛研究についての、精神医学・心理学の学界内部での反応から感じ取れました。こうした仮説については、いつか本格的に研究しようと計画しています。

　ですから、ホモフォビアの問題は、この国の文化や歴史に則して、一つ一つの資料や出来事を、ある場合には個人的で内面的経験をも含めて、慎重に解明してゆかねば明らかにはならないはずです。欧米のホモフォビアへの批判的行動を、そっくりそのまま日本に持ち込むだけでは、不十分なはずです。欧米の論議を安直に模倣しているだけのゲイムーブメントでは、価値がありません。それでは、今お話ししたアカデミズムの"輸入文化的性格"と同じとなってしまいます。体制的アカデミズムもゲイムーブメントも、話題が違うだけで、やっていることは同じだと。

　この"輸入文化的性格"は、明治以降の日本近代の本質と見なせるものですが、同性愛という問題を社会に突き付けようとするゲイムーブメントこそ、何よりもこの点を見据える必要があると、私は言いたい。

伏見　同性愛者の立場から言うと、先生しか研究者がいないという、同性愛に関する議論のない状況でありながら、性的逸脱といったマイナス価値が社会的に影響を及ぼしていて、自分は病気ではないかという思いがいまに至るまでずっと同性愛者には植え込まれています。学問の現場の人たちが問題の大きさを感じていないのではないでしょうか。

及川 その通りでしょう。私もまったく同感です。その点に関しては，伏見さんのご指摘の通りではないでしょうか。いろいろな理由が，考えられますね。まず第1に，精神科臨床の現場に同性愛の方が受診する例は，ほとんどありませんでした。ですから注意を払わずに来た。そうしても日々の臨床業務に，支障を来さなかった。これが統合失調症ならば，毎日のように接しています。そして統合失調症は，大きな関心事となる。そんなふうにも，考えられます。次に，これまで同性愛に限らずセックスの相談は，婦人科や泌尿器科の担当として扱われがちだった。身体のレベルにとどまっていた。こうした相談を，心の問題としては考慮されることがなかったのです。

また視点を大きく変えてみて，日本の場合には，伝統的で日本的カウンセリングのシステムがあったのかも知れません。いろいろと話し相手になってくれる学校の先輩や先生とか保健師さんなどがいますね。それこそもっと身近には，村の相談役や世話好きのおばちゃんのような存在があって，なにもわざわざカウンセリングに来なくても済んでしまっていた。

伏見 それで済んでいるとは思えません。病院というのは，敷居が高すぎて行けないのではないでしょうか。私の友人が『ホットドッグプレス』という一般誌に同性愛の電話相談の番号を掲載したところ，連日50本も相談の電話がかかってきたそうで，自殺をしたいという話も多く，愕然としたそうです。

及川 よくわかりますね。確かに敷居が高い面はあるのでしょう。それに抵抗感も，現在の病院の診療システムでは，起こりやすいと思います。権威的であるとか，プライバシーが守られにくいとか，問診の時間が数分しかなくて，十分に話ができないとかと言ったような。

私の場合ですが，これまでは精神科外来を担当している同僚たちから，クライエントを依頼されることが，ほとん

どでした。それも私が，同性愛のクライエントを嫌がらずに引き受けていることを，同僚たちがよく知っていましたので。この数年になって，直接の問い合わせも増えています。それもかなり遠方の都市に住んでいる方からとか，山間部のような，どう考えても簡単に相談相手が見つかりそうもないところからの問い合わせなどもあって，驚かされました。全体としては，相談を希望される方が増えているな，といった感触があります。

伏見 ムーブメントの側からは，カウンセリング体制の整備の逼迫性を感じます。

及川 同性愛の相談やセックス・カウンセリングだけではありません。ノイローゼやうつ病，そして育児相談や教育相談などの一般的なカウンセリングの土壌さえ，まだ育っていないというのが，今の日本の実情なんですよ。それに同性愛を含めてセックス・カウンセリングの専門家も，非常に少ないでしょう。見つけようとするだけで，もう大仕事。

伏見 精神科に行くと，大変なことになりそうで。

及川 欧米では，それこそ内科医や小児科医，歯科医に通う感覚で，精神科医や臨床心理士のもとを訪れています。ホームドクターのような，身近な存在なのでしょう。日本は経済的には豊かになったとはいうものの，そのレベルには，まだまだ届いてはいませんね。

　ここで忘れられてならない点があります。ゲイの方々にも重要な点です。「同性愛は病気でない」という精神医学の表明は，確かに進歩的です。しかしながら問題がないわけでもありません。「病気ではないのだから，精神医学や心理学とは無関係だ」「私たちが取り扱う問題ではない」となってしまう。ここでこれまでとは違った無関心が現れてきます。いやそれどころか，これまでの同性愛への無視や拒否を，こうした形で「関わらずに良かった，正しかったのだ」と，正当化したり合理化する傾向がある。

伏見 学会では欧米における診断基準を踏襲することになるのでしょうか。

及川 精神医学の指導的立場にいらっしゃる先生方のなかで，以前には「同性愛は"病気"や"障害"である」，時には「"性的異常"である」とも，数多くの論著において書いていたにもかかわらず，『DSM-III』が発表されると，今度は「同性愛は病気ではない」と書く方もいらっしゃるわけです。

　こんなにも簡単に変われるのは，いったいどうしてなのでしょうか。自分が問題に直接関わってはおらず，関心も無いため，つねに最新の立場に自分を置こうとしているだけなのではないでしょうか。ただ時代の流れに乗り遅れないようにと。

伏見 94年に「動くゲイとレズビアンの会」という団体の申入れで，日本精神神経学会が，同性愛は性的逸脱ではないとする見解を発表しましたが，学会として，過去をどのように総括されたのでしょうか。

及川 過去にこれと言った議論がなかったから，そういう時代の流れに合わせても，"何も"，そして"誰も"困ることがないわけです。もしもこれと同じことを，統合失調症の分野でしようとしたら，それこそ大騒ぎになるでしょう。統合失調症の分野では，過去に大論争があって，まだまだ決着がついていないところがありますから。

伏見 そんなに簡単に認識を変更してしまえるのでは，学問としてのありように疑問を感じてしまいますね。

及川 私もそう思います。臨床的に責任のない人々は，簡単に意見を変えられて，羨ましいかぎりです。私のように関わりをもっていると，臨床体験について語らなければならないし，過去に論議したことについても，再検討や批判を述べなければなりません。

伏見 先生は，同性愛の「原因」をどうお考えですか。

及川 この20年の間，数多くの同性愛の方々と，短期また

は長期にわたって精神分析的に関わってきました。同性愛には、「同性愛」と一言で言えないくらい、実にさまざまな臨床的バリエーションがありました。したがって私としては、「同性愛」という用語・概念で、一まとめにするのは、臨床現場にいるものとして、とてもぎこちなく感じます。

　多種多様な同性愛が、ありえるのでしょう。そのすべてを、ある特定の要因に、つまり生物学的、心理学的、発達的、家族的要因、等々に帰するのは、きわめて困難でしょうし、無理がある。特定の要因の強調は、同性愛を知らない人の作業のように、私の目には映ります。きわめて限られた資料や少数の臨床例の拡大適応は、危険です。なによりも研究者の頭の中にある同性愛と、同性愛者の実際には、かなりの隔たりがあることを、私は長年の臨床経験から知りました。したがって同性愛の原因については、私は、ある特定の立場に100％立っているわけではないし、また一つ二つの要因を支持する者でもないのです。

　たしかに同性愛にとって特徴的とも言えるような、発達のプロセス、家族的背景、心理的葛藤、性的空想を見いだすことはできます。それらによって、同性愛を、三つ、四つのグループへと臨床分類をすることは可能でしょう。が、それがはたして原因別になっているかどうか、原因と対応関係にあるものなのかは、わかりません。私は、精神分析学的・心理学的な立場に立脚していますから、発達のプロセス、家族的背景、対人関係、性的空想の内容などを、当然のことながら重視します。だからと言って、それがすべてだと考えているわけではないのです。同性愛を考えるうえで重要なポイントとは、伏見さんも同意してくれると思いますが、その多様性ではないでしょうか。いわゆる原因ではなくてね。

　クライエントと同性愛について話し合うとき、私は右利き左利きの例を出します。「右利きは多数派だから有利だけれども、左利きを、病気とは言えない」「社会とは、一定

の標準を求めるものだけれど，それから離脱することが，そのままで異常だとは言えません」と，意味づけします。

伏見 先生も，いろいろな動きの影響で，考えを変えられましたか。

及川 基本的なものは何も変わっていません。もちろん臨床経験の蓄積による理解の深まりはあったと思いますが。これははっきりと言えることです。精神医学や精神分析学の流れを知らないゲイ・リブの方々から，しばしば誤解を受けることがあるようです。とても残念に感じています。

　私は，そもそも旧来の精神医学の認識論的枠組みを批判すること，そしてそれを乗り越えるところから，臨床活動を始めました。またそういう動機がなければ，これほど深くセクシュアリティやジェンダーの領域に関わることはなかったでしょう。

　精神分析の臨床活動に関心を抱いたころ，私に最も大きな影響を与えのは，フーコー（Foucault, M.）の存在でした。『狂気の歴史』は，今でも読み返すたびに私を打ちのめします。フーコーとは，限られた時間でしたが，当時出版されたばかりの『セクシュアリテの歴史・第1巻』に関して立ち話をしました。ただそれけのことですが，彼の思考力には，強く印象に残るものがありました。

　いまの伏見さんの質問に関しては，多少説明が必要でしょう。"表現"は，以前に比べて今はかなりストレートになりました。特に，大学から離れて個人開業をするようになってからは，はるかに自由にものが言えるようになったと思います。私の同性愛に関しての論文発表，研究活動は，一定の制約内で行わなくてはなりませんでした。当然のことながら，かなりセーブしたものになっています。20代も半ばの大学院生という立場では，"表現"できることには限度がありました。

伏見 1982年に発表された先生の論文「性別同一性障害の精神療法──男性同性愛者の治療経験から──」[5]の中で，

「A君は，神経症的症状はなくなったけれど，同性愛自体が消えたわけではなく，治療を終了してよいのだろうか」と疑問形で結ばれています。現在，先生は，同性愛は治療の対象ではないとお考えですか。

及川 まったく思いませんし，治療できるとも考えていませんね。いったいどこに，そんな必要があるのでしょうか。

確かに，その論文のその個所は，誤解を招きそうですね。ただし同じ論文の他の個所で，「同性愛から異性愛への転向という目標は，あまりにも非現実的」とも述べていますし，「治療目標を，あらためてA君と話し合った」とも書いてあります。思い出せる範囲ですが，A君と「同性愛を治そう」と話し合ったことは，この約4年に及んだ精神療法の期間中，一度もなかったと思います。伏見さんが，「疑問形で結ばれています」といま指摘されましたけれど，むしろそれはその当時に支配的だった治療観へ向けた，私の疑問の表明なのです。つまり私のささやかな抵抗として読み取っていただきたいという思いです。

だから今の伏見さんの質問について，もう少し厳密に応えるならば，私としては，同性愛を，"医学的・病理学的な意味での治療対象と"見なしたことは，一度としてないということです。またですね，"同性愛を異性愛へと転向させなくてはならない"とか，あるいは"女性的な（女性化した）言動を，より男性的なものへと，治療的に修正したり変更する"とか，といった考えに取り憑かれたこともありません。そうした目標に，強迫観念的にしがみつくとしたら，そちらの方がおかしいのではないでしょうか。私には，そう映りますよ。私の臨床活動の出発点が，そういうものでなかったことは，これまでにお話ししたことから理解していただけると思っています。その論文の4年後に発表した論文「私の治療'86」[6]では，そのあたりのことを詳しく書いてあります。

また「治り方」や「治る内容」ですが，それこそクライ

エントその人それぞれであって，さまざまでしょうね。いろいろあるはずですし，あってもよいはずです。こうでなくてはならないとか，こうしなくてはいけないとか，簡単に言えるものではありません。だから，「治るかどうか？」「どう治るのか？」と聞かれたときは，その答え方は，それこそケース・バイ・ケース（臨床例に応じて）です。「変化する可能性のある人もいれば，そうでない人もいる」と，私は説明しています。

ただし逆に，はっきりとした同性愛者の自覚があって，そうした意識をもとに行動をしたり生活を送っている人。すでに同性愛体験があって，それに十分に満足している人。こうした人たちには，そういう言い方はしませんし，だいいちそんなことを言うのは，無意味でしょう。

これはなにも同性愛に限ったことではありませんが，"治すこと"を前提にして（また目標として），精神分析的精神療法を始めているわけではありません。私としてはあまり好きな言葉ではないのですが，最近の流行り言葉を使わせてもらうならば，"自己実現"（自分を見いだすこと）にあるのではないでしょうか。"治すこと"ではなくてです。ここでお話しした事柄は，臨床的にも微妙な内容で，十分にわかっていただけるかどうかが，心配です。

伏見 すると，その人の中のホモフォビアを解消する方向に進むわけですか。

及川 その点に関して，もう少し説明をしましょう。同性愛に関しての自己認識，ある場合には他者認識を，深めることを可能にするためには，一定度の心理的な安定性が必要とされてきます。その人の人格的成熟，心理的な安定性と，同性愛の受容とは，心理学的に言って深く関連していると思います。

A君の記録を読まれてみて，精神医学的な問題があまりないようなケースと，伏見さんは想像されたかも知れません。が，A君の精神状態の不安定さは，顕著なものでした。

関わりの当初は,同性愛よりも,神経症的-精神病的な問題への対応に苦慮しなくてはならない状態にあったのです。しかもこうした不安定な状態を脱して,ようやく同性愛について正面から取り上げられるようになったのです。

なにもA君に限ったことではありませんが,神経症的な葛藤や不安を抱えていたり,精神病的な恐怖とか自己破滅感があったりすると,同性愛の存在をとうてい受け入れることができないでしょう。多くのクライエントには,程度の差こそあれ抑うつ感がありました。そうした人にとっては,同性愛は呪わしいものにすぎなかったようですね。

なんと言っても精神分析的には,まずそこを解消しておかなければなりません。自分への肯定的感情,生きてゆくことへの自信を回復することは,きわめて重要な心理学的作業です。そこがうまくできないと,同性愛を"合理的かつ率直に"にとらえ直すという内面的な作業は,大変に難しくなってしまいます。それどころか,いつまでも被害的な感情にとらわれてしまうでしょう。

ですから,こうした心の最深部に存在する暗闇を解決することなしには,今ここで伏見さんが言われた「ホモフォビアの解消」は,無理なのではないですか。A君の場合,彼の母親との関係にさかのぼるような原始的幻想,そしてまた根源的恐怖と空虚感を分析することで,ようやく同性愛の問題が前進し始めました。こうした心の根深い部分にこびりついていた恐怖と感情が解消された時に,A君は,同性愛を肯定的に受け止められるようになったのです。同性愛者として生きてゆくことに,プライドをもてるようになりました。

ここでせっかくA君のことが話題になったので,お話ししておきたいことがあります。A君は,私の臨床活動の比較的に早い時期に出会ったクライエントでした。今でも,彼のことをよく覚えています。事実,私はA君から,男性同性愛について多くのことを教えてもらったと,感謝して

います。伏見さんが取り上げた1982年の論文の中では十分に言及していませんが、A君との精神分析的面接をとおして気づかされたことは、何と言っても同性愛の"自己修復的な側面"（restorative function）でした。

　A君が求める同性愛の対象は、年配の男性でした。いわゆる"フケ専"です。A君が、年配の男性との同性愛関係を介して自己修復を試みていることに、私は気づいたのです。それまでの精神分析学の古典的定式においては、同性愛の"防衛的側面"（defensive function）に関心が集中していました。ですから同性愛に、こうした非‐防衛的側面があることには、本当に驚かされました。

　このようにして同性愛の"防衛的側面"（defensive function）から、"自己修復的な側面"（restorative function）へと、私の関心は完全にシフトしました。その後の臨床的関わりにおいても、同性愛の"修復発達的な可能性"に、絶えず注意と配慮を向けるようになっていったと思います。そしてそれはホモセクシュアルの発達ラインの関心へと、展開していきました。

　自分の人生の避けがたい"真実"として、同性愛を見つめて、受け入れる。しかも立ち向かって行く。こんなふうに最初からなれる人も、確かにいるのでしょう。しかし、著しく困難を覚える人もいるはずです。あるいは、そこからさまざまな不安定さを露呈して、問題行動に陥ってしまう人もいるかも知れません。同性愛という真実に直面してゆくその仕方には、その人それぞれあって、そのそれぞれに対して、さまざまな心理的サポートが必要とされると、私はこれまでの臨床経験から思っています。

伏見　先生は、チャールズ・シルヴァースタインのように、ゲイの立場でセラピーをしているわけではありませんが、臨床では、クライエントに自身の性的指向を肯定させていくことにとどまるのか、それとも、「同性愛者」「ゲイ」としてのアイデンティティを確立させていくのでしょうか。

及川 同性愛の問題が、ただ単に性的指向の肯定だけで収まりきらないことは、伏見さんも、それこそ体験的によくご存じだと思います。そんなに簡単ではないでしょう。自分のなかにある同性愛指向を肯定し、しかもそれを自分の人生の重要な部分として受容していくプロセスは、単なる個人の性的指向を越えた課題を、その人自身に突き付けることになります。その解決の仕方は、本当にケース・バイ・ケースでしょう。

　性的指向を自覚し肯定させることは、あくまでも必要条件にすぎません。「同性愛者であること」の十分条件ではありません。なぜならば、「同性愛者であること」を自覚して、やがて受容していくプロセスは、その人のあり方、生き方、そして家族や友人との関係、さらには自分の人生の方向性、職業や仕事も含めた社会との関わり方、こうしたことのすべてを、再構成しなくてはならなくなりますよね。結局のところ、人生の意味そのものを、必然的に問い直さなければならないトータルな作業になります。

　そして、そうした問い直しをすることが、その人のアイデンティティの確立になりえるものなのかどうか。またなりえたとしても、その仕方というか、程度については、それこそケース・バイ・ケースでしょう。答えが一つというわけにはゆきませんよね。クライエントの同性愛者アイデンティティの確立について、私としては、かなり幅をもって見守っているつもりです。

　同性愛者アイデンティティは、私が最初に関心を集中させた臨床的テーマでした。「同性愛者アイデンティティの形成」という学会発表を、その昔に行っていますが、その段階と局面に応じた多様性があることを、描写してあります。このテーマは、その後も私のなかで続いています。同性愛者アイデンティティをもつこと、それがクライエントが、自分自身の体験とか生き方のなかで見いだしたものであるならば、それは望ましいものに違いありません。

しかし最近は、私の考え方にも、多少変化が生じているようです。それはですね、あえて同性愛者アイデンティティという形をとらずに、同性愛を、内在化させてゆく人々の生き方に、私は数年前から関心が向かっているからです。同性愛の存在を、アイデンティティではないものに、つまりセクシュアリティの次元に制約されずに、もっとトータルに目指そうとしている人たちです。私のクライエントのなかで、それは例えば、音楽家、ファッションデザイナー、美容師、俳優といった芸術畑の人たちでした。あるいは、医師、教育関係者、ジャーナリストなどです。自分の仕事のなかで、なんらかの表現の場をもっている人たちです。このような人々は、自分が同性愛であることを、ことさらアイデンティティにする必要は、なかったようでした。しかもアイデンティティにしようと思えばできたのに、しなかった。そうすることで、逆に人生や仕事を豊かにしているようでした。つまり同性愛を、欲望（désir: ラカンの意味での欲望）として把握して、アイデンティティとは異なる関係性を模索する人たちなのです。このあたりのことは、私にとって、いつかまとめてみたい課題です。

伏見 同性愛者の発達ラインについてはいかがお考えですか。

及川 ヘテロセクシュアリティの発達ラインを、男性発達の正常モデルと見なしたうえで、それを一般化してしまう。しかも安直にホモセクシュアリティに当てはめては、逸脱だの病理だのと論じる。これまでの研究とは、だいたいこういうものでした。これは、明らかに間違っています。方法論的に見ても、臨床の実際からも、私にはとうてい納得ができませんね。ですから、単純化され普遍化されてしまった《ヘテロセクシュアル・モデル》へのアンチテーゼという意味でも、ホモセクシュアリティの発達ラインは、もっと慎重に研究されなくてはなりません。かつ追求されるべきテーマだと、私は確信しています。ただそれは、21世

紀の課題になってしまうのではないでしょうか。

伏見 アメリカのように、ゲイのアイデンティティをもつ専門家がやるべきことなのでしょうか。関係ない人のほうがいいのでしょうか。

及川 両方でしょう。深く感情移入ができる研究者も求められるだろうし、距離を置いて観ることのできる臨床家も必要とされるのではないでしょうか。ただ、どちらにしても、既成の枠組み・観点から、一応卒業していないとだめです。ヘテロセクシュアリティの人が、従来の枠組にとどまって、そこからホモセクシュアリティを観るのは好ましくはないでしょう。そしてまた、ホモセクシュアリティの人が、発達の過程で知らず知らずのうちに取り込んでしまい、かつそれによって呪縛されてしまっているヘテロセクシュアリティへの先入観や、ある種の劣等感コンプレックスなどを、そのまま引きずっていては好ましくはないはずです。

　くり返すようですが、これまでの発達ラインの研究は、あまりにもヘテロセクシュアリティの臨床結果を、拡大適応してみせる傾向があったと、私は批判しています。その結果として、ホモセクシュアリティを、ネガティブなものとして、ヘテロセクシュアリティの逸脱形や病理形として、浮かび上がらせてしまっていたようです。それでは当然のことですが、自ずと限界があります。

伏見 僕自身も陥りやすい罠ですが、思い入れや体験があるだけに、非常に自己を普遍化して同性愛の問題を考える傾向があります。いろんな立場の人がいろんなネットワークの中で言葉を発することが必要でしょう。

伏見 先生の論文「二丁目病」[7]というのが、一部で大変評判が悪いのですが(笑)。二丁目は同性愛者にとって癒しの場でもあり、あそこで救われた人、友達やコミュニティを作ってゆく人が、増えている。それなのに「病」という表現はないだろう、という大塚隆史さんなどの批判があり

ます。

及川 批判する気持ちはわかります。ただあの論文の主旨は，そこではないでしょう。比較的安定した性的体験や対人関係をもてないために，人生のさまざまな局面で，人間のポジティブな面が信じられなくなってしまい，空虚感ややりきれなさにとらわれてゆくといった，現代人の困難さを取り上げたのです。二丁目そのものを，病的な場所だと主張したいのでは，ありません。

伏見 ネーミングが悪いのでは（笑）。

及川 クライエントが使っていた言葉なのですよ。だからと言って，私に責任がないなどと言うつもりは，まったくありませんが。こうしたことは，むしろ伏見さんたちの課題でしょうが，二丁目がもっと楽しい場になれば，とても良いことです。それこそ癒しの場やクリエイティブな体験の場，何かを作り出せるような空間になれば，それに越したことはありません。と，言うよりも，ゲイの人たちに，それを目指してほしいというのが，私の本当の気持ちです。

伏見 ゲイというコミュニティは，肯定的に評価されますか。

及川 お互いの生き方の相互確認は非常に重要ですし，いいことでしょう。

伏見 先生から同性愛のクライエントに，そういうコミュニティを紹介することはありますか。

及川 いままでの臨床例では，ありませんでした。が，そうしたことの意義や必要性を，認めていないわけではありません。アメリカでは，革新派の臨床家とゲイ・グループとが，非常に密接な関係をもっているでしょう。それは私も望むところです。精神医学や心理学の領域には，保守的で旧態依然派もまだまだ多いのです。私自身は，さまざまな関わりをもちながら，私の臨床活動の幅を広げてゆきたいと願っています。

伏見 最近では，セラピーの確立を考えているゲイのグル

ープもあるようです。そうしたグループとの交流については，どうでしょう。

及川 声をかけていただければ，喜んでうかがいます。私自身は，そういう機会があればと願っています。

伏見 今日は，長々とありがとうございました。

及川 これに懲りずに，またどうぞ。

* 末尾ながら，対談のチャンスを作ってくださり，またそれを原稿化するように勧めてくださった伏見憲明氏に，心から感謝いたします。伏見氏の配慮なくしては，この作業を完成させることはできませんでした。私の書斎で行った対談は，有意義なものでしたし，何と言っても楽しいものでした。

文献

1) Foucault, M. (1976) Les entretiens avec Foucault. (増田訳『同性愛と生存の美学』哲学書房，1987)
2) 伏見憲明 (1991) 『プライベート・ゲイ・ライフ [ポスト恋愛論]』学陽書房.
3) 伏見憲明 (1996) 「『同性愛』という劇場」.『Imago』7 (6)：219-225.
4) Kohut, H. (1977) The Restoration of the Self. Madison CT: International Universities Press. (本城・笠原監訳『自己の修復』みすず書房，1995)
5) 及川 卓 (1982) 「性別同一性障害の精神療法——男性同性愛者の治療経験から」. 馬場編『青年期の精神療法』金剛出版.
6) 及川 卓 (1986) 「同性愛——一つの問題領域と一つの決断」.『臨床精神医学』特集・症例中心／私の治療 '86. (本書 5 章)
7) 及川 卓 (1993) 「二丁目病」.『Imago』4 (12) 165-177. (本書 8 章)
8) Silverstein, C. & Picano, F. (1992) The New Joy of Gay Sex. New York：Harper & Collins. (伏見監修／福田ほか訳『ザ・ニュー・ジョイ・オブ・ゲイ・セックス』白夜書房，1993)

【対談者紹介】

伏見憲明

1963年生まれ。慶應義塾大学法学部卒。評論家，小説家，ゲイ活動家。ゲイであることを立脚点にしつつも，ゲイに関連するテーマ群の探求にとどまることなく，現代社会や生活に内在する差別や偏見などの〈多様性矛盾〉の解明を試みている。

『プライベート・ゲイ・ライフ』(学陽書房，1991年) は，すでに欧米においては市民権を得て，また文芸批評の一分野として確立されているゲイ評論を，我が国において最初に提起したとも言える記念碑的な著作である。さらに，1993年には，シルヴァースタインとピカーノ (Picano, F) の共著『新版・ザ・ニュー・ジョイ・オブ・ゲイ・セッ

クス』（白夜書房）を監訳と指導したが，その翻訳作業は，米国のゲイ評論の分野が我が国に上陸する橋頭堡を作り上げたと評価してよいであろう。

その後，伏見氏は『クィア・スタディーズ '97』（七つ森書館）を編纂する。それによって，1990年代初頭，カリフォルニア大学サンタクルーズ校で主張され，米国において社会科学の一潮流となり始めていた"Queer Studies"を，いち早くわが国に紹介している。『クィア・スタディーズ '97』は，今読み返してみても，その内容と質の高さは十分に評価できる。同性婚，トランスジェンダー，ゲイ・カウンセリング，インターセクシャル，性別変更手術，セックス・ワーカー，等々が取り上げられており，それらは発刊後20年を経た現在においても，真剣な取り組みが求められる人間的問題ばかりである。編集責任者の立場にあった伏見氏の"先見の明"に，驚かされる。

伏見氏の論著においては，ゲイであると声高に主張することよりも，ゲイである生き方そのものを，五感のすべてを使って，説明しようとしているところに大きな魅力が有る。政治的・社会的に難解なテーマに鋭く切り込むだけでなく，文学（2003年，『魔女の息子』で第40回文藝賞を受賞），映像，音楽（singer song writer でもある）に関しての洗練されたエッセイが数多くある。伏見氏が，ゲイであることを，痛みとしてではなく，ゲイを生きることの楽しさを表現しようとしていることが理解できる。

伏見氏との対談は，伏見氏の臨床精神分析学への理解の深さもあって，実に充実したものであった。現在，考え直してみると，伏見氏との対談を中身のあるものにできた背景には，（私の一方的な思い込みなのかも知れないが）両者の方法論のなかに共有できるものがあったからではないかと思われる。それらをあえて哲学的用語で表現するならば，人間存在の相互主観性（Intersubjektivität）と言えよう。

この対談のなかで伏見氏から批判を受けた「二丁目病」に関してであるが，私は伏見氏の指摘に対して，二丁目が，刹那的な性的接触のはってん場ではなく，「癒やしの場，クリエイティブな体験の場，何かを作り出せるような空間になればよい」と応答した。それは実際に実現しているようである。現在，伏見氏は，二丁目に"A Day In The life"というスペースを構築し運営している。伏見氏は，「LGBTにフレンドリーな人々，他のマイノリティの方々，さらにはすべての人々に開かれた場です」と語っている。

6章　同性愛者アイデンティティの形成
Homosexual Identity Formation

(1981年発表)

はじめに

　同性愛 (Homosexuality) に関しての精神医学的・心理学的論議は，現代社会における性意識や価値観の大きな変動を反映し，近年，特に混乱を呈していると言えよう。それは，「同性愛を"疾患"と見なすか否か?」という，精神医学の根本に関わるような問題提起がなされていることからも明らかである(これが米国精神医学界において，中心的論争点となっていることは，周知のとおりである)。しかしこうした同性愛論争は，私が考えるには，精神医学領域のみならず，社会学，歴史学，文化人類学，哲学などの人間科学の認識を統合してこそ，はじめて有意義なものとなるのである。

　そこでまず私としては，こうした政治性の高い論議に加担したり，早急な結論を出そうとしたりすることを避けて，あくまでも私自身の同性愛の臨床経験に，自己限定をしたいと思う。そして同性愛を理解するうえで，重要と思われる臨床的事実のいくつかに，焦点を絞りこみたい。具体的には，精神療法的にも大きな手がかりを与えてくれるような鍵概念の一つとして，今回の研究発表のテーマに取り上げた《同性愛者アイデンティティの形成》(homosexual identity formation) に，私は着目したのであった。

1. 同性愛者アイデンティティの形成の過程という観点

　同性愛は，きわめて多種多様な臨床像・状態像を呈する人々の集合的な名称と言える。今日までも，実にさまざまな角度からの研究がなされて来た。

私としては，従来の症候学的観察や診断分類法にとらわれることなく，臨床状況に則して同性愛の認識を深めたいと考えた。そこより《同性愛者アイデンティティの形成》という観点に，関心を向けるようになった。

　《同性愛者アイデンティティ》という観点は，これまでの発達論的観点や精神力動論的観点と矛盾するものではない。しかも同性愛の自己イメージ作り，同性愛の自覚の経過，中心となる不安と防衛機制の在り方，さらには転移的関係や行動化の現れと言ったような，精神療法の臨床的展開を，"より生き生きと"記述できる準拠枠と考えた。つまり別の表現をすれば，きわめて多種多様な同性愛者の臨床像を，《同性愛者アイデンティティ》の形成の過程と，その変容という観点に立脚することで，より全体的状況が把握ができるのではないかと，私は考えたのである。そしてそこから，同性愛の《臨床内的・相互作用》(Intra-clinical Interaction)，および《象徴的相互作用》(Symbolic Interaction) からの考察と解釈等を総合することが可能になると考えた。

　① 《同性愛者アイデンティティ》の形成は，きわめて複雑な精神－性愛的 (psycho-sexual)・心理－社会的 (psycho-social) な過程の総和の産物である。

　② 同性愛者が，うすうす同性愛傾向に勘づき，自分自身が《同性愛者であるという自己イメージ》を作り出し，同性愛としての自覚化が始まって，他の同性愛者の存在を認知して，さらに同性愛行為に走り，同性愛関係をもつまでに至るには，いくつかの特徴的な「段階」を想定することができる。

　③ それぞれの段階においては，その段階に特有の《対自的－対他的認知のシェーマ》が存在している。そしてそれぞれの心理的段階に対応した，家族，友人知人，そして周囲の人々を含んだ対人状況や社会的な相互作用の各水準がある。

　④ こうした《同性愛者アイデンティティ》の形成の各々の段階と，思春期，青年期，成人期，中年期，初老期などの精神－性愛的な発達 (psycho-sexual development) や，パーソナリティの社会化の過程 (personality socialization) との間には，ある種の相関関係が見いだされる。

　より直接的に言うと，同性愛者は，自分自身の内部の同性愛欲望と社会規範，さらに周囲から承認されたい理解されたい欲求などによって，不安，葛藤，緊張につねにさらされている状態に置かれる。ここから同性愛者と家族や周囲の人々との関係や，発達のプロセスにおいて必然的に生ずる不安，葛藤，緊張の在り様に，私は，より多くの注意を払う必要があると考える。

⑤ 思春期，青年期，成人期，中年期，老年期にわたる，ライフサイクルのそれぞれの段階（life stage）と発達課題（developmental task）と，《同性愛者アイデンティティ》の形成の過程とが結びついては，それぞれに影響を及ぼし合っている。それらの結びつきや影響は，"現代文明・社会における"同性愛者特有のライフスタイルや価値観を決定する要因となっている。

この事実にもとづいて推量すれば，《同性愛者アイデンティティ》の形成のそれぞれの段階において，同性愛者にとって生じさせやすい，その特有の葛藤や混乱が，いったいどのようなものになるかが想定できるのではないだろうか。そのことがなおいっそう，同性愛者の在り方を，きわめて複雑多様なものにしている心理－社会的要因の一つではないかと，私は考えるのである。

* ここで興味深い補足的解説を加えておこう。この《同性愛者アイデンティティ》という概念に対して，この概念は主として米国のゲイ・ムーブメントのなかで登場したものであるが，フランスの哲学者 M. フーコー，G. ドゥルーズらの認識論的分析を前提に置き，フランスの同性愛者の内部から，激しい批判と反論が提出されている。それらの米仏の論争の全貌に関して，本論文の内部で取り上げ検討を加えることはできない。ただこのようなフランスにおける《性事象》（Sexualité）についての研究成果は，本書「4章　同性愛の政治学」のなかで，Gender Pratique のコンテクストの範囲に限定してではあるが，部分的に言及した。

2. 同性愛者アイデンティティ形成の五つの段階

私は，これまでに，約 60 例に及ぶ，男性同性愛者の心理相談，心理学的評価，精神分析的精神療法を行ってきた。そこから得られた生活史，発達の過程，家族構成などの資料を再構成しつつ，また同性愛者のライフスタイル，対人関係，人生観，興味とか熱中するものや，精神療法が過程してゆくなかで，双方ともに多くの時間をかけて取り組み，解決を図らなくてはならなかった問題をとおして，この《同性愛者アイデンティティ》の五つの段階の臨床的特徴を，浮き彫りにしてみたいと思うのである。

上記の 5 点に留意しつつ，私は《同性愛者アイデンティティ》の形成過程を，その《モデル》として「五つの段階」へと分ける試みを行った。

(1) 第 1 の段階。同性愛傾向にめざめ，また気づいて混乱する段階。

(2) 第 2 の段階。同性愛傾向と，社会規範・社会標準としての異性愛との間で，大きな葛藤と緊張が生ずる段階。

(3) 第3の段階。自分が同性愛者であることを，"ひとまず受容する"，あるいは"受容せざるをえない"段階。

 (4) 第4の段階。ことさら同性愛者としての生き方や在り方を，強調したり自己主張することで，なんとか同性愛者としての自分の人生に，何らかの価値なり，意義なりを付与しようとする段階。

 この段階は，《同性愛者アイデンティティ》の自己確立とも呼べる段階である。これは良くも悪くも，ある種の"居直り"である。

 (5) 第5の段階。《同性愛者アイデンティティ》のそれぞれの段階を経て，安定した状態に達していたが，結婚など，社会的な体面を保とうとする結果，それによって引き起こされるフラストレーションや対外的な圧迫感や緊張感の増大，さらには年代に従い社会的立場や経済的収入の変化と，加齢に必然的に伴う容姿・容貌や肉体的な衰え，孤独と不満のために，《同性愛者アイデンティティ》の心理的再統合と再建が求められる。同性愛者の更年期障害とも呼びうる。

3. 同性愛者アイデンティティの形成のそれぞれの段階の特徴

(1) 第1の段階——同性愛傾向に勘づき，混乱する段階

 「第1の段階」は，同性愛傾向を漠然と感じ取り，また同性愛者というものの存在にうすうす勘づきながらも，それを承認したり自覚したりすることができないのである。ただ混乱や困惑を示す段階である。

 同性に性的に引かれるとか，新聞，ジャーナリズムの同性愛についての記事や報道に関心をもつことで，自分自身の内部に同性愛的な"何か"を感じ取りながらも，言動や生活の全体としては，《否認》(denial) してしまうことで，対処しようとするところに，この「第1の段階」の特徴がある。

 「第1の段階」では，まず《否認》の機制が，同性愛傾向に対して中心的に働く。しかしながらそうした傾向を，《否認》をしつづけることが，実際的に無理となり，やがて「第2の段階」における，《承認》へと移行していくのである。

 ただ時として，あまりにもこの《否認》が度を越している場合や，あるいは病的に《否認》を働かせるようなな場合には，同性愛傾向を人格の内部に

統合することがきわめて困難となる。そうした結果として、「自分は同性愛者になってしまうのではないか」という「同性愛恐怖症」(Homosexual Phobia)や、自分自身の内部にある同性愛傾向を外部に《投影》(projection)しては、「自分は同性愛者に誘惑されている」といった被害的、関係的念慮が生じたりするようだ。

この「第1の段階」は、おおまかであるが発達年齢的にみると、だいたい「前思春期」から「青年期中期」に対応するように推測される。この発達年齢においては、異性愛的な発達の過程を歩んでいる場合であってすら、未成熟な自我が性欲動に直面して、性に関連する多くの悩みや問題行動が出現する。

したがって、同性愛傾向に気づくことは、異性愛者が性欲動を自覚する以上に、同性愛者にとっては、非常に大きな動揺や混乱を引き起こさざるをえないのである。それはすでに人格の一部へと内在化されてある"男性としての自己形象化"との矛盾が生じて、大きな脅かしやおののきとなる。しかも、周囲から期待される"男性的役割"を自分自身がはたせなくなってしまったのではないかという自己懐疑、自己評価の低下といった、人格の根幹にかかわる"圧倒されるような恐怖"となる。あるいは"パニック"。

【事例1】A君　16歳　高校1年生——同性愛への脅えとおののき

「第1の段階」における圧倒されるような恐怖と混乱状態を、極端に表していた事例をまず取り上げたいと思う。

A君は、中学2年生の頃から、男性を性的な対象として想像して、マスターベーションをするようになった。「自分は、このままでは異常性欲者になってしまい、社会的廃人、失格者になってしまうのではないだろうか」という観念にとらわれて、絶えず脅えるようになった。こうなると「同性愛者になってしまうのではないか？」という、強い恐怖のあまり、学校の授業にも、クラブ活動にも身が入らなくなってしまった。

A君は、こうした同性愛への恐怖に駆られて受診してきた。しかしながらA君は、ひどくせっぱつまった感情状態で、私との面接でも、じっくりとこうした問題のついて話し合うことができないほどであった。しかもA君は、同性愛というものだけを、恐れていたわけではない。A君にとって同性愛傾向の自覚は、それまでに確立されていた男性同一性を脅かす《恐ろしい侵害》《人格内部からの崩壊感》と感じられていたのである。だからこそ、こうした

激しい圧倒されるような恐怖に支配されたのではないだろうか。

(2) 第2の段階——同性愛傾向の自覚と社会的規範との葛藤と緊張の段階

「第2の段階」になると，自分自身の同性愛傾向を《承認》し，また自分以外の同性愛者の存在をも認識するようになり，したがって《同性愛者としての自己形象化》の形成が進行する。その結果として，社会的規範としての異性愛，すなわち男性の性別役割（gender role）との間に，葛藤と緊張が生じることになる。この「第2の段階」は，ほぼ青年期中期に対応するように思われる。

「第2の段階」に入って，はじめて同性愛傾向が意識的な悩みとして《自覚》できるようになり，そしてこの「自分は，同性愛者であるにちがいない」といった悩みのため，当人自身が《自覚》して，積極的に相談相手を求めることになる。きわめて希ではあるが，ある場合には精神科にも受診してくることがある。

(3) 第3の段階——同性愛者であることを受容する段階

「第3の段階」は，《同性愛者としての自己イメージ》が作り上げられ，同性愛の欲望が明瞭に自覚され，しかも本人自身から同性愛接触を求め，そうした行為に満足するようになってゆく段階である。

それ以前の二つの段階においては，同性愛傾向が，自分にとって異物のように感じ取られ，あるいは脅かしとして感じられていた。しかしそれが，もはや自分にとって回避しがたい現実として《受け入れ》られるようになる。この《受け入れ》が，この段階の特徴をなすと言えるであろう。

しかし，たとえ同性愛関係が満足されていたとしても，自分自身が社会的規範から脱落しているという自己認識をもたざるをえない。また少数者であるという歴然たる事実から，先行き不安感，孤独，疎外感，排除されている感覚におそわれるようになる。一面において，《同性愛者アイデンティティ》を形成つつも，それに心から納得できないでいるといった複雑な状態とも言える。

【事例2】Bさん　20歳　会社員——同性愛者アイデンティティの段階的な展開とその変容

「第1の段階」「第2の段階」，そして「第3の段階」と，《同性愛者アイデンティティ》が形成され変容されてゆく過程を，この事例から，より具体的に考察してみよう。

Bさんは，中学生の頃から「自分が友人たちと違って，女性に興味がもてず，異常なのではないか」と《感じ取り》，ひどく悩むようになった。高校2年生の時には，体操教師の汗くさいにおいをかいで激しい性的興奮を感じたという。ヌード写真を見ても，女性に対して親しみがもてずに，その頃から「自分自身が同性愛者である」と《自覚し》はじめた。高校を卒業した後に就職したが，その職場の上司に対して激しい同性愛感情を抱くようになった。こうしてBさんは，「自分自身のような性癖は，もはやどうにもならないもの」と，《受け入れる》ようになっていった。しかしそれでも，同性愛という秘密を，誰にも相談できないために苦しみ，しばしば自己嫌悪感に陥った。やがて不眠という神経症症状が表れるようになり，この不眠の改善を目的に精神科を受診したのである。

Bさんにとっては，担当の精神療法者の内に優しい理解者を見いだした思いで，積極的に通院して来た。しかし精神療法の面接場面では，精神療法者は，もっぱらBさんにとっての依存対象となり，精神療法者をとおして依存欲求が充足されてゆくことになった。こうした依存欲求が充足されるという体験がもたらされたおかげで，Bさんの自己嫌悪感や疎外感は癒され，したがって不眠の症状も大きく改善した。

さらに精神療法者の同性愛に関する精神医学的説明を，自分自身の同性愛を《合理化》し《正当化》してくれる知識として取り入れて，精神医学的説明のある一面を拡大解釈しては，同性愛への罪責感を緩和する手段に使用した。こうした形での精神療法関係がしばらくのあいだ続いてしまったために，Bさんはそこで安心し落ち着いてしまった。それ以来は，精神療法に通わなくなってしまった。

Bさんの場合においては，「第1の段階」「第2の段階」を比較的順調に通過し，しかも精神療法者の助けを借りることによって，「第3の段階」での心理的困難と緊張を解決することができたのであった。その時点においては，比較的に安定した《同性愛者アイデンティティ》を形成するすることのでき

(4) 第4の段階——ことさら同性愛者であることを強調し，自己主張しようとする段階

　第4の段階に至ると，自分が社会的な"少数者""落ちこぼれ"であることを認識せざるをえず，そのことから必然的に生ずる耐え難い不安，孤独感，疎外感を《過剰に補償しよう》《代理の満足を得よう》としては，さまざまな試みをするようになる。ある意味では，同性愛者であることに"居直り""開き直る"姿勢があり，しかしそこで安定できず"あがく""もがく"ことになる。また激しい不安，疎外感，空虚さ，そして抑うつ状態を，躁的に防衛しようとして，アルコール，薬物の使用を始める。

　さらに同性愛者のグループ活動へとのめり込み，多少の一体感に浸ることによって，個人的防衛の不完全さを，集団的な防衛を使用して補完しようと努力する。また同性愛を批判する家族や友人たちを，同性愛に無理解であるだけではなく，同性愛者を迫害する存在と見なし，"被害的感情""持って行き場のないみじめさ""先細り感"のために，怒りをぶちまけたり，攻撃的で自己破壊的な行動へと向かうのである。

【事例3】C君　25歳　大学生——防衛的側面と適応的過程の複雑な精神力動

　次に取り上げるのは，「第3の段階」「第4の段階」における，同性愛者の複雑な精神状態をより明確に理解させてくれる事例である。

　C君は，激しい不安，空虚感，先行きの不安を訴えて受診して来た。またこうした情緒的混乱のために，すでに大学を3年間にわたって留年していた。すでにきわめて多数の同性愛者と，乱交的とも言えるような性接触を続けて来た。「同性愛者であることに，昔はずいぶん悩んだけれども，今は気にもしていません」「同性愛者でいて，いったい何が悪いというのですか」「将来は，同性愛解放運動を組織するつもりでいます」と雄弁に語っていたのである。このようにして，"開き直り""居直り"を表現する点で，「第4の段階」にあると言える。

　しかしながらC君を絶えず襲う不安，空虚感，抑うつから見て，C君が口で言うほどには自分の在り方に満足していないことは明白であろう。それだけではなく，C君の《同性愛者アイデンティティ》の形成が，きわめて不安

定な状態であることを示している。C君は20代の中頃になって,「自分の将来をまじめに考えれば考えるほど, 真に社会的には自分の立場が自立していない」と認めざるをえず, そのために一方では, 不安になりつつも, 他方では同性愛者のグループに入り積極的に活動することで, 自分のおかれている状況の不安定さに直面することを回避しようとしている。こうしたC君の精神力動を検討してみると,「第4の段階」とは,「第3の段階」に対しての防衛的所産の側面が多大であることが理解されよう。

(5) 第5の段階——成人期, 中年期, 老年期における同性愛者アイデンティティの危機と再統合

成人期, 中年期, 老年期においては同性愛者は社会的体面と批判との緊張が激化する。しかも「第4の段階」において同性愛関係や行動を通して形成されたはずの《同性愛者アイデンティティ》が動揺し始める。それは現代の同性愛者に共通の悩みとも言えるのではないだろうか。「充実した安定的な同性愛関係(パートナーシップ)を得ることが難しい」と言うことが, 原因の一つとして指摘できるだろう。

また周囲にいる同世代の友人, 知人たちが結婚をして, 家庭をもち, 子どもを育てている様子を見たりすると, かつて受容したはずの《同性愛者アイデンティティ》が動揺し, 肯定的にも否定的にも, それを再建しなければならなくなる。異性愛的な人生の展開を遂げている人々への憧れと妬みに悩まされることもあるかも知れない。しかも「はたして, このまま一人で生きてゆけるのだろうか」「自分が老人になった時, いったい誰が面倒みてくれるのだろうか」といった悲観的な感情にも襲われる。孤独感にも苛まれ抑うつ状態がしばしば生じる。こうした中年期から老年期にかけての《同性愛者アイデンティティ》の動揺を解決し, 統合することは簡単なことではないであろう。

(6) 第6の段階——未知のもの

これまでに記述してきた五つの「段階」に加えて,《同性愛者アイデンティティ》の形成にとって, 統合と確立の段階とでも呼ぶべきもう一つの段階があることを仮定することができるかもしれない。そうした統合と確立の段階は, これらの五つの「段階」の, それぞれの段階における葛藤や不安を統合

することに成功し，解決した上で，真に《同性愛者アイデンティティ》を形成した段階である。しかしこのような段階にいる人々は，精神科医や心理学者のところに来るようなことはないので，私は，この段階については，何も語ることができない。

4. 同性愛者アイデンティティ形成と精神療法的関与

同性愛の人々が，何らかの悩みで，あるいは他の事情で，自発的にせよ周囲の人々によって非自発的にせよ，精神療法者のもとを訪れる時，《同性愛者アイデンティティ》の形成過程の5段階の，どの段階に位置しているかを，精神療法家が把握しておくことによって，どのような精神療法関係と展望がもてるものであるかが，おのずと明らかになるはずである。しかもそれを手掛かりとして，臨床的により有効な対応が可能になると考える。

「第1の段階」においては，その同性愛傾向を《否認》しようとしているために，この段階での受診はきわめてまれである。例えば，同性愛への圧倒されるような恐怖感，同性愛に関連する強迫観念などで受診した場合など，同性愛のことを，面接場面において話題にすることそれ自体が，同性愛傾向で悩む人にとってみれば，必死となって《否認》しようとしている同性愛傾向に，自分自身を直面させることになってしまう。そのために，往々にして同性愛者を，より深刻な不安，恐怖発作，混乱した行動へと，おとしいれてしまう事態を招きかねない。そのために，安定した精神療法関係を維持することが，大変に難しくなる。同性愛者が，「第1の段階」にいる場合には，精神療法者は，精神療法関係の維持を，まずなによりも重視し，そこに最大の配慮をすべきであろう。そしてある一定期間は，《防衛支持的な態度》を選ぶことが，精神療法関係を維持し発展させるためには好ましい態度と，私は考えている。

「第2の段階」において，同性愛者は，自分自身の同性愛傾向と，異性愛という社会規範・社会標準との間の緊張と葛藤に，深刻に悩んでいるために，きわめて精神療法への意欲が旺盛である。また当然のことながら，精神科に受診して来るようになるであろう。しかしながら，こうした葛藤や緊張のそのすべてを，"跡形もなく""全面的に""完璧に"解消してほしいというような過大な期待を，精神療法者に向けることになる。そのために，結局のとこ

ろ同性愛者は，精神療法者や精神療法の可能性そのものに失望したり，幻滅の繰り返しを体験したりすることになる。そうでない場合では，精神療法関係を作り上げよう維持しようと，精神療法者が努力している間に，同性愛者自身の方が，「第2の段階」から「第3の段階」へと移行してしまうこともありえる。そうなると，自らの同性愛傾向を《受容》してしまうために，精神療法の必要性はなくなる。どうしても精神療法が，中断してしまう。

「第3の段階」になると，同性愛そのものを問題として，自発的に受診することはまずありえない。むしろ同性愛者であることより生ずる不安感，疎外感，先行き不安が，受診の主要な動機となる。こうした人々は，同性愛者のなかでも，神経症的，精神病的要素を有している場合が多いようである。そこで精神療法方針を立てる際には，これらの点についての慎重な配慮と検討が，なされてしかるべきであろう。ただこうした人々の場合でも，ある程度，不安感，罪悪感，抑うつ，疎外感などが解消してしまうと，それ以上の精神療法的意欲もないので，結局のところ通ってくることはしなくなってしまう。しかしこうした自分自身のかかえる不安感や疎外感と，同性愛との結びつきにまで洞察が深まった同性愛者の場合には，さらに同性愛そのものの改善を目的にした精神療法関係へと進展することもある。私の臨床体験に限らず，他のいくつかの文献からも，同性愛の精神療法が有効であったと報告された症例は，ほとんどの場合がこうした人々と言える。

「第4の段階」では，同性愛者としてのライフスタイルや生き方に開き直っているために，その意味において，精神療法という発想そのものを拒否している。こうした人々にあっては，精神療法などよりも，アルコール，薬物，同性愛者のグループや乱交へ耽溺し，"現実からの"，"現実への"逃避をしてしまうので，自発的な受診は望むべくもないであろう。

多くの場合は，結婚といった社会的体面をとりつくろおうとするために，家族によって連れて来られる。精神療法者による同性愛についての専門的説明があると，それを《自己正当化》《合理化》してあげることとなってしまう。それ以上の精神療法関係はありようがない。

しかしながら，「第4の段階」「第5の段階」において，「自分自身の生き方を深く考えてみたい」「同性愛者であることは変えられないとしても，より良い生き方を模索してみたい」「同性愛者同士のパートナーシップを深めるには，どうしたらよいだろうか」といった，心理学的向上心をもって，精神療法家・

カウンセラーの元を訪れる同性愛者が存在することも事実である。私の同性愛のクライエントの多くは，社会的にも文化的にも活躍し貢献し，周囲の人々からも敬意を払われ評価も受けている。その上で，同性愛者としてのより良い生き方を追求するために精神分析的精神療法を受けようとする人々である。

むすび

《同性愛者アイデンティティの形成》の各段階について，本研究において取り扱ったが，それはまた同性愛者の臨床的多様性を，発達過程の観点より，つまり時間的経過に則して整理する試みとなっている。この研究の今後の課題としては，私は次の2点を考えている。

第1は，「4. 精神療法的関与」で考察した点とつながるが，それは同性愛者との治療関係論的な接点に関することである。同性愛者への精神医学的・心理学的関与の"機会"と"幅"，その"可能性"と"限界"を，《同性愛者アイデンティティの形成》という発想にもとづくことによって，ある程度輪郭づけをすることができたように思う。不必要で，しかも押しつけがましい治療的働きかけは無意味である。またたとえ治療的中断が生じたとしても，それが《同性愛者アイデンティティ》の段階における同性愛者側の一つの選択であったならば，がっかりしたり，失望したりする必要もない。それぞれの段階に応じた，適切で的確な面接の条件と方法が存在するであろうし，この点を，より多くの精神療法的体験を踏まえることで，明確なものとしていきたい。

第2は，こうした《同性愛者アイデンティティの形成》の研究とは，精神医学の内部で，自己完結してしまうものではないという点である。つまり社会学，あるいは社会精神医学の側面からも，《同性愛者アイデンティティの形成》は着目されてしかるべきであろう。特に私としては，ラベリング論やエスノメソドロジーなどの論議に大きな関心がある。これは臨床的研究と社会科学との学際的な主題になるものと，私は思う。

文献
1) Blumer, H. G. (1969) Symbolic Interactionism: Perspective and Method. NJ: Prentice

Hall.（後藤訳『シンボリック相互作用論――パースペクティヴと方法』勁草書房，1991.）
2) Erikson, E. H.（1959） Identity and the Life Cycle. New York: International Universities Press.（小此木訳『自我同一性――アイデンティティとライフ・サイクル』誠信書房，1973.）
3) Garfinkel, H.（1967） Studies in Ethnomethodology. Prentice-Hall.（山田訳『エスノメソドロジー――社会学的思考の解体』せりか書房，1987.）
4) Goffman, E.（1961） Encounters: Two Studies in the Sociology of Interaction. Bobbs-Merrill.（佐藤・折橋訳『出会い――相互行為の社会学』誠信書房，1985.）
5) Goffman, E.（1963） Stigma: Notes on the Management of Spoiled Identity. Prentice-Hall.（石黒訳『スティグマの社会学――烙印を押されたアイデンティティ』せりか書房，2001）
6) Kohut, H.（1996） Heinz Kohut: The Chicago Institute Lectures. NJ: The Analytic Press.
7) 折原 浩（1969）『マージナル・マンの理論とウェーバー像の変貌――危機における人間と学問』未来社．
8) Sullivan, H. S.（1954） Psychiatric Interview. New York: Norton.（中井訳『精神医学的面接』みすず書房，1986.）

7章　同性愛恐怖症・再考

(1994年発表)

はじめに

「同性愛恐怖症」の概念を提案し、その臨床像を描き出したのが11年前になるから、ずいぶん前のことである。馬場謙一先生（本論文発表時・横浜国立大学教授）の臨床的助言をいただいて、「精神病理懇話会・宝塚」（現日本精神病理学会の前身）でその研究発表を行った（1983年）。その後も《同性愛への恐怖》というテーマは、私の臨床精神分析的な営みのなかで消え失せてしまうようなことは決してなかった。さまざまな臨床症例との関わりでも、このテーマは消えては浮かびあがり、今日まで綿々と続いて来ている。学会発表後、だいぶ時間が過ぎたが、その間に私の見解は大きな展開をとげたようだ。それは何よりも、《同性愛への恐怖》という問題群を、単なる神経症的・精神病的症状とは見なさずに、《精神発達－精神力動》の広い範囲に関係するテーマと見なすようになったことにあるだろう。そして現時点では、一歩進んで社会的・文化的な広がりの内に《同性愛への恐怖》を位置づけ、その意味を問い直すことが必要だと思うようになっている。

1. 同性愛への恐怖を訴える人々との出会い

私が「同性愛恐怖症」を提案するに至った臨床的経緯から、まず話を始めることがよいと思う。そこで《同性愛への恐怖》に関して、私が最初に考察を加えた11年前の「学会発表」にさかのぼってみたい。

その頃、私は《ジェンダー》や《セクシュアリティ》の領域の臨床精神医学的・心理学的な意義を認識し始めて、こうした障害や病理をもつクライエ

ントとの面接を積極的に重ねていた。正確な数字を思い起こすことはできないけれども，すでにその時点において，17〜18例の同性愛者との臨床的接点があったように思う。精神分析的なセッティングで4名の同性愛者と精神分析的精神療法を行いつつあったし，困った問題に直面した時になると不定期ながらコンタクトを求めて来る人もいた。そして1〜2回外来（まだ私は精神科病院に勤務し，精神分析家として開業を夢想していた頃のことである）に訪れただけの人や，手紙や電話で切々と自分の悩みを訴えていた人なども含めると，意外な数にのぼる。

今から思うと不十分なものではあったにせよ，これらの同性愛者の話を聞いたり，問い合わせに応じたりしたことは，同性愛に関して私にさまざまなことを考えさせるきっかけとなったのは事実である。またそれは私の臨床的な方向性にも，大きな影響を与えるようになった。すでにその頃には『DSM-III』のドラフトが出回っていたし，同性愛が精神医学的な"障害"や"疾患"の《リスト》から除外されることも知っていた。私は，当時まだ20代後半という年齢で，どこか青年期的なラディカルさも残していたのだろう，同性愛者の精神"病理"（pathology）だとか，診断基準（diagnostic criteria）だとか，疾患分類（classification）だとかには，さして興味が向かなかった（それは今でもあまり変わっていないかも知れないが！）。むしろ私が大きな関心を抱いたのは，次のような事柄だった。すなわち同性愛者の精神力動を中心に見据え，精神分析的関係をどのように構築し，かつ維持してていくかということ。そして何と言っても，同性愛者たちの"生きざま"に，私の最大の関心があったのである。

そういうわけで同性愛者が，自らの同性愛傾向や同性愛願望にうすうす気づき，やがて同性愛者としての自覚が生じて，性的関係を含む人間関係や，家族とのやり取りを，どのようにして展開させてゆくものなのかといったところに，私はおのずと注意を払うようになっていた。簡潔に言えば，同性愛者としての生き方の確立を，トータルにとらえようとする目論見だったのだろう。すなわち《同性愛者アイデンティティの形成》（homosexual identity formation）のプロセスに，大きな臨床的興味をもったのであった。そのことは同性愛者が，同性愛者として自己形成をする過程には，一定の《段階》があって，その《段階》を一つ一つたどってゆかなくてはならないこと，しかもその《段階》特有の心理的葛藤や緊張が伴い，当然のことながら混乱や不安

表1 《同性愛者アイデンティティ形成》の4段階

第1段階：同性愛傾向に気づき、混乱する段階 　自分自身の同性愛傾向を漠然と感じたり、ただ混乱と困惑を示す段階。しかし、こうした自分の傾向を《否認》(denial) しようとするために、受診することも少なく、またこうした問題を正面から取り上げることは、ひどく患者を不安にすることとなる。そのために、治療関係の維持が重要である。
第2段階：同性愛傾向と〔異性愛関係という社会規範〕との間で葛藤が生ずる段階 　この段階になると同性愛を意識的な悩みとして積極的に受診してくるが、こうした問題を全能的に解消することを治療者に期待するために、結局は治療に幻滅して、治療中断に至ることがほとんどである。
第3段階：自分が同性愛者であることをやむなく受容する段階 　同性愛者アイデンティティを形成し、同性愛的性交渉を体験しながらも、自分が社会からの逸脱者、少数者であることに悩み、不安、孤独、空虚、抑うつなどに襲われる。そのため同性愛者そのものでなく、こうした神経症状を主訴として受診してくる。しかしあくまでも受診の動機が、不安や抑うつ感にあるため、ある程度こうした症状解決するとそれ以上の治療への意欲を持続させることができずに、結局通院しなくなってしまう。ただ臨床上重要な点は、こうした不安、抑うつ、空虚感を訴える患者の場合、同性愛者の中でも、神経症的、精神病的傾向を有していることが多いので、慎重な診断と治療方針をたてる必要がある。
第4段階：同性愛者であることをことさら強調しそこに居直ろうとする段階 　この段階では治療を求めることはなく、したがって自発的に受診してくることもない。むしろ結婚しなくてはならなかったりして、家族に無理やり連れてこられるといった状態である。

文献9）より

が存在するという指摘となったのである。そして何と言っても、ここが最も重要なポイントになるが、精神療法家は、この《段階》に応じた精神療法的対応をしなければ意味がないことを、強調した。それら私の精神療法的見解は、「同性愛者アイデンティティの形成について」という精神病理学会（1981年）での発表にまとめられている（表1を参照）。

2. 「同性愛恐怖症」の着想——可能性としての同性愛——

同性愛の悩みを抱いて受診してくる人々のなかに、実際の同性愛行為は顕著ではなく、はたまた同性との性体験も明白ではないにもかかわらず、次のように話す人々がいて、彼らは私に少し違った印象を与えた。「このままでは、同性愛者になってしまうのではないでしょうか」「自分には同性愛的な欲望が潜んでいて、今は問題がなかったとしても、やがてそれが表面に出てくるということはありませんか」「どうしても"ホモ"とか"オカマ"といった言葉が、頭にこびりついて離れないのです。同性愛のことが、気になって

気になってどうしようもないのです。もしかして，自分自身は気づいていなかったとしても，同性愛傾向があるからなのでは」。このように"同性愛者になってしまいはしないか"という恐怖感が，受診のそもそもの理由だった。またそれとはややニュアンスを異にして，「同性愛者によって，自分は目をつけられているようだ」「同性愛者に誘惑されている」といった被害感をことさら訴える人々がいた。そこで私は，これらの人々のことを，「同性愛恐怖症」(Homosexual Phobia) と呼んだのである。それは実際の同性愛をめぐっての悩みというよりも，"なるかも知れない"という可能性に関係した恐怖が，訴えの中心にあったためである。こうした人々にとってみると，同性愛は現実としてではなくて，《可能性》として存在していた。無論，同性愛の現実感は深刻なものであった。今から考えると，この《同性愛恐怖症》という言葉は，日本語としては無理がなく"ぴったりとした感じ"になるようだが，英語では"phobia"よりも，むしろ"fear to be, or become homosexual"という表現が適切になると思われる。

3. 段階としての同性愛への恐怖——事例A君——

11年前の発表原稿を読み返しながら思ったが，私が「同性愛恐怖症」の臨床像を描き出すうえで拠りどころとなった1症例を，ここで紹介しておくことも価値があるようだ。

【事例1】A君　同性愛恐怖症

A君は16歳の男子高校生であった。同性愛願望を自覚して，しばしばパニックに陥っていた。「このままでは自分は同性愛者になってしまい将来がありません。テレビに出てくる気持ちの悪い女の格好をした人のように自分もなってしまうのでしょうか。同性愛の空想をしないように努力してもどうにもできません。打ち消そうとすればするほどそのことが気になります」と訴えていた。この高校生は，同性愛欲望をコントロールできずに絶望しているという印象を抱いた。

A君と面接していて強烈に印象に残ったことは，なによりもこの恐怖感の激しさにあった。またその恐怖の圧倒的な力であった。A君の思い描く同性愛には，あまりにおぞましく惨めで，しかもなんらの価値もないというよう

表2 「同性愛恐怖症」の臨床的特徴

「同性愛恐怖症」(Homosexual Phobia) の臨床的特徴として以下の5点を指摘することができるであろう。

1. 同性愛行為や同性愛者への恐怖感と，混乱したイメージ。同性愛のイメージは，きわめて破壊的で迫害的なものとなっている。そして同性愛者になることは，"人間失格"を意味するという恐怖感があるようである。
2. こうした同性愛への恐怖感や混乱したイメージは，ガン恐怖症の人にとってのガンや，梅毒恐怖症の人にとっての梅毒と，きわめてよく似かよっているように見える。
3. 同性愛にとっての不合理的な恐怖感や，混乱したイメージはあっても，それらはまず"妄想的性質"をもつまでには至らない。この点で，同性愛を妄想内容とするような「妄想型の統合失調症」(Paranoid Schizophrenia) や，同性愛と統合失調症とを"共存"させている，「分裂性同性愛」(Schizo-Homosexuality) とは，はっきりと異なっている。
4. 同性愛についての多くのことを語りながらも，実際の同性愛行為については，具体的には，ほとんど知らず，きわめて漠然としたイメージを描くにとどまっている場合が，多いようである。この点で，直接的な性接触を追求している《完成された同性愛者》とは，異なっている。そこで当然のことながら，同性間の性接触や，同性愛空想や願望による性的興奮はないことの方が多い。と言って，皆無ではない。〈可能性をもった同性愛者〉。
5. 「同性愛恐怖パラノイア」(Homosexal Phobic Paranoia) のように，「同性愛者にさせられてしまう」という"被作為性・被影響性"はない。また，同性愛者への敵意や憎悪をあからさまに示したり，それを実行に移したりはしない。
6. 《男性としての役割や同一性》(musculine geneder roleidentity) については，ほとんど問題はなく，"女性的傾向"はない。

文献 10) より

な，きわめて悪いイメージが付与されていた。さらに同性愛になってしまうことで，自分自身が最終的に崩壊してしまうという，自己消滅の戦慄をも語っていたのである。

こうしたA君が訴える《同性愛者になってしまう恐怖》を，当時私がどのように認識していたかを，説明しておきたい。それは，私が考えていた「同性愛者アイデンティティ形成」の《第1段階》において出現する，"段階特異"な現象と見なしていたのだった。つまりこの《第1段階》では，自分の同性愛傾向に気づいても，自我が受容することができずに，戸惑いが起きたり，混乱したりするのである。そして強く《否認》しようと努力はするのであるけれども，《否認》しきれずに，自己認識と《否認》との間を大きく揺れ動くことになる。そこから強い不安が起きる。またその《段階》は，A君がまさにそうであったが，発達年代として青年期前期から中期に当たる。しかも同性愛的方向づけをもちながらも，同性愛への恐怖と不安を語りつつ，「同性愛者としてのアイデンティティ」を形成することがスムーズに進まない。したがって進むこともできず，後戻りもできないままに，長くこうした不安

と恐怖感を持続しなくてはならない状態に陥ってしまった。それらを，「同性愛恐怖症」の中心と見なしていたように思われる（**表2**を参照）。

その後の臨床的蓄積によって，私の《同性愛への恐怖》に関しての臨床的認識にも，また「同性愛恐怖症」そのものについての見方にも，大きな変化が生じたように思う。それらを簡単に要点だけにしぼってをまとめてみると，次の5点になる。

① 「同性愛恐怖症」は，「同性愛アイデンティティ形成」の《第1段階》に現れる"段階特異的"な現象ではない。
② 《同性愛への恐怖》は，「同性愛恐怖症」のみならず，さまざまな臨床的ヴァリエーションを取りうる。
③ 発達年代的にみても，青年期前期とか中期とかに必ずしも限定されるものではなく，発達のさまざまな段階で出現する。
④ 〈同性愛的方向性〉をもった人々に限定されるものではなくて，〈異性愛的方向性〉をもった人々にあっても出現する。
⑤ 精神療法的展開の過程において，一時的退行として夢だとか，ちょっとした行動化の中に現れることもある。

4. 同性愛恐怖パラノイア——同性愛者への敵意と憎悪——

《同性愛への恐怖》を語るクライエントの中には，「自分が同性愛になるのではないか」という不安感よりも，「同性愛者に誘惑されて，同性愛者にさせられてしまうのではないか」という恐怖，「同性愛的な誘惑を受けています」「町中や広場で，私は同性愛者から目をつけられているようだ」「満員電車の中でちょっと男性と触れ合ったけれども，あれは同性愛者なのではないか」などといった，《自分が同性愛者になる》というのではなく，《誰かによって，自分が同性愛に引きずり込まれてしまう》という恐怖と被害的観念に凝り固まっている人がいた。こうした人々は，「同性愛恐怖症」というよりも，むしろその恐怖感の被害的性質と妄想的とも言える確信から，「同性愛恐怖パラノイア」（Homosexual Phobic Paranoia）と呼ぶことが適切に思われた。

「同性愛恐怖パラノイア」の興味深い側面は，この同性愛への恐怖感や妄想的確信に発した，同性愛者への"憎悪と敵意"にあった。《自分が同性愛者に誘惑されている》とか，《同性愛者にむりやりさせられてしまう》という被害

的な不安は,「同性愛恐怖症」の同性愛への悪いイメージを越えて,「この世界から同性愛は,抹殺されなければならない」,「同性愛者は,精神病院か監獄に収容されるべきだ。そうされないのは医師の怠慢である。法治国家として嘆かわしい限りだ」「もっとしっかりと,教師が子どもたちを教育しなければならない」という社会的,政治的,教育的,医学的主張へとつながるのである。

言うまでもなく,「同性愛恐怖パラノイア」において生ずる同性愛者への恐怖や妄想的確信とは,精神分析的に言えば《投影》(projection) のメカニズムに他ならない。つまり同性愛は,この人の外部に存在するのではなくて,この人自身に,つまりこの人の内部に存在するのである(注1)(注2)。

「同性愛恐怖パラノイア」のクライエントを治療しながら,私は同性愛へのパラノイックな恐怖の別の一面を見いだしたような気がする。この「同性愛恐怖パラノイア」のクライエントの面接中に,私が少しでも同性愛を容認するようなことを言おうものなら,「態度が生ぬるい」とか,「同性愛への認識が不足している」と,激しく執拗に責め立てられたものである。私は言うまでもなく,こうした批判には治療的・中立的に対応したように思うのだけれども,こうした治療的対応とは別の連想が,私に浮かんできたのである。

その連想から,「同性愛恐怖パラノイア」の示す同性愛者への"敵意と憎悪"の中に,同性愛者に対して偏見を抱く人々のイメージが重なり合ってきたのである。私はこうした人を,今のところわが国では直接見聞したことはないけれども,米国などで語られる《ホモ・フォビー》の人々には,私のクライエントと何やら似ていなくもないものを感じた。《同性愛への恐怖》が,社会的文化的,あるいは宗教的で教育的な意味合いをもち,それらと関連性を有している現象なのではないかということを推測させたのである(注3)。

5. 精神療法的事例——異性愛者の同性愛恐怖——

私は臨床の現場で,それ以後《同性愛への恐怖》にどのように直面することになったのだろうか。またそれぞれの精神療法の局面で,どのように対応し,どのように分析してきたのだろうか。そうしたことについて,ここでは二つの症例を踏まえながら考察してみよう。すでに説明したとおり「同性愛恐怖症」を提案した時に,中心的症例となったのは,**事例1**で紹介した16

歳の高校生A君であった。それからも，A君とよく似た何例かのケースに出会った。そして私は，「同性愛恐怖症」を概念化したことが臨床的に有効であったことを，かなり確認できたように思っている。しかしながら，私にとってより意義深い臨床的体験になったのは，事例1のA君のような，同性愛的方向性（homosexual orientation）を明白に有する人々，つまり別の表現を使用すれば《可能性のある同性愛》ではなかった。むしろこれから述べるような，一定の異性愛的方向性（heterosexual orientation）をさし示しているクライエントに出現するような，《同性愛への恐怖》であったのである。

【事例2】Bさん　同性愛要素を隠しきれなくなってパニックになった症例

　ここに紹介するBさんは，33歳の男性である。自由業であり，大学卒業後一度は結婚したものの，2年半で結婚生活は破綻してしまい，離婚した。その原因は，Bさんの派手な女性関係にあったのである。トレンディードラマの登場人物のようなBさんのライフスタイルは，社会的な制約・枠組みにおさまることを嫌がった。結婚前はもちろん，結婚した後も3〜4人のガールフレンドと，"気ままで気楽な"付き合いをしていた。離婚してからも，2〜3人の女性と肉体関係をもっている。

　30歳を過ぎてBさんは，それまで所属していた会社を離れて，自分で独立した事務所をもつようになる。仕事は順調に発展し，社会的な昇進と経済的な成功を手にした。以前のように，"気ままで気楽な"女性との交際から，卒業しなくてはいけないと思い始めた。知人を介して紹介された女性との結婚の話が，進んでいたのである。その女性は，Bさんの仕事関係の企業の重役の令嬢であった。この令嬢との結婚は，Bさんにしてみると，大きな社会的な利益をもたらすだろうという打算がはたらいていた。この縁談の前後からBさんは，漠然とした不安を感じ不眠に悩むようになっていた。頭痛がしたり，吐き気がしたり，時々心臓が締め付けられるように感じたりし，内科を受診したのである。異常は無く，内科医に紹介され精神科を受診した。

　私とは約11ヵ月間にわたって，定期的な精神療法的面接を行ったのである。面接開始直後から，Bさんは同性愛のことを話題として出して来た。それはBさんの職場に同性愛者がいること，「この職種には，ホモが多いのですよ」「そうした人たちは，仕事もできますし，私は，それはそれでよいと思いますね」「同性愛だとか，異性愛だとかということは，人間の評価にとって本質的

なことじゃありませんよ」「女を好きな人がいるのと同じように，男を好きな人がいたって，いっこうに構わないと思います」「私はプライベートなことに，口を挟むつもりはありませんね。スキじゃありませんね」と，実にさばさばと語るのであった。Bさんの同性愛への開放的態度に，私の方も驚いたくらいであった。私は，アレっと思ったことを覚えている。そのことを私は，Bさんが自由業であって，トレンディーな生活をしているためと，受け取っていたのである。やがてそこに深い意味が隠されていたことを，精神療法の展開から知るようになる。

　Bさんのそもそもの治療の目的は，すでに述べたとおり，心身反応の解決であったし，私の側としては同性愛的な事柄に関して，取り立てて話題にする必要はなかったのである。面接開始3, 4回目に出たBさんの同性愛についての話題は，私には意外な感じとして残った。やがて面接が進むにつれて，Bさんの女性との関係が話題の中心となっていった。Bさんの薄っぺらなガールフレンドとの関係の中には，「女性と，心理的に深い関係に入ることへの不安が潜んでいるのではないだろうか」という問題として，精神分析的に取り上げられたように思う。やがてBさんからは，そうした女性との情愛の面だけではなくて，実はセックスがうまく行かないのだということが語られたのである。「セックスがうまく行かなくて，そのことで女性からあれこれ言われるのではないか，馬鹿にされてしまいはしないか」という不安が，Bさんにはあった。外見的には派手な女性関係を繰り広げていたBさんにとっては，意外な一面であったように思う。そして「結婚しても，うまくセックスができるでしょうか」と，深刻に悩んでいた。

　精神療法は，こうした"女性への不信感"や"女性と心理的に深い関わりをもつことへの恐れ"が分析された。そしてセックスがうまく行かないことや，セックスがうまく行かないことによって生ずる不安感が，Bさんの身体症状と関連しているのではないかということについて分析が深まっていった。そうした時期だった，Bさんから，「私が，セックスがうまく行かないことの中に，私の中にホモの面があるからではないでしょうか？」「私がホモだということは，ないでしょうね？」「今までだれにも言わなかったことですが，私は中学の時以来，そのことで悩んでいたのです」と訴えはじめた。「いつもホモのことが気になっていたし，仕事関係にいるホモの連中の言動が気掛かりだった。自分の中にもホモの面があるように思う」と，Bさんは語った。

Bさんの不眠や頭痛の改善を私は精神療法の中心においていたし，しかも結婚が目前に迫っていて，限られた期間の面接にならざるをえなかった。そこでそれ以上，この問題について突っ込んだやりとりはなかったのである。しかしながらBさんとの面接は，異性愛的適応をしている人々の中にある《同性愛への恐怖》について，あらためて考えさせることになった。事実，Bさんには強い同性愛的要素があったと思うし，それに対する防衛として"気楽で気まま"な女性関係があったと思う。女性と深い関係に入ることを恐れたりするのも，そうした同性愛的要素と関係している。Bさんにとって最大の心配事である，令嬢と結婚して，セックスがうまくできるであろうかという不安と結びついていることは，いまさら述べるまでもないことであろう。前妻との離婚のきっかけとなったのは，「あなた，本当はホモじゃないのですか」と，妻が何げなく言った一言であったのである。

【事例3】Cさん　夢をきっかけにして現れた同性愛恐怖の症例

　Cさんは28歳の男性で，フェティシズム行為の常習で悩んでいた。女性の衣服に対して，それもとりわけ下着類に，強い性的興奮を覚えるのである。「このままこういうことをいつまでもくり返していると，何をしでかすかわかりません。それこそ盗みでもして，警察沙汰になったら大変です」と，真剣に考え込み始めていた。私のところには，知人の紹介で受診して来た。

　Cさんはいわゆる文学青年であり，話題の豊富なCさんとの精神療法的面接は，私にとっても楽しいものであった。Cさんは，月に1回ぐらいは，ソープランドなどに行って性的な欲求を発散させていた。ただ奇妙な点は，特定のガールフレンドがいないということであり，求めようとしないことであった。当初私は，これがCさんのフェティシストとしての対人関係の特徴だと思っていた。それとは対照的に，彼には親しい友人が多くいたし，現代文学研究会という集まりを定期的にもって交流を深めていた。友人たちからも好かれていたようである。「自分は，どういう理由か，文学者でも女流文学者には興味がわかないですね。映画を観た時でも，男優の方に目が行ってしまうのです」と，Cさんは語っていた。

　このことが話題になってから数回後の面接であったが，Cさんから夢のことを聞かされた。「とても話しづらいことなのですけれども，ホモ的な夢をよく見るのです。フェラチオをしている夢を見ました」。「その夢について，

もう少し詳しく思い起こしてほしい」と，私は求めた。Cさんによると，夢の中でCさんがフェラチオをしている相手は，Cさんのマンションの近くに住む大学生とのことであった。私は「そうした夢を，最近になって見るようになったのですか？ あるいは以前から見ることがありましたか？」とたずねたのである。すると「鮮明に覚えているのは，4，5年前ぐらいからになりますけれども，おそらくそれ以前にも見ていたような気がします」と思い起こしてくれた。そしてCさんから，くり返し見たという夢が，次に語られた。「一番よく覚えている夢と言えば，友人とのホモ的な夢です。私の非常に親しい友人のことになりますが，その友人はホモだと周囲の人たちから言われています。当人も，その噂をあえて否定しようとはしませんし，私も彼がホモだというのは事実だと思っているんです。それについて印象に残る夢があります。私が彼のアパートに遊びに行くと，彼はホモの人とセックスをしていました。私は，たまたまその場面を見てしまうことになりました。見まい，見まい，見てはいけないと思うのですが，どうしても見てしまうのです。やがて私が見ているということを，その友人に気づかれてしまうことになるのです。そしてその友人は，無理やり私にアナル・セックスを強要してくるのです。どうにも抵抗できずに，もがきます。そうこうしているうちに，目が醒めました」。

　Cさんの一連のホモ的な夢を聞かされ，それがあまりにも生々しいために，私は強い衝撃を受けたように覚えている。確かに，Cさんのフェティシズムの中には，同性愛的要素が隠されていたように思う。当初，そのことは問題とはならなかったのであるが，精神療法が展開していく過程で自覚されて来たのであろう。

　Cさんは，こうした同性愛を彷彿させる夢を語るようになった後，特徴的な言動が出現してきた。面接において，文学や映画をネタにしながら，同性愛について語ることが増えてきた。また同性愛への恐怖感や嫌悪感が現れ，「もしかして，フェティシズムだけではなく，自分はホモなのだろうか。そうなってしまったら，自分は社会的に廃人同然だ」と，絶望的な感情を表明していた。そしてその後，同性愛へのパラノイックな恐怖が出現し，「ホモの連中は，この世から抹殺されなかればならない。よくもあんな大きな顔をしていられるものだ。腹が立つ」「先週，新宿の街を歩いていたら，それっぽい人と出くわしたけど，一瞬殺してやりたくなった」などと，同性愛者への敵意

を露骨にぶちまけ，あからさまに語るようになった。

Cさんの同性愛への恐怖とは，その後の精神療法で分析されることになるが，彼の密着した母子関係と，"男らしく生きていけない"という彼の不安とは深く関係していたのである。その問題を掘り下げてゆくなかで，Cさんには中学生の時に同性愛接触の体験があったことが明るみにされた。彼が憧れていた上級生と相互にマスターベーションをしたことや，彼のペニスをフェラチオしたことを思い起こしたのである。この上級生は，Cさんにとって身近にいた唯一の男性的存在であり，そうなりたいと思うような憧れの人物でもあったのである。

6. 同性愛恐怖の特質——その意味と力動——

これまでに何度か指摘してきたとおり，《同性愛への恐怖》が顕す，その恐怖感の"深刻さ"と"激しさ"こそ，この恐怖の一次的な特徴なのである。"限局化され"て，しかも"緩和され"た神経症水準での不安とは著しく異なっている。それは，精神病的水準にあるとでも言えるような，"被害的"で"破局的"な色彩を帯びている。そもそも不安の質と量が違うのだろう。「同性愛恐怖症」のおびえとおののき，また「同性愛恐怖パラノイア」の激しい敵意に満ちあふれた言動。さらに精神療法的展開の過程で，同性愛への"恐怖"をさまざまに語るクライエントたち。こうした臨床的な事実とデータにもとづきながら，この恐怖の特質を描き出してみたい。しかもその精神力動を分析することは，恐怖が意味しようとするものを，それ自身によって明らかにしてくれるはずだ。

(1) まず《同性愛への恐怖》を，他のさまざまな恐怖と対比してみよう。私は，最も酷似し近接する恐怖として，何よりも《狂気恐怖》をあげたい。《狂気恐怖》との類似性から，《同性愛への恐怖》の意味内容がうかがい知れよう。"狂気"のその抗し難い諸力と，それによって自分が捕らわれてしまうのではないかという恐れ，グロテスクな狂者という歪んだイメージ，やがて自分も狂人となり果ててしまい，周囲からのけ者となり，蔑まれ，見捨てられてゆくのではないか，挙げ句に惨めな末路を遂げるのではないか，という恐れときわめてよく似ている。こうした《存在の中核》に衝撃を与えて，自ら望まない方向へと引きずり込まれ，その結果として，社会的な関係を失うこと，

言い換えれば，自己の抹消が深く刻み込まれた恐怖なのである。
(2)《同性愛への恐怖》と，しばしば精神科領域で出会う身体疾患への恐怖，例えば梅毒恐怖であるとかガン恐怖などとを対比してみれば，類似はしているもののかなりの違いが見つかる。そもそも《同性愛への恐怖》は，直接的に生命へ影響を及ぼすことはない。この恐怖では，あくまで社会的評価，自己評価と関わっていることが理解されよう。むしろ検討してみたい点は，《エイズ恐怖》との親近性にあるのかもしれない。エイズがしばしば"現代のペスト"と呼ばれるように，疾病そのものへの恐れとおののきのみならず，それがもたらす心理的で社会的影響，《存在の中核》への脅かしの大きさが，共通している。こうした哲学的文脈に則して，《同性愛への恐怖》と《エイズ恐怖》とは，現代的接点を有しているのではないかと，私は思っている。
(3)《同性愛への恐怖》に関しては，これまでにもいくつかの精神力動的考察がなされてきた。11年前の発表時において，《潜伏性の同性愛》(latent homosexuality)と《恐怖症的機制》(phobic mechanism)の二つの点を，私は取り上げている。しかしながら現時点で考えてみると，以前の見解に対して修正と再検討をしなければならないように思えた。とりわけ《潜伏性の同性愛》という概念には，大きな疑問が生じてしまう。《潜伏性の同性愛》の概念は，あえて一言で言うならば，理論的に大変に便利な概念なのである。しかしながら慎重に臨床的事実を吟味すると，この概念・用語では，何も説明したことにはならないことに気づくはずである。
(4)《同性愛への恐怖》は，その人の《性的方向性》(sexual orientation)が，同性愛的であるとか，異性愛的であるとかというこことは，直接に関係することはないようだ。その恐怖は，むしろ同性愛によって象徴化される，破壊的なイメージに結びつけられて，その姿を顕してくる。自分自身の生き方や在り方が，脅かされ揺るがされている感覚状態である。その事実からも，《同性愛者への恐怖》が，なによりも《精神力動－精神発達》の危機的な局面において出現しうるものと指摘できると思う。

そしてこうした急性の危機状態への反応として生ずるような「同性愛恐怖症」や，それとはその見かけが実に対照的な，慢性的とも言ってよいくらい長期間にわたって持続する同性愛を中心とした強迫観念や不安状態とは，臨床的に異なっている。はたまた《同性愛への恐怖》を"バネ"にして，自己確立を遂げたと言ってもよいような「同性愛恐怖パラノイア」に関しては，

あらためて言うまでもないだろう。これらの臨床グループは、それぞれ位相を異にしている。こうした長期間にわたって訴えられる《同性愛への恐怖》は、危機的局面への反応というのではなくて、その人の人格構造に内在化した同性愛をめぐっての葛藤が存在していることを、推定せざるをえない。しかしながらこの内在的葛藤とは、直接的な同性愛欲望を、意味しているわけではないだろう。

(5) 当然のことながら《同性愛への恐怖》には、"男らしさへの脅かし"というテーマを含んでいる。別の言葉を使うならば、男性としての同一性と役割（masculine gender identity-role）という問題になるだろう。そもそも《同性愛への恐怖》は、「自分の男性性を奪われてしまう」、あるいは「男性性を失ってしまう」という恐怖と、深い関連性がある。男性性を失うことへの恐怖は、古典的精神分析の枠組みの中では、去勢不安としてしばしば語られてきた。これまでにも指摘して来たとおり、私としては、母親との関係において、母親の側からの男性性への脅かしという点をも強調しておきたい。

むすび——今後の研究課題——

さまざまな形で、同性愛の恐怖を表現する人々がいた。思っていた以上に、この恐怖は、身近に存在しているらしい。気づこうと気づくまいと、この恐怖におびえている。私は同性愛恐怖が引き起こす、その普遍的でかつ日常的な性質に、いまさらながら驚いてしまう。眼を向けさえすれば、どこにでもころがっているのに、いざとなるとどうしても眼を逸らしたくなる。フロイトが論じ尽くしたように、恐怖とは、そもそもそういうものなのだろう。精神分析家は本腰を入れて、同性愛恐怖という人間的事実を見据えていかなくてはいけないと思うのだが。

《同性愛への恐怖》に関して、それを臨床上慎重にしかも中立的に取り扱うことが、いかに重要であるかということや、またどれほど精神療法的な価値を有しているかということを、症例を交じえて述べてきたと思う。その点については、11年前の発表の時とまったく変わっていない。それどころか、それ以上に配慮をしている。あの学会発表から過ぎた時間は、私を青年期特有の一方的な思い込みから、臨床状況に少し距離を置いてクライエントとのやり取りを冷静に見られるようにしてくれたようである。またその歳月は、こ

れを語ることは，まったく以て私の"自己矛盾"の表明以外の何物でもないのかも知れないけれども，私の内部にあるどうにも拒否しきれない《同性愛への恐怖》を，見つめさせるように導いてくれたのだった。今後の臨床的課題としては，《転移－逆転移》という精神分析的状況の中で現れてくる，とりわけ治療者の側の"逆転移"の問題として，《同性愛への恐怖》を分析してみなくてはならないと考えている。

最後にあえて付け加えておきたいこととして，社会的・文化的側面があろう。《同性愛への恐怖》というものは，「同性愛恐怖パラノイア」のクライエントと臨床的に接して感じたことなのであるが，無意識的な社会的行動のパターンになりやすい。その点については注3において，パラノイックな恐怖と《ホモ・フォビー》現象との絡みとして言及した。しかも詳細に観察すればするほど，現代社会の重要な一面として《同性愛への恐怖》は，機能しているようにも思われる。社会的－文化的に"生産－再生産"される《同性愛への恐怖》と，現代社会の権力（pouvoir; Foucault, M & Deleuse, G）の動向と関連させて考察しようと，私は今計画をしている。

注

(1) 「同性愛恐怖パラノイア」の精神力動を分析することは，同性愛とパラノイア（妄想）形成に関しての，フロイトによる古典的精神分析学の一般的定式を，批判的に臨床的に再検討する機会を，私に提供してくれたように思われる。同性愛と，それを《抑圧》することによってパラノイア（妄想）が形成されるというフロイトの有名な（悪名高き？）定式は，ここで私の考えをあえて述べるのであれば，メラニー・クラインや H. ローゼンフェルドらが主張するとおり，《原始的で被害的な不安状況》(primitive anxiety situation) が，まず"一次的－一義的"にあって，それに対しての防衛機能として同性愛が形作られるという，フロイトとはまさしく正反対の見解によって，臨床的に補完される必要があるのだ。

　このようにして私はその後，「同性愛恐怖症」や「同性愛恐怖パラノイア」の被害的不安と根源的恐怖に関しての考察を行い，そこから「統合失調症」と「同性愛」とを併存・共存させる「分裂性同性愛」(Schizo-homosexuality) への精神分析的研究へと向かってゆくことになるのであった。

(2) 「同性愛恐怖症」を第6回精神病理懇話会・宝塚1983で発表した直後に，中井久夫教授より懇切丁寧な助言をいただいた。中井教授は，H. サリヴァンの対人関係論的精神医学の中で《同性愛パニック》に着目されている。E. ケンプに発したこの概念の臨床的な意義に，中井教授は注目された。とりわけ，「統合失調症」との関係に言及されている。中井先生をはじめ，サリヴァン，そしてケンプが注目したのは，統合失調症の発症契機としての，あるいは急性状態における《同性愛パニック》であった。

この点において，私が当時もまた現在もイメージしている同性愛恐怖とは異なるように思われる。言い換えれば，私は同性愛恐怖をより広くとらえているのであり，後述するとおり"現代人の陰"のような存在と見なしているのである。この陰というユングの概念は，"陰との対決"を当然のことながら導く。
(3) 米国でしばしば取り沙汰される《ホモ・フォビー》と，「同性愛恐怖パラノイア」との臨床的対比は，興味深い課題になるのではないだろうか。《ホモ・フォビー》の人々は，過激なまでに同性愛を嫌い攻撃するのだが，そうした行動は「同性愛恐怖パラノイア」の敵意と憎悪に，なにやら重なり合ってくるように見えなくもない。《ホモ・フォビー》の，そうした一貫した論理と行動で主張される同性愛者へ向けられた非難と攻撃は，明らかに同性愛へのパラノイックとも言える恐怖によって裏づけられているであろう。この恐怖が，どの程度，現実的で，かつ理性を歪めていないものなのかと，そうした人々を米国で見ながら，私は思ったものである。

文献

1) Bion, W. R. (1957) Differentiation of the Psychotic from the Non-Psychotic Personalities. International Journal of Psycho-Analysis 38: 266-275. （松木・中川訳『再考：精神病の精神分析論―Second Thoughts』新装版，金剛出版，2013.）
2) Hilde, M., Marberg, H. M. (1972) Fragmentary Psychoanalytic Treatment of Acute Homosexual Panic. Psychoanalytic Review 59: 295-304.
3) Kempf, Edward (1920) The Psychopathology of the Acute Homosexual Panic: Acute Pernicious Dissociation Neuroses. Psychopathology, pp. 477-515, Misouri: Mosby Company.
4) Klein, M. (1946) Notes on Some Schizoid Mechanisms. International Journal of Psycho-Analysis 27: 99-110. （小此木ほか編訳『妄想的・分裂的世界』メラニー・クライン著作集第4巻，誠信書房，1995.）
5) Meltzer, D. (1968) Terror, Persecution, Dread: a Dissection of Paranoid Anxieties. International Journal of Psycho-Analysis 49: 396-400.
6) 中井久夫 (1985)「アメリカにおけるサリヴァンの追認」中井久夫著作集《精神医学の経験》2, 岩崎学術出版社.
7) 及川 卓 (1983)「男性性確立の挫折と崩壊――性別同一性障害」．清水・村上編『青年の精神病理』3, 弘文堂.
8) 及川 卓 (1989)「ジェンダーの病い"精神分析の実践"」．渡辺恒夫編『男性学の挑戦』新曜社．(本書1章)
9) 及川 卓・馬場謙一 (1981)「同性愛者アイデンティティーの形成について――同性愛の精神病理（その1）」精神病理懇話会抄録号.
10) 及川 卓・馬場謙一 (1983)「同性愛恐怖症（Homosexual Pobia）――同性愛の精神病理 第2報」精神病理懇話会・宝塚-83.
11) 及川 卓・馬場謙一 (1985)「分裂性同性愛（Schizo-Homosexuality）」内沼編『分裂病の精神病理』14, 東京大学出版会.
12) Ovesey, L. (1955) Pseudhomosexual anxiety. Psychiatry 18: 17-25.
13) Ovesey, L. (1969) Homosexuality and Pseud-homosexuality. NewYork: Science House.

14) Salzman, L. (1957) The Concept of Latent Homosexuality. American Journal of Psychoanalysis 17: 161-169.

付論3　シルヴァースタイン博士との対話

ゲイ・セラピーの悦び

人はいかにしてゲイになり，またゲイ・セラピストになるか，そしてHIVのことなど

(1993年発表)

及川　卓　私がシルヴァースタイン博士の仕事や活動を最初に知ったのは，ロナルド・ベイヤーの好著『同性愛とアメリカ精神医学——診断の政治学』を通してでした。

チャールズ・シルヴァースタイン　その本には，私に関して随分と良いことが書かれていますね。

及川　日本人にとってみると，アメリカで長年にわたって行われている同性愛に関しての精神医学的な議論や，同性愛をめぐる政治運動についての論争は，大変に理解しづらいものがあります。今日，博士から，多くのことをうかがいたいと思いますが，まず，最初にこの点から話を進めたいと思います。さて，『DSM-III（精神医学的障害の診断分類のマニュアル第3版）』についてですが，ここでは博士はどのような役割を果たされたのか，まずお聞かせください。

シルヴァースタイン　アメリカでは『DSM-II』は大変批判的に受けとめられました。1970年代の早い時期から「ゲイ解放運動」(Gay Liberation Movement) が出発しました。その運動の中心地は，ニューヨークでした。そしてニューヨークにおける中心となったのは「ゲイ活動家同盟」(Gay Activist Alliance) すなわち「GAA」で，私も「GAA」のメンバーでした。

「GAA」から現在まで

シルヴァースタイン 「GAA」は，非常に積極的で活動的な組織体でした。何か反対することがあれば，それを公にしていました。それはどういうことかと言えば，行進を行ったり，集会を開いたり，歌を歌ったりです。さて，「GAA」で何があったかと言いますと，ニューヨークで「行動療法促進学会」の会議が行われたことがありました。多くの心理学者や精神科医，彼らは「行動療法促進学会」の正式メンバーでした。そこでは同性愛者を治療する試みに電気ショック療法を用いていました。

その当時，私はまだ博士課程の大学院生の立場にいましたけれど，「GAA」は，私が「行動療法促進学会」のパネルディスカッションの進行役をし，また同時にデモを組織することを決定しました。そこで，われわれは電気ショック療法を用いて同性愛を治療しようと試みていた人々によって推し進められていたディスカッションのグループの中で，デモを引き起こし発言者の妨害をしたのです。これは大変な問題になりました。

出席者の中に「アメリカ精神医学会」の「疾患分類委員会」のメンバーだった方がおりました。その方が「アメリカ精神医学会」の「疾患分類委員会」での意見発表をするようにと招待してくれたのです。私は，そこで意見の発表を行いました。私の発表の種類は二つありました。第1のものは，精神医学，心理学の専門職の観点にたったものです。第2のものは，非専門家の立場からのものでした。私は専門職の立場からの意見発表を行いましたが，それらのことはロナルド・ベイヤーの著作に論じられておりますね。

そのプレゼンテーションの後に，さまざまな駆け引きがあれこれと起こりました。「疾患分類委員会」の会員は，ホモセクシュアルを精神医学の一疾患から除外することには

賛成でした。問題は，古いタイプの精神分析家が，それに異を唱えたことです。申し上げるまでもなく，チャールズ・ソカリーデスやアーヴィン・ビーバーなどでした。しかも彼らは，同性愛を精神医学的障害から除外するなどということは，狂気の沙汰だと信じきっていたのです。憤慨したのは，こうした古いタイプの精神分析家たちでした。

その結果として，「疾患分類委員会」は，ひとつの政治的妥協をしました。同性愛を完全に除外する代わりとして，新たなカテゴリーをつくりあげました。それは「自我異和的同性愛」というカテゴリーです。この新たなカテゴリーが，何を意味するかというと，「自らのホモセクシュアルに，不快感や罪悪感を感じている人」のことです。しかしながらですよ，もしもあなたが同性愛者であったとしてみてください。しかも，あなたがそのことに精神的に良いと思っている場合，言うまでもなく，その区別は，いやはや馬鹿げたものです。この二つを区別することは，まったく馬鹿げていますし，実際にこれは意味をなしません。

『DSM-III-R』では，同性愛は完全に除外されました。『DSM-IV』は，来年出版されます。

及川 『DSM-IV』において，セクシュアリティ障害の分類や診断には，大きな手が加えられるのでしょうか。あるいはこれまでどおりなのでしょうか。大きな変更が行われる可能性は，どうなのでしょうか。ご存じですか。

シルヴァースタイン いいえ。ただわかるのは，新しい版が世に出るたびに，ひたすら分厚くなっていくということだけです。版を改めるたびに，以前は存在しなかった精神疾患のカテゴリーが，次から次へと登場してきます。

及川 同性愛が，精神医学の疾患分類リストから除外されたことを知ったときには，私も正直言って衝撃を受けました。ただし博士に申し上げたいことは，私が衝撃を受けた理由は，それに反対をしているからではなくて，私が，このことから精神医学的分類や診断というものは，永遠不変

なものではなくて，その社会や時代の変化にしたがって，変化をしてゆくものだということを，まさしく目の当たりにしたからなのです。そのあたりの私の驚きを，「日本社会病理学会」で発表しました。その発表のタイトルは，「同性愛の政治学」というものでしたけれども，これはロナルド・ベイヤーの著作からヒントを得たものです。

　博士のような歴史の変化に立ち会った人と，今日お話をしているわけですから，このあたりの経緯を体験者の一人として，もう少し詳しくうかがっておきたい気持ちに駆られます。

　ホモセクシュアリティを『DSM-III』から除外するために，博士は具体的にはどのような活動をされましたか。

シルヴァースタイン　この作業は，主として精神科医たちの内部で行われたことでした。いったん『DSM-II』をめぐっての戦闘に勝利したので，『DSM-III』はさしたる問題にはなりませんでした。「自我異和的ホモセクシュアル」と，"正常な"（Normal）ホモセクシュアルの区別は意味をなさなくなったということを，私は強調したいのです。そのことは受け入れられました。

　もちろんのこと，診断に関しての大きな問題は残ります。ホモセクシュアリティについての論争が起こる以前は，性的障害（Sexual Disorders）のリストというのは，それ以前の社会が容認しようとしないすべてのものの一覧表でした。そこには，いかなる現実的な心理学的基準も，存在しなかったのです。

　いまやホモセクシュアリティが，除外されましたが，今日私たちが問いたださなければならないのは，性的障害のリストにまだ残っている，同性愛とは異なる他の種類の性的問題について，それらを残しておくことにどのような正当性があるのかということです。つまりパラフィリアは，なぜまだリストに残さなければならないのでしょうか。本当の意味での基準は，存在しないのだということがおわか

りでしょう。

　私たちが言えることとは，人々は性に関する問題がリストからはずされるのを認めませんが，だからと言ってそれはリストに存在する正当な根拠にならないということなのです。いったいどんな心理学的な根拠があるのでしょうか。私が思うには，以上のすべて，人がセックスについてどういうふうに受け止めるかについては，社会はアンビヴァレントだという事実を反映しているということです。

及川　『DSM-Ⅲ』をめぐっての精神医学的な論争は，診断であるとか分類であるとか，こうしたことに論争点があったと思います。私のような精神分析的精神療法家・心理学者としては，こうした精神医学的な論議よりも，よりクライエントとの関わり，こうした関わりの中から生ずる精神療法的な問題，言いかえれば臨床的出来事の方に大きな価値をおかざるをえません。

　アメリカのホモセクシュアルというか，ゲイに関わる精神療法家の発想法や活動に目を向けてきました。特に自らホモセクシュアリティを表明したゲイ心理学者，あるいはゲイ精神療法家のグループの存在に，私は非常に驚かされました。こうしたグループの活動について，直接にうかがってみたいと思います。博士は言うまでもなく，そうしたグループに属しておられますね。

ゲイ心理学者／精神療法家の活動

シルヴァースタイン　この活動は，1974年に始まりました。その頃，ゲイ心理学が始まりました。しかも私たちは，「アメリカ心理学会」によって公認された一部門です。ゲイ心理学者にとどまらず，ゲイ精神科医のグループ，ゲイ・ソーシャルワーカーのグループ，ゲイ看護師のグループがあります。アメリカには，あらゆる分野におけるゲイのグループが活動しています。

及川 ゲイ心理学者のグループとしてどんなことを活動の目標にしているのでしょうか。ゲイのクライエントの心理学的サービスは言うまでもないことでしょうが，ゲイ心理学と対立，あるいは敵対する心理学者は多いわけですから，理論的，臨床的，さらには実践的な活動も，さまざまな場面で求められるのだと思いますけれど。

シルヴァースタイン このグループは，主要な点では政治的なものにならざるをえません。ホモセクシュアリティについて，何がしか述べている心理学の教科書を論評したり，吟味したりすることなどは，その最たる活動内容と言えるでしょう。「アメリカ心理学会」に対して，同性愛者に関わるしかるべき政治的立場をとるようにと圧力をかけたりします。「アメリカ心理学会」の会合の総会で，特別講演やパネルディスカッションを主催したりしています。またさまざまなクライエントグループと同様に，パーティを開いたりもします。

及川 私としては，一人の精神分析的精神療法家として，どういうクライエントが，どういう悩みで，どうしたきっかけで博士のもとを訪れ，それに対して博士が，どのように日々対処されているのかが一番興味があるところです。

シルヴァースタイン 私のもとを訪れるクライエントは，みなさん私がゲイであることを知っていますよ。一昔前は，ゲイ心理学者はほとんどおりませんでしたので，みなさんは私のところへやってきました。クライエントは，ホモセクシュアリティを精神療法の中心にすえることを望みませんでした。それを問題として取り扱われることを望まなかったのですよ。

　もしもゲイのクライエントが，ゲイではないストレートの心理学者のところへいけば，その心理学者は，ホモセクシュアリティそのものを治そうとします。今日では，自分がゲイであることを公表したゲイ精神療法家はたくさんいます。

及川 そうしたゲイ精神療法家のことになりますけれど，自分自身がゲイであることを認めて，ゲイ精神療法家であることを公表することは，当然のこととして既成の心理学の秩序とは衝突するでしょうから，仕事も難しくなるでしょうし，個人開業をする場合などは，収入や経済的なことも考えなくてはなりません。とても勇気がいったのではないでしょうか。

シルヴァースタイン ええ，確かにそうですね。しかしあの頃は，大変やる気に満ちて，しかも興味深い時代だったと思います。そしてそのときまでは存在していなかった，新たな一つのゲイの機関を設立する機会がありました。またニューヨーク市内に，ゲイの人々のためのカウンセリングセンターが2ヵ所できました。そのほかの都市でも，ゲイ・カウンセリング・センターを開設するための手伝いをしましたし，『Journal of Homosexuality』も創刊しました。

及川 『Journal of Homosexuality』と『Journal of Gay and Lesbian Psychotherapy』が存在するのを知っています。この二つの定期刊行物は，それぞれの編集方針が微妙に違っていて，ゲイ精神療法家，ゲイ心理学者の指導グループに見解の相違があることをうかがわせます。グループの分裂などもあったのではないでしょうか。その両方の雑誌とも私は，興味深く購読しております。

シルヴァースタイン 『Journal of Gay and Lesbian Psychotherapy』は，よりあとになって刊行されたものです。私はその雑誌ではなくて，『Journal of Homosexuality』の創刊を行いました。これも大変面白い仕事でしたが，お金にはなりませんでした。

及川 ゲイの精神療法家に対してのクライエントの反応が，どのようなものであったのかもっと知りたいのですが。「ゲイは，病気ではない，異常ではない。ゲイは，正常である」という価値観を，精神療法家とクライエントが共有することも重要なことでしょう。しかしながら私としては，

そうした価値観の共有，あえて付け加えるならば，精神療法家とクライエントが「ゲイ・アイデンティティ」を共有することというだけではなくて，私が指摘したいことは，次のようなことなのです。それは，私がそうした価値観やアイデンティティを共有することができないかもしれませんが……。

私の臨床経験から言っても，治療者がゲイであるかそうでないかについて，ホモセクシュアリティのクライエントは大きな関心を向けてきます。私としては，つねにそうしたクライエントの「治療者はゲイに違いない。ゲイかもしれない，きっとゲイだ」という，治療者に対してのファンタジーを，中立的な立場から精神療法の展開と過程の中で，そのコンテクストにしたがって分析しています。このゲイであって欲しいという幻想というか願望は，きわめて強固なものであることは，十分に理解できます。

そこでなのですが，ゲイでないという姿勢を基本的にとる私と，ゲイであることをクライエントが知っているところで治療を始める博士とでは，その精神療法の展開が随分と異なるであろうことは，容易に想像がつきます。そのあたりに話を進めてみたいのですが，いかがでしたか。

シルヴァースタイン　そうですね。ゲイのクライエントは，私のような治療者がいることを有り難がっていましたよ。ゲイの愛人との恋愛関係について話すことができるということを喜んでいました。

現在ではニューヨーク市内で，ゲイ心理学者もストレートの心理学者も同じようなやりかたで仕事をしています。とても明白なことですが，エイズの影響もきわめて大きいのです。多分，ニューヨーク市のあらゆる専門職や心理学者，精神科医で，どんな立場であろうとも，今までエイズの問題を取り扱う必要のなかった人間など，いないのではないでしょうか。

及川　ゲイのクライエントに対して，ゲイそのものの治療

を行わないとするならば、どんな精神療法になるのでしょうか。具体的にどういった問題を解決し、どのような問題を取り上げ、どのような展開を遂げることになるのでしょうか。私としては、そうしたゲイ精神療法のイメージが、今一つ、つかみきれないのですけれど。

シルヴァースタイン 他のいろいろな精神療法家と同じような作業になります。ただ一点、私はそのクライエント個人の《性的方向づけ》(sexual orientation)を精神療法の中心におかないというだけのことです。ゲイの人は、ストレートの人と同じような悩みを訴え、同じような問題を抱えてやってきます。そして私は、そこにある悩みや問題を取り扱うだけにすぎません。やってきたゲイのクライエントは、愛情関係の問題であるとか、そして社会全体と関わっていくに際しての困難をかかえています。したがってゲイ・セラピストだからといって、何か特別なことをするというのではなくて、他のさまざまな精神療法家と同じように、作業を進めていきます。くり返し申し上げますが、ただクライエントの《性的方向づけ》を変更しようとすることを、面接の主要な課題として取り上げたりはいたしません。

また私は、パラフィリアやトランスセクシュアリズムの人ともよく会います。

ゲイ・クライエントはどんな悩みをかかえているか

及川 先ほどの質問の続きというか、くり返しになりますけれども、博士のところへくるゲイのクライエントは、どんな問題や悩みを主に訴えるのでしょうか。

つまりですね、私のクリニックにやってくるゲイのクライエントは、確かに自分自身のホモセクシュアリティを治したいという人もいなくはありません。ですが、ただ私のゲイのクライエントの大部分は、こうした《性的方向づけ》

の悩みよりも，神経症的な不安感を伴っていたりとか，抑うつ状態で仕事や社会生活がスムーズにいかないとか，人生に疲れたとか人生は空しいなどというような空虚感に襲われていたり，さらに深刻なケースになると精神病的反応を表す人々がいます。こうした神経症やパーソナリティ障害とホモセクシュアリティが重複しているケースが多いです。それ以外の悩みは，結婚できないとか，セックスができないとか，妻にホモであることがバレてしまったなどといった現実的で日常生活に関係した悩みをかかえてくるのですが。

シルヴァースタイン ホモセクシュアリティを治したいという目的で，私のところにくる人はいませんよ。私を頼ってくる人々は，私がどういう人間で，私がしようとする仕事がどんなものなのかをよく知っていますから。かなり古い話になりますけれど，私のところにきて「ホモセクシュアリティを治したい」と言ってきた方がいました。その方には，「それは心の病気ではないでしょう。あなたを治そうとはしませんよ」と言いました。その当時，クライエントは，ずいぶんおこっておられましたが……。

　ゲイのカップルで，自分たちの関係についての問題でやってくる方々の面接をすることが多いのです。男性はセックスを非常に重要視するために，その二人の関係でセックスが問題となり始めると，私のところへやってきては取り乱し，しばしば面接をすることになります。

　ところで及川博士は，「tricking」（不倫）という言葉をごぞんじでしょうか。

及川 いいえ，知りません。それはスラングですか，それとも最近使われるようになった新しい言葉なのでしょうか。

シルヴァースタイン この言葉は，ゲイのカップルのうちで，一方がパートナー以外の人とセックスをするという意味なのです。不貞と同じようなものと考えていいでしょう。

及川 「cruising」に近い意味でしょうか。

シルヴァースタイン　ええと,「cruising」は,ただ単に相手に近づくだけのことにすぎませんが,「tricking」はセックスすることを意味しています。ですからカップルの一方が,二股をかけていれば,精神療法にやってくる理由となります。恋人と関係がもてないということとは,まったく別の理由です。

　（そのほかの理由として）抑うつ状態。そして現代の病気です。エイズに関するさまざまな問題で,クライエント本人,もしくはクライエントの恋人がエイズであるような場合です。そのほかにはセルフエスティームが,きわめて低い場合などです。事実,ゲイの人々は,異性愛者と何ら変わることのない理由で,精神療法を受けにきます。

及川　博士のお話をうかがっておりますと,ゲイに対しての,あるいはゲイが生きていくうえで出会う諸々の問題に対しての,あえて言うならばゲイのライフスタイルやライフコースについての,きわめて"サポーティヴな精神療法"という印象を受けますが。

シルヴァースタイン　それを及川博士が,"サポーティヴ"であると言われるのであれば,私としては,ゲイであることについては"サポーティヴ"だと申し上げたいと思います。しかしゲイの人々は,ストレートの人々と同じように自己破壊的なことをします。それについては"サポーティヴ"ではありません。

及川　博士のところへくるストレートのクライエントは,博士がゲイ精神療法家であることに対して,何か特別な反応を示しますか。

シルヴァースタイン　ストレートのクライエントは,ほとんどいません。かなり以前にストレートの人々を引き受けましたが,そうしたストレートの人々も,ゲイの人々の周辺で育ったとか,ゲイのクライエントを身近にもっている方々でした。

　いやはや,ゲイであることを隠さない人間として自分自

身のことを認めていた20年も前からずっとですが，私は既存のシステムの外部に身をおいておりました。それはつねに，大学であるとか，権威づけられた組織に対しては，いつもマージナルな人間でいました。このことはヘテロセクシュアルの専門家のみならず，ホモセクシュアルの専門家にとっても疎まれる存在でした。ホモセクシュアルの専門家は，私の存在によって，彼らもゲイであることが知られてしまうのを恐れたのです。（ゲイであることを）隠していた多くの専門家は，私のことを恐れていました。

及川 思春期，そして青年期という発達の一段階は，ヘテロセクシュアリティと同様に，ホモセクシュアリティにとっても，きわめて波乱に富んだ発達の一段階だと，私は思います。自分自身の性的方向づけだとか，周囲の人々と自分が違っているという自覚だとか，未熟な性体験だとかといった，この発達段階にあるホモセクシュアリティに特有のさまざまな問題がありますね。それもきわめて精神的緊急性を帯びた問題のはずです。そういう思春期や青年期のゲイの若者たちに，博士はゲイ心理学の観点に立って，何か心理学上のアプローチをとられましたか。

シルヴァースタイン ゲイの若者たちへの関わりは，アメリカでは大変デリケートなトピックスです。同性愛者は，男の子を誘惑しようとしていると，これまで非難され続けてきました。自分よりも年長の男性の誘惑によって同性愛者になってしまうのだと，人々は信じこむのが常でしたし，そう信じこんでいる人は現在でもまだいるのです。そういうこともあって，私が開設したカウンセリングセンターやゲイの各種の組織は，若者たちがやってくるのを歓迎しませんでした。こうした男の子を誘惑していると非難され，そして逮捕されることを，私たちは恐れていたのです。

今日では若者にも，若者独自の組織ができました。及川博士は，アメリカのアニタ・ブライアントを覚えていらっしゃいますか。彼女は，70年代半ばの有名な歌手で，同性

愛の男というものは，男の子を誘惑しようとしていると，あちらこちらでしゃべりまくっていました。アニタ・ブライアントがいたおかげで，1977年に出版された，この本『ゲイ・セックスの喜び』の初版本では，ティーンエイジャーとセックスすることについては，なにも書くことができませんでした。

　ここにあるのは，1977年の最初の本です。出版社からは，「ティーンエイジャーとセックスをしたがる大人は，すべて病気なのです」と書いて欲しいと，私とフェリーチェ・ピカーノに望んでいたのです。しかしながら，私とフェリーチェ・ピカーノは，このような出版社からの要請を拒絶し，あえてティーンエイジャーに関しての言及を除外し，むしろ広い範囲の人々について記述するという選択を行ったわけなのです。

　この著書の最新版においては，もはや出版社による干渉はまったくありませんでした。検閲もありませんでしたし，私とフェリーチェ・ピカーノが書きたいと思うことは何でも書くことができました。出版社は，私とフェリーチェ・ピカーノに，やりたい放題をする自由を与えてくれたのです。

及川　博士のこの著書『新・ゲイ・セックスの喜び』は，一読しただけですと，いろいろな項目がただ羅列されているだけのように思います。それぞれの項目についての博士の見解が，述べられているに過ぎないようにも思いがちです。多くの人々には，そんなふうに映るのではないでしょうか。しかしながら私は思ったのですが，慎重に読み進めていくと，個々の項目を貫いて，全体にわたって博士のゲイに関しての観察と理論が貫かれているようですね。

シルヴァースタイン　そうであればいいのですが。そう言っていただけると嬉しいですね。

及川　そうしてこの著書を読み終えてみて，私なりに考えました。博士が最近のゲイに関しての精神医学的な，また

は心理学的な研究の成果を確実に取り入れて，そこからゲイ心理学であるとか，ゲイ精神療法の基礎を打ち立てたいと願っているのではないかと。私には，そんなふうに理解できました。

今後の研究の糸口

及川 また私自身も，私のゲイの人々の精神療法の経験から，保守的で伝統的な精神分析理論には，不快感というか，首をかしげることが多かったのです。そこでなのですが，私としては，今後有望と思える研究について，博士の意見を聞きたいのですが。

　リチャード・アイゼイ（Richard Isay）には共感されますか。私は，リチャード・アイゼイの研究に強い関心を向けています。この著書を読んでも，あなたのゲイについての心理学と精神療法的アプローチと，リチャード・アイゼイの研究は，矛盾しないというか，大いに重なり合うと，私には思えるのですけれど。事実，リチャード・アイゼイは，彼の論文の中で博士の研究に言及していたと思います。

シルヴァースタイン リチャード・アイゼイが言う10年以上前に，私は彼が言ったことを既に書いていました。リチャード・アイゼイは，良き友人でもあります。

　私は，ゲイの子どもというのは違っているのだと考えています。私自身の研究を通して，ゲイの男の子が父親に愛情を抱く例を発見しました。多くの症例を通して父親に向けられた性的な愛情は，大変に強力なものです。父親を誘惑しようとした男の子の記録を書き取ったこともありました。

　男の子は，父親の愛情を求めていたのではありませんでした。父親とのセックスを求めていたのです。ですからアイゼイが行った研究には，私も深い共感を覚えます。

及川 そうですね。私も同感です。私自身は，男の子を直

接観察したわけではありません。ただゲイのクライエントの精神療法から，同じような事実を確認しています。そうなんですよ，ゲイの男性の父親への強いエロティークな色彩を帯びた関わりを，見いだしています。それは陰性のエディプスとかといったおきまりの精神分析の枠におさまりきれません。発達早期の母子関係とか……。そういうことで，私もアイゼイの研究に，私の見解に近い人がいるということを知って驚きました。

シルヴァースタイン　アイゼイは，アメリカの多くの精神分析家から攻撃されもしましたが，また同時に彼の見解は証明もされました。アイゼイの研究は，ある理論への大きな攻撃になっています。実に興味深いと思いますけれど，アイゼイの研究は，フロイト派の理論には大きな攻撃にはならないように，私には思えるのです。しかしながら，自我心理学者（Ego Psychologist）にとっては，大変な問題でありましょう。

　ジークムント・フロイト（Sigmund Freud）は，自分の後に続く人々に対して，それほど白黒判決を与えるような態度ではのぞみませんでした。フロイトの人生の中で，もっとも重要な人物はだれだと思いますか？　言うまでもありませんね，それは娘のアンナ・フロイト（Anna Freud）です。しかも，アンナはレズビアンでした。

及川　アンナ・フロイトがレズビアンであったことは，以前から噂には聞いていました。アンナ・フロイトの死後，それについての情報が流れています。ただ私はそれを確認できていません。正直言って，何人かの方から，アンナ・フロイトがレズビアンであったということを聞かされて驚いています。このことが真実だとすれば，精神分析とホモセクシュアリティの関係も，随分と変化するのではないでしょうか。

シルヴァースタイン　フロイトは，アンナの教育分析家だったのですから，当然ですがアンナがレズビアンだという

事実を知っていたのです。それでフロイトは，同性愛者が精神分析家になることについては，大変好意的な見方をしていました。しかし，フロイト以後の人々は，そのことに関して非常にかたくなでした。特にアメリカの精神分析家たちは，かたくなです。セクシュアリティに関すること，あるいはホモセクシュアリティの話になると，イギリスやアメリカの精神分析家は，非常に厳格でした。こうした傾向は，アメリカでは随分変化したと思いますが，アメリカの精神分析家たちの集まりでは，未だに非常に厳格です。

及川 私は，日本で精神療法の仕事をしていますので，また，シルヴァースタイン博士が非常に嫌うようなアメリカの精神分析家たちとも親しい関係にありますが，だからといってそうした精神分析家の見解に縛られる必要はありません。

確かに，ゲイに関しては，今もって精神分析の集団は，博士の言うとおり厳しいですね。そしてそれは，精神分析の臨床に限らず，精神分析家の教育だとか養成に関しても同じです。最近，ゲイの人々にも，精神分析研究所はその門を開くべきだとか，ライセンスを与えるべきだという見解を耳にするようにはなりましたが，とにかく，ゲイの人々には，精神分析家のライセンスは，発行されないはずです。

シルヴァースタイン そうです。「アメリカ精神分析学会」も，そして「アメリカ心理学会」も証明書は発行しません。

あえて申し上げておきたいことは，と言いますかアメリカの政治構造は，日本とはだいぶ異なっています。心理学の専門家として実地に臨床活動するためのライセンスは，それぞれの州から与えられています。ですから例えば，私を例にあげますと，私はニューヨーク州とニュージャージー州から心理学者のライセンスを受けています。心理学者として実地に臨床活動するためにはライセンスが必要になります。ところが心理学者として実地の臨床活動をしない

ならば,「私はシルヴァースタイン博士です。お望みのことは何でもなおしてさしあげます」という看板を掲げても構わず,これは違法ではないのです。

それどころか,私自身を,精神分析家と名乗ることさえできるのですよ。精神分析家としての肩書きは州の法律によって保護されるものではありませんので。精神分析研究所は修了証書を与えていますし,これは確かに熟練し優れた能力があることの証明になるのですが,法律で義務づけられたものではありません。

ゲイ・クライエントの発達ライン

及川 今度は,実地活動や臨床的な問題に加えて,さらに理論についておうかがいしておきたいのですが,博士は,アイゼイと同じように,ホモセクシュアリティを《一つの発達ライン》(a kind of developmental line) としてとらえていると,見なしてよろしいでしょうか。

シルヴァースタイン 及川博士は,ウィルヘルム・シュテーケル (Wilhelm Stekel) の著作を読まれたことはありますか。

及川 よく知っております。ウィルヘルム・シュテーケルが早い時代にセクシュアリティの障害や病理に関して優れた成果を上げたことを,私は率直に評価しています。

シルヴァースタイン シュテーケルは,当時の人々同様バイセクシュアリティが基準でホモかストレートになるかはその後選ばれる。そしてまたもう一つ性に関する決定は抑圧が基準になっている,と言っています。ゲイであれば,それはヘテロセクシュアリティが抑圧されていて,ヘテロセクシュアルならばホモセクシュアリティが抑圧されているということです。以上がシュテーケルの考えです。シュテーケルによるとホモセクシュアリティになるヘテロセクシュアルと平行して起きる発達過程が存在し,そのどちら

も正常だということです。なぜある人はホモセクシュアルになって別の人はヘテロセクシュアルになるのかの質問には答えていないので，シュテーケルの考えは良い解答になっていないにしても，私は性に関する決定は生物学的なものが要因と考えます。ホモセクシュアリティの内分泌学的な研究が今までになく盛んに行われています。考えられるのはホモセクシュアリティは生前に決定されるということです。また男性と女性の脳に違いがあることは知られていますが，これは妊娠の時にこの差異の形成がはじまるというものです。さらには，ゲイになるかストレートになるかをあらかじめ決定してしまうある種のホルモンの分泌があるというものです。

　これについての正確な機能は明らかにされていません。必ずしも発生学的なものであるとは誰にも言えないのです。その可能性があるにしてもです。100％一致の例は無いことは知られています。一卵性双生児の場合，片方がゲイであっても，もう片方がゲイとなるのは50％から70％です。単に発生学的なものであるなら，100％でなければならないはずです。ですから，この問題は単に発生学的なものより複雑なのです。

　おわかりでしょうが，その後にゲイになる男の子の幼年期——女の子については，男の子ほどは知られていませんが——は，ストレートの男の子とは際だった違いが見られます。ゲイの男の子は，ストレートの男の子ほどには運動にむいた発育をしていなかったり，女っぽくなったり，体が傷つくことを極度に恐れたり，どちらかと言えば父親より母親に密着したりといった具合です。このようなゲイの男の子の変化，差異は，単に性的なものより大きいのです。

及川　それは私もそう思いますね。確かにゲイのクライエントの発達歴を聞くと幼年期にスポーツが嫌いだったとか，女の子とばかり遊んでいたとか特徴的な事柄が，容易に見いだせます。

シルヴァースタイン 私は差異は100％生物学的であると考える人間の一人です。アメリカではかつて男子と女子の性の違いについて議論されていました。今日ではこれは政治上間違いだということになっています。現在ではジェンダーの違いが論議されています。これには重要な理由があります。現在有力な政治的な説は，男性と女性の違いは半分後天的なものであるとしています。私はこれは間違いだと思います。発生は前に溯り，男性と女性の違いは生物学的でもあるのです。

幼年期と成長を考慮にいれるなら，つまりこの法則に与える幼年期や家族生活のことを考えると，以上のような考えはアメリカ人には非常に受け入れがたいのです。私のレズビアンの友人でこのことを聞いて憤慨していた人がいました。

及川 博士は，ホモセクシュアリティもヘテロセクシュアリティも，両方とも"ノーマル"な《発達ライン》と見なされるのですね。

シルヴァースタイン そうです。両者ともに"ノーマル"です。

及川 そうだとすれば，ヘテロセクシュアリティの《精神性愛的発達》(psychosexual development) について，多くの研究がありました。そうしたヘテロセクシュアリティの《精神性愛的発達》を"標準"として，ホモセクシュアリティを固着だとか発達障害だというふうに位置づけたわけです。ですからホモセクシュアリティを一つのしかも"ノーマル"な《発達ライン》と見なすのであれば，ホモセクシュアリティの《精神性愛的発達》の研究が，当然のこととして求められてくるのではないでしょうか。

そこなんですよ，私も近年注目していることは。私は，昨年ある心理学事典で「セックスの心理学」という一項目を担当したのですが，その末尾で今後の重要な研究課題として，ホモセクシュアリティの《精神性愛的発達》の段階

や過程の研究の必要性を強調しています。この点についてですが，ホモセクシュアリティの《精神性愛的発達》に関しての，何らかの仮説を博士はおもちですか。

シルヴァースタイン　……リチャード・アイゼイの考えが，私に最も近いです。アイゼイは，この問題について書いています。大変おもしろいアイディアは，ゲイになってしまう男の子の発達段階を確認しようとしたことです。これは興味をそそられますね。ですが，今までそれをやったことがある人を，私は知りません。

　説をもとに話を広げ，もしもトランスセクシュアルになる男の子の発達における違いを知りたいということになれば，私としては，トランスセクシュアルも，ホモセクシュアルと同じく生物学的であることは明白だと，推定しています。

及川　今の話題と関連してきますが，こうしたホモセクシュアリティの《発達ライン》を想定するとすれば，精神療法とは，その《発達ライン》に則したものになる必要があります。約10年も前になりますが，私なりに「同性愛者のアイデンティティの形成」のいくつかの段階を提示いたしました。臨床でのアプローチについてお聞きしたいのですが，ゲイ心理療法家として，そのゴールはゲイのアイデンティティを確立することになりますか。

シルヴァースタイン　もしもその人物が，アイデンティティで悩んでいるのであれば，そうします。これはアメリカ国内の小さめのコミュニティでは，大変に深刻な問題となります。それというのも，そうした場所では，より保守的なより多くの専門職があるからです。そうした専門職が，ホモセクシュアリティであってもいっこうにかまわない，OKだということになってしまうと，それまでその専門職に就いている（保守的な）人々は，その職を（ホモセクシュアリティに）取られてしまうという危険が出てきます。ニューヨーク市においては，それほどの問題とはなりません

が，アメリカのほかの地域になると，このことは未だに深刻な問題です。

　私が面接をする人々の多くは，――カップルでやってくることも多いですね――自分（たち）の恋愛関係について相談するためにやってきますし，また他の人々は恋愛問題そしてエイズについてのことで精神療法を受けるためにやってきます。

及川　シルヴァースタイン博士のお話をうかがいながら，私自身，精神療法にたずさわる者として，ぜひともうかがっておきたい重要なポイントがあります。それは《転移》(transference) と，《逆転移》(counter-transference) についてです。これまでの精神分析的研究は，それが臨床的なものであれ，理論的なものであれ，ストレートの精神分析家とゲイのクライエントという組み合わせを，大前提にしていました。ゲイ精神療法は，この大前提を崩したわけですから，《転移》と《逆転移》の問題にも，おのずと変化が生じることになるでしょう。ゲイのクライエントに対して生ずる，ゲイセラピストの《逆転移》という問題について，これまでの《逆転移》をめぐっての論議とはレヴェルを異にするような，つまり何か特別に考えなくてはならないような問題を，博士は見いだしましたでしょうか。あるいは，何も特別な問題はなかったということになりますか。

転移／逆転移について

シルヴァースタイン　《逆転移》の問題については，2年前に出版した著書ですでに取り上げています。この著書を，及川博士に推薦いたします。それは『ゲイ，レズビアン，精神療法家』という著書で，その副題は「精神療法的研究」となっています。その中で，執筆に協力してくれた人々が，ゲイやレズビアンのクライエントとの精神療法の作業について語っています。

《逆転移》のために，精神療法家が，精神療法をめちゃくちゃにしてしまう可能性はいくらでもあることなのです。それについては，その著書の1章を割いて，私は論じています。そこではクライエントと私が面接をしていたときの事例，それも劇的な事例を取り上げました。私のクライエントは，スカトロジーになりかかっていたのです。これには私も，大変に困り果てました。私よりも，クライエントの方が問題なく思っていて，クライエントは，よくこの話をしました。

　他のさまざまな精神療法家と同じように，ゲイ精神療法家も，クライエントに対して，性的な感情をもつことがあります。他の精神療法家と同じように，ゲイ精神療法家も，クライエントを親身に世話をする親になりたいという"わな"に，はまってしまうこともあります。ゲイ精神療法家が，自分自身のホモセクシュアリティに対してアンビヴァレントであったり，防衛的であったりすると，クライエントがホモセクシュアリティについてもっている葛藤を見落としてしまうことがあります。

　今ここで述べた《逆転移》に関わるすべてのことは，結局のところ，自分自身を分析したり，教育研修を通したり，スーパーヴィジョンによって，そして何よりも精神療法家の謙虚さと誠実さによって，その解答が与えられるはずのものなのではないでしょうか。

及川　ホモセクシュアリティのこれからの有望な研究領域として，私は比較文化論，比較社会学の研究を考えています。特に，私が日本人であって，アメリカのホモセクシュアリティの研究に接した際には，どうしてもこうした比較文化論的，あるいは比較社会学的な視点が，つねに要請されてきました。これまでに私も，東南アジアでのフィールドワークをしています。

　そこでなのですが，近年ホモセクシュアリティを研究する人々の間で，しばしば文化人類学者のギルバート・ハー

ト（Gilbert Herdt）の仕事が話題となります。とりわけハートの「制度化された同性愛」の調査研究を、ゲイ心理学者はどのように評価していますか。あるいは、比較文化論、比較社会学の今後の可能性などについては、どう思われていますか。

シルヴァースタイン ここでどうしても、ホモセクシュアルの定義にぶつからざるをえませんね。

　ホモセクシュアリティとは、いったい何なのでしょうか？　性器を擦り合わせたりする、単なる生殖の話なのでしょうか？　それとも内面的なことなのでしょうか？（自分の社会から）別の社会へ出て行く際に問題となることなのでしょうが、その社会で話されていることが、（自分たちの社会と）同じものなのかどうなのかということがあります。（ホモセクシュアルの）意味は、いったい何なのでしょうか。ヘテロセクシュアルの人が、ホモセクシュアルなセックスをすることだって、しばしばあります。それは何年も、いやそれどころか何百年といった歳月、そうした行為は続けられてきていました。

　感覚論者と構成主義者の現在進行中の論争はご存じでしょうか。感覚論者は、ホモセクシュアルは、いつの時代でも存在してきたと言い、それに対して、構成主義者によると、ホモセクシュアルは社会の副産物だということになります。ニューギニアでは年上の男性がいて、年下の男性が、その年上の男性とフェラチオをしていることがあります。これはホモセクシュアリティと見なすべきものなのでしょうか。

　もう何年も前の話ですが、ニューヨーク市立水族館に2頭のシャチがいました。ある日、この2頭は（ペニスを）勃起させ、おたがいに並んで体を擦り合わせながら泳いでいました。それを見ていた子どもたちは、母親に「2頭のシャチは、いったい何をしているの？」と尋ねました。そうしてシャチ2頭は、別々のタンクに離れ離れになりまし

た。これはホモセクシュアリティなのでしょうか。

ギルバート・ハートの研究に関して言えば，研究対象のグループは，自分自身の社会と同じ意味でのホモセクシュアル体験があったのかを知ることは，非常に困難です。私は，この問題に回答を与えることができません。

多くの社会で，男性が少年とセックスをする少年愛が存在しています。これはホモセクシュアルでしょうか。ヘテロセクシュアルの男性もするのにです。ですからこれは定義の問題であって，別の社会においてある行動が意味するものを知ることは，非常に困難です。

フレッド・フリードマンの研究は，ご存じでしょうか。フレッド・フリードマンは社会学者で，現に存在する数多くの社会——ほとんどはラテン・アメリカですが——へ足を運びました。フリードマンは現地のホモセクシュアリティと，アメリカのホモセクシュアリティに大きな類似点があることを発見しました。ではいったいアメリカや日本を，熱帯雨林に住むピグミーと，どうやって比較すればよいかは，なかなかわかりません。

及川 ギルバート・ハートやフレッド・フリードマンの研究への博士の見解をうかがえて，非常に有益でした。この点に関しての博士の批判的見解は，予想しておりませんでしたので，いささか驚いております。もちろん納得のいくものですし，新鮮に感じました。

最後に，いろいろとお話を聞かせてくださいまして，ありがとうございました。大変に参考になりました。

文献

1) Bayer, R.（1981） Homosexuality and American Psychiatry: The Politics of Diagnosis. New York: Basic Books.
2) Isay, R.（1989） Being Homosexual: Gay Men and Their Development. New York: Ferrar, Strauss, and Giroux.
3) Isay, R.（1996） Becoming Gay: The Journey to Self-Acceptance. New York：Pantheon.
4) Lewes, K.（1988） The Psychoanalytic Theory of Male Homosexuality. New York:

Simon and Schuster.
5) 及川 卓（1986）「同性愛，私の治療・'86——一つの問題領域と一つの決断」"特集／私の治療・'86；Part1"『臨床精神医学』15（6）1019-1024．（本書5章）
6) Silverstein, C.& Picano, F. （1992） The New Joy of Gay Sex. New York: Harper & Collins. （伏見監修／福田ほか訳『ザ・ニュー・ジョイ・オブ・ゲイ・セックス』白夜書房，1993．）

【対談者紹介】

シルヴァースタイン（Charles Silverstein）

　1935年生まれ，1974年に学位（Ph.D.）取得。その後は，ゲイ心理学者・セラピストとして臨床行為に携わる一方で，ゲイ・アクティビスト（活動家）としても精力的に活躍する。

　とりわけ，米国心理学会（American Psychological Association: APA），米国精神医学会（American Psyciatric Association: APA）に対して，同性愛や性別違和状態，その他の性的マイノリティへの学問的な差別や偏見の解消を求める活動を，粘り強く行った。同性愛を疾患・障害と規定し，その異常性や病理を強調することを修正させ，治療の一方的な強要を中止させる運動をした。その具体的成果として，1973年，米国精神医学会は，「同性愛」を『診断分類表』（DSM）から削除することを承認する（全面的な削除は，1983年のDSM-III-Rになる）。性的マイノリティへの理解や認識を普及させた貢献によって，また権利擁護を促進させた功労者として，シルヴァースタイン博士は，米国心理学会を含めて，数多くの学会・研究組織からから表彰を受けている。

　主著には，この対談のテーマともなった『ゲイ・セックスの悦び』（エドムンド・ホワイト序文；1977）が挙げられるが，こうした文化評論的な著作だけではなく，『家庭の事情——両親が同性愛を理解するために』（1977），『ゲイ，レズビアン，そして彼らのセラピスト』（1991），『初回面接——ゲイの男性がセラピーを求めた時』（2011）を含めて，臨床的な論文や著書が多数発表されている。ゲイ活動家としての一面に着目されがちであるが，シルヴァースタイン博士が，優れた臨床家であることはこれらの著書・論文を読むならば明らかである。

　その当時，私はアメリカにおけるゲイのアクティビスト，セラピストの存在は熟知していたが，直接の面談やコミュケーションができるとは予想もしていなかった。青土社『Imago』編集部の成田毅氏が，この貴重な機会を作ってくれたのである。

　当然のことながら，シルヴァースタイン博士の名前は，ベイヤー（Bayer, R.），またカチンス（Kutchins, H.）などの書籍を通してすでに知っていたし，ゲイ・ムーヴメントに関するさまざまなエピソードも耳に入っていた。とりわけ1970年から1973年の米国精神医学会の「年次総会」における，デモを含む各種の抗議活動を派手に行っていたことは，知れ渡っていった。さらに，ソカリーディス（Socarides, C.）やビーバー（Bieber, I.）らの保守派精神医学の重鎮たちと，激しい理論闘争を繰り広げていたことも熟知していた（しかも私が，こうした保守派重鎮たちと学問的交流をもっていたことは，なんとも皮肉な話である）。最終的には，DSMの最高監修者の立場に立つ，スピッツアー

(Spitzer, R.) との巧みな交渉術が功を奏し，1973 年に DSM から「同性愛」の削除に向かわせる（上述の通り，全面的な削除は 1983 年の DSM-III-R になる）。

　こうした経緯もあって，私はシルヴァースタイン博士に対して，筋金入りのゲイ活動家というイメージを抱いていた。また保守派長老たちとの学問的交流があったということもあって，シルヴァースタイン博士との面談前は，かなり緊張していたように記憶している。しかしながら，この対談を通して，シルヴァースタイン博士には，アクティビストにありがちな強引さはまったく無く，セクシュアル・マイノリティへの差別や偏見を改革するための運動を，どうして行わなければならなかったかという歴史的な背景や，マスコミによって派手に報道されるような抗議活動よりも，ほとんど注目を浴びることの無い日常的な臨床活動の積み重ねを通して，活動を進めてきたことを淡々と語られていた。強い信念に裏打ちされた明快な論法と，ゆったりと穏やかな口調で自らの主張を話されるシルヴァースタイン博士の人柄に好感を抱かずにはいられなかった。シルヴァースタイン博士が，多くの心理学者や精神科医からゲイ・セラピー，ゲイ心理学の指導者として，敬意を払われていることも当然であると，この対談から私は納得した。

III　ジェンダーの臨床的エスノグラフィー

社会学的・文化人類学的研究

8章 二丁目病

(1993年発表)

はじめに

ジェンダーやセクシュアリティの障害の専門的な相談や治療を行い始めて、かれこれ十数年が過ぎようとしているが、同性愛（Homosexuality）は、私にとって大きな臨床的課題・難問であり続けている。同性愛が、私の臨床と研究とに占める比率は、これまで以上に大きくなるように思われてならない。《ジェンダー・クリニック》を考案して以来、トランスセクシュアリズムを中心とする数多くの性別障害（Gender disorder）、性機能障害、性的問題行動を取り扱ったが、それらのグループに比較してみても、かなり多くのエネルギーや時間を、同性愛の相談や治療のために割いてきたように思う。私にとっては、同性愛を避けて《ジェンダー・クリニック》での臨床・研究活動を営むことはできなかった。

臨床精神分析家としてクライエントと接する際は、当然のことながら、精神分析的枠組みや方法論の内部に身を置いて、クライエントが表現する無意識的幻想や欲望、そして転移や防衛という問題を中心に見すえていかなければならない。だからと言って、クライエントの精神分析の面接室外の社会生活や人生を軽視することはできないはずである。臨床に根差した観点と、クライエントの社会生活や実人生をも含めて見る観点、この両者の統合の必要性を感じた。言い換えるならば、私はそれを《臨床-社会心理学的な観点》とでも呼ぼう。

同性愛者が示すその臨床像の多種多様さに関しては、これまで私が幾度となく強調してきたことであり、ここではそれを繰り返さないでおこう。同性愛という"明確に輪郭づけられるような単一の臨床単位"が存在していると

思い込むと,臨床の現場で途方に暮れてしまうことになる。事実,直面させられるのは,一人一人著しく異なった同性愛の在り様なのである。

しかしながら,この同性愛の臨床的多様さとは反対になるが,またその事実が,本稿の主題へと発展する契機ともなったのであるが,ある時から,私は,同性愛のクライエントは実にさまざまでありながらも,単一の悩みを聞かされているような奇妙な感じに陥った。私から見ると,多種多様な臨床像とは対照的に,あまりにも単純過ぎる,しかも共通の訴えが繰り返されたのである。同性愛のクライエントたちは,「もうセックスは,懲りごりです」「セックスだけでは満たされません」「セックスに飽きました」と異口同音に語るのであった。私は,こうした訴えを《同性愛者の性的不毛感》と呼びたいと思う。こうした《性的不毛感》は,精神医学的に見ると,一見したところでは,たとえば抑うつ状態によって生じた性欲の減退や停滞,あるいは心因性の性機能障害に近似しているように見えるけれども,事実はもって非なるものである。こうした《性的不毛感》は,現代社会のゲイ・セックスの特有のスタイルや行動様式と深くかかわり,そこに起因すると見なしうる。

私はここ数年来,同性愛者の"はってん場"への臨床社会心理学的な関心を向けてきた。数多くのクライエントとの面接を介して得られた臨床的資料に加えて,社会学者との共同研究をも試みた。そしてその研究成果の一部は,「はってん場――集合的躁的防衛」というタイトルで,「日本社会病理学会」ですでに報告をした。この同性愛者の"はってん場"を対象とした臨床社会心理学的研究を進めていく過程から,同性愛者の臨床的精神療法的問題に引き付けて,現代のゲイ・セックスの落とし穴としての「二丁目病」という問題が浮かび上がってきたのであった。本稿は,そのささやかな考察の試みである(注1)。

1.「二丁目病」――ワンステップ・ワンナイト主義――

同性愛者の多数が,同じように訴える《性的不毛感》のみならず,"はってん場"に出入りし同性愛行為にのめり込んでゆく過程の中で,同性愛者に生じてくる特有な心理的・人格上の変化,しかも特徴的な態度や行動様式の出現を,私はあるクライエントの言葉を借りて,「二丁目病」と呼びたい。「二丁目病」という言葉の中の二丁目とは,言うまでもなく新宿二丁目を指して

いる。つまり「二丁目病」とは，二丁目という"はってん場"を象徴的に意味し，そうした"はってん場"に出入りし，そうした場に疲れ果ててしまった状態を指している。「二丁目病」は，ホモに関わらない人からすると，具体的にはイメージしにくいと思われる。そこで精神療法から得られた情報にもとづいて，以下のように私なりに「二丁目病」を具体的に再構成してみたしだいである。

(1)「二丁目病」の臨床像

　ここに一人のホモセクシュアルがいる。いまだ同性愛者との接触や性体験は無い。彼は，彼なりの善意と真心を信じ，同性愛接触を求めて"はってん場"に出入りするようになる。しかし彼が体験したことは，当初望んでいたものとは大きく違っていた。"その場限りの""その時だけの""とっかえひっかえの"性接触がすべてであり，外見や風貌，第一印象でしか自分自身を見てもらえない。「"はってん場"では，第一印象がすべてなのです」と，多くのクライエントは私に説明してくれる。その人柄，人物，社会的活動への評価，実績などは，まったく関係がない。"ワンナイト"で"ワンステップ"で性欲を排出する。人間関係の深まりや広がりなどは，とうてい期待しようもない。幻滅と裏切りの数々。そうしたことが日常化していくと，やがて「期待して裏切られたり，深みにはまって傷つきたくない」「信じる方がばか」という気持ちが頭をもたげてくる。「期待して裏切られるくらいなら，いっそのこと"ワンナイト""ワンステップ"でやめておいた方がいい。だいたいこんなところで人間関係などできるわけがないし，ここに出入りしているホモの連中だって，そんなことを求めたりはしていない」といった，一時的で部分的な性的接触だけに自分を限定してしまう。

　そしてまずいことには，こうした失望や幻滅が繰り返されてゆくと，それは同性愛への不信感になってしまう。心の傷つきが繰り返され，失意や絶望が積み重なり，不信感が増大すると，それは憎しみや敵意へとつながる。この憎しみや敵意は，"復讐してやりたい""傷つけてやりたい"という感情をふくらませる。たとえ善意をもって親密な関わりを求める新たなホモセクシュアルの人物が彼のそばに現れたとしても，より良い結びつきを作り上げることにはつながらない。むしろこれまでの恨みや怒りのはけ口の対象になってしまう。こうしてお互いを傷つけ合うようになる。やがて彼は，「しょせ

んホモなんてこんなもの」，と割り切ったそぶりを見せる。そのときだけ良ければいいという気持ちと，傷つくことを恐れての自己中心的で自己保身的な態度に終始一貫する。自分の満足だけを一方的に追及することと，いかに自分が傷つかないようにするかということで，頭がいっぱいになる。

　さらにセックスも新鮮さや感動が失われてしまい，単なる性的排出の習慣に成り下がってしまう。性体験の"量"の増加に反比例するかのごとく，性的感動の"質"は減少する。やがてセックスもマンネリ化し，「"はってん場"で知り合ったから。お義理で。面倒臭いけれども仕方がないから。"ワンナイト""ワンステップ"と割り切って」といった具合である。そのうちにセックスも面倒臭くなり，まったく高揚感や感動を喪失してしまう。「もうセックスには，あきあきしました。うんざりです，興奮しません，感動がないのです，ボルテージがあがりません，セックスに不潔感を感じます」「またセックスをしなければならないのかと思うと，自己嫌悪感に襲われます」「最近はセックスをしても感じません。不感症でしょうか，冗談ではなくインポになりました」と語るようになる。こうした傾向が現れた時，「二丁目病」が発病したと言えよう。

(2) 二丁目感覚

　"はってん場"に出入りした経験のある同性愛のクライエントが，必ずと言っていいほど話題にするのは，"はってん場"内の特殊な人間模様である。社会的枠組みがなく，行動への責任がつねに求められるわけではないので，自己本位の見方や考え方が，際限なく増殖してしまう。そうなったとしても，誰も注意をするわけでもなく非難するわけでもない。

　例えば，ある男性と知り合って，自分の方は，自宅や職場の電話番号を教えたにもかかわらず，相手の方は教えてくれない。相手の方からは一方的に連絡してくるのに，こちらの側では，連絡をしたくても連絡のしようがない。しかも連絡先を教えてくれないのであればまだ良い方で，嘘の電話番号や住所を教えることもしばしばである。たまたま知り合って良い人物だと思い，また会う約束をしてみるが，約束をした時間や場所に現れない。平気で遅刻をしてくる，気軽にすっぽかしてしまう。

　これから述べることは，あるクライエントが私に話してくれたエピソード

であり，私に「二丁目感覚」を知るうえで強烈な印象を与えたエピソードである。「親しい友人（同性愛者ではない）と待ち合わせの約束をしました。私は例によって20分近くも遅れて行きました。これまでの経験では，約束の時間に来るようなホモの人はいなかったからです。約束の時間どおりに来て，すでに待っていてくれる友人の姿を見て，私はこれではいけないと思いました。次にその友人と待ち合わせた時には，時間どおりに約束の場所に行きました。しかし驚いたことに，その友人は，すでにそこで待っていたのです。彼の話によると，約束の時間15分前には来ていて，本を読みながら私のことを待っていてくれるそうです。僕は愕然としました。これまでのホモの付き合いは，実にいいかげんなものでした。遅れて行くのは当たり前だし，気分しだいでいやになったらすっぽかすことも多かった。そういうことをしていても，誰からも注意を受けませんでした。それにみんな僕と同じようなことをしていました。僕は，いつの頃からか社会とはこんなものなのだと甘く考えていました。友人との約束ひとつをとってみても，"はってん場"の常識は社会の非常識だと知りました」と語っていた。こうした「二丁目感覚」は，まだまだいろいろな場面，状況で見いだせる。

　"はってん場"の付き合いでは，非常に嘘が多いようである。嘘をついても問題が生ずるわけではないし，信用が落ちるわけでもない。誰かから注意を受けるわけでもない。とりわけ，職業であるとか学歴に関しての嘘は日常的なようである。より病的な人になると，嘘をつくことを楽しんでいるようでもある。やがて嘘と現実との境界が無くなり，嘘で塗り固められた虚構の自分に成り切ってしまい，本来の自分を見失ってしまう。

　こうした関係において顕著な心理学的特徴は，私から見ると"感謝の気持ち"の著しい欠落。例えば年上の男性が年下の子を世話したり，あるいは誘う側が誘った側をごちそうしたり面倒を見てくれたとしても，"感謝の感情"が起きない。何をしてもらっても，「してくれるのが当然，あたりまえ」と考えている。「ありがとうございます」という一言を言うことができないし，たまたま言うことがあったとしても，「自分は，他のホモとは異なる礼儀正しい品の良い人間だ」と見せかけるための方便にしか過ぎない。

　さらに"依存の否認"や"思い上がりの感情"がある。アパートに泊めてもらったり，食事や映画に誘われたり，ドライブや旅行に連れていってもらったとしても，そうしたことのすべてが楽しくて気持ちを豊かにしてくれる

体験でありながら，そうした楽しさや豊かさを与えてくれる人物への"依存の感情"を否認する。「自分は魅力的なのだから，もてるのだから，親切にしてもらって当然だ」と思い上がってしまう。

"はってん場"においては，通常の社会的場面では決して出会うことのないような，出会いがしばしば生じる。年齢が離れ，また社会的立場を著しく異にするような人間たちとも出会うことが多い。そこでたとえば年齢が上であったり，社会的立場が上の人から親切にされると，「自分より立場が上の人から好意を向けられているし，そうした人を自由にコントロールしているのだ」という，とんでもない"全能感"を抱いたりする。さらにはこうした上の立場にいる人を，自分の思いどおりにもてあそんでいる，操っているという錯覚が生じてくる。自分はその人よりも上にいる人間なのだという，異常な優越感やプライドを引き起こしてしまう。こうしたプライドや優越感が，コンプレックスや無力感の裏返しであることは，容易に見てとれる。「二丁目族」は，大変なエゴイスト，"ナルちゃん"である。

以上，さまざまな実例をとおして述べてきたような，「二丁目族」の「二丁目感覚」は，結局のところ，現実感覚を麻痺させてしまい，その人が生きていかなくてはならない社会状況から乖離させ，自分自身の現実を見失わせてしまうのである。"はってん場"の体験は，人格の社会的心理的成長につながらないばかりか，それとは逆の方向に人を向かわせてしまうことが多い事実を容易に理解できるであろう。

(3)「二丁目病」の臨床特徴——診断基準——

「二丁目病」の臨床特徴を要約してみると，次の4点に大まかではあるがまとめられるように思う。強いて言うのであれば，これが「二丁目病」の診断基準である。

① 人格面で"何かが擦り切れていく感じ"。
② 対人関係で生ずる感覚で，慎重さに見せかけた不信感と怒りの感情，敵意。
③ セックスにおいて感じなくなることとマンネリズム，やがてどうにもならない《性的不毛感》に陥ってしまう。
④ あえて付け加えれば，社会的常識の"軽薄化"。別の表現をすれば，「二丁目感覚」(注2)。

2.「二丁目病」の臨床例

　ここに同性愛の 3 症例を提示しつつ，この「二丁目病」について考察を深めてみよう。これらのクライエントは，私の判断において間違いなく「二丁目病」に属する人々であると思われるし，御本人自身もそのことを決して否定しないと思う。いずれの症例においても，《性的不毛感》が同じように訴えられている。

【症例 1】A さん　31 歳の会社員

　A さんは抑うつ状態と診断されて，私のもとを訪れるようになった。事実，慢性的とも言えるような抑うつ感と空虚感に悩まされていたし，身体的には"どうにもならない疲労感"に襲われて，「体が疲れて疲れて仕方がない，体がだるい，重い」と訴えていた。「エイズの症状に似ていますね，それとも慢性疲労症候群でしょうか。そうでなければ肝炎でしょうか」と，冗談交じりに語っていた。
　A さんは物静かに話したり考えたりするような内向的な人物であった。人づき合いが決して上手な方ではないけれども，いったんつき合い始めれば，その相手と真面目につき合っていくという真摯な一面もあった。文学や音楽にも造詣が深く，その風貌は都会のインテリという感じであった。
　20 歳の大学 2 年生の時から，A さんは"はってん場"に出入りするようになった。これまでに数多くの同性愛者との性的接触を繰り返してきた。性的接触の回数は，A さんの言葉によると「すでに 200 人は，軽く越えているでしょう。数え切れませんね」とのことである。ところが親しい心を許せるような同性愛の愛人や友人となると，皆無なのである。「そんなもの求めても得られませんし，今となっては求めようとも思っていません」と，A さんは淡々と話すのである。そして同性愛への自己嫌悪感や，同性愛者への不信感や軽蔑を繰り返し話題にしていた。
　こうした不信感や軽蔑の感情を激しく抱くようになったのは，かれこれ 6 年前にさかのぼるある事件が起こってからである。A さんは，あるホモバーで紹介された年下の男性を，ホテルに連れ込んだ。A さんがシャワーを浴びている間に，年下の男性は彼の金品を奪って，出て行ってしまった。その時

までにも，Ａさんは"はってん場"での同性愛者のいい加減な生き方にはうんざりしていたのであるが，この事件以来，決定的に拒否感が生じた。その出来事を私に話す時も，激しい敵意をあらわにしていた。数ヵ月の間，Ａさんは，盗まれたバッグや財布の中に入っていた運転免許証やクレジットカードのことで，頭が一杯になった。Ａさんは，取られた金品そのものを気にしていたのではない。Ａさんが恐れたのは，身分証明書やカード，名刺などで，Ａさんの社会的立場が知られてしまうことであった。「職場に電話が入るのではないか，家族にばらされるのではないか，金品をゆすられるのではないか」と，Ａさんは被害妄想的になってしまった。この事件以降当然のことながらＡさんは，"はってん場"に出入りすることには，きわめて慎重になり，接触する相手を異常なまでに警戒するようになっていく。そしてしばらくして，Ａさんを苦しめる"抑うつ感"や"疲労感"が始まり，それは徐々に悪化して行った。

　Ａさんは，私との精神療法を始めるまでは，週に１回から２回"はってん場"に出入りするのが常となっていた。新宿二丁目にも行き付けのバーがあった。「僕のようなホモは，"はってん場"でしかリラックスできませんからね」と語っていた。時々，好みのタイプがいると，Ａさんはアパートに連れ込むのであった。しかしながらその相手が，Ａさんに対して親しみや依存心を向けてくると，たちまちにＡさんの側に，嫌悪感が生じてしまうのだという。また誰からか誘われて，相手が自分に好意を示し親切にしてくれると，たちまちにしてその人間がみすぼらしく見えてしまうというのである。Ａさんはホモであることを内心恥じながら，ホモを憎みつつホモとかかわりをもっていた。近頃は，マスターベーションをしようとしても，性的興奮がまったくないそうである。

【症例２】Ｂ君　23歳の専門学校生

　Ｂ君は，対人関係がスムーズにいかないことで悩んでいたけれども，私の診断では「重度の対人恐怖症」であった。Ｂ君は，人なつっこい性格，世話好き，人の面倒をよく見るタイプである。こうしたＢ君には，Ｂ君がホモであることを知っている親しい友人（ホモではない）が何人かいたし，女の友人・知人も数多くいたのである。それでもＢ君としては「ホモでなければ，ホモの気持ちなどはわからない」と孤独感を語っている。Ｂ君は，私との面接で

も，好んでゲイの文学や映画について語ることも多く，この年代特有の自分の生き方をめぐっての不安や葛藤があることをうかがわせている。

B君は高校2年生の時に，初めての同性愛接触をもったそうである。専門学校に入学するために上京し，一人暮らしを始めてからは，頻繁に"はってん場"に出入りするようになった。最初の頃は，まったく知らない世界を知ったことの新鮮さ，自分のような人間がたくさんいるのだという安心感，自分一人で悩んでいたことがばかばかしく思えるといった解放感にひたりきって生きていた。しかしご多分にもれず，B君のそうした気持ちは半年も続かなかった。私の所に来た時には，「もういったい何人の人間とセックスをしたのかわからない」「もうたくさん，もう十分」「周囲のホモは，自分を単なる欲望のはけ口としか見ていない。みんな若い肉体を求めているだけなんだ」と怒りをぶちまける状態であった。

さみしがり屋のB君は，20歳の時に"はってん場"で知り合った5歳年上の男性と同棲するようになった。B君は，この男性と"ささやかでほのぼのとした家庭"を築くことを望んでいた。その男性はB君のアパートに住み，B君に身の回りの世話をしてもらいながらも，あいも変わらず"はってん場"に出入りを続けていたそうである。ある日，B君がアルバイトから帰って来ると，その男性が，若い男の子をB君のアパートに連れ込んでいる現場を目撃してしまった。B君は大変なショックを受け，大喧嘩となった。"ささやかでほのぼのとした幸せ"というB君のイメージは，粉々に打ち砕かれたのである。B君は，相手の男性の裏切りを激しく責めたが，その男性は照れ笑いをするだけで，B君の傷ついた気持ちを理解しようとはしなかった。それどころか，「僕も自由にセックスを楽しむのだから，君も好き勝手にすればいいじゃないか。何も遠慮はいらないさ」とまで言い切るのであった。その後まもなく，その男性はB君のアパートから出て行った。B君は，取り残されたような感情に加えて，「今まで一生懸命世話をしたのは，いったい何だったんだろう」という惨めな感情に襲われた。そうしてB君は，人間の何ものも信じられなくなり，周囲の人間の反応がいちいち気がかりになり，敏感になり始めた。

やがてB君は，サド・マゾに興味をもつようになって，SMクラブにも出入りするようになっている。「強い刺激がないと，性的な興奮を覚えません」と語っている。B君は年上の男性を激しく痛めつけるという空想や，自分の

ペニスや肛門をいたぶられるという空想で，興奮するようになっていた。マスターベーションは，針金やクギを尿道に差し込んだり，ビール瓶やドライバーを肛門に挿入して行うこともあるという。

【症例3】Cさん　35歳の教員

　Cさんは，慢性化した強迫神経症である。「人の言ったことを，頭の中で何度も繰り返してしまう」「何か言おうとする前には，どうしても頭の中でこれから言おうとすることを繰り返してしまう」という悩みがずっと続いていた。こうした強迫症状が悪化した時には，授業を進めることに著しい困難を感じ，そのことでこれまで精神科を再三にわたって受診している。

　20歳を過ぎる頃から週末になると"はってん場"に出入りをするのが，ウィークエンドの定例になった。Cさんも「何人の人とセックスをしたか覚えていません。100人でしょうか，1000人でしょうか……。同性愛を覚えたての最初の頃は，セックスした相手のことを手帳につけていましたが，100人を越す頃からは，何も記録していません」「どうしてあんなに気軽にセックスできるのか，不思議なくらいです」と語っていた。

　Cさんは，スマートな印象と優しい面立ちでホモセクシュアルの人に人気があった。私から見るとCさんは，"優しい頼りがいのある男性"という若いホモセクシュアルが憧れるようなタイプに見られやすい人物である。

　Cさんの好みは，若いスポーツマンタイプの男性で，Cさんはこうした男性をひっかけてはマンションの自室に連れ込んだり，あるいは彼の車の中でセックスをするのが好きであった。Cさんは，無理やり肛門性交を相手に強要するのであった。「相手から肛門性交を求めるような同性愛の受け身的タイプには，まったく興奮をしませんね」と語っていた。Cさんは，私がかつてホモセクシュアル・アタックと呼んだ行動に駆り立てられていた。彼は，"相手の男性の男性性を傷つけ卑しめる"という攻撃的な行為においてのみ，性的興奮を強く感じるのであった。

　Cさんが，このように同性愛へとのめり込んで行く背景には，Cさんの複雑な家族関係が，大きく影を落としていたように思われる。父親は成功した商店主であったが，Cさんと父親とは，まったく肌が合わなかった。神経質なCさんとは対照的に，父親は泥臭い実利追求型の男性であった。Cさんが高校2年生の時，父母が離婚した。母親がCさんを置いて家を出て間もなく，

父親は愛人と再婚した。しかもこの愛人との間にはすでに男の子がいて、その子はCさんの弟として扱われるようになった。そのショックの大きさは、当時自殺を企てたことからも推測される。父親は長男のCさんではなく、弟を商店の跡継ぎと見なすようになり、Cさんは家から事実上追い出されてしまった。Cさんは家族と距離を取りつつ、父親が買ってくれた高級マンションに住み、年に2, 3回は海外旅行などをしながら、一人暮らしをエンジョイしていた。それでも教職には魅力を感ぜず、かといって他に打ち込めるような仕事もなかった。Cさんの同性愛へののめり込みには、"落ちるところまで落ちて父親を困らせてやりたい"といった、自暴自棄と復讐の感情が強く働いていたと思われる。

現在でもCさんは、物わかりのよいソフトな雰囲気を漂わせ、依然としてホモの人には人気があったが、彼としては「ホモにはもう飽きました。セックスをしてもおもしろくありません」と、性的空虚感や荒廃感すらうかがわせている。「本当の男とセックスがしたいんです」と私に語り、今でもサウナなどに行っては男性的な男性を物色している。

それぞれの症例において、「二丁目病」の発症と悪化の有り様を記述した。"はってん場"への出入りを繰り返す過程で、自分自身を軽蔑し自嘲的になっていく。生きることの感動が徐々に失われていき、遅かれ早かれ《性的不毛感》が、いずれの症例においても出現する。

Aさんの場合では、同性愛を介しての対人関係の形成の困難さと、そしてそこからの引きこもりが顕著に見いだせる。そしてB君においては、"はってん場"でのいいかげんな関係に深く傷つき、大きな失望と幻滅を募らせていた。そしてそうした幻滅や失望感を、より強い性的な刺激を加えることで防衛しようとしていたのである。その結果B君は、SM的な幻想や行動にのめり込んでいくことになる。Cさんになると、同性愛行為によって達成しようとしているものは、同性愛の対象への軽蔑と怒りに満ちあふれ、ただ相手を傷つけ破壊するという幻想によらなければ、性的な興奮を得られなくなっている状態と言えよう。

ここで取り上げた3症例は、それぞれ自分自身のことを"インポ""不感症""セックス恐怖症""セックス卒業"などと語っており、「二丁目病」における《性的不毛感》の深刻さが認識できる。これらの症例は、神経症的、人

格障害的な傾向を有していて,「二丁目病」は,それぞれの症例が有している病理性に起因するのではないかと考えたくなる。

しかしながらそのことについて,クライエントたちと話し合ったことが幾度かある。それについてのクライエント側の発言は,だいたいにおいて次のようであった。「このように精神療法やカウンセリングを受けようとしている私たちの方が,むしろ『二丁目族』の行動に敏感に反応し,傷ついているのです。しかもそうした行動に対して問題意識をもっているだけましなのではないでしょうか。人間関係や親密さ,情愛を求めているのです。そうした問題意識や自覚がないままに,日々を送っているホモの人は,実に多いと思います」と。人間関係にデリケートであればあるほど,傷つかなければならないジレンマが,容易にうかがえる。

このように同性愛的関係が,それぞれの人格的成熟やエロス的なつながりになるどころか,ますます不安や恐怖感,怒りを増大させてしまい,成熟というよりも《不安定の中の習慣化という状態》に陥っているように思われる。

3. 精神療法的考察

「二丁目病」の精神力動を,その全体を,しかも細部に至るまで把握することは,不可能に近い。さしあたり精神療法の展開に従って,しだいしだいに明らかになっていく臨床的事実を手がかりにしながら,これまでに把握した範囲の中で,私は検討してみたいと思う。

「二丁目病」の精神力動の特徴を分析してみると,私は,二つの特異な精神力動に着目せざるをえなかった。そしてこの二つを,次のように概念化したのである。第1は,その特異な対象関係,《フェティシズム的対象関係》(fetishistic object relation) である。第2は,《集合的‐躁的防衛》(collective manic defense) である。同性愛のクライエントの面接室内部の,とりわけ転移に明示された精神内界,それとは反対に面接室外部での同性愛の現実行動。これらの厖大で込み入った状況を整理しつつ,私としてはこの二つの精神力動を見いだしたのである。この二つは,「二丁目病」の精神力動のすべてではないにしても,その実際的な認識や理解にとって,さらに精神分析臨床での対応やアプローチにとっても,有力なものになると私は考える。

第1に私が着目したのは,《フェティシズム的対象関係》であった。《フェ

ティシズム的対象関係》は，精神分析理論の中では，"部分対象関係"と"フェティシズム"という二つの重要な精神分析概念と相互に関係している。それは《フェティシズム的対象関係》が有している特殊性を表現したいためである。《フェティシズム的対象関係》の概念は，一方においては，これまでの境界例や統合失調症の精神分析的研究において数多く論議されている"部分対象関係"に近いものがある。しかし他方においては，フロイトの「フェティシズム」(1927年) に始まり，マクドゥーガル (1978年) に至る，"フェティシズム"を《性倒錯のパラダイム》として位置づける認識にも裏づけられている。

　対象を全体的な対象としてではなくて，その対象の一部としか関わりを"もたない"，あるいは"もてない"ことを，"部分対象関係"と表現する。これまでに説明してきたとおり「二丁目病」においては，"部分対象関係"は説明を要しないくらいに明瞭であろう。ただし注目すべき点として，この"部分対象"，そしてこの対象《部分》(parts) との関係，部分《対象》(objects) の性質と意味内容には，フェティシズム的な特殊性がある。その《部分・対象》(parts・objects) は，単なる性的衝動の《対象・部分》ではなく，それは同時に「フェティシズム」の《対象》・《部分》を形成するものなのである。これが，《フェティシズム的対象関係》の本質と見なしうるものである。

　「二丁目病」の《フェティシズム的対象関係》は，"はってん場"における同性愛者たちの行動を観察するならば，理解は容易である。それは同性愛幻想と深く結びついている。なぜならば同性愛者の幻想上の対象とは，同性愛幻想のシナリオの登場人物を介して同性愛欲望とそのイリュージョナルな《再現前化作用》(representation) の対象になる限りにおいてのみ，フェティシズム的に有用で，利用価値を付与された対象なのである。

　この《フェティシズム的対象関係》は，"はってん場"におけるパートナーの探し方 (cruising) やもてあそび方 (tricking) にも容易に見いだせるし，さらにそれはまた同性愛者のセックスの理想化されたパートナーの中にイリュージョナルに《再現前》してくる。その本質は，理想化された男性像とも見なしうるが，私としてはむしろ"フェティッシュ"として，つまりファルスの代理物になりうるような，去勢の否認を支持するところにあると考える。ホモバーのほのかな明かりの中で探される男性は，同性愛の《フェティシズ

ム的対象》であり，薄暗いホモサウナやホテルで求められる男性の身体もこうした《フェティシズム的対象》なのである。こうして同性愛者による"はってん場"での《対人関係過程》（interpersonal process）として，《フェティシズム的対人関係》（fetishistic interpersonal relationship）が展開する。

　"はってん場"で好まれる人物像・対象像は，著しくフェティシズム的であることは言うまでもないだろう。それらは，若々しい男性であったり逞しい男性であったり，都会的なスマートさが求められたと思えば，その反対に田舎っぽい男性が好まれたりする。外見的には，スポーツマンタイプであったり，汚れた労務者風であったりする。また身体的特徴としては，短髪であったり，筋骨隆々としていたり，太っていたり細身であったりといった特定の身体像がある。ビキニの下着やふんどし，レザーが価値づけられることも多い。

　つねにこうした特異なフェティシズム的幻想を満足させるような対象が追い求められるが，その幻想を映し出すような対象ではないという現実認識が生ずるや否や，その対象は，いとも容易に切り捨てられてしまう。スナックやバー，あるいはサウナや映画館，公園の暗がりの中で，最大限フェティシズム的幻想を投射して，その幻想が現実化するような気分の中で性的興奮が高まってゆく。いざセックスがおわると，そこには幻想とは異なる人物が存在し，幻想と現実とのギャップが生じ，やがてそれは対象への軽蔑と無視につながる。「ベッドに連れ込むまでが楽しかったし，それがすべてであった」と語ったクライエントがいたが，このクライエントの表現は，"過渡対象"（transitional object）とは異なる"フェティッシュ"の捨てられる宿命を象徴的に物語っているだろう。

　第2に，私が見いだしたのは，《集合的－躁的防衛》であった。《集合的－躁的防衛》とは，あらためて述べるまでもなく，メラニー・クラインにおける《躁的防衛》の概念を，私なりに拡張拡大したものである。クラインにおいて《躁的防衛》とは，"抑うつポジション"で生ずる，対象を傷つけてしまった，対象との好ましい関係を失ってしまったという不安感，悲しみ，罪悪感への防衛として生じてくる。その特徴としては，依存の否認，勝利感，軽蔑，全能的支配がある。望んでいるような好ましい関係を作り上げられないという無力感，空しさ，孤独感，やり切れなさを否認するために，次から次

に別の対象を追い求めていく。対象はなんら価値を置かれないし，敬意も払われない。傷つけられた恨みや怒り，不信感，もう傷つくのは懲りごりという恐怖感，そしてそれらを逆転し対象を傷つけることで優位に立とうとする態度である。

《集合的－躁的防衛》とは，同質の不安を抱え込んだ人間たちによって，作り上げられた，共有された，しかも共同の防衛機制なのである。この防衛機制の本質は，「二丁目病」に感染し悪化した人間がはらんでいる抑うつ的不安や罪悪感を，"はってん場"に出入りするメンバー相互の力を借りて集合的に否認することにある。頻繁な性的接触や性的興奮への嗜癖，アルコールや薬物への依存，気軽で軽快な偽りの仲間意識，疎外感を覆い隠してくれる全能感や優越感，ホモバー特有のどぎつい冗談の数々，自分は力強い男性であるという無力感の否認，依存の感情や感謝の気持ちの欠落。「二丁目病」に感染し，重症化した同性愛者のそれぞれが，とうてい一人一人では持ちこたえられないような抑うつ的不安や罪悪感を否認し，その否認をいっそう強固にするために，相互の防衛を支持しあうという必要性と必然性から《集合的－躁的防衛》が生じている。こうした相互の"躁的防衛"を，《集合的－躁的防衛》と私は概念化したのである。この概念化に際しては，ビオンのグループ内における"躁的防衛"の研究を参照したことを述べておきたい。

む　す　び──精神療法の課題として──

「二丁目病」は，同性愛の精神分析的精神療法を試みようとする者にとっては，今日避けてとおることのできない大きな臨床的関門である。この十数年の《ジェンダー・クリニック》での同性愛のクライエントとの臨床経験を振り返ってみても，"はってん場"に関係した心理的トラブルがしばしば話題になっていた。「二丁目病」は，どのような精神療法の局面で分析家－クライエントの治療的問題となっていたであろうか。またどのような対応とアプローチが求められていたであろうか。私は，大まかに次のような二つの局面を想定できるように思う。そしてそれぞれの局面についての，私なりの見解と精神療法的対応とを述べておきたい。

第1は，「行動化」（acting out）として。"はってん場"への頻繁な出入りや，"とっかえひっかえのセックス"は，「行動化」の現れと見なしうるであろう。

この場合,「行動化」に表現された《フェティシズム的対象関係》を見落とすことなく,その背後に存在するクライエントの"原始的不安""根源的抑うつ""過剰な罪悪感"を徹底的に分析し操作することが,長期間にわたって必要とされる。

付け加えれば,セッション中に分析家がこの種の「行動化」について,批判的な気持ちで取り上げたり,禁止の圧力をそれとなく加えようとすると,たちまちにして次のような手厳しい反論が返ってくる。「ではいったい,どこでより良い同性愛の相手が得られるのですか」「いったいどうすればそんな良い関係が作り上げられると言うのですか」と。「行動化」として解釈することは容易なのであるが,クライエントの面接室外部の現実を考えれば,精神療法的解決は非常に難しく,気長にかつ慎重に取り組まなくてはならない問題なのである。

第2に,「二丁目感覚」の《明確化》と《直面化》。すでに記述してきたように,クライエントの社会適応へのそれぞれの努力は,精神分析家としても十分に評価できるものである。仕事や勉強においても,対人関係でも一生懸命であることを,認めるのにやぶさかではない。それでも"はってん場"に出入りしているうちに,自覚のあるクライエントにあっても,知らず知らずのうちに「二丁目感覚」に染まってしまっている。こうした「二丁目感覚」を,《明確化》し,《直面化》させることで,それまでにすっかり染みついてしまっている"はってん場"での行動パターンへの強い問題意識を生じさせることになる。つまりそうした問題意識が生ずることによって,《抑うつポジション》の心的課題にクライエントを向けさせる。そこから《集合的‐躁的防衛》の悪循環から脱出する突破口が得られるのである。

精神分析家として,「二丁目病」という今日的現象に接して,自分自身を傷つけ,他人を傷つけてしまう可能性を知りながらも,"はってん場"に出入りせざるをえないというところに,同性愛者の今日の悲劇性を見る。しかもその悲劇性は,すべてが加害者であり,すべてが被害者にならざるをえないという点で,なおいっそう悲劇的であると言えよう。

注
(1) 本年(1993年)の7月,『Imago』編集部は,米国のゲイ・セラピストのチャールズ・シルヴァースタイン博士と対談をする機会を作ってくれた。その際,シルヴァースタイン博士に,同性愛のクライエントが,一体どういう悩みを抱え,どういう問題

をもって博士のもとを訪れるのかということを，私は再三にわたり質問したように思う。博士の話を聞いた限りであるが，私のもとを訪れる同性愛のクライエントとは，かなり悩みや訴えが異なっているようである。同性愛の愛情関係のもつれ，セックスのトラブル，パートナーとの結びつき，パートナーとの別れや喪失といった悩みで相談に訪れるということをうかがった時には，少なからず驚いたものである。それというのも，こういう相談で来られた同性愛のクライエントは，私の臨床経験の中にはいなかったからである。シルヴァースタイン博士から，この文脈で「トリッキング」(tricking)を知っていますかとたずねられた。「トリッキング」という言葉や，ましてやその言葉が指し示そうとする事柄を，私は知らなかった。その後いろいろと調べてみたり，同性愛のクライエントにその意味をたずねてみるうちに，おぼろげながらこの言葉が意味しているもの，しかもその臨床的・精神療法的問題性が浮かび上がってきた。どうやら「トリッキング」は，多数の人々と，きわめて安直にセックスを繰り返すことを意味するらしい。その点においてここで取り上げようとしている「二丁目病」とも，近い関係にあるようである。シルヴァースタイン博士から，「トリッキング」という言葉を聞いた時には，彼がなぜそれを敢えて語らなければならなかったかという重要性が，その時点において私には理解できなかった。しかし日々の臨床の現場に立ち返ってみるならば，これがきわめて重要な問題であることは火を見るより明らかである。私は，この点に関して精神分析的に，あるいは臨床社会心理学的に考察を加えてみたいと思うのである（本書「付論3 シルヴァースタイン博士との対話」参照）。

(2) 現代社会における同性愛者のこのような性的行動様式に関しては，同性愛者を批判する立場の人も，あるいは支持する立場の人も，早くからその問題性を論議している。注(1)で言及したシルヴァースタインもゲイセラピストらしく，こうした同性愛者の行動を弁護しつつ，批判に対して次のように反論している。それなりの人間的な出会いのチャンスや，新たな社会経験の学習につながるというのが，ゲイセラピスト・シルヴァースタインの主張である。しかしながら私としては，そうした見解には同意しかねる。シルヴァースタインの言うような建設的で発展的な展開を，私は臨床場面で見たことがない。こうした行動がはらむ問題性に関しては，シルヴァースタインでさえ，次のように述べているのである。"どうせこの関係がうまく行かなかったとしても，他がすぐに見つかるのだから，どうということはない" "一人の人間とさまざまな努力をしながら，関係を続けて行くのは煩わしい。そんな煩わしい思いをするくらいならば，他を探したほうがましだ"といったことを考えるのであれば，それはあなたが傷つくだけです"と。この点は，きわめて重要であると思う。

＊末尾ながら，私に臨床的資料を提供してくれたクライエントたち，社会学的調査研究に協力して下さった方々に，感謝を表明します。

文献

1) Bion, W. R. (1961) Experiences in Groups: and Other Papers. Tavistock Publications. (池田訳『集団精神療法の基礎』現代精神分析双書17, 岩崎学術出版社, 1973.)
2) Goffman, E. (1963) Stigma: Notes on the Management of Spoiled Identity. Prentice-

Hall.（石黒訳『スティグマの社会学――烙印を押されたアイデンティティ』せりか書房，2001．）
3) Klein, M. （1946） Notes on Some Schizoid Mechanisms. International Journal of Psycho-Analysis 27: 99-110.（小此木ほか編訳『メラニー・クライン著作集第4巻 妄想的・分裂的世界』誠信書房，1995．）
4) 前田泰樹・水川喜文・岡田光弘編 （2007） 『エスノメソドロジー――人々の実践から学ぶ』新曜社．
5) Mannoni, M. （1967） L'Enfant, sa «maladie» et les autres. Editions du Seuil, "le champ freudien".（新井訳『症状と言葉――子供の精神障害とその周辺』ミネルヴァ書房，1975．）
6) McDougall, J. （1978） Plaidoyer pour une certaine anormalité. Paris: Gallimard.
7) Meltzer, D. （1973） Sexual States of Mind. Scotland: Clunie Press.（古賀・松木監訳『こころの性愛状態』金剛出版，2012．）
8) Rosenfeld, H. （1949） Remarks on the Relation of Male Homosexuality to Paranoia, Paranoid Anxiety and Narcissism. International Journal of Psycho-Analysis 30: 36-47.
9) Schütz, A.（森川・浜訳）（1980）『現象学的社会学』紀伊国屋書店．
10) Simmel, G. （1908） The Stranger (Der Fremde), Soziologie: Untersuchungen über die Formen der Vergesellschaftung. Leipzig: Duncker & Humblot.（北川・鈴木訳『よそ者 ジンメル・コレクション』ちくま学芸文庫，筑摩書房，1999．）
11) Stoller, R. J. （1975） Perversion: The Erotic Form of Hatred. New York: Pantheon.
12) Sullivan, H. S. （1953） The interpersonal theory of psychiatry. New York: Norton.（中井ほか訳『精神医学は対人関係論である』みすず書房，1990．）
13) Sullivan, H. S. （1971） The Fusion of Psychiatry and Social Science. New York: Norton.

9章　Hijura of India
インドのヒジュラ

(1990年発表)

1. ヒジュラ

"ヒジュラ"(HIJRA)とは，男性でもなければ，女性でもない。それでいながら，男性・女性の両要素を，あわせもつような存在である。ヒジュラは，ヒンドゥー教の「男女両性具有神」バフチャラジー神妃を，自身の守護神として信仰している。

ヒジュラは，そのジェンダーとセクシュアリティの特異な在り方と，それと深く関連性を有する象徴的行為を果たすという点で，インドのさまざまな社会組織・集団の制度内においても，きわめて独自な集団を形成している。ヒジュラの存在は，インド亜大陸の全域，あるいは周辺諸国を含む広範囲なインド文化圏に及んでいる。それぞれの地域‐文化の変化によって，若干の差異はあるとしても，ヒジュラの在り方は基本的に変わらない。しかもインドの厳格なカースト制の内部に入ることが絶対に許されない"アウト・カースト""不可触賤民"として取り扱われている。

インドの社会組織や集団が，内婚制度と職業の世襲制によって強く規定されている事実を考えてみると，ヒジュラが，そうしたインドの社会組織においても，かなり異質で特異な集団であることが認識される。つまりヒジュラは，婚姻関係を持ちえないし，こうした職業を世襲させることができない。このようにインド社会組織の基本的要素すら，ヒジュラにあっては，完全に欠落させている。しかしそれでいながら，こうした一見したところ，ヒジュラのあらゆる〈否定的条件〉にもかかわらず，強い結束をもつ集団として存在しているのである。しかも一定の"社会的位置づけ"と"象徴機能"をは

たしてもいるのである。このような"社会的位置づけ"と"象徴機能"とに，ヒジュラの〈否定性〉と〈矛盾性〉とが，凝縮されている。

　ヒジュラの存在と言動は，好き嫌いにかかわらず，すべての人の耳目をそばだたせるものがある。だが今日においては，インド社会近代化の大きな波は，ヒジュラにも押し寄せており，もはやその〈原型〉を探すのは困難である。

2. ヒジュラの Clinical Ethnography

(1) はたして"ヒジュラ"は，「半陰陽者」か，「両性具有者」か？

　この「半陰陽」，あるいは「両性具有」という言葉を，日常的なイメージとしてではなくて，"厳密"かつ"厳格"に，生物学的－医学的用語・概念として使用するのであれば，ヒジュラは，「半陰陽者」でも「両性具有者」でもないと言わざるをえない。現存しているおびただしい数のヒジュラの中には，「真性の半陰陽者」も，いるにはいるであろう。しかし第1に，そうした「真性半陰陽者」のヒジュラは，ヒジュラのグループの中でも，きわめて少数なはずである。第2に，ヒジュラにとっては，近代医学的な意味での「半陰陽」であるか否かは，なんらあるいは決定的な要因ではないのである。つまり社会－心理的な次元において，ヒジュラが，自分自身の〈ジェンダー・イメージ〉として，「半陰陽」や「男女両性具有」を考えていることの方が，重要なポイントなのである。

　これまでに書かれたヒジュラに関しての文献を読み返してみると，ヒジュラが，「半陰陽者」であるか否かについての，延々と続く論議がくり返されていてうんざりする。むしろ重要な論点は，社会的心理的な意味での，ヒジュラ自身による〈ジェンダー・イメージ〉に存在するのである。筆者が，ヒジュラに大きな問題意識や関心を向けているのも，そこに重要性を見るからである。ヒジュラが，〈医学的－生物学的〉に見て，「半陰陽」であるか否かの論議は，筆者から見ると，まったく不毛なことである。あえて指摘をするならば，むしろそういう方向へと関心や議論が集中してしまったということ，そのこと自体を対象化してみなければならないのである。

(2) 現代精神医学の〈診断・分類表〉の枠組

　ヒジュラを，現代精神医学の「枠組」にあてはめて，あえて〈診断・分類〉したところで，まったくつきなみな返答しか出てこないのである。

　ここでは，ある平均的に要求される「ジェンダー障害」の理論と臨床体験の水準に達したと見なしうる臨床家が，実際にヒジュラと"出会う"と，それがどのような"姿形"をとって見えて来るものなのであろうか？　その精神医学的直接観察と面接のプロセスを述べることによって，ヒジュラの"実像-実体"を，より正確に伝達することができるものと，筆者には思われる。

　ヒジュラのグループのメンバーを，直接観察してみると，半陰陽者，広い意味での性分化異常症者は，そうした人々が外見上において表す特徴を有しているヒジュラは，まず見いだすことができない。ヒジュラの言葉のトーン，ふるまい，態度，ものごし，人との接し方，興味や熱中する事物などから，「女性化のかなり進行した同性愛」(Feminized Homosexuality) を思いおこさせる。さらにじっくりと行動観察をするだけの，観察者の側の気持ちのゆとりが生じてくると，ヒジュラが，女性の衣服，化粧品，アクセサリーに向けるただならぬ熱中ぶりから，「女装症」(Transvestism) を，ほうふつとさせる。しかもよりいっそう詳細に見すえてゆくと，身体的にも女性化したヒジュラが目に入ってくる。そうした身体的特徴は，明らかに去勢をした後に出現するさまざまな状態を示していて，「性転換希望症」(Transsexualism) と見なすことができた。

　このようにして詳細な行動観察を積み重ねれば重ねるほど，ヒジュラとは，実に複雑で多様な人々の集合体であることが判明するのである。

　このように検討を加えてみると，これまでに発表されたヒジュラの〈診断・分類〉に関する情報や論議は，そのすべてが妥当性を有し，かつそのすべてが不十分なものであると評価を下さざるをえない。ある観察者が出会ったヒジュラの中には，実際に「同性愛者」がいたであろうし，他の観察者の場合には，その観察者が主張するとおり，「女装症者」もいたであろう。しかし「診断・分類表」に照らし合わせてみて，ヒジュラの〈臨床的中核群〉とでも呼びうるようなものは，完全に見いだせないのである。

　したがって，もしもヒジュラの〈診断・分類〉を強いて求められたならば，現時点において，筆者は「そうした精神医学作業には意味が無い」と，あえて前置きをしたうえで，"女性化した男性の複雑で多様な集合体"と，答える

ことになるだろう。

(3) ジェンダー障害との関連性について

　かくして筆者が，これまで臨床現場で取り扱った数多くの「性別同一性障害」(Gender Identity Disorder)，性別障害 (Gender Disorder)，あるいは今日の臨床的混乱の知的産物の一つとも言いうる「性別異和症候群」(Gender Dysphoria Syndrome) などと，ヒジュラとを，比較してみたい気持ちにかられる。

　ヒジュラを特徴づける諸々の条件の内でも，そのいくつかの重要なポイントで，「ジェンダー障害」との一致が容易に見いだせる。

　まずその"臨床像"に限ってみても，①発達の早期での女性化，②女性役割の遂行，あるいは女性との強い自己同一視，③女性の衣服・アクセサリーへの関心と女装行為，④去勢への願望やその実行，⑤こうした女性化が，〈一過性〉のものではなく慢性化‐長期化して，人生や生活の中心的課題となってしまっていることなどである。ヒジュラを，直接観察しながら，筆者は，これまでに精神療法的面接をした，女性化過程がかなり進行してしまった，「ジェンダー障害」に悩む"あの人，この人"が，ふっと想起され，どことなく"なつかしさ"すら覚えた。"人格傾向の側面"から観察すると，引きこもりがちで内向的な人物。熱心に化粧をしたり，踊ったり芸をひろうしたりする自己顕示的な人物。また社交的で，対外交渉とかお金の取り方も実にたくみで，ヒジュラのグループのマネージメントをするようなヒステリー的人物。このようにして，あえてヒジュラについての，筆者の"率直な印象"を述べるなら，全体的に見るならば，――これはなにも"ヒジュラ"に限らず，こうした〈少数者〉が必然的に有する，"対人警戒心""恐怖心""傷つけられたという感情""のけもの意識"，そして"どん欲さ"や"攻撃的態度"などは，程度の差こそあれ，すべてのヒジュラから感じ取られた。しかしこのことは，インド社会におけるヒジュラの置かれた現実的状況を考えに入れてみると，やはりやむをえないことでもある。

(4) ヒジュラの〈自己神話化〉

　さらにヒジュラと話をしていて興味深い事実があった。それはヒジュラをよく知る人々が，「ヒジュラは嘘をつく」「ヒジュラは，話をでっちあげるし，ヒジュラの話には信用がおけないことが多い」と，口をそろえたように言っ

ていたことである。実際に，ヒジュラは，自分自身の立場を「正当化」「合理化」するという目的以上に，ヒジュラについてのさまざまな話を作り上げる。こうした作話的傾向，自分自身の人生上の出来事や，周囲の現実を，自分自身に都合の良いように物語る努力は，「ジェンダー障害」に共通して見いだされる，再構成（reconstruction）の傾向と奇妙に一致しているように感じられた。

(5) ジェンダー障害との連続性と非連続性

インドのヒジュラと，現代社会における「ジェンダー障害」との異同について考察を加えてみたい。R. J. ストラーは，「女性化した二人のインディアン」の中において，さまざまな角度からの検討を加えながら，アメリカインディアンにおける"ベルダッシュ"と，現代アメリカ社会の「ジェンダー障害」とを比較，対照させながら，この両者に，大きな差異が見いだせなかったと結論づけている。筆者も，臨床精神医学的な直接観察という点に，自己限定をして意見を述べるならば，ヒジュラと「ジェンダー障害」との間には，当初予想していたほどの差異を見いだすことができなかった。しかしそう述べつつも，筆者は，ヒジュラと「ジェンダー障害」との間に，やはり"大きな差異"があることを感じ取らないわけにはゆかなかったのである。その差異とは，ヒジュラの〈社会的位置づけ〉であり，その〈象徴的機能〉である。

3. ヒジュラのジェンダー化

いったいどういう人間が，ヒジュラになるのだろうか？　どのようにしてヒジュラという存在を知るのだろうか？　どうやってヒジュラのグループに入るのか？　これらの疑問は，当然のことながら生じてくるのである。

ヒジュラという存在を，どのようにして知るのかという疑問については，いたって容易に解答が与えられた。それというのも，ヒジュラは，インドの主要な都市だけではなく農村部においても，多数存在しており，インド社会に生きる人間であれば，ヒジュラの存在は日常の風物詩の一つなのである。

次に疑問になることであるが，どういう人間が，ヒジュラのグループへと，入りたがるのかということである。この点に関しての情報や報告は，そのほとんどと言っていいほど，部分的であり歪曲され，欠落している。ヒジュラの〈自己神格化〉の一つに，しばしば「そうした子どもが誕生した時には，

ただちに情報が伝わり，いかに遠い地域に住んでいても，その子どもをもらいにゆく」ということが，まことしやかに語られる。

しかし，ヒジュラのグループの日常生活を見るならば，おおよそのことがつかめてくる。すなわちそれは，筆者の臨床的体験から見ると，きわめてなじみ深い「男性の女性化のプロセス，段階や局面」と深く対応しているようである。つまり発達のある時点において，——早い遅いの違いはあっても——自分自身が通常の男性とは異なるという心理的異和感をおぼえた場合に，ヒジュラへの同一化がはじまるのであろう。そうしたヒジュラとしての自覚は，5歳，6歳のきわめて発達の早期に生ずることもあれば，思春期以降に生ずることもあるであろうし，稀には20歳あるいは30歳を過ぎてから，ヒジュラのグループに加わる人もいるようである。こうしたヒジュラ化の過程や段階に関しては，「女性化した男性」の"ジェンダー・イメージ"の形成の過程や段階について研究され，実証された理論と，一定の対応があり，筆者から見ると特に目新しい事実ではなかった。

ただし，次の点に注意を払わなければならないであろう。それは「自分自身が通常の男性ではない」と自覚したり，「周囲から求められる男性的役割に自分自身を対応させることができない」と感じとったとしても，その子どもをとりまく人々，特に両親や兄弟が，こうした子どもをヒジュラのグループに委ねるのは，どうしてなのかということである。ヒジュラという社会的におとしめられたグループの中へと，自分の子どもを渡すことは両親にとって，その子どもの将来を考えた時に抵抗感がないはずはないと思われるからである。その点に関しては，本人の状態や願望のみならず，その子どもをとりまく両親や家族の経済的背景が大きく影響しているものと思われる。きわめて貧困な家庭においては，こうした子どもを，ヒジュラのグループに委ねることによって，経済的な見返りが期待できるからである。それに対して，経済的に恵まれた階層に属する場合には，両親は困惑し反対するが，結果的には，本人自身がヒジュラのグループへとついてゆくことになるのであろう。

ここにおいて確実に言えることとは，その子どもの女性化の展開の重要な段階や局面で，ヒジュラとの自己同一視が生じ，ヒジュラの周囲をまとわりつくことを通して，そうした子どもとヒジュラのグループとの間に，自然な関係が成立するということであろうか。

ヒジュラという特別なジェンダーの様相が存在するというのではなくて，

人間のジェンダー化過程において，〈ジェンダー変位〉(gender transposition) の一つの可能性として，ヒジュラが存在すると言えると思う。

むすび

　ヒジュラの〈象徴機能〉ということについても，多少の説明が求められるであろう。ヒジュラの象徴機能とは，インド社会の世界観・宗教観の中核にある〈汚れ：不浄〉と密接に結びついている。人生において避けて通ることができないさまざまな不幸や不吉な出来事を"汚れ"と見なし，"汚れ"を取り払うために，より汚れた者の存在が必要とされるのである。"最も汚れた者"のみが，汚れを清めてくれ，それを取り払い，引き受けることが可能であるという，〈汚れと清め〉に対する象徴的基準が，インドの世界観・宗教観には内在している。

　前世から背負った"業"や，その後の人生における不幸や不吉を回避するために，ヒジュラは出産時や結婚式の場に招かれる。〈汚れは，最も汚れた者たちによって，浄化されるのである〉。ヒジュラには，インドの伝統的カースト社会において，こうした汚れを清めるという象徴的機能が与えられている。最も汚れたものたちが有する魔力への畏怖の念であり，そして邪悪なものと対峙する際にその危険な力を借りようとする発想に近いと思われる。またそのような，〈汚れと清め〉の役割を背負うことで，ヒジュラは辛うじてインド社会の内部での，それがいかに過酷で蔑視に満ちたものであっても，その生存が承認されてきた。

　しかしながら，近年になって，欧米において多様なジェンダーの在り方が追求されるようになった。それは，ステレオタイプ化された男性・女性という枠組みを打破して，「第3のジェンダー」という観念を生み出すようになった。そうした文脈の中で，インドにおけるヒジュラの存在が注目を浴びるようになったのである。人類社会においては，こうした「第3のジェンダー」が存在していた証拠・事実を，歴史上の文献中に，あるいは非欧米社会の調査研究を通して確実なものにしたいという学問的な潮流が，20世紀後半に流行し始めた。やがて，欧米の研究者たちは，この「第3のジェンダー」という概念を，インドのヒジュラたちに"投影する"ことになる（正確には，投影同一視 Projective Identification と呼ぶべきであろう）。そして，『DSM-III-R』(1983

年）においても，「性別同一性障害」との関連性で，インドのヒジュラが言及されるに至った。

　本論文においても指摘した通り，インド社会は，ヒジュラを不可触賤民と見なしながら，他方で，汚れと清めといった象徴的機能を付与することで，ヒジュラの生きる空間を伝統的に確保していた。ところが，欧米の影響で，とりわけインドの大都市部においては，ヒジュラは，トランスジェンダーという欧米的な認識論的枠組みの中に取り込まれてしまっている。伝統的な〈穢汚と清浄〉という生存方法と，欧米式の営業やサービスの提供，さらに欧米的な権利主張とが，今後どのように混ざり合い変化し展開してゆくのだろうか。ジェンダーの多様性・多面性が，歴史的・社会的に構成されてゆく在り様を観察するうえで，興味深い問題である。

　＊　本研究の前提となったインドのヒジュラの観察調査は，1989年10月，ニューデリー，およびその近郊でなされたものである。この観察調査には，長年，インド社会やヒジュラの撮影を行ってきた石川武志氏が同行してくれた。石川氏の協力には感謝を申し上げたい。と同時に，石川氏の素晴らしい写真集（文献4）を参照することを勧めたい。

文献

1) American Psychiatric Association （1987） Diagnostic and Statistical Manual of Mental Disorders, Third Edition, Revised （DSM-III-R）.（高橋・花田・藤縄訳『DSM-III-R――精神障害の分類と診断の手引［第2版］』医学書院，1988.）
2) Douglas, D. （1966） Purity and Danger: An Analysis of Concepts of Pollution and Taboo. Routledge and Kegan Paul.（塚本訳『汚穢と禁忌』思潮社，1972.）
3) Herdt, G. （ed.） （1994） Third Sex, Third Gender: Beyond Sexual Dimorphism in Culture and History. Zone Books.
4) 石川武志 （1995）『ヒジュラ――インド第三の性』写真叢書，青弓社．
5) Money, J. （1986） Lovemaps: Clinical Concepts of Sexual/ Erotic Health and Pathology, Paraphilia, and Gender Transposition of Childhood, Adolescence, and Maturity. New York: Irvington Pub.
6) Nanda, S. （1998） Neither Man Nor Woman: The Hijras of India. Belmont, CA.: Wadsworth Publishing.（蔦森・シン訳『ヒジュラ――男でも女でもなく』青土社，1999.）
7) 小此木啓吾・及川卓 （1981）「性別同一性障害」．『現代精神医学大系8』中山書店．
8) Reddy, G. （2005） With Respect to Sex: Negotiating Hijra Identity in South India. Chicago: University Of Chicago Press.

10章 シャーマニスティックな性変容の過程

メタ・ジェンダー学の試み

(1994年発表)

精神分析臨床とは，文化人類学的フィールドワークである。 G.ドゥヴロー*

序 論

ジェンダー (Gender) ——《男らしさ・女らしさ》——の形成と障害の臨床的探求に，長年専心してきた。「ジェンダー障害」(Gender disorder) への精神分析学的アプローチは，《男らしさ・女らしさ》に関する既成の準拠枠を根底から揺るがし，人間のさまざまな活動領域に関しての伝統的認識に再検討をせまることとなった。そして「性転換希望症」(Transsexualism) を中心に置いた多様な性別違和状態の登場が，精神医学・心理学の伝統的準拠枠にとって大きな脅威となることは，あらためて述べるまでもないだろう。"ジェンダーの病い"のクライエントとの出会いは，私にとってみると《男らしさ・女らしさ》についての常識を大きく揺さぶるような，臨床的衝撃にも近い体験になった。私は，「ジェンダー障害」の症例から，《男らしさ・女らしさ》に関して多くの知見と認識を得たように思う。と同時に，「ジェンダー障害」とは，その臨床像を近接させていても，しかし精神医学の臨床分類においては明確に異なる一群の存在についても，つねに関心を向けずにはすまされなかったのである。その臨床群とは，《性変容》を訴える精神病である。

「性転換希望症」や「女装症」(Transvestism) の多くのクライエントに混じって，こうした精神病のクライエントが，少なからず私のクリニックにやってきた。当初，私の臨床的関心は，「ジェンダー障害」とこうした精神病との鑑別，診断と分類，すなわち臨床的な《差異》にしか向かっていなかったように思われる。より正直に告白するならば，こうした精神病のクライエント

たちの騒がしい妄想や幻覚は，不可解であった。はっきり言って，精神分析の臨床的営為からすると，きわめて厄介な重症例であり，精神病状態につきまとう精神分析的困難さは予想以上のものがあった。ある種の煩わしさを感じていたというのが，本音であったと告白してもよいかもしれない。

　ジェンダーやセクシュアリティの障害や病理に関しての，その後の臨床体験の深まりと知見の拡大は，私の姿勢に変化をもたらしたようである。こうした精神病状態への臨床的アプローチを，以前ほどには煩わしいものと感じさせなくなっていった。またそのために時間やエネルギーを取られることにも，さして抵抗を感じなくなっていった。そのあたりの私自身の気持ちや発想の変化を，今では正確に思い起こすことは難しい。ただ言えることは，だいたい次のようになるであろう。すなわち，精神病状態にあるクライエントが訴える《性変容過程》(Trans-genderism) への関心の増大が，まず挙げられよう。そのことは，「性転換希望症」との臨床的な《差異》を見いだすというような消極的な発想から，「臨床分類を異にしていながらも，なぜ《性転換》という同一の主題が，どのようにして生じてくるのだろうか？」といった，積極的な立場への移行と展開があったのである。それはすなわち，臨床的な《同一性》に向けられた関心の増大とでも，言いうるものであろうか。

　それはやがて，こうした《性変容過程》が，「性転換希望症」や精神病状態，等々という，狭い範囲での"精神医学的障害"にとどまらないことに気づき始めた。そもそも《性変容》というテーマは，広い社会的・文化的・宗教学的コンテクストの中で捉え直し，あるいは位置づけをし，さらに理解していかなくてはならないテーマであると，私の思考は発展していった。

　その当時，シャーマニズムに関しての文化人類学的・民俗学的資料と接したことが，私にとっては大きかったように思われる。シャーマニズムにおいても，《性変容》に酷似するテーマがしばしば追求され，しかもその《性変容》の心理的展開の中には，治癒的な機能と意義があるのだという民俗学的・医療人類学的な見解は，私の臨床活動に衝撃を与えた。また宗教者，とりわけ教祖における《性変容体験》にも，シャーマニズムと同様のテーマを感じて，目を向けるようになったのである。そのことはやがて私をして，こうした《性変容》というテーマから，ジェンダーの形成と《性変容》の構造と過程の一般的定式化の必要性を認識させることとなり，そうした一般的定式化の試みは，しだいに《メタ・ジェンダー学》(Meta-Genderology) を考案させる

ようになった。

　《性変容》を主題とする精神病状態にあるクライエントと，精神分析的関係を構築することはきわめて困難な作業ではあるが，比較的長期間にわたって関係を持続することのできる事例も，希ではあるものの，確かに存在している。私は，そうした一例「Nさん」を提示しつつ，この《性変容》に関しての精神分析学的考察を行いたい。この《性変容》の症例は，私のジェンダー学的思考においては二重の意味をもつものである。それは一方において，《性変容》を妄想的に訴える精神病状態への精神分析的アプローチであり，また他方では，こうした《性変容過程》に関する《メタ・ジェンダー学》の構築である。そこから《メタ・ジェンダー学》の議論と関連させて，さらに《シャーマニスティックな性変容》の"治癒的意義"へと展開させてみたいのである。

　かつて中井久夫教授と話した折に，「文化人類学的フィールドワークというものは，何も外国に行く必要はないのだよ。その気になりさえすれば，日本国内でも十分やれるものだからね」と語られたことが，私の脳裏に鮮明に焼きついている。ここに発表した研究は，中井教授の，この励ましにも似た示唆に負っている。

1. 性転換と性変容――"ジェンダーのゆらぎ"と性変容精神病――

(1) 性変容精神病 (trans-gender psychosis)

　ここで述べる「性変容精神病」とは，主として「女性になりたい」という《性転換》願望や，「女性になった」「女性なのだ」といった《性転換》妄想，そしてそれに伴う多種多様な妄想や幻覚，さらには女装行為や女性的なしぐさやふるまいなどの奇異な行動より成り立っている。こうした問題を，その精神病的展開の主題としているような，精神病状態にある人々に，時折出会うことがある（なぜかその大多数は男性であって，私は女性の「性変容精神病」の症例には，これまでのところ出会ったことがない）。

　こうした人々は，男性でありつつも，「自分は正真正銘の女性です」「私は女にならなくてはならないのです」「女に戻りたい。戻してください！」「今や，私の身体は，女性の身体になりつつあります」「女性になれという声が，聞こえてくるのです」などといった女性への《性転換》を執拗に訴え，妄想

的確信をもって繰り返し語るのである。さらに女性の衣服を身につけたり，女性的な言葉や仕草を示したりすることも，しばしば見られる。はたまた「子どもを身ごもった」といった妊娠妄想や出産行為の幻覚までも出現することがある。「女のようなエロティークな感覚やオルガスムに襲われる」といった幻覚や，奇怪な体感の有り様を語ることもあったりする。

(2) 性変容の展開と進行

このような《性変容》とは——ここはきわめて重要なポイントであると思われるが——，こうした人々にとっては，単純な性の転換（sex change），身体的レベルでの変形（body transformation）などではすまない課題なのである。こうした人々は，「神のお導きによるものです」「女になって世界を救わなければなりません」「宇宙人からの交信や電波によって操作されています」「女になるというのは本来あるべき，人間の姿を回復させるための企てなのです」と主張してやまない。いわばこの《性変容》には，超越的とも言える意味が付与されているのである。そしてこうした《性変容》によって，単なる性の転換や身体の変形以上のものを追求していると言えよう。それは，神や霊魂や宇宙人などと関わりつつ，全人類的，全人格的，宇宙的規模での，まさしく《性変容》を希求する。そのあまり，特異な身体感覚やイメージが出現したりすることもある。またそうした感覚やイメージなどに駆り立てられて，女性になるための，こちらから見ると奇怪としか言いようのないような数々の言動を，日常生活で繰り広げることとなる。

以上，述べてきたような状態が，「性変容精神病」の臨床像の特徴や，《性変容》の主要な点と言えるものである。無論のこと，今ここで記述した事実だけではなくて，これに付与されて，さまざまな精神病的症状や経過を呈するのである。あえて付け加えるまでもなく，こうした人々は，「パラノイア」「パラフレニー」「パラノイド・スキゾフレニア」「パラノイド・パーソナリティ」という診断名が下される人々であろう。

(3) 性転換希望症の性転換（Trans-Sex）と精神病的な性変容（Trans-Gender）

こうした精神病状態での《性変容》の臨床像や経過，鑑別上の問題点を明確化するうえでも，ここでさらに，もう一つ別の症候群との対比を試みてみ

たいと思うのである。そのことで，こうした精神病において出現する《性変容》の意味が，よりくっきりとその輪郭を浮かび上がらせてくれるであろう。

ここで述べた「性変容精神病」の人々とは別に，その執拗な女性への《性転換》の要求，そして「自分は女性である」といった強固な確信，「女性となって本来の自分を回復するのだ」といった主張，女性的な言動や振舞いの数々，混乱した身体イメージ，性転換外科手術や女性化のための整形外科やホルモンの服用等の果てしない努力。こうした特徴は，他の症候群でも出現しているのである。ある意味では，そちらのほうこそ，この性転換というテーマが，明瞭かつ直接的に，しかも現実性と具体性をもって，その姿を出現させているのではないかとも考えられるであろう。

そのもう一つの症候群とは，「性別同一性障害」(Gender Identity Disorder)，とりわけその中でも，「性転換希望症」である。この両者は，"性の転換"というテーマの親近性のためか，しばしば混同されたり，同一視されたりしているようである。そこでこの両者の"性の転換"と，それに伴う臨床像の違いを明確化してみたいと思うのである。そうすることで，ここで中心のテーマとなっている《シャーマニスティックな性変容》の特徴や構造が，より明確となって，それらを認識するうえで大きな手掛かりになると考えるからである。

(4) 臨床的差異

私は，精神病に出現する"性変容"と，性転換希望症の《性転換》とは，次の5点において，きわめて根本的に異なっていることを見いだした。

① 精神病状態における《性変容》とは，精神病的プロセスの一症状に過ぎないものである。しかし性転換希望症の《性転換》要求は，単なる一症状ではなくて，人格や生活の全領域と広範囲に関わり，深く根差している。

② 精神病状態にあって，しかもひどい急性期の混乱状態にあり，《性変容》への妄想や願望を，華やかに繰り広げていても，その人物の人柄や言動，そして外見上の印象は，男性的であって，男性的な性質を失うことはきわめてまれである。しかしそれとは対照的に，「性転換希望症」の男性は，いついかなるところにおいても女性的で，こうした女性的言動や振舞いは，日常生活の全般に及んでいる。

③　こうした《性転換》は,「性転換希望症」においては,外性器の外科的レベルでの変化という,ごく身体的にも限局されたものにしか過ぎない。「性変容精神病」では,人格変容を含む,全人間的,全宇宙的な超越的変容となってしまう。
④　こうした《性転換》を施してくれるものが,「性転換希望症」では外科医にすぎないことを知っているが,「性変容精神病」の場合は,それが神であるとか,霊魂,宇宙人,電波などといったものになるのである。
⑤　《性転換》による変化やそれに伴う異常な言動は,精神病状態の改善や回復によって消失するが,「性転換希望症」の場合では,生涯の最早期に生じ,かつ一生涯を通してほとんど変化しない。

これら五つの点が,同じように"性転換"を訴えながらも,「性転換希望症」と「性変容精神病」とを,明確に区別させる点となりうるはずである。

(5) 性別同一性の解体過程と構造変動

　私が注目したい点とは,言い換えるならば,私がこの問題にアプローチする視座とは,精神病の進行によって生ずる,《性別同一性》(gender identity)の混乱や解体,そして構造変動の関連性にある。つまり精神病の進行と《性別同一性》の解体過程とが,どのように関わり,それら両者が,どのように相互に影響を与えているのかという,まさしくその一点にあると言えよう。すなわち,私が,この《性変容》のテーマに注目し,そしてそれがきわめて重大な臨床上の意味をもつと考えたのは,この「性別同一性」の精神病状態の内での急激で激烈とも言えるような,混乱や歪曲,そして全体的な解体という点にあったわけであった。そして精神病状態に出現する,こうした《性変容》の精神力動的分析が,《性別同一性》の形成や発達の構造的理解にとっても,大いに役立つばかりでなく,さらに深化させてくれるものと考えているからなのである。そしてまた,そこから逆に,「性変容精神病」における《性変容》のテーマの理解を深化させてくれ,しかも性転換妄想の生成や構造にも有効なアプローチができるものと,考えているからなのである。

2. シャーマニスティックな性変容——Nさんとの対話——

Nさんのプロフィール

　Nさんとの出会いは，かれこれ10年前にさかのぼる。本稿を準備しながら，その当時のことを思い返してみるが，私に狭い精神医学の意味での《性転換》から，広い文化的・宗教的コンテクストを有する人文科学的問題としての《性変容》といった，いわば発想の切り替えを迫ったのは，まさしくNさんとの遭遇であったように思われる。

　Nさんは，約2年間にわたって，私のクリニックを訪れた。初めは月に1回から2回，しばらくして1ヵ月から2ヵ月に1回の頻度で，不定期な面接を続けることになった。現在，私の手元には，32回の面接の記録が残っている。ここではその記録の中から，6回〜7回分の内容を要約して提示しておこう。

　Nさんは，私の知人の法学者を通して，私の存在を知ったそうである。30歳になったばかりのNさんは，ある精神科医を受診したが，悩みをまったく理解してもらえず，しかも性転換を繰り返し訴えるNさんに拒絶感を抱いたその精神科医が，「そうした性転換という問題は，法律的には受け入れられないことだからね。一度，法律の専門家に相談してみるといい」と言い放って，私の知人でもある法学者を紹介したそうである。その法学者は，医事法を専門としていて，セックスに関する法的トラブルに関心があり，そこで私の名前を知っていたのであった。そしてその法学者は，Nさんが性転換に関係していると見なして，私に「Nさんの悩みを聞いて欲しい」と，依頼して来たのであった。

　当時，私はセクシュアリティやジェンダーの障害や病理，そして形成や発達の臨床精神分析学的研究に着手して，4〜5年が過ぎていた。そして《ジェンダー・クリニック》を考案し始めていた。しだいしだいに「性転換希望症」のクライエントが集まり始め，また「女装症者」や「同性愛者」の治療・相談も手がけるようになっていた。しかしながらその頃の私と言えば，思い返すとお寒いことではあるが，精神医学的疾患としての《性転換》の知識しか有していなかったように思われる。そのことが，精神療法的面接にお

いて，私とNさんとの間に大きなギャップを生じさせることにつながったと，今更ながら思い起こすのである。

　Nさんは，30歳になったばかりの男性であり，F市に在住し，電気工務店を営む父親の元で，仕事を手伝っていた。とは言っても，Nさんが電気工事の現場に出るというわけではなくて，工務店の経理を担当していたのである。努力家のNさんは，税理士の資格を取ろうと独学で頑張ってもいた。

　Nさんが住んでいたF市は，東京から電車で3〜4時間の地方都市である。その当時，私はまったく気がつかなかったことであるが，F市は古い歴史と文化を有する町であり，しかも戦災にも遭わず，今日でも古いたたずまいがそのまま残っている。民間伝承や信仰，神話や儀礼，習俗の宝庫であって，民俗学者による調査・研究もF市ではしばしば行われていた。こうした背景と，後に述べるようなNさんの人となりは，微妙なところで接点を有していたのかもしれないと，いまさらながら驚くのである。

　Nさんは，父母と同居し，近所にはNさんに大きな人間的影響を与えた母方の祖母が健在であった。兄弟は5人で，それぞれ兄と姉，妹と弟がいて，Nさんは3番目であった。35歳になる兄は，父の工務店を手伝っていた。3歳年上の姉は，結婚しF市の近郊にいる。妹と弟は，東京に在住していた。Nさんを含めて兄弟5人全員が，東京の大学を卒業していたし，Nさんも国立大学の工学部を卒業していた。Nさんは大学卒業後，生き方についていろいろと悩んだ末に，東京からF市に戻ったのであったが，その選択は決してNさんの本意ではなかったようである。父親は，Nさんの言葉によると，現実的で，いつも金儲けのことばかりを気にしているような人物であり，しかも従業員に威張り散らすようなタイプで，とてもNさんは好きにはなれなかった。さまざまな事情があったにせよ，父親の工務店で仕事をすることについて，Nさんが葛藤を有していたであろうことは，容易に推察できた。

　Nさんの精神医学的病歴と診断に関してここで説明するならば，「パラノイア」「パラノイド人格障害」，もしくは「妄想型統合失調症」となるであろう。しかしここで厳密な精神医学的診断の議論に深入りすることは，あまり意味のないことのように思われる。また病歴に関して述べると，高校3年時と大学入学直後，そして大学4年時と27歳の時に，明らかな精神病的危機状態があったであろうと，Nさんとの面接の資料の中から，私は推定している。

　同性愛行為や女装行為などはまったく無く，他の倒錯的問題も見いだせな

かった。後に詳しく説明するように,「性転換希望症」の診断も除外できた。Nさんの印象は,きわめて地味な人,身につける物について無頓着,はっきり言えば"雑"といった感じであった。「性転換希望症」の人特有の女性的な感じは無く,女装も化粧もしていなかった。話し方や身振りも,ごく普通の男性という印象であった。

性転換

- O（及川） 何を希望していますか,何を望んでいますか。頂いたお手紙の中では《性転換》ということが,書かれていましたね。私の関わり方は……
- N 私の体は男かも知れませんが,心は女なのです。私の関心は,《性転換》の手術にあるのではありません。私が性転換したいと願うのは,私の心の中の"必然性"によるものなのです。
- O 「性転換手術」を求めてはいないのですか?……。男から女に変身したい気持ちは,もちろんあるのでしょ?
- N 「性転換手術」には大きな疑問があります。特に,外科手術で《性転換》をした人を見ると,中途半端な気がします。中間とか,中途半端は嫌いです。中間は惨めです。中間に見られると,女としてのプライドが傷つきます。だからトランスセクシュアルは中途半端。真実の女じゃない!……
  　完全になりたいのです。完全になることです。女が自分にとって,完全なのです。

Nさんが求めてやまないものは,完全な自分であり,それは女になる以外にはないのである。「性転換外科手術」について話し合ってみても,「性転換希望症」の人が追求するような,実際的で具体的な外科手術を,Nさんが求めているのではないことは容易に理解できる。Nさんは,私のクリニックを訪れるに際して長文の手紙を書き送ってきた。その中で"性転換"という言葉を再三にわたって使い,「女になりたい,男の自分は受け入れられない」と綿々と書き記してある。そこで私は,Nさんがてっきり「性転換希望症」の人だと思い込んでしまっていた。しかしながら「性転換外科手術」に関しての話し合いを進めると,Nさんが,外科手術を望んでいないとは言わないま

でも，きわめて消極的で，むしろそれには不安と疑問を抱いているようでもあった。それどころか「性転換外科手術」の効果について，Nさんは懐疑的であった。話し合いを進めれば進めるほど，Nさんは外科手術に恐怖を示した。Nさんが望むことは，男性から女性への現実的な《性転換》ではなくて，Nさんがイメージする完全性の実現としての《性変容》であったのである。

「性別障害」，あるいは「性転換希望症」の人々において容易に観察することができるような，日常生活での女性的な言動や社会的場面での女性役割への執着をNさんには見いだすことができなかった。発達歴を詳しく聞き取ったが，発達早期における女性化や，思春期・青年期での女性化の進行やエピソードもなかった。"性的方向づけ" (sexual orientation) に関して質問すると，「セックスのことなど考えたくありません。セックスを考えると自分の肉体を考えなければならず，気持ちが暗くなります。マスターベーションもほとんどしたことがありません。セックスの体験もありません」と語っている。同性愛について質問したが，大学生の時に一学年上の友人を好きになったことはあるけれども，性的な欲望はなかったと言っている。「もしも男の人から愛されるのであれば，女として愛されたいのです。私は，ホモやゲイではありません」と言っているし，事実そうなのだと思う。女装行為に関しては，時々行っているようではあるが，「『女装症』のように習慣化しているわけではない。『女装症者』のように，コソコソして生きたくない」と語っている。したがってこのことからも理解できるが，Nさんは「性別障害」というよりも，"曖昧"で"ぼやけた"性別感覚（gender sense）の持ち主と見なしうる。

私は，Nさんの訴えが，「性転換希望症」の人々とは著しく異なることに面喰らいながら，Nさんが精神病状態における《性変容願望》を表出しているものと，診断をくだした。しかしながらNさんの語る妄想じみた《性変容》というテーマにも，大きな関心を抱くようになっていった。

夜の力

O　心や身体が，どん底になってしまうと言われましたね。無力で，みすぼらしくて，動きのとれない自分があるようですね。そしてまた，その反対に完全で，意味の充実した自分があるのではないでしょうか？

N　私の人生は，諦めの連続でした。諦めよう諦めようと言い聞かせてきました。望みがありません。ただ自分は女になるという望みだけが，

私に生命を与えてくれるのです。
　　自分の存在は, 許されないのでしょうか。許される存在とは, 何なのでしょうか。よく死にたくなります。
O　望みのなさだけではなく, 罪深い気持ち, 罪業感がありますね。
N　私は, 中学生以来, いくつかの印象に残る体験というか, 精神状態を経験しました。惨めな気持ちや, ひどい落ち込みがあって, 自分を許されない存在と思い込んで, 身動きが取れなくなることがありました。それでも日が沈み, 夜のとばりが私を包み, 昼の生活の時のように, 周囲の人々や仕事のことを考えなくてもすむようになった時です。その時に周囲の騒々しさが消滅し, 私と外界との間に巻き起こったいさかいも消えて, 私の回りにあるすべてのものと私が調和するという感覚が生じてきます。私は, その一瞬惨めさややり切れなさや, 許されない存在という感情から解放されるのです。自分は女になったのだと, 実感できます。それを私は夜の力とよんでいます。夜の力というのは絶大なのです。私はこの夜の力をもたらしてくれる夜の女を, 夢想することがあります。

　Nさんは, 高校以来, しばしば抑うつ感や無力感に襲われることを語り, さらに自分が許されない存在であるという罪業感も語っている。そして高校3年生の時に始まる, 精神病的危機についても語ってくれた。抑うつ状態や空虚感, そして罪業妄想の存在を, 私は推定し, そしてNさんの《性変容願望》が, 根源的な抑うつや深刻な罪業感に対する, 精神病水準における防衛と深く結びついていることを認識したのである。このような精神病水準での不安や葛藤に対して, 部分的には成功し, かつ部分的には失敗した防衛としての《性変容》のプロセスを発見した。母親との分離と融合という「性転換希望症」と共有するような精神力動が, Nさんにおいても存在したのである。
　しかしながら, Nさんの話を聞きながら, 私が興味を抱いたのは, Nさんが"夜の力"とよぶものの存在であった。何度かあった精神病的危機からNさんを救い出し, 慢性的な抑うつ感や無力感を和らげ, 罪業感を消滅させるような, この"夜の力"とは, いったい何なのだろうか。これを高揚感, エクスタシーと呼ぶのは簡単であったが, その"夜の力"の意味するものを, 私は理解しようとしたのである。

"夜の力"とは，どうやら太母的なイメージ（Great Mother）と密接に関連するようである。しかも《外界と内界》《精神と身体》《自己と他者》《男性と女性》とが混然一体となり，融合するような宇宙論的な感覚であるようだ。そしてその一体感に護られた時に，Ｎさんは，"夜の力"に導かれて，"完全な女性"になるという。Ｎさんの存在が，すべてにおいて許されるような心境に到達するのである。Ｎさんは，こうした"夜の力"が，自分の内部に満ちあふれたと感じられた時にのみ，それはほとんど深夜であるが，女性の衣服を身につけてみたり化粧をしてみたり，アクセサリーをつけたりするのであった。しかしそれらの行為は，「性転換希望症」や「女装症」の人々が，しばしば行うような女装行為とは決定的に異なるものである。

　"夜の力"が満ちあふれた時に，Ｎさんは"暗闇の女"の出現を身近に感じたという。しかしＮさんは，"暗闇の女"が，自分にどのような働きかけをしようとしているのかについては，皆目わからずじまいであったという。ただ"暗闇の女"の正体は，やがて明らかにされることとなった。

姫の魂

Ｏ　あなたは性転換が，人生における一つの現実的な解決法というか，妥協案というのではなくて，"必然性"なのだと主張されているのですね。ではいったいどういった"必然性"なのでしょうか？　女への"必然性"とは，いったい何なのですか？

Ｎ　私が"必然性"というのは，私が本来女だからなのです。ですから，本来あるべき姿に戻りたいのです。戻らなければいけないのです！

Ｏ　「女に戻るために」ということは，性転換希望の人々からよく聞きます。「女に変わりたいというのではありませんし，女になりたいというわけでもありません」とか，「そもそも出発点から女なのだから，本来あるべき姿，つまり女に戻るだけなのです」といったことを，性転換の人々は，いつも私に強調します。

Ｎ　私が，性転換をしなくてはいけないと思うのは，私が"姫の魂"を抱き，"姫の魂"に従わなくてはいけないからなのです。では"姫の魂"とは，いったいなんだと思いますか？

　　先生は前世を信じますか？　輪廻転生をご存じですか？

　　私はあるきっかけで，私の前世を見透かすことができました。これ

までに私は，4回生まれ変わってきたように思います。
　最初は，ブッダが出現した時代の古代インドです。私は，バラモンの一族の姫として生まれました。私の家柄は高貴であったにもかかわらず，私の家で働いていた若い男の奴隷と恋に落ちました。私は周囲の反対を押し切り，身分違いの結婚をし，国から逃げ出そうとしました。しかし逃げ切れずに捕らえられて処刑されます。第2の生は，十字軍の時代です。私はエルサレムに住む貴族の娘でした。私は，十字軍のキリスト教徒と結婚します。しかしイスラム教徒に密告されて処刑されました。そして3度目の生は春秋戦国の中国です。私は王族の姫だったのです。自分の愛人を国王に据えようとして，最後には王国もろとも滅んでいくという女なのです。私の前世は3回とも女性だったのです。"夜の女"とは，こうした"姫の魂"の呼びかけだったように感じられます。

　Nさんは，Nさんを苦しみから解放させてくれ，安らぎをもたらすために出現する"夜の女"の存在に気づくようになった。そして"夜の女"を探し求める過程で，それが"姫の魂"の顕現であることを知ったそうである。この悠久の歴史をもつ"姫の魂"の"必然性"に従って，性転換を，自分の人生の一部と確信したようである。
　"姫の魂"は，Nさんに対してさまざまな圧力をかけてくるようである。Nさんは，長い期間にわたって"姫の魂"との葛藤を体験したそうである。そしてそうした"姫の魂"との確執は，輪廻転生の壮大な物語に託されているようである。"姫の魂"は，前世それぞれの物語において象徴されているとおり，一方では，高貴であって，誇り高く，かつ熱情的である。しかし他方においては，横暴で支配的，周囲と対立をするのである。その結果"姫の魂"は，最終的には殺害されることになるのである。
　ではいったい，このような物語に表現された"姫の魂"の性質は，どこから由来するものなのであろうか。"姫の魂"のもつ特徴から，その心理学的背景を推測することが可能である。ここではNさんの言説からひとまず離れて，私にとって馴染み深い精神分析学的な概念に置き換えてみよう。"姫の魂"とは，《原‐女性性》(proto-femininity)，あるいは《内在化された女性性》(internalized femininity)，また《内的女性的自己》(internal feminine-self) といっ

た心的構造体に対応し、かつ深く関連するような存在なのであろう。ユングの分析心理学の用語を使用するならば、よりいっそうその姿が明瞭なものとして浮かび上がってくる。つまり男性に内在するという女性的人格、すなわちアニマの存在に近いのであろう。

こうした男性の人格に潜在的・無意識的に存在する"女性的部分"、あるいは"女性的側面"が、Ｎさんにおいては巨大化して、Ｎさんの人格全体を圧倒しかねない状態にまで、その力が強大化している有り様がうかがい知れる。この人格内の"女性的部分"、あるいは"女性的側面"との大変に緊張した戦いを、"姫の魂"の物語はよく伝えてくれている。巨大化した"女性的部分""女性的側面"は、まさしく横暴で傲慢であって、周囲とは調和せずに、しかも支配的で権力を望み、周囲を屈服させようとしているが、まさしくそれは"姫の魂"の姿そのものである。しかも男性の人格内においては、"女性的部分・局面"は、社会的にも文化的にもその存在を許されることがなく、分裂・排除されて、結局のところ無意識化されてゆくが、その有り様は、まさしく"姫の魂"が殺害されることと関連している。

しかしながらユングが、男性の人生において重要な導き手となるアニマの存在の神秘性を、繰り返し強調するとおり、ここで見落としてならないこととして、"姫の魂"は、Ｎさんにとって大きな安らぎと導きを与える存在なのである。こうした"姫の魂"が有している、多面的で複雑な様相こそが、男性の人格の基盤にある《内在化された女性性》、あるいは《内的女性的自己》の本質なのである。

さらに見落としてはならない点として、Ｎさんが語る"姫の魂"の物語には、浄化と救済というテーマがある。古代インドに始まり、パレスチナの十字軍、春秋戦国の中国と、綿々と続く歴史ロマンは、"姫の魂"とその魂の浄化というテーマで一貫している。こうした宗教的な浄化と救済を追求する中から、Ｎさんは自らの女性化、性転換を"必然"と受け止めていくようになったのであった。Ｎさんは、さまざまなボランティア活動を行い、その地域では熱心な社会活動家としても知られていた。また第三世界からの留学生の面倒を親身になって見たり、社会的に困難な人を知れば、支援のカンパなども行っていた。こうしたことに加えて、Ｎさんは自己の宗教的使命をやがて自覚するようになっていった。

神理学

O 先日頂いた，新しい名刺の肩書が印象に残りました。"心理学"ではないのですね？

N そうです。《神理学》なのです。

O 《神理学》とは，私が"心理学"者であることと関係していますか。私の存在を，意識したのでしょうか？

N 先生が"心理学"者であって，性転換という問題を"心理学"的に研究し，"心理学"的な解決方法を，精神分析によって見いだそうとしていることを，私は十分に認識をしています。またそうした先生の努力を，心から評価もしているつもりです。

　　しかしながらですね，私が目指そうとしていることが，"心理学"的な性転換ではないということも，先生との話し合いをとおして確信できたのです。

　　私が目指しているのは，性転換に関する《神理学》的な認識と実践なのです。それは男の魂と女の魂の交流のし方。そして"姫の魂"が，どのようにして輪廻転生をするのかというような，神霊界の構造の研究なのです。

　　また私が，自分自身の生命エネルギーの源泉，根源と感じている"姫の魂"の呼び出しの方法論，つまり降霊の方法についての関心なのです。それらを完成させることによって，私一人だけではなくて，多くの人々の苦しみにも，解決の糸口がもたらされるはずだという，私の《神理学》者としての使命を，今実感しています。

　　《神理学》は，まさしく『性転換の《真理学》』になるはずです！

　この時期，Nさんは偶然にも，Nさんのイメージする"姫の魂"が宿るという，名も知れぬ古びた神社，吉姫神社を訪れることになったのである。その神社が祀られている地域へは，地区の町内会の旅行で，たまたま訪れたのにすぎなかった。Nさんは，そもそもこの町内会の旅行に参加することには，気乗りがしていなかった。が，ご近所とのお付き合いということもあって，いやいやではあったが参加したという事情があった。この旅行に参加した時期，Nさんは毎日のように図書館に通い詰めては，"姫の魂"の在りかやその

由来を調べていた。そして驚いたことに、旅行先で意図せずに立ち寄った神社が、Nさんが長らく探し求めていた、まさしく"姫の魂"と深いいわれのある吉姫神社であることを知って、大きな感動を覚えたという。古びた神社の一角にたたずみながら、その瞬間Nさんは自分の中に"姫の魂"が降り下って来たことを直感したという。

やがてNさんは、男の魂と女の魂の交流や転換に関しての集中的な思索をするようになっていった。とりわけ神霊界に存在する"姫の魂"と、いかにしてつながり、いかにしてそのつながるタイミングをつかまえるのかということや、やがてその"姫の魂"を、どのようにして自分の内側に引き寄せられるのかというような、降霊術のさまざまな方法についての自己研鑽に、のめり込んでいった。そして降霊した"姫の魂"を、自らの身体の内に宿らせたと、しばしば告白するのであった。そして"姫の魂"と合体したことによる法悦体験が繰り返されて、自らが完全な女性となったという感動が、引き続き生じた。そしてこの完全な女のみが、さまざまな苦しみや悲しみを癒しうるのだという、宗教治療者、あるいは霊能者的な自覚が生じたのである。

思い返してみるとNさんは、学生時代より臨床心理学やカウンセリングに興味を抱いていたし、また人の悩みごとを共感的に聞いたり、困っている人に対して全体的な感情移入をしていた。"姫の魂"との合体の体験以後、Nさんは自覚的にこうした治療者としての作業に没入するようになっていく。昼間は、依然として父親の工務店で経理の仕事をしていたし、税理士の勉強も続けてはいた。しかし夜になると、人々の悩みに対して心霊的な方法で取り組むような霊能者的活動に耽るようになった。そして自分自身を、"心理学"者ならぬ《神理学》者と自称するに至ったのである。

Nさんのこうした発想や言動を、伝統的精神医学的な観点に立って、その用語や概念を使用することで、「精神病状態」であるとか"妄想構築"と断定して片づけてしまうことは、いたって容易いことであろう。しかしながら、私としては安直に精神病状態と診断してしまうようなことは、慎みたいと思う。むしろ通常から見るならば妄想的と捉えられるかもしれないが、NさんはNさん自身の方法で、またそうした方法を発見することによって、自分自身のジェンダーの緊張と混乱に対応したのだと思う。Nさんは、《神理学》的ジェンダー論を携えて、人々の相談に乗るようになっている。

3. 中間考察として——シャーマニスティックな性変容と"創造の病"——

　《シャーマニスティクな性変容》を、「性別障害」や「性転換精神病」との対比において、その特徴を輪郭づけるという作業を、本稿でまず試みたように思う。しかしながら冒頭ですでに指摘したとおり、なにも精神医学的障害に特定されることなく、人間の精神活動全般において出現する《性変容》という主題は、精神分析的議論に加えて、メタ・ジェンダー的観点からの分析も必要とされるようである。本稿においては、紙数と時間の制約で、その主題を全般的に論ずることができずに非常に残念である。近い将来、本稿の後半部においては、「Nさんとの対話」の分析をさらに押し進めつつ、論議を深化させる予定である。

　私は、シベリアのシャーマニズムの民俗学的調査研究と、アメリカ・インディアンにおけるベルダッシュの記録から、《シャーマニスティックな性変容》を、文献上垣間見たように思われる。さらにこうした《性変容》を直接に見聞したのは、韓国のシャーマニズムのフィールドワークを通してであった。こうした文献的知識とフィールドワークでの直接観察を積み重ねる中から、《シャーマニスティックな性変容》を具体的にイメージすることができるようになっていったのである。その頃の私は、《シャーマニスティックな性変容》などというものは、もはや失われた時代に属していて、文献や記録を介してでしか知ることができないか、たとえ知りえたとしても、現代文明の中に完全に埋没してしまい、細々と命脈を保っているに過ぎない状態にあると思い込んでいた。Nさんとの遭遇は、私をして《シャーマニスティックな性変容》が、私の臨床現場においても出現しうるということを知らせてくれたのである。

　《シャーマニスティックな性変容》の精神医学的・精神分析学的な定義は、非常に困難な作業である。私にとって大きな導きとなったのは、H.エランベルジェによる《創造の病》という着想であった。《シャーマニスティックな性変容》の構造と過程とが、どの程度創造性を帯びて、かつ自己実現的な展開を遂げうるものなのか、大変難しい問題である。しかしながら、「Nさんとの対話」は、《ジェンダーの病》と《創造の病》との神秘的な繋がりを暗示

しているように思われる。

* **ジョルジュ・ドゥヴロー**（George Devereux：1908-85）の名声と業績は，欧米では高く評価されているにもかかわらず，不思議なことに我が国においては，まったく知られていない状態にある。ユニークな人柄と独特の学風で，あだ名は「さすらいの精神分析家」。そこで，ドゥヴローの風変わりな経歴とその偉大な業績を簡単に紹介しておきたい。

ドゥヴローは，フランスの文化人類学者にして，精神分析家（米国精神分析学会正会員・パリ精神分析協会正会員）。当初，パリ「東洋学院」において社会学者マルセル・モースに民族誌を学ぶ。その後，ロックフェラー財団の奨学金を得て，アメリカ先住民のフィールドワークにおもむく。アメリカ先住民のフィールドワークの経験を積む中で，精神分析的アプローチの重要性を感じ，当時，アメリカの精神分析学の拠点の一つでもあった，カンザス州のトペカのメニンガー・クリニックで精神分析家の訓練と資格を取得。文化人類学的フィールドワークと精神分析的臨床とを，〈方法論的 - 認識論的〉に統合できた数少ない臨床研究家である。「エスノ - 精神医学」（Ethno-Psychiatry），「エスノ - 精神分析学」（Ethno-Psychoanalysis）を確立。私は，ドゥヴローの研究に強く触発されて本稿「シャーマニスティックな性変容過程とメタ・ジェンダー学」を構想してみるようになった。

ドゥヴローの処女作『現実と夢——インディアンとの精神療法』（Reality and Dream: Psychotherapy of a Plains Indian. New York: International Univ. Press, 1951）では，夢分析を中心とした精神分析家とアメリカ先住民との精神療法的交流に中心が置かれ，その内容のユニークさとアプローチの独創性が評価され，彼の出世作となった。西洋近代文明が生み出した"精神分析学の夢分析"と先住民の"シャーマン的な夢分析"との精神療法的対話と交流は，実に感動的なものである。

この『現実と夢』は，2014年に映画化された（邦画名は，「ジミーとジョルジュ」）。監督はアルノー・デプレシャン，ドゥヴロー役はフランスの個性派俳優マチュー・アマルリック（Mathieu Amalric）。精神分析過程や夢分析を映像化することは困難な作業でありながらも，見事な作品に仕上げられている。

文献

1) Allison, D. B., de Oliveira, P., et al. （1988） Psychosis and Sexual Identity: Toward a Post-Analytic View of the Schreber Case. New York: State University of New York Press.
2) 崔吉城　（1984）　『韓国のシャーマニズム——社会人類学的研究』弘文堂．
3) David-Neel, A.　（1927）　Voyage d'une Parisienne à Lhassa. Plon.（中谷訳『パリジェンヌのラサ旅行』1，2〔ワイド版東洋文庫 656〕，平凡社，2009.）
4) Devereux, G.　（1978）　Ethnopsychoanalysis: psychoanalysis and anthropology as complementary frames of reference. Berkeley: University of California Press.
5) Devereux, G.　（1980）　Basic problems of ethnopsychiatry. Chicago: University of Chicago Press.
6) Eliade. M.　（1951）　La Chamanisme et les Techniques archaïques de l'extase. Paris:

Payot.（堀訳『シャーマニズム――古代的エクスタシー技術』冬樹社，1974.）
7) Ellenberger, H.（1964）La maladie creatrice, Dialogue: Canadian Philosophical Review, pp. 25-41.（「「創造の病」という概念」中井編訳『エランベルジェ著作集』第2巻所収，みすず書房，1999.）
8) Findeisen, H.（1957）Schamanentum: dargestellt am Beispiel der Besessenheitspriester nordeurasiatischer Völker. Stuttgart: Kohlhammer.（和田訳『霊媒とシャマン』冬樹社，1977.）
9) Foster, G. M. & Anderson, B. G.（1978）Medical Anthoropology. John Wiley & Sons, Inc.（中川監訳『医療人類学』リブロポート，1987.）
10) Freud, S.（1912）Nachtrag zu dem autobiographisch beschriebenen Falle von Paranoia.（金森訳『シュレーバー症例論』中公クラシックス，中央公論新社，2010.）
11) 宮城栄昌（1979）『沖縄のノロの研究』吉川弘文館．
12) 及川 卓（1986）「脱男性化（Entmannung）第二報――性別障害との関連でみた性転換妄想」精神病理懇話会・日光-86．
13) 及川 卓・馬場謙一（1985）「脱男性化（Entmannung）――性別障害との関連でみた性転換妄想」精神病理懇話会・信州-85．
14) 及川 卓・馬場謙一（1985）「分裂性同性愛（Schizo-Homosexuality）」．内沼編『分裂病の精神病理』第14巻，東京大学出版会．
15) 佐々木宏幹（1980）『シャーマニズム――エクスタシーと憑霊の文化』中央公論新社．
16) 佐々木宏幹（1984）『シャーマニズムの人類学』弘文堂．
17) Schreber, D. P.（1903）Denkwürdigkeiten eines Nervenkranken, nebst Nachträgen und einem Anhang über die Frage: >Unter welchen Voraussetzungen darf eine für geisteskrank erachtete Person gegen ihren erklärten Willen in einer Heilanstalt festgehalten werden?<. Leipzig: Mutze (Erstausgabe).（尾川・金森訳『シュレーバー回想録――ある神経病患者の手記』平凡社ライブラリー，平凡社，2002.）
18) Stoller, J. R.（1976）Two Feminized Male American Indians. Archives of Sexual Behavior 15 (6) 529-538.
19) Sue-Ellen, J., Thomas, W. and Lang, S.(eds.)（1997）Two-spirit people: Native American gender identity, sexuality, and spirituality. Urbana: University of Illinois Press.
20) 植島圭司（1980）『男が女になる病気――医学の人類学的構造についての三つの断片』朝日出版社．
21) Walsh, R, J.（1996）The Spirit of Shamanism. Aquarian Press.（安藤訳『シャーマニズムの精神人類学――癒しと超越のテクノロジー』春秋社．
22) Williams, D. L.（1981）Border Crossings: A Psychological Perspective on Carlos Castaneda's Path of Knowledge. Toronto, Canada: Inner City Books.（鈴木・堀訳『境界を超えて――シャーマニズムの心理学』創元社，1995.）

Ⅳ　セックス病の新時代

11章　セックス依存症の臨床的解明

（2001年発表）

はじめに

「セックス依存症」（sexual addiction, sex addicts）という言葉の存在を，最初に私が知ったのは，ずいぶんと以前になるように思う。それはおそらく，1970年代半ばに，馬場謙一先生の指導で，O. フェニヒェルの古典的名著『神経症の精神分析理論』を抄訳，紹介していた頃ではないだろうか。私は，何人かによって分担されたこの作業で，「倒錯」と「衝動神経症」を担当することになった。その箇所で私は，セックス依存症という言葉を発見したように覚えている。セックス依存症という用語を，今日的な意味で使用した最初は，O. フェニヒェルであるらしい。ただそのことを知るようになるのは，それからだいぶ経ってからであった。

またその当時は，小此木啓吾先生から直接に精神分析的指導を受けていた頃でもあった。小此木先生が，躁うつ病の精神力動の重要なポイントのひとつとして，O. フェニヒェルの説く「愛情依存」（love addicts）を指摘されたことが，私には強く印象に残った。この指摘は，今日的なパーソナリティ障害や，そして本論のテーマでもあるセックス依存症の精神分析的理解にとって，重要な見解であると，現在でも私は評価している。

「セックス依存」「愛情依存」といった言葉は，私を魅惑するものがあったが，残念なことに，臨床家として駆け出しだった私には，それがどのような状態と内容を指し示すものかは，理解の及ぶものではなかった。こうした言葉が引き起こすイメージと，臨床的実体とのギャップは，かなり大きいものがあったように思う。その後の臨床体験によって，このギャップは埋め合わされることにはなった。ただ，セックス依存，そして近頃テレビドラマにも

なった「恋愛依存」などについては，エロティック／ロマンティックなイメージばかりが先行してしまうのは，どうやら若き頃の私だけではないようだ。

ここであえて説明しておかなければならないと思うが，私がセックス依存症へ臨床的にアプローチすることになった理由は，今述べたような，若き日に受けた言葉の幻惑によるものでは，全然ない。それは，セクシュアリティとジェンダーの障害の臨床研究に，本格的に取り組むようになったからである。さまざまな性的問題で悩む人々と数多く出会うことになったが，まず最初に，GAYで悩む人々の中に，その後セックス依存症と深く関連するようなテーマを，私は発見したのであった。その一部は，「（新宿）二丁目病」と題して，1993年に発表した（本書8章）。やがて，セックスレス，離婚，不倫問題といった男女関係のトラブルの相談の中でも，そうしたテーマに直面せざるをえなかった。それどころか直接的に性的問題を訴えてはいない境界例の精神療法の中でも，セックス依存を見いだすことになった。近頃は，セックス依存症ということだけで，相談に来られる方も現れるようになっている。

1. 性的欲望の「欠乏」と「過剰」

（1）セックス依存症は，性的欲望障害か？　その曖昧な位置づけ

奇妙なことに，性的欲望の「過剰」は，その「欠乏」ほどには，問題視されていないようである。性的障害について詳細な記載を誇る『DSM-Ⅳ』（1994年）においてすら，セックス依存症は，それそのものとしては言及されていない。性機能不全の項目を読み返してみても，欠乏と嫌悪，制止のみに，注意が払われている。精神医学の診断・分類では，いまだにセックス依存症は，統一的な臨床的状態として認知されていないばかりか，その位置づけもきわめて曖昧なままに留まっている。セックス依存症という用語や表現が，広範囲に使用されているにもかかわらず，精神医学の分類案には位置づけが不明瞭というのは，なんとも不思議な感じがする。「欠乏」の方が，「過剰」よりも，必ずしも深刻とは限らないのにもかかわらず。

（2）性的欲望の過剰状態とは？　そのさまざまな状態像とその可能性

セックス依存症は，性的欲望の過剰状態，あるいは性欲亢進状態と，単純に同一視されてはならない。この点に関して，多くの誤解があるように思わ

表1　性的欲望の過剰状態，性欲亢進状態の，予想されるいくつかの原因

A. 生物学的‐生理学的な要因が大であるもの
　1. 女性における高アンドロゲン状態（hyperandrogenic states）
　2. 側頭葉損傷（temporal lobe lesions），ピック病（Pick's disease），アルツハイマー病（Alzheimer's disease），頭部外傷（head trauma），単純疱疹性脳炎（herpes simplex encephalitis）

B. 薬理的‐薬物使用的な影響が大であるもの
　3. 脱抑制剤（disinhibiting drugs），ないしは精神刺激剤（stimulants）の使用
　　（alcohol, amphetamines, cocaine, e.g.）
　4. 薬物誘導性の精神病状態（drug-induced psychotic states）
　　（LSD, PCP, cocaine, amphetamines, e.g.）

C. 精神病（psychosis）と深く関係するもの
　5. 躁状態（manic states），あるいは躁うつ病における躁的エピソード
　6. 統合失調症の興奮・高揚期，または異常体験

D. 性機能不全（sexual dysfunctions）の一部をなすもの
　7. 性機能不全に対するある種の反動形成の産物として。性的困難と抑制から始まるが，やがて性的欲望の昂進状態へと発展する性機能不全の一群

E. パーソナリティ障害（personality disorders）の問題行動（acting-out）として見なせるもの
　8. パーソナリティ障害のさまざまなタイプ。その中でも，とりわけ反社会型（anti-social），境界型（borderline），演技型（histrionic），自己愛型（narcissistic）の問題行動には，性的行為への没入が見られる

文献16）より

れる。実際，これまでにさまざまな臨床群と，セックス依存症が混同されて，取り扱われてきた。**表1**を，参照していただこう。ご覧のとおり，性的欲望の過剰状態，性欲亢進状態は，さまざまな疾患で出現しているのがわかるはずだ。

　表1におけるAは，どう考えてみてもセックス依存症には含まれないだろう。生物学的，生理学的な原因によって，性的欲望が促進していたり，また性的欲望をコントロールできなくなっているだけのことである。こうした人々は，セックスに依存しているわけではないのだ。

　またBの場合では，一見したところ，セックス依存症との類似性があるかのように誤解をしがちである。しかし，薬物的副作用によって，性的欲望が亢進しているのである。Cにおいては，精神病的興奮が，過剰な性的行動に

走らせている。その興奮が冷めれば，性的行動は静まってくるだろう。B，Cの両者は，セックス依存症とは，別次元の問題である。

Dにおける「性機能不全の一部をなすもの」とは，当初は性的困難や抑制を主訴としていながら，ある時を境にして，性的欲望の亢進状態へと変化してしまう人々を指している。いささかわかりにくいと思われるので，具体例をあげておこう。

私の女性クライエントの一人は，不幸で充たされない結婚生活のために，オルガズム障害になっていた。その後，彼女は離婚を決意したのであった。数年後，彼女が再び来談した時には，セックス依存症に変身してしまった。離婚後，「男の味を知った」と豪語していた。しかしながら，彼女は，実は不感症だったのである。またこの事例とは別の女性クライエントになるが，どうしても配偶者とは性交渉がもてず，他の男性との肉体関係を積み重ねていた。「家庭内ではセックスレス，家庭外ではセックス依存」と，笑っていた。驚いたことに，このようなセックスレスとセックス依存とが共存するような人々とも，出会うことになったのである。Dや，そして次のEは，確かにセックス依存症と重なる部分が多くなってくる。

Eの，「パーソナリティ障害の問題行動として」出現する性的行動への没入は，経験豊富な臨床家であれば，誰でもよく知っている問題であろう。不安感や抑うつ感への防衛としての性愛化，部分的で一方的な対人関係，幻想的一体感，等々，パーソナリティ障害の構造的病理は，セックス依存症にも内在する同一の問題ではなかろうか。

2. セックス依存症の虚像と実像

これまでセックス依存症には，さまざまな名称が与えられてきた。それもずいぶんと高貴なネーミングがされている。例えば，ニンフォマニア (Nymphomania)，ドンファン症候群 (Don Juan syndrome)，エカテリーナ女帝病 (Catherine the Great of Russia' disease)，カサノバ・コンプレックス (Casanova complex) 等々である。これらの言葉の響きには，どことなく過剰な性的行動への好奇心と憧れの意味合いが，含まれているように思えてならない。ところがセックス依存症には，こうした歴史上の高貴な人々が呼び起こす，性的なタフさやエネルギッシュさ，バイタリティは，微塵もないのである。臨床

表2 セックス依存症の臨床的範囲と定義

1. セックス依存症とは、セックスによってもたらされる快感と高揚感への嗜癖と、その体験への心理的依存を中心にしている。
2. セックスと、セックスに関連した行動だけが、「ハイ」な気分をもたらしてくれる。すべての依存症と同じく、その目的のために多くのことを、犠牲にしがちである。
3. セックス依存症は、アルコールや薬物の依存症などの物質的依存ではなく、また買い物やパチンコ依存症のようなプロセス依存でもなくて、本質的には関係依存に属するものと見なせる。
4. したがって対人関係の困難さや問題と深く関係しており、当然のことながら、抑うつ感、空虚感、無力感、孤立無援感が、その背景に見て取れる。
5. セックス依存症は、精神生理学的要因にもとづくような「性欲亢進症」や、特定の状況や対象に固定された「パラフィリア」とは、かなり異なる病像を有していることに、注意されなくてはならない。
6. こうした傾向は、青春期には出現していて、それは「問題行動」(acting out) の激発につながる。やがて年齢とともに、社会的に拡大し、深刻化していく。
7. セックス依存症は、単一の臨床単位 (a clinical entity) ではなくて、あくまでも「さまざまな症候群」(syndromes) である。

文献16) より

的事実は、その正反対である。むしろ、充たされなさや空虚感に苦しめられているというのが、真実であろう。セックス依存症には、どうやら多くの誤解が生じてしまったようである。そのあたりのことを、整理しておきたいと思う。

表2は、セックス依存症の範囲と定義を要約したものである。表3は、診断基準の《試案》である。この二つの表を参照しながら、セックス依存症の人間像と内面世界、そして行動パターンを、描き出してみよう。

(1) セックス依存症は、セックスをエンジョイしているわけではない

表2における「2. セックスと、セックスに関連した行動だけが、『ハイ』な気分をもたらしてくれる」ことから、逆に彼らの日常生活が、いかに空虚であるかが伝わってくる。一見、活発に振る舞っているように見えて、セックス依存症は慢性的抑うつ状態にあるのだ。こうした暗闇から脱しようとして、「1. セックスによってもたらされる快感と高揚感」に依存しなくてはならなくなるのである。

したがって、セックス依存症において性的行動は、目的ではなく結果にす

表3　セックス依存症の診断基準（試案）

及川　卓　1999年
第19回日本性科学会・発表

　過去の1～2年において，以下の6項目の内で3～4項目に当てはまる所があれば，セックス依存症と診断が可能なのではないかと，発表者は考えている。

1. あまりにも多い性的行動。セックスに払われる，その膨大な時間とエネルギー
2. 性的高揚感を高めようとして，ますます性的行動にのめり込んでゆく傾向
3. セックスだけの，限定された対人関係（部分対象関係）
4. 人間的な感情や情緒の障害。ひきこもりや，強い抑うつ感。激しい自責の感情や，自己嫌悪感
5. セックスへのめり込むことによってもたらされる，社会的，職業的，家庭的な面での，トラブルによる現実的な被害の大きさ
6. こうした行動が，肉体的にも，心理的にも，社会的にも，大きな危険をはらんでいることを十分に知りつつ，どうにもコントロールすることができない。やめようと努力はするが，やめられない

ぎない。セックスは単に，抑うつ状態から脱却するための一手段・方法なのだ。躁的防衛（manic defense）として，セックスは使用されているだけである。事実，私が精神療法的に関わった10例は，いずれも程度の差こそあれ，抑うつ状態で苦しんでいた。

（2）セックス依存症は，性的にエネルギッシュではない

　日々，セックスのチャンスをうかがっているが，決して彼らはプレイボーイでもプレイガールでもない。セックスの相手を求め，次々に相手をチェンジするのは，そうしなければ，自分を保つことができないだけのことである。彼らをかりたてるものは，性的なエネルギッシュさやバイタリティではなく，不安である。

　自己不確実感と低い自己評価，そこからひたすら逃れようとして，セックスにハマってゆく。表3の「1. あまりにも多い性的行動。セックスに払われる，その膨大な時間とエネルギー」には，驚くべきものがあった。しかしながら，性的体験の繰り返しは，やがて新鮮さや感激を奪ってしまう。ある男性クライエントは，「ボルテージが上がらなくなりました」，そして女性クライエントは「ただのマンネリズム」と表現していた。その結果，より強い

刺激を求めてはセックスにのめり込むという，悪循環が始まる。

(3) セックス依存症は，セックスでは満足できない

多大の時間とお金を浪費し，時として危険な場所にも出かけて行くことになる。しかし，そうした大きなリスクを払った性的接触も，たちまちにして魅力を失う。それはちょうど，買い物依存症が「レジの前にたどり着くまでが快感で，レジを過ぎると落ち込む」というのにも，よく似ている。ある男性クライエントは「ベッドに連れ込むまでが，最高です」「ベッドでは，シラケっぱなし」と語っていた。実際に，セックスそのものは短時間で終わってしまい，義務的であったり感動の乏しいものである場合が多い。セックス依存症では，性的不能や不感症はしばしばであることに，注意が払われなくてはならない。

「2. 性的高揚感を高めようとして，ますます性的行動にのめり込んでゆく傾向」が出てくる。時として，性的刺激や興奮を高めるために，薬に手を出す人もいるようだ。スピード，ラッシュ，エクスタシーといった覚醒剤系のようなものもあれば，性的力強さを確認するために，バイアグラを常用することもある。また，頻繁な性接触は，性感染症の危険と隣り合わせである。少なからずのクライエントから，淋病，クラミジア，肝炎の罹病の話を聞いている。いまだ，AIDS の報告がないのが，幸いなのかもしれない。

さらにこうした性的行動は，当然のことながら，不倫や家庭内の不和，そして離婚問題を抱え込むことになり，社会的にもモラルの面でも風当たりが強くなってしまう。身体的，心理的，法的，社会的に，あらゆる点でリスクと不利益に満ち溢れている。にもかかわらず彼らは，そしてそのことを当人が十分に自覚していても，どうにもコントロールができないようである。セックス依存症は自己破壊的行為ではないかと，私は考えるようになった。

むすび──セックス依存症と対象希求性──

ここまで説明をすれば，セックス依存症が，深刻な「心の病」であることに気づくはずである。セックス依存症は，その言葉が惹起させるような，「恋愛に生き，セックスに生きて」といった文学的なものではないし，またクライエントは「艶福家」でもない。

セックス依存は，物質依存でもなく，プロセス依存でもなくて，《関係依存》として分類されていることは，重要である。《関係依存》という依存の様式は，セックス依存症の本質を，非常によく物語っているのではないだろうか。愛情依存症，恋愛依存症と同じく，セックス依存症にも，強い対象希求性（object seeking）が，その背後に潜んでいる（あるいは，関係希求性，正確には，対象関係希求性 seeking object relationships と言うべきであろう）。セックスにのめり込み，溺れていくのは，それがいかに病理的ではあったとしても，対象希求性があるからにほかならない。

　女優のマリリン・モンローが，長年にわたってセックス依存症に陥っていたことは，周知の事実であろう。精神分析的評伝『なぜノーマ・ジーンはマリリン・モンローを殺したか』は，そうしたモンローの「男漁り」の有り様を，恐ろしいくらい見事に描いている。しかしこの評伝を読んでみて，そこから強烈に伝わってくるものは，マリリン・モンローの対象希求性であった。表面的にはスキャンダラスであっても，対象を求めてやまないマリリン・モンローの姿に，セックス依存症のモデル臨床像を，私は見いだしたように思う。

　セックス依存症の根底に存在する対象関係希求性とは，情愛的でもあり，時として破壊的でもある。ただ，この両義性に治療者が心を傾けていくことができれば，大きな治療的展開が必ずや生まれるはずである。

文献

1) 阿部輝夫（1997）『セックスレス・カウンセリング』小学館．
2) American Psychiatric Association（1994）Diagnostic and Statistical Manual of Mental Disorders, Fourth Edition. American Psychiatric Association Press.（高橋・大野・染矢訳『DSM-IV──精神疾患の診断・統計マニュアル』医学書院，1996．）
3) Balint, M.（1952）Primary Love and Psychoanalytic Technique. London: Hogarth.（中井訳『一次愛と精神分析技法』みすず書房，1999．）
4) Bancroft, J.（1984）Hormones and human sexual behavior. Journal of Sex and Marital Therapy 10（1）: 3-21.
5) Fairbairn, W. R. D（1954）An Object-Relations Theory of the Personality. New York: Basic Books.
6) Fenichel, O.（1945）The Psychoanalytic Theory of Neurosis. New York: Norton.
7) Fenichel, O.（1953）Collected Papers, Vol.1 & Vol.2. New York: Norton.
8) Fenichel, O.（及川抄訳）（1974）「神経症の精神分析理論（その6）「倒錯」．季刊精神療法 5（4）72-80．

9) Fenichel, O.（及川抄訳）（1980）「神経症の精神分析理論（その8）「衝動神経症」」. 季刊精神療法 6（2）81-86.
10) Freeman, L.（1992） Why Norma Jean Killed Marilyn Monroe. Chicago: Global Rights Ltd.
11) Kernberg, O.（1975） Borderline Conditions and Pathological Narcissism. New York: Jason Aronson.
12) Kernberg, O.（1984） Severe Personality Disorders: Psychotherapeutic Strategies. New Haven, CT: Yale University Press.
13) Klein, M.（1975） Contributions to Psycho-Analysis. The Writtings of Melanie Klein, Vol.I. London: Hogarth.
14) Levine, S. B.（1982） A modern perspective on nymphomania. Journal of Sex and Marital Therapy 8（4）: 316-324.
15) 及川　卓（1993）「二丁目病」.『Imago』4（12）: 165-177.（本書8章）
16) 及川　卓（1999）「セックス依存症（Sexual Addiction）——第一報　その臨床的明確化と精神分析的アプローチ. 第19回日本性科学会発表(抄録)」.『日本性科学会雑誌』17（2）163.（本書12章の1）
17) 及川　卓（2000）「セックス依存症（Sexual Addiction）——第二報　その精神医学的な位置付けの再検討，そして臨床像の解明. 第20回日本性科学会発表（抄録）」.『日本性科学会雑誌』18（2）120.（本書12章の2）
18) 小此木啓吾（1977）「精神分析からみたうつ病」. 宮本編『躁うつ病の精神病理2』弘文堂.
19) 小此木啓吾・及川　卓（1981）「境界パーソナリティー障害」.『サイコロジー』20（11）42-54. サイエンス社.
20) Orford, J.（1978） Hypersexuality: Implications for theory of dependence. British Journal of Addictions 73: 299-310.
21) Stoller, R. J.（1976） Perversion: The Erotic Form of Hatred. New York: Pantheon.

12章　セックス依存症に苦しむ人々

(1999年，2000年，2001年発表)

1. セックス依存症の臨床的範囲と定義

はじめに

　「セックス依存症」(Sexual Addiction)については，近年話題とされることが多くなり，さまざまな意味で注目を浴びるようになっています。しかし多くの場合，社会的事件や犯罪がらみで，はたまた不倫や離婚といった男女関係のスキャンダルとして，とりわけマスコミやジャーナリズムによって，興味本位に取り上げられています。テレビのワイドショーでは，格好のネタになるのでしょう。

　歴史上の有名人たちを考えると，例えば大女優のヴィヴィアン・リー(注1)やマリリン・モンロー(注2)がセックス依存症でした。そしてあのJ. F. ケネディ・アメリカ大統領がかなり重いセックス依存症であったことも明らかにされています(注3)。近年では，ビル・クリントン大統領は，自身が重度のセックス依存症であったことを率直に告白しています(注4)。スポーツ界では，ゴルフのタイガー・ウッズのセックス依存症が大きく注目を浴びました。

　このようにして，セックス依存症は，現代の社会や人間関係の領域を深く蝕むようになり，さまざまな方面から話題にされることは多くなったのですが，そうした反面，精神医学・心理学の臨床的場面では，その全体像は未知のままにとどまっています。「セックス依存症」の病像や臨床的範囲・特徴に関しては，いまだに十分な整理がされていない状況と言わざるをえません。また，治療方法やその対応なども，確立されたものとはなっていません。「セックス依存症」の臨床研究は，まだまだ始まったばかりの段階にあります。

　私が何よりも強調しておきたいのは，「セックス依存症」というものが，興

味本位で取り上げられる類いの性風俗・性行動などではないということです。それは深刻な"心の病"なのです。また，モラルの面から断罪すれば事足りるような単純なものではなくて，精神医学・心理学的関与が緊急に必要とされる精神医学的問題です。現代社会における重大な人間的問題の一つと見なしうるものなのです。

（1）セックス依存症の臨床的範囲と定義（表1）

　ここで，セックス依存症の臨床的範囲と定義とを，明確にしたうえで，この議論を進めたいと思います。「**表1　セックス依存症の臨床的範囲と定義**」に表してありますが，次の七つの点を，まず指摘できるのではないでしょうか。

　1）セックス依存症とは，セックスによってもたらされる快感と高揚感への嗜癖と，その体験への心理的依存を中心にしています。

　2）セックスと，セックスに関連した行動だけが"ハイ"な気分をもたらしてくれます。そこで，すべての依存症と同じく，その目的のために多くのことを犠牲にしがちとなります。

　3）「アルコール依存症」や「薬物の依存症」などのような《物質的依存》ではありません。また「買い物依存症」「パチンコ依存症」「仕事依存症」の

表1　セックス依存症の臨床的範囲と定義

1．セックス依存症とは，セックスによってもたらされる快感と高揚感への嗜癖と，その体験への心理的依存を中心にしている。
2．セックスと，セックスに関連した行動だけが"ハイ"な気分をもたらしてくれる。すべての依存症と同じく，その目的のために多くのことを犠牲にしがちである。
3．セックス依存症は，アルコールや薬物の依存症などの《物質的依存》ではなく，また買い物やパチンコ依存症のような《プロセス依存》でもなくて，本質的には《関係依存》に属するものと見なせる。
4．したがって対人関係の困難さや問題と深く関係しており，当然のことながら，抑うつ感，空虚感，無力感，孤立無援感が，その背景に見て取れる。
5．セックス依存症は，精神生理学的要因にもとづくような"性欲亢進症"や，特定の状況や対象に固定された"パラフィリア"とはかなり異なる病像を有しているにことに，注意されなくてはならない。
6．こうした傾向は，青春期には出現していて，それは問題行動（acting out）の激発につながる。やがて年齢とともに社会的に拡大し，深刻化してゆく。
7．セックス依存症は，単一の臨床単位（a clinical entity）ではなくて，あくまでもさまざまな症候群（syndromes）である。

ような《プロセス依存》でもありません。「セックス依存症」は，《関係依存》に属するものなのです。

4) したがって対人関係の困難さや精神内界の葛藤や不安，さらに情緒的問題と深く関係してきます。一見したところ，セックスを楽しんでいるように見えますが，実際のところは，抑うつ感，空虚感，無力感，孤立無援感，等々を，そうした人々の背景や行動に容易に見て取ることができます。

5) セックス依存症は，精神生理学的要因にもとづくような"性欲亢進症"ではありません。さらに"パラフィリア"(*paraphilia*) ともかなり異なる病像を有しています。当然のことながら，パラフィリア障害と重なり合う部分を有していますが，その点に関しては，後述する「2. セックス依存の〈臨床的スペクトラム〉」で詳述します。

6) セックス依存の傾向は，青春期（中学生から高校生の初め）には出現していて，やがて年齢とともに常態化・重症化・深刻化してゆくことになります。

臨床的に整理すれば，

7) セックス依存症は，単一の臨床単位 (a clinical entity) ではなくて，あくまでもさまざまな症候群 (syndromes) と見なしておくのが，臨床的に観て一番無理が無いのではないでしょうか。

(2) セックス依存の 6 症例 (表2)

ここではまず最初に，かなり確実に，セックス依存症と分類できた，六つの症例を取り上げ，検討を加えてみたいと思います。それぞれの症例において，《横軸》には，それぞれ「性別」「年齢」「職業」「結婚歴」，そして「性方向」「性経験」という項目があります。次の「問題行動」とは，セックス以外での問題について表してあります。その後の，「精神医学的分類」では，この六つの症例のおおまかな精神医学的診断（暫定的診断）を提示しました。そして一番右の項目においては，「治療と予後」について触れました。

【症例 1】

最初の症例は28歳の男性で，営業マンをされている方です。結婚していますが，現在は別居状態です。理由というのは，「束縛されたくない」ということですが，興味深いのは，不特定多数の女性との非常に数多くの性体験がありながら，妻とはセックスレスにあるという点でした。

表2　症例I

症例	性別	年齢	職業	結婚歴	性方向	性経験	問題行動	精神医学的分類	治療と予後
1	男	28	営業	結婚（別居状態・妻とは sex-less）	異性	妻以外に多数	職場でのトラブル 転職希望	NP	精（長期）良好
2	男	31	技術職	未婚	同性	ほとんど乱交	抑うつ状態	パーソナリティ障害（重症）BPD	精（長期）+薬+入 良好
3	女	25	フリーター	未婚（同棲中）	異性	同棲相手以外多数	ドラッグ 抑うつ状態	パーソナリティ障害（重症）HPD	精（短期）+薬+入 改善
4	男	42	自営業社長	結婚（離婚調停）	異性	妻以外に多数	家族への暴力 アルコール	SP	精（中断）+薬 不良
5	女	34	ライター	結婚（夫からの離婚の申し立て）	異性	夫以外に多数	金銭的問題 仕事上のトラブル	パーソナリティ障害 NPD	精（中断）不良
6	男	23	学生	未婚	同性	ほとんど乱交	援助交際 アパシー・留年	パーソナリティ障害（重症）BPD	精（長期）+薬+入 良好

＊ NP＝自己愛パーソナリティ，BPD＝境界性パーソナリティ障害，HPD＝演技性パーソナリティ障害，SP＝スキゾイド・パーソナリティ障害，NPD＝自己愛パーソナリティ障害
＊＊精＝精神療法，薬＝薬物療法，入＝入院療法　の略

　パーソナリティの分類にもとづけば，自己愛パーソナリティに属する方ですが，社会的にもレベルが高い方で，セックス依存への問題意識，そしてそれを解決したいという動機も強くあって，精神分析的関係を構築することが可能でした。またその結果，長期の精神分析的精神療法で，大きな改善がありました。この精神療法的改善の中には，当面の問題であったセックス依存症という問題行動の改善のみならず，自己愛パーソナリティ特有の自己中心性や対人的冷淡さの変化という人格面での成長も上げてよいと思われます。

【症例2】
　この症例は，同性愛（Gay）の方です。セックス依存症においては，同性愛・異性愛の区別はまったく意味をなしませんが，同性愛の方のほうが性的

な接触の機会をもちやすく、セックス依存の進行が、異性愛の方に比べて早い発達段階から進行しやすい傾向があります。この方の場合、ほとんど乱交と言っていいような状態にありました。抑うつ感・空虚感が非常に深刻で、そこに離人感も加わり、「日常生活は、まるで脳の中に霧がかかったような状態にあった」と語っていました。「ただセックスの時だけに、快感がある」「生きている感覚、それも一瞬なのでしょうがあった」ということです。

重症のパーソナリティ障害で、境界性パーソナリティ障害（BPD）と見なせる方です。ただこの方との精神療法的な関わりにおいて幸いだったことは、治療意欲が旺盛だったことでした。そのため、長期にわたる精神分析的精神療法を続けることができました。さらに薬物療法、それに加えてごくごく短期でしたが、入院療法を組み合わせることで、治療が相乗効果を上げました。予後は、抑うつ状態からの回復を含めて、性的行動化（act out）も激減しています。

【症例3】

症例3は25歳のフリーターの女性です。第一印象は、今風の飛んでる感じでした。同棲相手がいながらも、繁華街に出ては、ナンパされるのを待つという毎日を過ごしていました。周期的にひどい抑うつ状態に陥るのですが、そこから脱却するためにセックスに走り、さらにセックスの感覚をより高めるという目的で、危険なドラッグ（エクスタシー）にも手を出していたようです。

臨床像は、演技性パーソナリティ障害（HPD）の特徴を有した方でしたから、治療者を振り回そうとして、さまざまな問題行動（アルコールや薬物を含む）を起こしました。そういう場合は、緊急入院などで対応しながら精神療法的関与を続ける努力をしました。薬物療法も多少の効果を上げましたが、治療意欲が曖昧で、精神療法は短期に終わっています。危険な薬物や怪しげな男性との一夜限りの交際などからは身を引くようになり、多少の改善はあったのではないかと考えています。

【症例4】

この方も、さまざまな問題を抱えた、精神療法的に見るとこみいった症例でした。42歳の男性で、食品関係の会社の社長でした。現在、奥さんとは離婚調停中です。乱れに乱れた女性関係に加えて、奥さんや子どもたちへの暴力もありました。アルコールの量も尋常ではありません。

躁うつ傾向の強い方で，甘やかされた環境で育ち，比較的に早い時期に社内で高い立場に立てたということも背景にあり，自己中心的で尊大，対人的共感力やコミュニケーション能力の乏しさが顕著でした。精神療法は，約3ヵ月で中断しましたが，抗うつ剤・抗不安剤の使用はその後も続けていたようです。セックスへののめり込みは変わることなく，困ったことにバイアグラにも手を出しているようでした。この方のセックス依存症の予後は，客観的に見て不良と言わざるをえません。セックス依存が日常化しているのみならず，数少ない人生の喜びの一つとなり，疎外感や劣等感を覆い隠すための手段となっているような場合，それを精神療法的に解決することが，いかに困難かをこの症例を通して実感しました。

【症例5】

この症例は34歳の女性で，ライターの仕事をされている方です。仕事柄，男性との付き合いは多く，仕事関係で知り合った男性とは片っ端からセックスをしていたようです。そのことが夫の耳にも入り，離婚の申し立てが夫の側からされました。典型的と言っていいような自己愛パーソナリティ障害（NPD）の方で，「ライターとして成功したい」「ただの女として生きてゆきたくない，社会的な注目を浴びたい」といった強い野心を燃やしていました。ですから，つねに周囲からの注目を浴びたいという派手な行動が目立つ，見栄っ張りな女性でした。仕事上のトラブルだけでなく，クレジットカードの使い過ぎで，かなりの金銭的問題を抱えていました。こうした現実面での大きなトラブルにかき回されてしまい，精神療法は2ヵ月中断しています。残念ながら，この女性の場合も治療的予後は不良でした。セックス依存症と自己愛パーソナリティ障害が結合している場合，良好な精神療法的関係を築くことが難しく，患者が治療者に求めるものは，"治療的改善"ではなくて"自己称賛"のみになってしまいます。

【症例6】

最後の症例になりますが，同性愛の23歳の男子大学生です。この方も，症例2と同じく，毎日のようにセックスの相手を変えていました。アパシー状態になっていて，大学にはほとんど出席せず，留年を繰り返すことになりました。1997年に公開された映画に「ファーザーレス」がありますけれど，その主人公とどことなく似た感じの方でした[注5]。家庭的な問題を抱えていることは明らかで，父親イメージに近い年長の男性との援助交際を行ってい

した。この父親イメージに近い年長の男性との繰り返されるセックス依存（援助交際）が意味するものは，金銭的な目的がすべてではないということでした。敬意を払い目標となるような父親像（理想化対象）を希求していることが，精神分析的な関わりを通して十分に理解できました。人生の手本となるような理想化対象を欠落させたまま，もがき苦しんでいる様子です。

この方の場合，セックス依存だけでなく，抑うつの改善を含めて薬物療法や短期的な入院治療を行ったりしています。精神分析的精神療法も，治療者との間で良好な治療的関係を形成することができたため，長期にわたって続けることが可能になりました。こうした治療的コンビネーションの成果だと思いますが，セックス依存をかなりコントロールできるようになっています。大学も留年を繰り返したものの無事に卒業し，旅行業に就職することができました。予後は良好と言っていいでしょう。

（3）セックス依存症の診断基準（試案）（表3）

以上の6症例の検討をとおして，セックス依存症の診断基準を表3のようにまとめました。しかしここに提示したものは，あくまでも現段階での《試案》にすぎません。

過去の1～2年間において，以下の6項目のうちで3～4項目に当てはまるところがあれば，セックス依存症と診断することが可能なのではないかと考えています。

1) あまりにも多い性的行動。セックスに払われる，その膨大な時間とエネ

表3　セックス依存症の診断基準

過去の，1～2年間において，以下の7項目の内で，3～4項目に当てはまる所があれば，セックス依存症と診断が可能なのではないかと，発表者は考えている。
1．あまりにも多い性的行動。セックスに払われる，その膨大な時間 とエネルギー。
2．性的高揚感を高めようとして，ますます性的行動にのめり込んでゆく傾向。
3．セックスだけの，限定された対人関係（部分対象関係）。
4．間的な感情や情緒の障害。ひきこもりや，強い抑うつ感。激しい自責の感情や，自己嫌悪感。
5．セックスへのめり込むことによってもたらされる，社会的，職業的，家族的なトラブルによる現実的な被害の大きさ。
6．こうした行動が，肉体的にも，心理的にも，社会的にも，大きな危険をはらんでいることを十分に知りつつ，どうにもコントロールすることができない。やめようと努力はするが，やめられない。

ルギー。

2) 性的高揚感を高めようとして，ますます性的行動にのめり込んでゆく傾向。

3) セックスだけの，限定された対人関係（部分対象関係）。

4) 人間的な感情や情緒の障害。ひきこもりや，強い抑うつ感。激しい自責の感情や，自己嫌悪感。

5) セックスへのめり込むことによってもたらされる，社会面，職業面，家族面でのトラブルによる現実的な被害の大きさ。

6) こうした行動が，肉体的にも，心理的にも，社会的にも，大きな危険をはらんでいることを十分に知りつつ，どうにもコントロールすることができない。やめようと努力はするが，やめられない。

(4) 精神力動的考察

このような記述レベルでの診断基準に加えて，「セックス依存症」には，精神力動的に見ると，「境界パーソナリティ組織体」（Borderline Personality Organization : Kernberg, O.）（注6）が存在していたように思われました。境界パーソナリティ組織体ですが，その臨床的（社会面・対人関係・生活面を含む）特徴を簡単に記述すると以下のようになります。

- 一見したところは問題が無くて，普通の人のような印象を与えるが，その見かけを大きく裏切って，不安定な状態を表したり病理的な行動に走ったりするような場合には，しばしば境界パーソナリティ組織体が存在しています。
- 境界パーソナリティ組織体をもつ人々には，以下のような特徴がある。

    a．混乱した日常生活。不安定な社会的アイデンティテイ。
    b．一人でいることがきわめて困難。
    c．自分のことしか考えられない。
    d．衝動的傾向が強くて，非内省的。
    e．自己満足のために，他人を上手に利用する。
    f．満足することが無くて，いつも不平と不満を表す。しばしば欲求不満から，怒りを爆発さる。
    g．慢性的な空虚感や，しばしば起きるおちこみの感情。

- 記述的な診断レベルにおいては，パーソナリティ障害のさまざまなタイ

プ，例えば，境界性パーソナリティ障害，自己愛パーソナリティ障害，スキゾイド・パーソナリティ障害，演技性パーソナリティ障害，反社会的パーソナリティ障害に属していたり，ある種の薬物乱用，アルコール依存症，パラフィリア，性機能不全へと臨床分類されているが，その基底においては，境界パーソナリティ組織体が見いだされることが多い。

(5) 治療方針と提言

最後に，現状における治療的可能性にも言及しておきたいと思います。
1) 精神分析的精神療法を含む，各種の精神療法・カウンセリング。
2) 薬物療法（抗不安剤と抗うつ剤）。
3) 一時的な入院設定。その目的は，行動化のコントロールのための枠組み作りのため。
4) グループワークの重要性。自助グループへの参加。

このようなねばり強い治療的作業に加えて，家族を含む関係者の理解や支持，行動面や感情面の混乱を安定させるための向精神薬の服用，さらに緊急避難的な意味での短期的入院，自助グループへの参加等々，現状の精神医学的な治療をさまざまに組み合わせることで，治療的改善への可能性が開かれるのではないでしょうか。

2. セックス依存の〈臨床的スペクトラム〉

はじめに

第1節では，セックス依存の6症例を紹介し，その臨床像と範囲を明確化し，診断の基準を提示しました。この第2節においては，その後に観察することのできた新たな4症例を紹介し，その4症例の精神療法経験を踏まえて，「セックス依存症」の解明を一歩進めたいと考えています。さらに新たな4症例と，第1節で紹介した6症例の，合計10症例を総合して，「セックス依存症」の精神医学的な位置づけに関しての論議をいっそう深めてみましょう。

「セックス依存症」の精神医学的な位置づけ，あるいは精神医学的分類は，現在でもなおきわめて曖昧なままに止まっていることは第1節でも述べました。そこで，「セックス依存症」に近接する諸々の障害との"対比と関連性"とを検討することで，「セックス依存症」の〈臨床的スペクトラム〉を作

表4 症例Ⅱ

症例	性別	年齢	職業	結婚歴	性方向	性経験	問題行動	精神医学的分類	治療と予後
7	男	29	建設業専務	結婚 妻とは"sex-less"	異性	妻以外に多数 伝言ダイヤル 援助交際	アルコール 薬物乱用-1	パーソナリティ障害 NPD	精（不定期）不良 家族相談（母＋妻）
8	女	38	出版社勤務 フリー・ライター	未婚（同棲中） パートナーとはほとんど"sexless"	異性	同棲相手以外に多数 Hard Sex, SM	ドラッグ 抑うつ状態 薬物乱用-2	パーソナリティ障害(重症) HPD	精（定期的）薬＋入 継続中＋改善
9	女	34	演劇関係ディレクター	独身（離婚歴あり） 前夫に性的暴力	異性	多数（1回限り） 既婚者への嫉妬と軽蔑	抑うつ状態 不感症と嫌悪感 薬物乱用-1＋2	パーソナリティ障害(重症) BPD	精（不定期）＋薬 不良
10	男	37	技術職 大学院卒	未婚	異性	ほとんど乱交 お見合いパブ 性的不能	抑うつ・強迫 アルコール 喧嘩・自己破壊的	パーソナリティ障害(重症) NPD 糖尿病	精（定期的）薬＋入（森田療法） 継続中＋改善

＊薬物乱用-1＝セックス依存症における「薬物乱用-1」は，バイアグラを指しています。この場合，心療内科医や泌尿器科医などすなわち医療機関を通して「勃起不全の治療目的のために処方された」薬品ではなくて，セックス依存症における頻繁な性行為を実行するために，個人的に入手したものを指しています。薬物乱用-2＝これは，非合法的・禁止薬物です。海外旅行の際に入手したり，個人輸入をしたり，その種の人間が集まる場所で入手したりしていたようです。芸能人の逮捕の際に注目される「性的興奮を高める刺激効果や快感と陶酔をもたらす覚醒効果の高い危険薬物」です。薬物乱用-1＋2＝これは，セックス依存症における相互の性的快感の追求のために，男性の側にバイアグラ（薬物-1）を準備し，また自分自身（場合によっては相手の男性に対しても）のために，非合法薬物・精神刺激剤などを併用している状態を意味しています。

成しました。この〈臨床的スペクトラム〉が，第2節の重要な研究主題になるものです。

(1) 4 症 例 (表4)

　ここで，この約1年近くの間に精神療法的に関わった「セックス依存症」の四つの症例を紹介したいと思います。第1節と同様に，それぞれの症例について，《横軸》に「性別」「年齢」「職業」「結婚歴」，そして「性方向」「性経験」という項目があります。次の「問題行動」の欄には，セックス以外での問題について表してあります。その後の「精神医学的分類」では，おおま

かな精神医学的な診断を取りあげました。そして一番右の項目になりますが、「治療と予後」について簡単に触れました。

【症例7】

まず最初の症例は，29歳の男性で，建設業の方です。現在，奥さんとは"sexless"の状態です。奥さん以外の多数の女性と性交渉を繰り返しています。奥さん以外に"特定の女性"（愛人）が存在しているわけではありません。伝言ダイヤルや援助交際で，その場限り的な性行為を楽しんでいるようです。

症例7の男性の場合，アルコールの量が多いことそして，最近は頻繁な薬物の使用が見られます。しかもこれは，医療機関以外のところで，個人輸入という形で入手している模様です。

最初にご相談に来られたのは奥さんの方でした。ご本人の治療意欲は，確かなものではありませんでした。精神療法には不定期に通って来ただけでした。きわめてプライドの高い，「自己愛性パーソナリティ障害」（NPD）と見なしうる方でした。この方の母親が大変に心配されていて，治療にはきわめて協力的です。この母親と奥さんとの家族面接によって，症例7の男性の不定期な精神療法が，何とか支えられているというような状態でした。

【症例8】

症例8は38歳の出版社勤務の女性です。仕事のできる野心家の女性だと思いました。現在はライターをしながら，将来は小説家として身を立てようとしている様子でした。ここ2～3年同棲関係にあるパートナーがいるのですが，「彼とは，ほとんどsexlessです」と語っていました。仕事を通して知り合った，数多くの男性との性接触を続けています。近年はより強い刺激を求めてS＆MやHard Sexにのめり込むようになっています。

彼女の場合，セックス依存に陥るようになったきっかけは，以前の職場の上司との不倫関係の破綻にあったと思われます。こうした仕事をもった努力家の女性が，年上の男性との不倫関係のもつれから精神的に落ち込み，セックス依存症に陥るというのは，比較的によく見られるパターンです。

【症例9】

この症例9の方は34歳の女性で，演劇関係の仕事をされています。現在は独り身ですが，以前一度結婚をされていました。その前夫からしばしば性的暴力を受けていたようで，そのことは彼女のセックス・イメージを複雑なものとしているようです。セックスの相手をつねに取り替える傾向があります

が，そこには彼女のセックスへの嫌悪感と不感症という問題が潜んでいました。特に既婚者の男性に対しては嫉妬と軽蔑の感情が強く，セックスのあと落ち込んでしまうということです。

「境界性パーソナリティ障害」の方で，感情状態が安定しません。一日の中でも機嫌の良い時と悪い時とが激しく揺れ動き，そこから逃げ出すかのごとく，セックスに溺れてしまうようです。精神療法的関係を維持することの難しい方で，残念ながら予後は不良です。

いずれの症例においても抑うつ感が深刻で，精神医学的分類はすべて「パーソナリティ障害」に属する方々ばかりでした。この事実を私は，第1節の「臨床的範囲と定義」の中で，次のように指摘しました。

「4．（セックス依存は，）対人関係の困難さや問題と深く関係しており，当然のことながら，抑うつ感，空虚感，無力感，孤立無援感が，その背景に見て取れる」と。

このセックスへの依存性とのめり込みの激しさについては，一例として【症例10】の男性の1週間の問題行動（acting out）を観察することで，よく理解できるでしょう。この症例10の問題行動を，精神医学的・心理学的な視点に加えて，ハロルド・ガーファンクルのエスノメソドロジー（注7）も参照しつつ描写してみたいと思います。それによってセックス依存症の日常生活，さらには"生き様"をより詳細に記述できるだけではなく，彼らの内面世界の深い層に潜む虚しさ，孤独，偽りの興奮，etcを深く理解できると思うからです。

(2) セックス依存症者の一週間——臨床的エスノグラフィー——（表5）

月曜日は，残業して帰宅したあとで"伝言ダイヤル"をチェックしています。火曜日には，抑うつ状態がひどいなか，"テレホン・セックス"に，励んでいます。水曜日は，仕事帰りに渋谷に出て，なんとなくナンパをするのですが失敗してしまい，空虚感がつのります。木曜日は，どうしようもなく抑うつ状態で，何もする気がしないまま過ぎました。ところが，いよいよ"花の金曜日"を迎えて元気になり，終業後新宿の"お見合いパブ"に行きます。女性を誘うのですが，Hさんからすると《つまらない女》で，自己嫌悪に襲

表5　セックス依存症の一週間の行動
【症例10】Hさん　男性，37歳，大学院卒の専門技術者

- 月曜日：残業して帰宅。昼間に入れた伝言ダイヤルをチェック。
- 火曜日：抑うつ状態。電話の相手とテレホン・セックス。
- 水曜日：終業後，渋谷に出て，なんとなくナンパ。失敗して空虚感。
- 木曜日：抑うつ状態で，何もする気がしない。
- 金曜日：終業後，行きつけの飲み屋。その後，新宿のお見合いパブで，女性を誘う。
つまらない女で，自己嫌悪。不完全感が残って，路上で売春婦とセックス。
帰宅は，始発電車。
- 土曜日：昼過ぎまで就眠，起床後に精神療法に。
その帰りに，新宿でお見合いパーティに参加。
気に入った女性と"ラブホ"へ，緊張して失敗。女性に馬鹿にされた気がする。
頭に来て，フーゾクへ。ここでも失敗。
- 日曜日：いつ帰宅したのか，記憶にない。
二日酔いと，抑うつがひどくて，夕方近くまで，寝ている。
夜，近所のスナック。酒に酔って，大ゲンカ。
帰宅。ただただ，疲労感・消耗感。

われたそうです。どうしても不完全感が残ってしまい，路上で売春婦とセックスしたそうです。帰宅は始発電車となりました。

土曜日は，昼過ぎまで寝過ごしてしまい，起床後にあわてて精神療法に来ました。その帰りに，新宿で"お見合いパーティ"に参加します。気に入った女性を見つけて"ラブホ"へ行きますが，緊張していてセックスには失敗。女性から馬鹿にされた気がして，頭に来てフーゾクへ。ここでも，失敗。日曜日は，二日酔いと抑うつ，ただただ疲労感・消耗感があるばかり。

第1節で提案した「診断基準」の次の項目を思い起こしてください。
「1. あまりにも多い性的行動。セックスに払われる，その膨大な時間とエネルギー。」

(3) 臨床的スペクトラム（図1）

本節冒頭においても述べましたが，今回の発表（本節）の重要な目的の一つに，「セックス依存症」の精神医学的な位置づけの整理というテーマがあります。引き続きこのテーマに関して議論を展開させたいと思います。

すでに「セックス依存症」は，数多くの臨床家・研究者に言及されています。しかしながら今のところ，診断学的・分類学的には見解の一致を見ておりません。アメリカ精神医学会の『診断と統計のマニュアル』を調べてみても，1987年の第3版にも，1994年の第4版においても，「セックス依存症」

IV セックス病の新時代

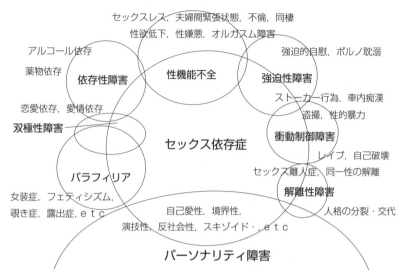

図 1　セックス依存症の臨床的スペクトラム　その近接領域—関連障害の表示の試み

はまったく言及されていない状態です。

　今回私は,「セックス依存症」と近接していて,しかも関連性を深く有するような,数多くの障害に検討と比較を加え,また整理をしてみました。そこから,「セックス依存症」の《臨床的スペクトラム》を作成してみました。そうすることで,セックス依存症の位置づけが,浮かび出て来ると思われたからです。

- 《パーソナリティ障害》のさまざまなタイプに見られる,性的問題行動の数々。これは,明らかに「セックス依存症」と関係しています。
- 《性機能不全》における,セックスレス,夫婦間緊張状態,性嫌悪症,オルガスム障害にも,一見したところでは無関係に見えても,深く関わっているケースが存在していることを,発見しました。
- 《強迫性障害》とは,強迫的な自慰行為,ポルノへの耽溺,ストーカー行為の一部のような,強い《強迫性》という点で似通ったものがあるでしょう。
- 《パラフィリア》においては,女装症,覗き症や露出症,SM, Hard Sex とも,「セックス依存症」は結び付きやすいようです。
- 《衝動制御障害》になると,盗撮行為,性的暴力,電車内での痴漢行為,

そしてまた,《解離性障害》におけるセックス面での離人感,人格の分裂と,「セックス依存症」とは類似のメカニズムが働いているではないでしょうか。
- 《依存性障害》の,恋愛依存症や愛情依存症と「セックス依存症」とは大幅に重複するものです。
- 《双極性障害》の躁状態における高揚感や万能感が性的衝動と結びついた場合など,「セックス依存症」と類似したようなセックスへの没頭を生じさせる場合があることが予想されます。

このように《臨床的スペクトラム》を分析してみたときに,私としては,第1節の臨床的範囲の確定においてすでに指摘しましたが,「セックス依存症は,単一の臨床単位（a clinical entity）ではなくて,あくまでもさまざまな症候群（syndromes）である」と,とらえるのが,一番妥当性を有しているのではないかと考えます。

3. セックス依存の〈複合的依存症〉と〈深刻な抑うつ〉

はじめに

この1年間に9人の方から「セックス依存」ということでご相談を受けました。第1節と第2節で紹介し,これまでに提示した10症例に加えると,合計で19症例になりました。「多くの観察例に裏づけられた,より客観的な論議ができるようになってきたな」と,私は実感しています。この第3節においては,これまでの19症例を精神力動的に整理し,二つの重大なテーマを提示したいと思います。その第1は〈複合的依存〉であり,第2は,多くの症例が訴える〈深刻な抑うつ状態〉に関しての解明です。

(1) 9症例の概観 (表6)

表6は,第1節,第2節と同様に,この9つの症例について概観したものです。薄く網をかけてある症例は,この9症例の中でも長期間にわたり精神療法的に関わることのできた4症例を表します。長期間に及ぶ治療的な関わりに強い抵抗と困難を示すセックス依存症の中でも,比較的長期にわたる良好な治療関係を維持することのできた症例に当たります。

表6 症例Ⅲ

症例 (受診順)	性別	年齢	職業	結婚歴	性方向	顕著な症状 および問題行動
11	女性	22	専門学校	未婚	異性	不登校・ネット・拒食
12	女性	38	技術職	離婚・再婚	Bisexual	抑うつ・薬物・過食
13	男性	34	無職	未婚・同棲	異性	テレクラ・薬物・過食
14	男性	28	専門職	未婚	同性	感情閉鎖・モノ関係
15	女性	19	高校生(休学中)	未婚・同棲	異性	援助交際・過食・薬物
16	男性	43	自営	既婚	異性	フーゾク・ギャンブル
17	男性	24	大学院生	未婚	同性	抑うつ・自殺未遂
18	男性	39	実業家	未婚	異性	フェティシズム
19	女性	40	主婦	既婚	異性	Sexless・買い物・過食

表7 症例Ⅲ(その2)精神療法例

症例 (性別)	職業	結婚歴	性方向	性経験	問題行動	精神医学的分類	治療と予後
11:Aさん 女性 22歳	学生(専門学校)	未婚	異性愛	ネットのチャットで頻繁に	不登校・引きこもり 拒食 Internet依存	パーソナリティ障害 HPD	薬+精(定期的) 家族相談 良好
13:Bさん 男性 34歳	無職クリエーター(元芸能界)	未婚	異性愛	多数 テレクラ 伝言ダイヤル	テレクラ依存 抑うつ・パニック 過食・薬物依存-1	パーソナリティ障害(重症) NPD パニック障害	薬+精(定期的) 家族相談 改善
18:Cさん 男性 39歳	会社経営 不動産	離婚 一時,愛人との同棲	異性愛	多数 クラブ等でナンパ	慢性抑うつ フェティシズム, etc. 浪費癖, 薬物-1+2	パーソナリティ障害(重症) Paraphilias BPD	薬+精(定期的) 内科 安定
19:Dさん 女性 40歳	主婦	既婚 子どもは1人	異性愛	多数 sexlessの夫に絶望して後	軽症抑うつ ショッピング 過食傾向		精(不定期) 東洋医学+婦人科 良好

表7は，9症例の中でも《構造化された精神療法》へ持ち込むことのできた4症例についてのものになっています。これらのケースは，1セッションが50分〜60分，1〜2週間に1回のペースで，しかも精神分析的な方向性で精神療法やカウンセリングを進めることができた症例です。

それぞれに興味深い精神療法的展開があり，セックス依存症の精神力動や背景を理解する上で大いに有意義な体験となった精神療法例でした。強く印象に残った症例です。

症例11は22歳の専門学校生の女性です。高校1年から不登校が始まり，ひきこもりの傾向が顕著でした。親に買ってもらったパソコンでネットにはまり，1日10時間近くチャットをするようになりました。やがて《出会い系サイト》で男性と知り合うようになります。そして数多くの男性と，性的関係を重ねるようになりました。母親とべったりで，母子共生的な状態にありました。幼児的で依存的な性格で，《演技性パーソナリティ障害》に属しているでしょう。さらに，向精神薬の服用，両親との家族カウンセリングなどあいまって，大きな成長が見られました。現在は，非常に安定しています。

症例12は技術職の女性です。離婚歴があって今は再婚しています。この離婚と再婚にもセックス依存が影響していたと，本人から聞きました。興味深い点は，この症例が Bisexual であったことでした。

症例13は34歳の男性です。一見したところ《芸能界くずれ》といった印象です。本人はクリエーター，ライフスタイル・プロデューサー，ウェブ・デザイナーと，おしゃれに自分を語っていますが，実際は無職です。深刻な抑うつ状態で苦しんでいますが，さらにパニック発作，過食などもありました。ご家族からも相談がありましたが，本当の悩みは，セックス依存症にありました。伝言ダイヤルやテレクラを介して女性と関係していました。そのために，電話料の請求が3カ月間で120万円にも達したことがあったそうです。自己愛パーソナリティ障害に属していました。向精神薬の服用に加えて家族も協力的であり，それらが合わさって治療的改善が見られました。

症例15は，セックス依存症では私が扱った最年少のケースです。彼女は，名門女子校に通学していましたが，留年を繰り返して現在は休学中です。援助交際をしていました。援助交際のことが，親や学校にばれてしまい，その後は家出，そして年長の男性と，同棲生活を送るようになりました。10代半ばから多くの男性とのセックスをくりひろげています。最近はクスリにまで

手を出すようになりました。さらに過食と拒食を繰り返している様子です。10代の性非行の中にはこうしたセックス依存症も潜んでいることがわかります。

(2) 複合的依存症 (Co-addictions)

第1～3節で提示した合計19症例（表8）の検討にもとづきながら、セックス依存症の精神力動的問題点の考察へと移りたいと思います。

第1節、そして第2節を通して「どうしてこの人たちは、他の依存症にならずにセックス依存症になったのか？ セックス依存症になる人と他の依存症になる人とは、どう違っているのか？」という点に関して、多くの方々から質問を受けました。その点に大きな関心を向けられたようです。このセックス依存症における、《症状選択》《症状形成》、あるいは《問題行動の固定化》について答えることは、私にとってはいささか難問です。いまだに、答えを見つけてはおりません。しかし、これらの質問を検討することから、それと関連するような次の精神医学的問題が浮かび上がって来ました。それは、セックス依存症における《複合的依存症》(Co-addictions) の問題です。

A. 複合的依存症 (Co-addictions) の実態 まず表9をご覧下さい。第1節以降のすべての症例――それは全部で19例になりますが――そのすべてについて検討してみた時に、この表9のような結果になりました。薄い網とやや濃い網の個所が複合的依存を表す症例です。やや濃い網の個所は重症複合を表します。

B. 複合的依存が大多数であることとその深刻さ 複合依存は、全19例中13例に見いだせました（表10）。今回の集計で、複合依存としては「＋」が二つ以上のケースに限定してあります。さらに「＋」が三つ以上の重症複

表8 総受診者数19名の内訳
(1989年～2001年)

男性11名　女性8名
■ 10代　　　　：1名（男性0：女性1）
■ 20歳～24歳　：3名（男性2：女性1）
■ 25歳～29歳　：4名（男性3：女性1）
■ 30歳～34歳　：4名（男性2：女性2）
■ 35歳～39歳　：4名（男性2：女性2）
■ 40歳以上　　：3名（男性2：女性1）

表9 症例と複合的依存症の実態

症例(受診順)	性別	年齢	他の依存症		
			有無	程度	種類
1	男性	28	－	－	
2	男性	31	－	－	
3	女性	25	◎	++	薬物 拒食・過食
4	男性	42	◎	++	アルコール ギャンブル
5	女性	34	◎	++	ショッピング 恋愛依存
6	男性	23	〇	+	パチンコ
7	男性	29	◎〇	+++	アルコール 薬物 援助交際
8	女性	38	◎◎	++++	薬物 S&M 浪費 拒食
9	女性	34	◎	++	薬物 恋愛依存
10	男性	37	◎◎	++++	アルコール 薬物 伝言ダイヤル
11	女性	22	◎	++	拒食 ネット依存
12	女性	38	◎〇	+++	薬物 恋愛依存 過食
13	男性	34	◎〇	+++	テレクラ 薬物 ネット 過食
14	男性	28			
15	女性	19	◎〇	+++	援助交際 薬物 拒食
16	男性	43	◎〇	+++	ギャンブル フーゾク
17	男性	24			
18	男性	39	◎◎	++++	フェティシズム 薬物 浪費
19	女性	40	〇	+	ショッピング

表10 複合依存の割合

複合依存は，全19例中，13例に見出せた。
　　男性6例
　　女性7例

＊　複合依存としては，「++」以上のものに限定した。
　　「+」だけであるならば，15例にもなる。
　　「+++」「++++」の重症複合は，8例ある。
　　　　男性5例
　　　　女性3例

　　重症複合は，全体の半数近くにのぼる。

表 11　セックス依存症と複合しやすい依存症

1. 薬物（精神刺激剤が一次的。安定剤・睡眠薬は二次的）
2. アルコール
3. 性的問題行動
4. 恋愛依存と浮気・不倫関係
5. 拒食と過食
6. ギャンブルや浪費行為
　　ショッピング，パチンコ，競馬，株の取引
7. 「出会い系」のツールとして
　　Internet，伝言ダイヤル，テレクラ，
　　お見合いパーティ

合はなんと 8 例もあって，重症複合は全体の半数近くにのぼります。もしも「＋」一つも含めるならば，複合依存は 15 例にもなり，これではほとんどが複合依存症の状態にあると言っても過言ではないようです。

C. 複合しやすい依存症一覧　表 11 からも明らかなように，セックス依存症は実にさまざまな依存症と複合するようです。まず圧倒的に多いのはアルコールと薬物でしょう。それに続いて性的問題行動，浮気・不倫関係が続きます。このことは，セックス依存症の性質から言って当然のことかも知れません。また女性例の多くには，過食・拒食が見いだせました。これ以外にもギャンブルやショッピングなどもありました。近年は出会いのツールとして，Internet，e メール，電話への耽溺が出現しています。

　これらの事実から判明するのは，セックス依存症が予想していた以上に現代人の行動パターンと深く結びついていることです。しかも社会的な関係の中で巧みにその姿を変えてくということでもあります。セックス依存症の精神力動的な理解にとって，こうした側面を見落としてはならないでしょう。

(3) 深刻な抑うつ——人格の基底部分における重篤な欠損 (Basic fault)

　最後に，セックス依存症への精神分析的解明において見逃せない点として，抑うつの問題があるのではないでしょうか。表 12 にも示しましたが，全 19 例のうちほとんどの症例において，程度の差こそあれ不眠・軽度の不安感・空虚感・生きている意味がもてない，等々といった抑うつ感の訴えがありました。またそうした訴えから，入眠剤や抗不安剤，抗うつ剤の投薬なども行

表 12　セックス依存症と抑うつ状態

抑うつ状態は，全 19 例中，13 例に見いだせた。
男性 7 例
女性 6 例

＊　ここで取り上げた抑うつ状態から，軽症抑うつを除いた。
「＋＋」以上のものは，9 例ある。その中で，
「＋」だけであるならば，15 例にもなる。
「＋＋＋」「＋＋＋＋」の重症抑うつは，7 例にもなる。
男性 6 例
女性 1 例

＊　抑うつ状態は，全体の 2／3 にも及んでいる。

われて，これらの人々の問題行動に対して一定の改善をもたらしただけでなく，日常生活や社会活動の改善にも成果を上げています。

セックス依存症における，根源的抑うつとも呼びうる人格の中核に存在する「欠損感」に対して，より深い精神分析的解明が今後求められるのではないかと思われてなりません。こうした人格の基底的な欠損部分への働きかけが，精神分析的精神療法のような個人精神療法に限られるものでなく，向精神薬を含む精神医学的な治療，グループワークなどのプログラムを含んだ入院治療，そして当事者同士の自助活動などによる総合的な働きかけによって，セックス依存症の自己破壊的な人生を改善する道を切り開くことができるものと思われます。

注

(1)　ヴィヴィアン・リーに関しては，きわめて詳細で緻密な伝記，Anne Edwards, Vivien Leigh, 1977 にもとづく。
(2)　マリリン・モンローに関しては，精神分析学的観点でまとめられた Lucy Freeman, Why Norma Jean Killed Marilyn Monroe, Chicago: Global Rights Ltd, 1992 に詳しい。
(3)　J. F. K. のセックス依存は，Garry Wills, The Kennedy Imprisonment, A Meditation on Power, Boston: Little Brown, 1982，そして，David Heymann, A Woman named JACKIE, Carol Publishing Group, INC, USA, 1989 で，明確に指摘されている。
(4)　クリントン自身が，インタビュー取材の中でこのように発言している。
(5)　茂野良弥監督作品「ファーザーレス　父なき時代」1997 年。
(6)　O. Kernberg, Borderline Conditions and Pathological Narcissism. New York: Aronson, 1975.
(7)　H. Garfinkel, Studies in Ethnomethodology. Prentice-Hall, 1967.

13章　電車内痴漢行為

東アジア・メガシティに出現した新種の性嗜好障害

(2002年発表)

はじめに――新種の性嗜好障害の出現――

本研究「電車内痴漢行為」は，そもそも「臨床的に観ると，実に曖昧で・捉えがたく・込み入っていて，しかも治療的には，その取り扱い・対処・方向づけに，著しく苦慮するような"一群の新種の性嗜好障害"を精神分析学的に解明する」意図から出発したものである（表1）。

目まぐるしく変化する現代社会において，次から次に出現する多種多様で新奇な性嗜好の障害に関して，精神医学という学問上において，正面から議論されたり検討を加えられることは，まずない。大きく注目を浴びることもないであろう。当然のことながら，「診断分類表」にも反映されない。にもかかわらず，これらの新種の性嗜好の障害群は，現代社会生活の変化を的確に反映し，それを前提にし，それを道具とした上で成立している（例えば電車内痴漢，例えばインターネットのポルノ依存，出会い系，援助交際 etc.）（表2）。

つねに変化してゆく社会や生活の中で，人々のセクシュアリティやジェンダーへの意識も大

表1　新種の性嗜好障害の特徴点

- 臨床的に観て，実に曖昧で・捉えがたく・込み入っている。臨床像や範囲に，未知の部分が多い。
- 非定型的・付随的・複合的パラフィリアと呼べる。
- 診断－分類学的には，規定が困難である。診断基準が欠落しているか，あるいは不十分な状態
- 社会的・法的問題が深く関わってくる。治療的には，取り扱い・対処・方向づけに，著しく苦慮する。

表2　強い性的色彩や空想を帯びた問題行動

- 強迫的なテレホンセックス
- ストーカー的"つけまわし"と"しがみつき"
- テレクラやイメクラへの依存
- ネットの出会い系サイト・Hサイトへの没入
- 援助交際や買春への"はまり込み"
- セックスや恋愛への依存症

きく変わり，そこで抱える葛藤や緊張や問題も，微妙に変化してゆく。本研究は，そうした変わりゆく現代社会の「セックスの病」を，精神分析という精神内面に立脚する方法論を通して解明しようとする一連の試みの一つである。

1. マイナーでコア——臨床的に観ると，実に捉えがたく，治療的には，著しく苦慮するような一群の性嗜好の障害と偏倚——

セックスやジェンダーに関する相談や指導，短期・長期に及ぶ精神分析的精神療法を実地で行ってくる中で，"定型的ではなく"，普通の教科書には載っていないような，だからと言って大きなトラブルや破壊的な行為に直接繋がるわけではないけれど，深い精神力動的ひずみを秘めていることをうかがわせるような，"マイナーでコアな性嗜好障害"（**表3**）と，しばしば出会うことがある。

このようなマイナーでコアな性嗜好障害の精神医学的な理解の前進という目的のみならず，精神医学的な疾患がそして性的問題行動が社会や時代の変化と密接に結びつくことも明らかにしたいと意図している。

具体的には，「電車内痴漢」「盗撮行為」「わいせつ電話」「汚物愛好」「幼児ポルノへの耽溺」「ファイトクラブ」「奇異なフェティシズム」「窒息性愛」などを指している（**表4**）。

これらはいずれも，以下のように位置づけられる。

① 臨床的に観ると，実に曖昧で・捉えがたく・込み入っている。しかも，その臨床像や範囲についても，未知の部分があまりにも多いのではないだろうか。

② 非定型的・付随的・複合

表3　マイナーでコアな問題行動

・セックスと性的イメージの強烈な追求が中心に置かれている。
・これらの多様な問題行動は，厳密な意味では，パラフィリアに属さない。
・パラフィリアときわめて近似・類似した行動パターンと形態を表している。
・上に記載した，"一群のパラフィリア"と，"性愛的問題行動"とを，相互に関連づけて解明する視点が，重要だと考えている

表4　性嗜好障害の一群と想定

・電車内痴漢
・盗撮行為
・わいせつ電話
・汚物愛好
・幼児ポルノへの耽溺
・ファイトクラブ
・奇異なフェチシズム
・窒息性愛
・髪切り魔

的なパラフィリアと呼べる状態と見なしうる状態ではないだろうか。
③ 診断‐分類学的にも，その位置づけや規定が困難であって，診断基準も，欠落しているか，あるいは不十分な状態にとどまっているのが現状である。
④ しかも，これら一群の性嗜好の障害が，社会的・法的問題と交差し，深く関連していて，そうしたこともあり，治療的には，取り扱い・対処・方向づけに，著しく苦慮することになる。

2. 電車内痴漢行為

本稿は，このような"新奇で新種の性嗜好障害の一群"に関する一連の研究の「第一報」として，《電車内痴漢》について報告するものである。筆者は，これまでに26例に及ぶ《電車内痴漢行為》の精神療法を含めての治療的相談を行ってきた。その経験にもとづいて，電車内痴漢行為の臨床像を明確化し，そして精神療法を含めての治療的可能性についても，検討を加えたいと考えている。

(1) 来談者の推移と増加（図1）

最初に，「相談件数の推移と増加」を取り上げてみよう。図1に示されている通り，その激増ぶりは顕著である。

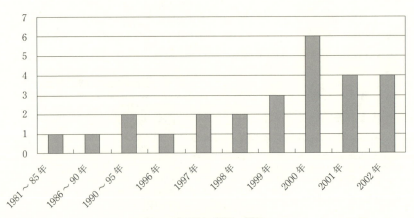

図1　来談者の推移・増加

表5 最初の相談者の内訳
全26件 (1981年～2002年)

最初の相談者	本人	配偶者パートナー	家族父親・母親・兄弟	知人関係者
件数	7件	13件	4件	2件

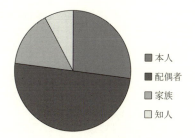

図2 最初の相談者

　1981年～85年の5年間に，筆者にとっての最初の1例の来談があった。そして，86年～90年にかけての次の5年間にも，わずか1例を経験したに過ぎなかった。つまり10年間で，2症例に出会うに止まっている。そして，91年～95年の5年間でも，2例の来談といった具合に，ここまでは2～3年に1例という来談のペースで進んでいる。ところが，それ以降になると，年平均1～2例となり，何と2000年には，6例の相談を受けるまでに至ったのである。

(2) 最初の相談者 (表5，図2)

　次に，《最初に相談しに来た人》が誰であったかについて説明をしておかなければならない。電車内痴漢行為の当事者全26件で，そもそも最初から本人による相談や問い合わせがあったのは，7件に過ぎなかった。《最初に相談しに来た人》で一番多かったのは，配偶者・パートナーであった。全26件中13件ということからも，これは全体の半数になるだろう。それ以外には，両親や兄弟が4件あった。驚いたことは，学校の恩師，職場の上司からの相談を受けたことがあったことである。これが**表5，図2**の知人・関係者の2件に該当する。これらの数字からも，電車内痴漢において，自発的来談が乏しいことは明白である[注1]。

(3) 3年以上の精神分析的精神療法例 (表6)

　26例の中で，3年以上に及ぶような精神分析的精神療法を行うことができたケースは8例であった。こうした長期にわたる精神療法的観察から，電車内痴漢行為の臨床像と，クライエントを問題行動へと駆り立てる契機や動因を，より具体的にかつ深く掘り下げることができたように思われる。**表6**で

表6　3年以上の精神分析的精神療法例

症例	年齢	職業	結婚歴	性経験	逮捕歴	初発年齢	常習性	症状・問題行動	治療予後
1	32	失業	既婚	有	2回	19	△	軽うつ	改善
2	35	会社員	既婚	有	1回	36	×	SP	改善
3	28	失業	独身	無	3回	14	○	SPD	不変
4	27	技術職	既婚	有	1回	26	×	無	改善

は，その中の4例を紹介した。

この4症例は，「年齢」的には，20代後半から30代前半に集中している。

「職業」は，第1例と第3例が，電車内痴漢行為が発覚してしまい，失職することになってしまっていた。第2例と第4例は，幸運にも会社にばれずに済み，事が収まった模様であった。第1例は奥さんに，第3例は両親に，生活の援助をしてもらっている。

それぞれの「結婚歴」と「性経験」に関してであるが，第3例を除いては，すでに結婚している。いずれのケースにおいても，性経験に関しては，貧弱であり，長年にわたりセックスレスの状態になっていると聞いている。

「逮捕歴」は，次の「初発年齢」と「常習性」などと，関連させて見てみることで，電車内痴漢行為の臨床的な展開やその進行状況が，どのようなものであるかが浮かび上がってくる。電車内痴漢行為という問題行動の発症，進行，パターン化といった展開を理解しておくことは，きわめて重要である。

第2例，第4例には，「常習性」が見られず，「逮捕歴」も1回に止まっている。世間でよく言われるような，《魔が指した》という表現がぴったりの人々であった。こうしたケースでは，「初発年齢」は，さほど低くなくて，青年期後期，だいたい20代半ばを過ぎてからになる。

それに比べると，第1例，第3例は，10代の半ばから後半にかけて，電車内痴漢行為が出現し，それは強固な行動パターンとして形成されていることが容易に推測できる。その意味で，常習性が形成されており，問題行動の反復につながり，結果として，逮捕歴が重なるという事態を生むこととなる。特に，第3例では，中学生の時の電車通学から始まっていて，電車内痴漢行為は，すっかり日常生活の一部となっていた。そのために，逮捕された時も，「どうして，今さら，問題になるのかわからない」という気持ちになったと，語っていた。

精神療法的関わりの中で最も驚かされたことは，電車内痴漢行為のケースにおいて，「神経症状や抑うつ状態，他の問題行動など，付随する精神医学的問題」が，ほとんど見いだせなかった事実である。12章で取り上げた「セックス依存症」のケースでは，すべてのケースに神経症状や深刻な抑うつ状態，アルコール依存や問題行動が付随していて，ほとんどのケースが，パーソナリティ障害に属していたことを考えると，電車内痴漢行為の健康度の高さには，逆に驚かされた。またこうした電車内痴漢行為という常習化され反復される問題行動と，パーソナリティ構造の安定水準との関連性を捉えることが最も難しく，筆者にとっての"最大の謎"となっている。

まとめ

電車内痴漢行為の精神療法的観察から，いくつかの臨床的考察と見解，現時点での見通しを提示しておきたいと思う。

(1) 電車内痴漢の臨床的特徴 (表7)

表7に挙げた5点を，電車内痴漢の臨床的特徴として，まず最初に指摘しておきたい。

第1点は，「電車内に限局された行動パターン」であること。つまり，それ以外での性的問題行動の可能性が，存在しないという点である。

第2点は，「性的興奮のあり方が，きわめて限定されいて，かつ独特」である点。電車内痴漢行為においては，「性的興奮が，つねに伴っているとは限らず」，しかも「直接的な性的満足を求めているわけではない」という点に，より注意を払わなければならない。この点が，「電車内痴漢行為」の問題行動上

表7 電車内痴漢行為の臨床的特徴

- 電車内に限局された行動パターン。
- 性的興奮のあり方が，独特。
    1. 性的興奮が，つねに伴っているとは限らない。
    2. 直接的な性的満足を求めているわけではない。
- 対象となる人物やイメージが，固定されている場合と，不特定・固定していない場合がある。
- 一回性，常習性，はたまた周期性がある。
- 現代病である。

で最も誤解されている点である。

第3点は，電車内痴漢行為においてその対象となる人物やイメージ（被害者・被害者イメージ）が，最初からはっきり決まっているグループと，不特定で，固定されていない，言い換えれば"行き当たりばったり"のグループに，明瞭に分かれる点である。

第4点として，電車内痴漢行為には，臨床的な均質性がないことに注目を払わなければならないだろう。

① 問題行動が，1回限りで終わってしまうような，いわゆる"魔が刺したとしか言いようがない"ケース。
② 常習性を内包させていて，人生の長期間にわたって繰り返されるようなケース。
③ はたまた人生のある一時期に，電車内痴漢行為に走りながらも，その後10数年にわたってそれに類似した行為は行わなかったにもかかわらず，10年，20年後になって再発させてしまうような周期性をもったケースもあった。

(2) 電車内痴漢と"Frotteurism"と"Toucheurism"との異同 (表8)

以上の臨床的特徴の整理を通して，次の点が，検討課題になった。それは，診断・分類上の問題なのであるが，「電車内痴漢行為」は，しばしば"Frotteurism"，あるいは"Toucheurism"と混同されることが多かったように考えられる。実際，筆者自身も「臨床心理的意見書」を求められた際に，電車内痴漢行為を，このように精神医学的に分類し位置づけてきたと思う。しかしながら，電車内痴漢行為の臨床例が増えるにつれて，西欧社会で作り上げられたこの窃触症と呼ばれる疾患群と，電車内痴漢行為とが近似していた

表8 電車内痴漢行為
Frotteurism、Toucheurism との異同

- 電車内痴漢行為はDSM-IV-TRにおける"Frotteurism"，あるいは"Toucheurism"と，混同されることが多かった。
- この両者には，多くの類似点が認められるものの，必ずしも同一ではない。
- わが国における，電車内痴漢行為には，それ独自の定義と基準が，必要とされる。

としても，重複していたとしても，同一のものと見なしえないように思われてきた．

DSM-IV-TRにおける"Frotteurism"の定義を参照してみると，この両者には，多くの類似点が認められるものの，必ずしも同一ではないことがわかる．筆者としては，我が国における「電車内痴漢」には，それ独自の定義と基準が必要とされるのではないかとも，考えている．

（3）アジア新興国のメガシティに出現した新たな性嗜好障害

最後に，電車内痴漢行為が，アジアの現代病であることも付け加えておこう．人口爆発と集中によって急速に大都市が形成され，近郊に巨大住宅街が作られる．その結果，近郊の住宅地から都心部へ長時間通勤をせねばならず，しかも満員電車のような非人間的空間に長時間閉じ込められるという社会的条件が生まれた時に，電車内痴漢行為という問題行動の発生要因が醸成されるのではないだろうか．つまり東京を始めとして，北京，上海，ジャカルタ，バンコク，ムンバイのようなアジアの巨大都市群において，電車内痴漢行為という疾患は生まれるのだと，筆者は社会歴史的視点から考察している．長時間通勤もなく，満員電車もないヨーロッパの都市や，マイカー通勤が日常的な米国の都市では，このような問題行動は発生しにくい．

注
(1) 2000年以降になると，担当弁護士からの相談や依頼が増えてくる．弁護士からの説得や裁判での有利な判決を引き出すための受診という，疾病利得的な側面も顕著であった．

Ⅴ　小児性愛の謎

14章　小児性愛の精神医学的解明と精神力動的理解

(2000年発表)

はじめに――臨床的問題点と再検討――

　今日，小児をめぐる社会的・家族的状況は大きく変化しつつある。そうしたなかでも，とりわけ性的問題は，――例えば，児童の性的虐待，児童ポルノ，そして海外における児童売春・国内での援助交際[15)19)]，さらには近親姦[2)]や児童への性犯罪，等々に見られるとおり，複雑化し，かつ深刻化している。本稿の主題となる「小児愛」に関しては，話題とされることが多いわりには，問題の整理や明確化は進んでいない。むしろイメージばかりが先行してしまい，筆者から見ると，議論が錯綜しているように思われるのである。
　小児愛は，しばしば児童への性的虐待や児童への性犯罪などと混同され，時として同一視されて，論議されてきた（この両者は，小児愛と部分的に重なるにせよ，臨床的には距離が明白に存在している）。これまでに提出された症例報告や調査には，性的虐待の事例や，性犯罪で裁判を受けて刑務所に収監された事例などが，数多く含まれていた。これらを厳密に検討した場合，臨床的には「小児愛」とは見なしえないような事例が，小児愛として報告されていることが少なくない。こうした疑問点を踏まえて，AraijとFinkelhorは，小児愛の領域について批判的な概観を行った（1985年）[3)]。そして「小児愛研究は，理論的にも，方法論的にも，重大な欠陥と不備をさらけ出している」との結論に至ったが，彼らの見解には，筆者もまったく同感である。
　これまでに筆者は，7例の小児愛者との精神療法的面接を行ってきた。そのうちの5例は，短期間で終了してしまった事例であるが，2例は長期間の精神分析的関与が可能であった[29)]。こうした筆者自身の臨床的経験に加えて，以上の個所で指摘したような研究上の問題点をも再検討しつつ，ここでは小

児愛の臨床的全体像を記述できればと、願っている。

1. 定義と臨床像

「小児愛 (pedophilia)」とは，子どもを性的欲望の対象とした，パラフィリアの一つである[26)28)]。子どもとの性的空想を中心に置いて，小児愛のさまざまな行動が展開している。それは子どもへの，単なる関心や愛着などではない。特有の子どものイメージを，性的空想の内部に構築し，そのような子どもとの性的接触を実現しようとしてやまない。実際には，成人間でなされるような性行為には至らない場合が多い。しかしながら，小児愛者にとって子どもとの性接触は，強い性的興奮と高揚感を得るみなもと，しかも唯一のものなのである。

筆者の精神療法的面接から，小児愛者が，次のような行為を，子どもたちに試みていることがわかった。そうした行為については，数多くの臨床的報告を整理してみても，同様の知見が得られている[6) 11) 21) 31)]。

・子どもの服を脱がせては，子どもの性器を観たり，触ったりする。
・自分の性器を，子どもの前に露出して見せたり，子どもに触らせたりする。
・子どもの前で，オナニーをしてみたりする。
・子どもにフェラチオさせたり，クニリングスをしてやったりする。
・自分の指，ペニス，時には物体を，子どもの口，肛門，膣に入れたりする。そうするようにと，子どもに強制をする。

追い求められる子どもたちの年齢は，だいたいにおいて 12～13 歳以下である。つまり"子どもらしさ""子どもの面影"が，残されていなくてはならないという意味であろう[(注1)]。つまりこの年齢を過ぎると，第二次性徴によって，男くささ・女くささが表れてきてしまい，小児愛者の欲望をそそらない。つまり小児愛者は，"大人でない存在"に引きつけられるのである。

＊女性の小児愛について

精神医学的に興味深い点としては，小児愛者のほとんどすべてが，男性例であることである。筆者が知りえた範囲で，女性例の報告は，現在のところ皆無に近い[8)]。この点については，女性が子どもに密着することに対して，男性がそうすることに比べると，はるかに許容度が高いという社会的背景が，

関連しているのかもしれない。筆者としては，そのような心理‒社会的な要因・力動を，推測している。

2. 分類と副分類

小児愛者の性的空想・イメージはさまざまで，その行動も多様であるが，主要な特徴点がいくつか存在している。それに依拠して，分類と副分類を試してみることは，小児愛の臨床的整理にとどまらず，その全体像の把握にも有効だろう。

(1) 専属型 (exclusive type) と非専属型 (nonexclusive type)

小児愛者は，性的欲望の対象を子どもに限定しているタイプと，子どもと成人の両方に欲望を向けるタイプとに分類できる(注2)。

a) 専属型 子どもにしか性的魅力を感じないタイプ。成人には，性的にまったく無関心。そのために，成人との性体験は皆無か，あったとしてもきわめて義務的・役割上のものにすぎない。このタイプは，多くの場合，未婚状態にある。"純粋に"子どもだけを欲望するタイプ。

b) 非専属型 子どもに強く性的に引きつけられるものの，時として成人に対しても，性的欲望を向ける。このタイプでは，いくつかの程度を想定することができるだろう。つまり成人との恒常的な関係が維持できて，性的体験が満足のいくものから，強く小児愛にのめり込み，成人とは，不安定で，希薄な性的関係しかもてないものまで。

(2) 異性愛型 (heterosexual type)，同性愛型 (homosexual type)，両性愛型 (bisexual type)

性的方向性・選択によって，小児愛を分類する方法である。この分類案は，数多くの臨床家によって使用されており，また非常に役立っている[6) 12) 21)]。このように異性愛型，同性愛型，両性愛型の三つに分類することは，単なる性的選択の問題にとどまらない。それは，これらの三つのグループそれぞれにおいて，臨床的特徴の違いが存在していることを明らかにしている。異性愛型，同性愛型，両性愛型では，発達歴，家族的背景，パーソナリティ構造，小児愛行動の出現が，かなり異なっているのである。この分類案の価値は，

それぞれのグループの臨床的特徴を，非常によく把握したことにあるだろう。

　a) 異性愛型　　女児を，性的対象とするタイプ。女児のイメージは，8～10歳ぐらいが好まれるようである。このタイプは，一人の女児とだけ関係する。

　b) 同性愛型　　男児を性的対象とするタイプ。男児のイメージは，異性愛型における女児のイメージよりも年齢幅が広い。異性愛型とは異なり，このタイプは，多くの男児を相手にする。

　c) 両性愛型・不明瞭型　　男児・女児の双方を性的対象とするタイプ，あるいは性的選択が不明瞭なタイプ (undifferentiated type)[13]。小児愛者の大多数は，はっきりとした性的選択を行い，このようなタイプは全体の5～25%との報告がある[7]。筆者から見ると，このグループの臨床像は非常に曖昧で，捉えどころがないという印象を与える。

　ここで，「同性愛型」に関連した，筆者の興味深い臨床的エピソードを紹介したい。

【症例A】Aさん　34歳の男性同性愛者

　精神療法のなかで，Aさんの最初の同性愛体験が語られた。それは中学校1年生のときであった。当時Aさんはクラブ活動をしていたが，その担当の先生（30代）から，性的な関係に誘われたという。「ただ最初は，可愛がってくれているだけだと思っていた」と，Aさんは回想している。やがてその先生の自宅にしばしば遊びに行くようになり，性的行為に発展した。そうした関係は，Aさんが卒業するまで続いていたという。Aさんによれば，「先生は若い子が好きで，僕が高校生になると捨てられました。飽きられたというよりも，先生は，若い子しか相手にしないのだと思いました」。この話は，筆者が患者から聞いた，小児愛者のエピソードである。

　Aさんの話を整理すると，この人物は小児愛者の臨床像に十分に該当するものと思われる。それも，男子中学生に性的な関心を向けていることから，「同性愛型」の典型例なのではないだろうか。さらに，Aさん以外の男子生徒2～3名とも性的接触をもっていたことや，その後も独身を続けていることから，「専属型」で，「固着型」に属すると推測できる。

　この場合，たまたまAさんも，同性愛者であったことから，小児愛行為は表ざたにはならなかった。しかし，このAさんの中学生時代のエピソードは，教師と生徒との間に生ずる，小児愛の知られざる一面を垣間見せてくれる。

それはまた，小児愛が発覚し，事件になってしまう以上に，数多いという事実を，われわれに教えている[5]。

(3) 固着型 (fixated type) と退行型 (regressed type) (表1)

　この分類案では，発達論的立場より，小児愛者を固着型と退行型の二つのタイプに，おおまかに整理する。この分類方法は，すべての小児愛に適合できるものではないにせよ，その全体像の解明には大いに役立つものである（表1は，Grothらによって提出されたものを，精神力動的－精神療法的観点より，筆者が修正と補足を行い，作成した）[14)29)]。

　a) **固着型**　思春期の性的な自覚の始まりから，このタイプでは子どもが性的欲望の対象となっている。その後もまったく変化することなく，あたかも小児愛へと固着したかのようなタイプ。心理性的な構造化における"発達停止"が，推測される (arrest of psycho-sexual development)。

　b) **退行型**　このタイプでは，成人期に至った後に，小児愛を出現させる。それまでは大人に性的欲望を向けていたが，さまざまな心理的・社会的ストレスや葛藤が加わったために，欲望の対象を，子どもへと退行させてしまったタイプ。退行によって発生した，ある種の問題行動 (acting out)。

3. 性的外傷

　小児愛の病因，あるいは背景の一つとして，発達早期における性的外傷あるいは性的虐待の体験の存在が強調された時期があった。その外傷説は，多くの研究者から支持を受けたこともあったようである。しかしながら，近年では，性的外傷の実在性を疑問視し，また明確に否定する研究者も現れている。そうした研究動向を反映してか，DSM-III-R（1987年）において記載されていた性的外傷への言及は，DSM-IVでは完全に削除されてしまっている。

　筆者が精神療法的に関わったすべてのケースにおいて，"実際の性的外傷"を見いだすことは困難であった。しかしながら，"性的外傷に関係する空想"は，すべてのケースで実に豊富であった。はたして性的外傷は実在していたのか，はたまた"幻想による再構成の産物 (reconstruction)"なのか，この点に関しては，今後の研究を俟たなくてはならないだろう[22)]。

表1　固着タイプと退行タイプ

タイプ	固着タイプ（fixated）	退行タイプ（regressed）
本来の性的方向	最初から子どもに向かう	もともとは成人へと向いていた
小児への性的関心が出現した時期	思春期・青年期の早期から始まる	成人期に至って表れる
促進させるようなストレスの有無	とりたてて見いだせない	明白に存在し，関係している
小児愛行為へのあらかじめの準備，あるいは計画性	入念に準備されていて，実に計画的である	計画性がまったくなくて，衝動的である
自己同一視をする相手・対象	子ども	成人としての子ども
小児の性	男児がほとんど	女児が多い
成人との性接触・性関係	ないか，あってもごくわずか	成人と子どもの両者とある
結婚	だいたいは独身のまま	ほとんどが結婚している
アルコールや薬物の乱用の影響	無関係	しばしばアルコールと関係している
性格の特徴	未成熟	伝統的ライフスタイルを守って暮らし，一定度の安定性を保っている
精神力動の中心	発達停止（developmental arrest）	生活上のストレスを処理する試みであって，ある種の問題行動（acting out）
主要な防衛機制	排除	部分的な抑圧と分裂の共存
不安の水準	共生不安（原始的）	解体不安（精神病的）
空想	母親からの去勢恐怖	母親と父親からの去勢恐怖
対象関係	自己と対象の幼児的な一体化 自己対象関係（H. Kohut）	自己と対象との分離を前提とした部分対象関係
自己感覚とイメージ	自分は，いつまでも子どものまま	子どもの心をもった大人
ナルシシズム	万能的で，時として誇大的	self-esteem が低く，自己疎外的
erotic drive	衝動は未成熟で，自体愛的（お医者さんごっこ的）	衝動は部分的で，制止を受けているか，ほとんど不能の状態
gender identity	女性化しているわけではないが，性差意識は未発達のまま	女性的ではない 男性性の確立は不完全
攻撃性	passive-aggressive	passive-aggressive
転移	きわめて依存的な側面が優勢な前エディプス水準 自己愛転移に類似	エディプス的な側面と前エディプス的な側面との振幅が大きい

4. 診断基準と鑑別

　小児愛の診断基準として，現在は DSM-IV が広範囲に使用されている。筆者の臨床経験に照らし合わせても，多くの点で合致しており，信頼性を置いている。そこでここでは，DSM-IV の診断基準を紹介するが，その場合でも，すでに記述してきたような臨床像や分類・下位分類を参照して，小児愛の診断と鑑別の正確さを期していただきたい。

(1) 診断基準 (DSM-IV)
　a) 思春期前にあるような子ども (13歳ぐらいか，それ以下) との性的行為を求める。空想や衝動，そして行動。この空想からは，強烈な性的な興奮が引き出される。対象となる子どもが，一人か，あるいはそれ以上の場合。さらにこうした傾向が，少なくとも6ヵ月間は，繰り返し続いている状態にあること。

　b) こうした空想や衝動，問題行動は，当人にとって，苦しみの原因となっている。それは臨床的に見て，大きな苦痛というだけではすまないだろう。社会的・職業的不利益，生活面でのさまざまな損失を，当人に引き起こしている。

　c) その人物は16歳以上であること。しかも，対象との年齢差は5歳以上でなくてはならない。

(2) 鑑別診断，および留意しなくてはならない点
　a) 他のパラフィリアとの違い
　i) 露出症 (exhibitionism)　　子どもに露出行為をする露出症と小児愛との鑑別点は，次のようになる。露出症者は，子どもとの間に空間的にも心理的にもつねに距離があって，子どもへの身体的接触を求めることはない。ただ子どもの反応を楽しんでいるだけである。それに対して小児愛者は，子どもにできるだけ近づこうとするし，子どもへの親近感を隠そうとはしない。こうした行為から始まって，身体接触へと発展していく。

　ii) 近親姦 (incest)　　近親姦と小児愛とを混同してはならない。この両者の鑑別は，重要である。つまり近親姦の加害者のほとんどは，家族以外の子

どもとの性的関係を求めることはない。したがって，この点において近親姦は小児愛とはかなり異なっている[2]。

　iii）**児童虐待**（sexual abuse of children）　児童への性的暴力は，子どもに向けられた，主として近親者の敵意や憎悪にもとづいている。したがって小児愛との違いは，おのずと明らかである[9]。

b）アルコール依存，抑うつ状態，パーソナリティ障害など，他の疾患との関連性

　小児愛と他の疾患との結びつきは容易に見いだされる。しばしば小児愛者は，アルコール依存や抑うつを併発させているからである。またそれだけではなくて，こうした疾患が，小児愛の問題行動の表面化・激烈化の，きっかけとなっている場合が，少なからずあるからである。とりわけ「退行型」では，その傾向がはっきりとしている。

　パーソナリティ障害（personality disorders）との結びつきは，今後の研究課題となるものであろう。筆者が精神療法的にアプローチした7例は，いずれもパーソナリティ障害の診断が，記述的にも精神力動的にも，妥当なケースであった[16)29)]。Langevinが，142人の小児愛者の心理学的調査を行った報告を読むと，おおかたの小児愛者が，パーソナリティ障害との診断をかつて精神科医より受けていたことがわかる（異性愛型63％，同性愛型70％，両性愛型50％）[21]。

5．症例と精神力動

（1）小学生の男の子への性的接触（副分類：専属型－同性愛型－固着タイプ）
【症例B】男性　28歳　フリーター　独身

　B君は，口数が少なくて内気でおとなしい性格。周囲からは孤立してしまって，自分の世界の内部に閉じこもってしまう感じ。高校を卒業してからは，定職に就かないまま，アルバイト暮らしを続けている。

　30歳近いというのに，高校生に間違われることが多い。"永遠の少年"といった雰囲気で，男くささがまったく感じられない。こうした外観だけではなくて，人間的にも実に幼かった。こうした幼さのために，同年代の友人とは話が合わず，接点がもてないのである。また強いタイプの友人の言いなりになりがちだった。

2人兄弟の年下で，母親からは溺愛された．父親は中学校の教員，母親は市民活動家である．父親は内向的で非社交的な人物で，B君とよく似ている．母親はそれとは正反対で，実にエネルギッシュな女性である．

B君は，スポーツが上手ということもあって，ここ3〜4年はプールの監視員のバイトをしていた．やがてそこで知り合った小学生の男の子と，性的な遊びを行うようになった．最初は，一緒にシャワーを浴びたりしていただけだった．やがて男の子に，「自分のオチンチンを見てごらん」と誘ったり，触らせたりしていた．そして男の子のパンツを降ろして，性的接触をした．B君は，何人かの小学生と，こうした行為を繰り返していたという．本人は，悪いことをしたとはまったく思っていない．

男の子への性的接触はここ2〜3年のことらしいが，高校生のときから男の子を可愛がるようになったという．そのころは，性的接触が目的というよりも，ただ男の子を可愛がりたい，愛撫したい感情が強かったという．事実，男の子と接しているときだけは，はしゃいで，明るい感情が表現できていた．

B君の精神力動の特徴　B君において，精神力動の中核には，"発達停止 (developmental arrest)" がある[35]．B君の"幼い感じ"はそこに由来するものなのだろう．事実，子どもに自己同一視をすることで，B君は自分自身を子どものようにイメージしていた．男の子への性的接触は，第三者が想像するような，大人の男性の子どもに対する行為ではなくて，子ども同士の遊びと，B君は思っていた．事実，"お医者さんごっこ"のつもりだったようである．Kohutが提示するような自己対象（selfobject）が，B君の小児愛には顕著であった[18) 35)]．

(2) 中学生の女の子への性的接触と援助交際（副分類：非専属型−異性愛型−退行タイプ）

【症例C】男性　42歳　自営業　既婚

　Cさんは，神経過敏で落ち着きのない人物という印象であった．すぐに不安になりやすく，思うようにならないと心を閉ざしてしまうタイプである．年齢のわりには，ものの見方や考え方が単純であった．Cさんは5人兄弟の4番目で，実家が豊かでなかったために，中学卒業後すぐに上京して就職した．Cさんは仕事熱心一途で，今では小さな飲食店の経営をするまでになった．

　25歳で見合い結婚をし，子どもは2人いる．奥さんは感情的で，Cさんに

口うるさかった。夫婦関係はあまりうまくいっておらず、緊張しがちである。Cさんの話では、仕事の苦労は大変なようで、年々酒量が増えてきた。ただし、酒が入ると大胆になって、行動的になった。

4〜5年前から盛り場で、中学生ぐらいの女の子に、声をかけるようになった。食事に誘ったり、プレゼントをしたりしていた。近ごろは、"援助交際"にのめり込むようになった。「はじめは、知り合った女の子を抱き締めていると、それだけで嬉しい」と、Cさんは語っていた。やがて女の子を裸にして、全身を触ったり、その前でオナニーをしていた。「性的能力が低下したので、大人の女といるよりも、女の子とじゃれている方が、気分的に楽だ」という。ときどき、自責感に襲われたり、抑うつ的になることもあるようである。

Cさんの精神力動の特徴　Cさんの中高年に入ってから始まる、唐突とも思えるような、小児愛の背景には、不安定な心理性的構造（psychosexual organization）の存在がある。とりわけ、部分的なために不完全だった抑圧と、ある種の分裂（splitting）を指摘することができるだろう。Cさんには成人女性への嫌悪や拒否感があったが、それはCさんの母親に対する憎悪の抑圧と深く結びついていた。母親との葛藤は、Cさんに男性としての欲望を、分裂・排除させる方向へと動いた。事実、Cさんにとって、小児愛とは、エディプス化を否認した、"ママごと遊び"の世界である。そこでは、甘えたい気持ち、可愛がられたい感情を、Cさんは安心して表現できたのである。おそらくは、Cさんの長年にわたる苦労、そして夫婦の不和の積み重ねが、心理性的構造の不安定さを表面化させてしまった。そして、小児愛という問題行動（acting out）へと、Cさんを走らせてしまったのであろう[17]。

6. 治療と予後

小児愛の治療に関しては、さまざまな学派・立場から、すでに多様な治療的な試みがなされてきた[20]。残念ながら、現時点で確立された治療法は一つもないのが実情である。そうした現状を踏まえ、もしも確実な成果をあげようとするならば、薬物療法や入院治療、またいくつかの精神療法の組み合わせを含む、さまざまな治療法を総合することが、必要とされるだろう。

筆者としては、小児愛に対する精神療法的な関与を中心に、治療可能性を

探ってきた。そのすべてのケースにおいて，良好とは言えないまでも，ある程度の改善が見られている。精神療法的働きかけは，小児愛への空想，欲望，実際の問題行動を，完全に消失させることはなかったが，そうした傾向についての自己洞察を深めることで，自己コントロールの能力を高めることにつながった。また内面的な不安や抑うつ感の改善によって，対人関係の安定や社会生活面での適応も進んでいる。結論から言えば，一定の治療的条件さえそろえば，多少の改善と安定が図られる可能性があるのではないかと，筆者は考えている。

注

(1) こうした"子どもらしさ"，"子どもの面影"の追求，"大人でない存在"への憧憬は，小児愛者の精神力動的‐精神療法的理解にとって，重要なポイントとなる[29)33)]。
(2) この分類案は，主にDSM-IV[1)]で提示されている。しかし筆者の臨床経験を振り返ってみて，この分類案だけでは，小児愛のトータルな把握にとって，不十分であるように思われる。それは，次に説明する **(2) (3)** の分類方法によって，補完される必要があるだろう。

文献

1) American Psychiatric Association (1994) Diagnostic and Statistical Manual of Mental Disorders, Fourth Edition. American Psychiatric Association Press.
2) 荒居百合子 (1999)「近親姦に悩む子等について」.『日本性科学会雑誌』7 (1): 36-40.
3) Araji, S. & Finkelhor, D. (1985) Explanations of pedophilia: A review of empirical research. Bull. Acad. Psychiat. & Law 13: 17-37.
4) 馬場謙一・及川 卓 (1988)「性別同一性役割（Gender Identity Role)」.西園編『ライフサイクル精神医学』医学書院.
5) Cameron, P. (1985) Homosexual molestation of children/sexual interaction of teacher and pupil. Psychol. Rep. 57: 1227-1236.
6) Erickson, W. D., Walbek, N. H. & Seely, R. K. (1987) The life histories and psychological profiles of 59 incestuous stepfathers. Bull. Amer. Acad. Psychiat. & Law 15: 349-357.
7) Erickson, W. D., Walbek, N. H., & Seely, R. K. (1988) Behavior patterns of child molesters. Arch. Sex. Behav. 17: 77-86.
8) Fehrenbach, P. A. & Monastersky, C. (1988) Characterisitics of female adolescent sexual offenders. Amer. J. Orthopsychiat. 58: 148-151.
9) Finkelhor, D. (ed.) (1986) A Sourcebook on Child Sexual Abus. Beverly Hills, CA: Sage Publications.
10) Freund, K. (1967) Erotic preference in paedophilia. Behav. Res. & Ther. 5: 339-348.

11) Freund, K. (1981) Assessment of pedophilia. In: Cook, M. & Howells, K. (ed.) Adult Sexual Interest in Children. London: Academic Press.
12) Freund, K., Heasman, G. A., Racansky, I. G. & Glancy, G. (1984) Pedophilia and heterosexuality versus homosexuality. J. Sex & Marit. Ther. 10: 193-200.
13) Freund, K., Langevin, R. (1976) Bisexuality in homosexual pedophilia. Arch. Sex. Behav. 5: 415-423.
14) Groth, A. N., Hobson. W. F. & Gary, T. S. (1982) The child molester: Clinical obsevations. J. Soc. Work & Hum. Sexual. 1: 129-144.
15) 河合隼雄 (1997)「援助交際というムーブメント」.『世界』1997年3月号 (vol. 632).
16) Kernberg, O. (1992) Aggression in Personality Disorders and Perversions. Yale University Press.
17) Klein, M. (1948) Contributions to Psycho-Analysis. (The Writtings of Melanie Klein, Vol. I, London: Hogarth, 1975)
18) Kohut, H. (1978) The Search for the Self: Selected Writings of Heinz Kohut, 1950-1978, vol 1 & 2. New York: International Universities Press. (伊藤監訳『コフート入門──自己の探求』岩崎学術出版社, 1987)
19) 黒沼克史 (1996)『援助交際』文芸春秋.
20) Langevin, R. (1983) Sexual Strands. Hillsdale, NJ: Lawrence Erlbaum Associates.
21) Langevin, R., Handy, L., Hook, H. J., Purins, J. E. & Russon, A. E. (1985) Erotic preference and aggression in pedophilia: A comparison of heterosexual, homosexual, and bisexual types. In: Langevin, R. (ed.) Erotic Preference, Gender Identity and Aggression in Men. Hillsdale, NJ: Lawrence Erlbaum Associates.
22) Laplahche, J. et Pontalis, J. B. (1985) Fantasme originaire,Fantasmes des origines, et Origines du fantasme. Paris.: Hachette.
23) Oikawa, T. (1990) Schizohomosexuality. In: Socarides, C. W. & Volkan, V. (eds.) Homosexualities, Reality, Fantasy, and the Arts. pp215-244. International Universities Press.
24) 及川 卓 (1983)「男性性確立の挫折と崩壊──性別同一性障害」. 清水・村上編『青年の精神病理』3, 弘文堂.
25) 及川 卓 (1989)「"ジェンダーの病い"と精神分析の実践」. 渡辺編『男性学の挑戦』新曜社. (本書1章)
26) 及川 卓 (1990)「性別同一性とロールシャッハテスト──女装症の精神分析的心理療法とロールシャッハテスト (再テスト) の照合・対比」.『ロールシャッハ研究』32:55-69.
27) 及川 卓 (1992)「セックスの臨床心理学」. 氏原ほか編『臨床心理学大事典』培風館.
28) 及川 卓 (1997)「性倒錯」. 大原・広瀬監修『今日の精神科治療指針』星和書店.
29) 及川 卓 (1998)「パラフィリア──精神分析的精神療法を試みた"小児愛"の一症例」. 風祭・牛島編『精神科ケースライブラリー』中山書店. (本書15章)
30) 小此木啓吾・及川 卓 (1981)「性別同一性障害」.『現代精神医学大系』第8巻

「人格異常・性的異常」中山書店.
31) Plummer, K. (1981) The paedophile's progress: A view from below. In: Taylor, B. (ed.) Perspectives on Paedophilia.London: Batsford.
32) Righton, P. (1981) The adult. In: Taylor, B. (ed.) Perspectives on Paedophilia. London: Batsford.
33) Socarides, C. W. (1988) The Preoedipal Origin and Psychoanalytic Therapy of Sexual Perversions. Madison, CT.: International Universities Press.
34) Stoller, R. J. (1976) Perversion: The Erotic Form of Hatred. Pantheon.
35) Stolorow, R. D. (1980) Psychoanalysis of Developmental Arrests: Theory and Treatment. New York: International Universities Press.

15章　小児性愛者の精神療法的アプローチ

(1998年発表)

はじめに

　その特異な対象・状況を介してのみ，大きな性的興奮や満足が得られる"パラフィリア"には，じつに多種多様な臨床的バリエーションが存在している。そのなかでも，本事例は，小児を性的対象として追い求めるパラフィリアの一種，"小児愛"である。小児愛は，さまざまな事件やトラブルなどによって話題とされることが多いわりには，その臨床的実像となると，いまだに知られていることが少ない。ここでは，小児愛者の臨床像を，正確に描き出すことを試みている。

　あらゆるパラフィリアにおいて，その中心に位置するものは独特の性的空想にあると言えよう。そうしたエロティークな空想のうちでも，中核的な空想が「倒錯のシナリオ」となり，そこからパラフィリアの症状や問題行動が形づくられている。本事例においても，そうした性的空想を基軸にして，小児愛のすべての事柄が展開していた。

　小児愛者にとっては，小児が自己同一視され，また自己愛対象となっていることは，容易に推測される。しかしなぜ，小児愛へのエロティークな衝動がひき起こされるのか，そして時には破壊的な感情をも向けることになるのかについては，不明なままであった。本事例への精神分析的アプローチから，とりわけ性的空想の分析は，そうした小児愛者の行動の深い意味を，解明する手がかりを与えてくれている。

　約4年間の精神分析的精神療法を通して，倒錯構造の精神力動，そしていくつかの特徴的な防衛機制，とりわけ「性愛化」や「強者への逆転」などが明確化された。病理学的な母子関係と，そこに由来する「圧縮されたエディ

プス・コンプレックス」が分析され，それによって治療的変化が生じたのだった。この精神療法の成果としては，性的空想の意識化や行動化の減少だけにとどまらず，不安感や空虚感の大きな改善が見られた。そして何と言っても，「象徴化の能力」の高まりが出現したのである。

1. 症例の概要

症　例　男性，1962年生まれ，未婚。初診時29歳。

主　訴　小児愛（pedophilia）。

①　**女の子へ向いた性的関心と欲望，そして性的接触，あるいは性交渉に類した行為**（注1）　だいたいにおいて，その対象は小学校4～6年生ぐらいの女の子であるが，ときには中学校の低学年となっている（注2）。

②　**小児愛と直接的・間接的に関連した，数多くの倒錯的な空想や行為**
　小児愛的ポルノグラフィの購入と耽溺。強迫的なマスターベーション，さらに長時間（1日に数回，1回あたり2～3時間）に及ぶマスターベーションへの没入。小さな動物へのサディズム的な行為，とりわけ猫に向けられた殺害行動。

③　**深刻で持続的な神経症的症状**　慢性的な空虚感と抑うつ感，見捨てられた感じ，閉じこもり，あるいは無気力な状態。

家族歴

　患者はひとりっ子である。現在は東京でひとり暮らしをしている。定職には就かず，いくつかのアルバイトと仕送りで生活をしている。郷里には父母が健在。母方の祖父母は，患者の幼い時期に死亡。父方の祖父母は，父親の郷里にて健在。

　父親と母親との年齢差は15歳もある。母親のほうが年長で，父親が年下である。父親が大学生のとき（19歳）に母親（34歳）と知り合い，父親の側の熱烈な求愛と求婚によって結ばれた。母親は保母で，園長職を経験し，現在はパートタイムで幼稚園に勤務している。父親は運送業で，支店長。

　父親は不安感が強く，男性としての自信に欠けている。多くのことを年長の妻に依存して生きている。何かあると妻に対して暴力を振るっていたよう

である。事実，この母親は夫に対して，夫というよりも年の離れた弟に対する姉のような気持ち，あるいは息子に対する母親のような気持ちで接していたようであった。

　父母への親密な感情が患者には乏しい。父親は患者に対してはきわめて優しかったという。母親は夫の世話を焼くことに熱中していて，患者にはそれほど関心を向けていなかったようである。しつけや教育はもっぱら母親が担っていたようであるが，きわめて硬直した考え方を患者に押しつけていた。

生活歴
　父母ともに働いていたため，幼いころは近所の叔母（母親の妹）に預けられることが多かった。家では「いつもひとりぼっちで，鍵っ子だった」という。学業は，小学校は良好であったが，中学に入ってからは低下する一方だった。高校受験に失敗してしまい，やむなく商業高校に入学した。しかし商業にはまったく関心がもてず，夏休みが終わると不登校状態に陥り，その翌年に普通科に再入学を果たした。高校卒業後は上京して，映画・美術の専門学校に入学した。卒業後は，小説家，シナリオライター，映画監督を目指してアルバイト暮らしを続け，現在に至っている。定職に就かないことに関しては，「多くの芸術家の卵は，そうしているもの」と考えていて，うしろめたさも不安も何ら感じてはいない様子であった。

病前性格・性格診断
　夢想的傾向が強く，つねに夢見がちで，現実感覚はきわめて乏しい。将来は小説家，シナリオライター，映画監督として身を立てることを空想している。こうした空想と関係することがらには情熱的で，積極的に行動する。年齢のわりには社会についての認識が甘く，幼児的である。人なつっこく依存的な面と，周囲と距離を置いて孤独を好む傾向とが併存している。友人・知人は多い。友人に対しては依存的であるが，ときとして攻撃的に振る舞うこともある。プライドの高さと，その裏返しとも思える自己卑下や，上に媚びる態度が顕著である。

　性格診断をするならば，"自己愛パーソナリティ障害"に入ると思われる。あるいは，"自己愛パーソナリティ障害"と"境界パーソナリティ障害"との混合型と見なせるのではないだろうか。精神力動的には，"倒錯構造"

(perverse structure）が顕著に存在していると指摘できる。より正確には，倒錯構造と中位水準の"境界パーソナリティ組織体"（borderline personality organization）が合併・重複している状態と言える。

現病歴

　幼いころから性的に早熟だったようである。そうした性的な関心から積極的に振る舞い，近所の女の子との性的な遊びを繰り返していた。周囲の人々はそのことに気づかないか，子どものするいたずらぐらいに見なしていて，重大視はしなかったようである。マスターベーションも早くから覚えていたが，小学校の高学年になるとすっかり習慣化した。中学生のころには，ポルノグラフィへの興味が高まり，しばしば立ち読みを繰り返していた。

　小児愛の傾向は，中学生のころにはっきりと意識したという。高校生になると，街を歩きながら好みの女の子に目を付けては，密かにそのあとを追っていたという。だいたいにおいて，目を付けた女の子との性接触には成功していたという。ただ一度，女の子の家内にまで侵入を図ったことがあったが，女の子が騒いだためにそのときはあわてて逃げ出したという。このできごとのあと，地元での行動には慎重になった。

　上京し専門学校に入ってからは，以前にもまして小児愛的行動が活発となっていった。小学生から中学生（低学年）ぐらいの女の子が集まる所に出入りしては，ナンパを繰り返していた。女の子の誘惑の仕方はますます上手となり，多くの女の子と性接触を積み重ねていった。しだいに金品を与えては性接触をもつようにもなった。女の子をナンパする習癖はしだいに亢進し，町中を徘徊しては，これはと思う女の子の家の周りをうろついたという。ときには家の人に見とがめられて注意を受けたり，警官の職務質問を受けたこともあったという。特定の場所にあまりにも頻繁に現れ，ときには家内に侵入したりするため，その地域でうわさになってしまったこともあったという。ただし，これまで警察ざたになったことはない。

　大人の女性や成長した女性に対しては性的欲望が向かわず，したがって性的経験も乏しい。友人たちとの付き合いで風俗の店に行き，何度か試みただけだという。それも何もしないわけにもいかず義務的に行っただけで，感動のないものであった。結婚の意志は乏しく，独身である。

表1 小児愛の二つの分類——固着タイプと退行タイプ

	固着タイプ（fixated）	退行タイプ（regressed）
本来の性的方向	最初から小児に向かう	もともとは成人へと向いていた
小児への性的関心が出現した時期	思春期・青年期の早期から始まる	成人期に至って表れる
促進させるようなストレスの有無	とりたてて見いだせない	明白に存在し，関係している
小児愛行為へのあらかじめの準備，あるいは計画性	入念に準備されていて，実に計画的である	計画性がまったくなくて，衝動的である
自己同一視をする相手・対象	小児	成人としての小児
小児の性	男児がほとんど	女児が多い
成人との性接触・性関係	ないか，あってもごくわずか	成人と小児の両者がある
結　婚	だいたいは独身のまま	ほとんどが結婚している
アルコールや薬物の乱用の影響	無関係	しばしばアルコールと関係している
性格の特徴	未成熟	伝統的ライフスタイルを守って暮らし，一定度の安定性を保っている
精神力動の中心	発達停止（developmental arrest）	生活上のストレスを処理する試みであって，ある種の問題行動（acting out）
主要な防衛機制	排除	部分的な抑圧と分裂の共存
不　安	共生不安（原始的）	解体不安（精神病的）
空　想	母親からの去勢恐怖	母親と父親からの去勢不安
対象関係	自己と対象の幼児的な一体化　自己対象関係（Kohut H）	自己と対象との分離を前提とした部分対象関係
自己感覚とイメージ	自分はいつまでも子どものまま	子どもの心をもった大人
ナルシシズム	万能的で，ときとして誇大的	self-esteemが低く，自己疎外的
erotic drive	衝動は未成熟で，自体愛的（お医者さんごっこ的）	衝動は部分的で，制止を受けているか，ほとんど不能の状態
gender identity	女性化しているわけではないが，性差・性別意識は未発達のまま	女性的ではないにしても，男性性の確立は不完全
攻撃性	passive-aggressive	passive-aggressive
転　移	きわめて依存的な側面が優勢な前エディプス水準　自己愛転移に類似	エディプス的な側面と前エディプス的な側面との振幅が大きい

この表は文献2）にもとづいているが，及川が精神分析的観察を踏まえて，さらに修正と補足を加えたものである．

性的外傷

　小児愛に関する多くの臨床研究が，小児愛者の幼児期における"実際の性的外傷"を指摘している。こうした小児愛者は，成人する以前に彼ら自身が大人から性的な行為を強要された体験があったり，あるいは性的虐待や性的暴力の被害者であった場合が多いことが報告されている。そして，そこから小児愛の病因論が提示されることとなる。こうした知見は，筆者の臨床経験からみても完全に同意するところではある。ただ，本症例に関してはそのような"実際の性的外傷"を見いだすことはできなかったし，筆者としては，今でも存在していないと思っている。しかし，次の「治療経過」の節で記述するとおり，本症例は，空想レベルでは性的に彩られた外傷体験が実に豊富な人物であった（本症例のトータルな臨床的把握のために，表1を参照のこと）。

2. 治療経過

　精神分析学領域において小児愛の研究は実に少なく，さらにまた精神分析的精神療法になると，その治療報告は皆無に近い。そのため，筆者としても未知の世界に足を踏み入れるような緊張感と不安とがつねにつきまとった。本症例の精神分析的精神療法は約4年間に及ぶものであり，その展開のすべてを記載することは不可能に思われる。そこで，主要な"精神力動的テーマ"に則して治療経過を報告したい。

(1) 精神療法への導入と性的問題行動についての基本的な取り決め

　郷里に帰省した際に，いまだに住民の間で以前に行っていた小児愛のことが広くうわさとなっていることを知って，心配になったという。高校の恩師に思い切って相談してみたところ，「何としても治さなければいけない。このままでは，とんでもないことになるだろう」と，精神科への受診を説得された。地元の総合病院の精神科を受診し，その担当医から筆者への紹介になった。

　患者の外見はがっしりとしていて男性的であるが，話し方や雰囲気は神経質で，全体的にきゃしゃでひ弱な感じを受けた。この体型と雰囲気のギャップが，筆者には妙に印象に残った。文学や映像の話題は実に豊富で，また精神分析への関心も旺盛であり，自分の悩みを積極的に話題にした。一般的な

意味で，こういう人たちは「現状にすっかり満足していて，治療をする気がまったくないのでは」，あるいは「自分自身のしていることについて，自覚や認識が薄いのでは」というような先入観がある。しかし，本症例においては（そしてそれ以外のパラフィリアの事例にあっても）それとは逆であり，「小児愛をどうにかしなくては」「自分のしていることはとんでもないこと」という気持ちを筆者に強く訴えていた。

　この"導入の時期"においては，精神療法開始に際しての一般的な約束ごと（治療契約）だけではなく，本症例の特殊性をも考慮したうえでの重要な取り決めをいくつか行った。言い換えれば，"内的-外的な枠組み作り"とよべるものである。こうした性的問題行動の発生を想定したうえで，それに対する基本的な対応に関して集中的な話し合いを行った。その要点を，ここにまとめておきたい。

　① 性的問題行動に関しては，問題行動は無論のこと，それと関係するさまざまなことがらを生活の細部に至るまで治療者と話し合うこと。こうした率直な態度が，とりわけパラフィリアの症例ではどうしても必要となる。

　② 精神療法の期間中は，性的問題行動を"必ず"そして"いかなることがあっても"コントロールすること。そうでなければ，治療者はこうした問題行動の共犯者の立場に立たされることになってしまうからである。

　③ これが重要な点となるが，どうしても問題行動をコントロールできなくなった場合や，あるいは衝動が高まり不安に陥った場合などにどのように対処するべきかについて，前もって話し合いを行った。筆者としては，こうした事態が生じたときには，まず速やかに治療者に電話などで連絡をすること，そして，コントロールする力を取り戻すのに抗精神薬が効果的であればただちに服用すること，どうにもこうにもならず問題を起こしてしまいそうなときには一時的な入院もありうること，などを伝えた。

　④ 必要に応じて家族面接も行うことがあること。つまり，治療者が必要と判断したときには家族と連絡や接触をもつことがある。

　⑤ これが最後のものになるが，これらの約束をすべて守ることができない場合には，治療の中断もありうることを伝えた。幸いにも，本症例においてはそうした事態には至らなかった。

(2) 治療関係の確立と小児愛的徘徊の減少

　性的問題行動の背後にあるものへの気づきが、この患者の心にしだいしだいに生じていった時期にあたる。それは、性的問題行動やそれに伴う多様な性的空想と、慢性的な空虚感や抑うつ感、閉じこもりたい気持ちといった心の苦しみとが「どこか心の奥深いところで結びついているのでは」という解釈を、患者が受け入れた時期でもあった。

　患者が自分の問題についてトータルな認識を少しずつではあるが獲得できるようになると同時に、治療者への信頼感も確立された。生活の一部に、治療者という安定した対象や精神療法という目標ができた。そのことが、「いつかはこうした欲望をコントロールし、もしかしたら解消できるかもしれない」という希望へとつながっていく。そうした患者の気持ちに対して、当然のことながら治療者の側からも励ましを行った。この時期には必要な励ましにより治療者への肯定的な感情が芽生えていった(注3)。

　こうして治療関係が安定するにつれて、性的刺激や対象を強く求めては町中を歩き回る"小児愛的徘徊"とでもよべる問題行動の一つが、ずいぶんとコントロールできるようになった。それ以前はと言えば、小児愛の対象となるような理想の女の子（あるいはそれに近いイメージ）を求めては盛り場や住宅街を歩き回り、小学校の周囲にまで足を延ばすこともしばしばであった。そして、状況が許すと女の子に声をかけたり、誘ったりもしていたのである。こうした"小児愛的徘徊"は、この時期を境にして減少していった。ただし、これ以後も出現することはあったが、コントロールの効いた範囲で何とか納まるようになった。

(3) 性愛化の分析の進行とマスターベーション

　この時期に入ってからは、性的空想やイメージが積極的に取り上げられるようになった。性的興奮や高揚感の追求が、実はその背後に存在している根深い空虚感・無力感や見捨てられ感をおおい隠すために働いていることへの認識が深まった。それ以後、防衛としての"性愛化"(erotization)に、分析が焦点づけられるようになった。

　特に重要なポイントとして、マスターベーションが多くの手がかりを与えてくれた。強迫的に繰り返され、しかも長時間に及ぶマスターベーションは患者の心身をひどく疲労させるものであったが、どうにもやめることができ

ないというものであった。このマスターベーションへの没入は，ひとりぼっちのとき，あるいは不安感やイライラ感がつのったとき，その回数や頻度が著しく高まったのである。この性的高揚感が不安の鎮静と深く関係していることは明らかであった。マスターベーションは，この患者にとっては，とりわけ母子分離の外傷を防衛するために必須の"自体愛的な充足"の手段となっていたのである。

(4) 圧倒する母親像と去勢恐怖

　強迫的とも言えるマスターベーションには，もう一つ別の重要な意味が含まれていた。マスターベーションをすることで頻繁に性器に手を触れることになるが，それはあたかもペニスの存在を繰り返し自己確認しているかのようである。そのことは，不安定な男性としての自己感覚や身体像を保証し取り戻そうとする試みのようにも思われた。こうした"男としての安定感"の欠落は，なによりも"早期性器期"に発するgender identityの未成熟と深く関連するものであった。そしてまた，母親との分離-個体化プロセスにも大きな障害が存在していたことを暗に示すものである。

　やがてその後の分析で明らかにされるが，この患者の小児愛の背後には，成人の女性への不信感と恐怖，あるときには敵意が潜んでいて，それが成人した女性との関わりを著しく阻害していたのである。この不信感と恐怖は，強大でパワフルな女性から圧倒されてしまうという空想と深く関係していた。この自分を圧倒するようなパワフルな女性と，幼くて弱々しい男の子というイメージが，この患者が表現する多種多様な性的空想の中にしばしば登場していた。それはこの患者と成人した女性との関係を物語るものであるが，そのこと以上に母親との関係を象徴している。つまり，この患者にとって母親は一方では万能視され，ときとして理想化もされるが，他方では支配し圧倒する恐怖の対象にもなっていた。そして，こうした巨大な母親に彼の男性性は脅かされ侵害される危険がつねにあったのである。早期の母子関係にさかのぼるような去勢恐怖が，この患者には確かに存在していた。

　この患者の小児愛の空想内容は，性的な未熟さを表現するものが多かった。空想の内部で，小さな女の子と男の子が単なる性的な遊びと接触を繰り返すが，それはあたかもお医者さんごっこのようにも見なせた。しかし，その空想の意味はそれだけではなかった。その女の子を誘って一緒に遊びながら，

きれいな女の子の服を着せて，喜ばせてから，その服を少しずつ脱がせながら性器をあらわにする。こうした空想には「与えつつ奪う」という，女の子を自由に操りたいという願望が表明されている。それは，自分が自由に操る側に立つことで，操られる無力さを逆転し，強者の立場に身を置こうとする努力であった。あらためて説明するまでもなく，そうした努力は無力さへの有効な防衛ともなる。この防衛は倒錯構造において特徴的なものであり，筆者はそれを"強者への逆転"とよんでいる。

(5) ポルノグラフィと倒錯のシナリオ

マスターベーション空想の内容を分析することを手がかりにして，ポルノグラフィのテーマを取り扱う道筋が，やがて浮かび上がってきたのである。ポルノはマスターベーションと同様に，こうした"倒錯構造"を有する人々にとっては，生活の無意識的シナリオにあたるものなのだった。

この患者が，ポルノグラフィのためにつぎ込むエネルギーや金額は，馬鹿にならないものであった。どうひいき目に見ても，それは度を越していたと言えるし，ポルノ中毒状態に陥っていた。あらためて述べるまでもなく，この患者が切実に求めるポルノとは，小児愛ポルノであった。ただまれには，Ｓ＆Ｍポルノ，レズビアンポルノ，ホモポルノも買うこともあったというが，そのことはこの患者の精神力動を考えるうえで，興味深い点である。小児愛ポルノを，次から次へと買い込み，そのためにはいくつものポルノショップをハシゴすることも，いとわなかったのである。やがては小児愛ポルノの専門店に入り浸り，すっかり"お得意さま""常連さま"になっていた。そして日常生活の中心に，このポルノの購入と耽読が存在するという，生活そのもののポルノ化に至っていた。

この患者が好む小児愛ポルノの粗筋とは，だいたいにおいて決まっていた。子どもから"お医者さんごっこ"に誘われて，しだいに性的に興奮してしまう。相手の子どもから裸にされてしまったり，ペニスを見せるようにと強要されたりする。そしてお互いの性器を見せ合ったりしてふざける。やがて嫌々だけれども，クリニングスをやらされてしまったり，またペニスをいたずらされる。この小児愛ポルノの粗筋こそ，この患者の性的空想の中核にある"倒錯のシナリオ"なのであった(注4)。

この時期に入り，"倒錯のシナリオ"が解明されるにつれてマスターベーシ

ョンへの没入が軽いものになったことや，空想の内容にも微妙に変化が生じたことを，この患者は治療者に報告している。ただそれ以上に興味深いことは，すでに述べたような"生活のポルノ化"という問題に，若干ながら変化が現れたことである。すなわち，倒錯のシナリオが小児愛の空想（ストーリー）として書き上げられていくプロセスとその意味内容が意識化されたことで，ポルノをめぐる問題行動が軽くなったのである。毎日のようにポルノショップに入りびたったり，それを中心にして日課を立てることは，その後は著しく減少した。

(6) 敵意と小動物の殺害

これまでの性的空想や行動化の分析の深まりは，発達早期の母子関係に由来するような強烈な不安や敵意などの情動的体験を露呈させることになったようである。精神療法のプロセスに，また一つ大きなテーマが出現した。

それまで患者が決して口にしなかった破壊衝動について，率直に語るようになり始めた。それは小さな動物（小鳥，金魚）をいたぶることであり，とりわけ大きな問題となったのは猫の殺害であった。近所の猫を一方ではかわいがりつつ手なづけながら，他方で，なついてしまうと今度は時間をかけてじっくりと殺害するのであった。こうした猫殺しを，2～3年前（精神療法開始以前）に繰り返し行っていたという。殺害された猫は莫大な数に達していた。なんともはや，猫の"大量殺人鬼"である。

こうした破壊的な行為のなかに，この患者に独特の投影同一視が働いているのがよく理解できる。それは小児愛の対象と自分自身との関係，つまり"支配し，優位に立ちつつ相手をいたぶるという関係"を彷彿とさせる。そしてそれだけではなく，その対象（無力で無垢な女の子や小動物）との同一視も働いていた。こうした小動物は，彼自身の無力で無垢な自己の一部を代表していると考えられる。この支配してもてあそぶ自己と，もてあそばれ支配される対象とは，圧倒する母親と無力な自分に対応している。それは，そのまま"小児愛の原型"をなすものであった。

さらにここで関心を向けなくてはならない点は，他の小動物とは異なって，どうして猫に対してだけこれほどの敵意と殺意が向いたのかということである。それは，この患者にとって"猫が女性を象徴していた"からにほかならなかった。この猫殺しは，いわば女性への敵意と殺意の置き換えとよべる行

動だったのである。あらためて説明するまでもなく，こうした女性への激しい憎悪は，母親との関係に起源がある。このこみいった投影同一視の分析が進むにつれて，患者には，やがてこうした女性に向けられた恐怖を伴った憎悪と殺意についての自覚が生じた。そして，一挙に母親への怒りが表明されるようになった。それまでは遠くぼんやりとした存在だった母親が，この敵意という問題を中心にして急にリアルなものとして精神療法に登場してきた。

(7) 二つの女性イメージ，欲望の排除された小児愛の世界

こうして女性への敵意の自覚と関連して，この患者にとっての女性イメージが詳しく取り上げられるようになった。小児愛の意味の理解が一歩進んだのである。

この患者が愛着を抱き憧憬する女性のイメージは二つあった。その第1は小児愛の対象となるような小さな女の子であり，第2にはまったく女らしさを感じさせない成人の女性であった。具体的には，女子バレーボールの選手であり，そのなかでもとりわけその鍛えられた体型や激しい運動から男性的とも言えるような女性選手たちであった。しかも彼の最も好むのは，ごつく性格的にもきつい選手であり，その選手の属するチームの熱烈なファンとなっていた。彼はそのチームの合宿所や遠征先をうろつき回ったが，どこかそれは小児愛の徘徊にも似かよっていた。

この二つの女性イメージは，一見したところではそれぞれ非常に異なっているような印象を受けるであろう。しかし，ただ一点において実は同一のものなのである。そのどちらもが女らしさを"拒否され""棄却され"ているのが理解できる。言い換えれば，男の欲望というものに到達できず，欲望される女の存在を"排除"してしまっている。そして彼に残された世界とは，大人の欲望とセックスが決して存在することのない，子どもの愛の世界＝小児愛だったのである。小さな女の子とは去勢された存在であって，すなわち彼の去勢された自己の一面を表していると言えよう。また，男性的な女性とは男根的女性像（phallic woman）であった。どちらの女性のイメージからも，原初的去勢のテーマを垣間見ることができるであろう。ここにおいて，ようやく倒錯構造におけるエディプス，正確には"圧縮されたエディプス・コンプレックス"（condensed Oedipus complex）[注5]の分析へと分け入ることが可能となったのである。

(8) 面接の終了とその後

　精神療法の開始から約4年が過ぎようとしていたころ，患者の母親が急病で倒れるという事態が生じた。父親から，「母親の治療費もばかにならないし，送金も限界。そろそろ郷里に戻り，定職に就くように。今ならばコネもある」という話があった。患者はいろいろな意味で動揺し悩んでいた。それから半年がたってから，患者は父親のアドバイスを受け入れて結局は帰郷することになった。母親の病気と，父親の助言の受容という，いずれも深い精神分析的テーマを，この終結そのものが含んでいるように筆者には思われる。

　その後，ときおり届く患者からの手紙には，ひとまず落ち着いていることが書かれている。問題行動が完全に解消したなどとはとても言えないし，ましてや性的空想はきわめて活発であるにしても，それらが多少なりともコントロールできる状態にはなっているようである。ただ，患者も語ったことだが，性的問題以上に慢性的な空虚感や抑うつ感が解消し，心理的に安定したことが，この精神療法の成果なのではないだろうか。あるいは，その両者であったろう。

　精神分析学的に興味深く思われたことは，彼が地元のミニコミ紙にエッセイを書くようになったことである。東京でシナリオライターや小説家になるという誇大な目標は達成できなかったが，郷里で物書きにはなれたのである。東京では，書こう書こうと焦るだけで何も書けないままマスターベーションとポルノの空想に溺れていただけだった。このエピソードは，性的空想を活用し，そして内的世界を分節化するという象徴化の能力（symbolization）が育ち始めていることを意味している。

3. 考　察

　これまで，わが国ではパラフィリアに関して，しばしば性犯罪との関係で，犯罪学者や犯罪精神医学者の立場からの見解の表明が多かったように思われる。そのせいなのか，パラフィリアは性犯罪の報告例と，しかもマスコミやジャーナリズムが報道する殺人，傷害，強姦，暴力といった凶悪事件のイメージと，重ね合わされやすかった。そして，すっかり，そのイメージが一般大衆に定着してしまっている。しかし「はたして，それだけなのだろうか」と，筆者は考える。確かにパラフィリアには，こうした深刻な事態に至った

事例もなくはないだろう。ただそれはごく一部であって，きわめてまれなケースなのである。日々の臨床の現場で出会うような大多数の，それこそ平均的な社会生活を送っている，よりマイルドで安定したパラフィリアは，こうした凶悪人・極悪人とはかなり異なった印象を受ける。

こうした一般大衆のイメージだけではなく，専門家内においても一定の先入観ができあがってしまっているようである。それは，「こうしたパラフィリアの性的空想や問題行動は，その当人にとって，大きな性的快感や満足を得るための方法や手段なのだから，そうした行動や空想について，当人はまったく悩みをいだくことなどありえない」とか，当然のことながら「自らの行為や状態への反省も欠け，治療意欲はない，あるいはあったとしてもきわめて乏しい」といったような臨床的先入観である。このようなパラフィリアへの既成のイメージや先入観に対しては，臨床的に慎重でありたいと願う。筆者の臨床経験からみると，パラフィリアは，一方において快感や満足を得ているようでいながらも，他方においては抑うつ感，空虚感，罪悪感に襲われている。しかも，対人関係における情緒的で相互的な心理的交流や対人関係の乏しさに，悩み苦しんでいるのである。

これまでの筆者の臨床経験を振り返ってみると，パラフィリアにはきわめて旺盛な問題意識があったし，それが意外なくらい精神療法的面接への動機づけにつながっていた。また，導入をしやすい事例が多かったのである。それがやがて旺盛な治療意欲へと結びついて，長期間にわたるような精神療法が可能になった症例も，数は少ないにせよ，あるにはあった。そして，ときとして精神療法的な努力が実り，患者にとっては好ましい予後が，そして治療者にとっては新たな知見がもたらされたりもする。この領域は，将来，臨床的に開拓されなくてはならない人間の条件の一つと，筆者は位置づけている。

注
(1) この症例の場合，女の子の性器にさわったり，自分の性器をさわらせたりするという範囲であった。その行為は性的には大きな興奮をひき起こしたものの，女の子の前で実際に射精にまでは至らなかったという。こうした行為で満足してしまうのであって，直接の性行為を求めたり，性的興奮のために小児をいたぶったりするわけではなかったようである。
(2) 筆者の臨床観察では，本症例にも表れているように，小児愛の異性愛型（hetero-

sexual pedophilia) の場合，小児愛の対象はほぼこの年齢幅の女の子となるようである。DSM-IVでは，「女の子は，8歳から10歳ぐらいの子どもが，また男の子では，もう少し年上の子どもが好まれる」と定義・記述されているが，筆者も同じ印象を抱いている。

(3) この精神療法過程における，治療者に向けられた患者の転移に関して，ここで説明しておく必要があるであろう。当然のことながら，陽性面と陰性面を含む転移の多様な側面が取り扱われている。この面接の初期から出現した陽性転移は，治療過程の全体においても優勢であったし，さまざまな意味で治療者は，重要な存在であった。しかし筆者としては，そうした一般的な意味ではなくて，とりわけこの精神療法を進展させるうえで，重要であり意義深かった転移の一面が存在していたことを，強調しておきたいのである。

それは治療者の"理想化"(idealization)に関係した事柄である。治療者は，さまざまに理想化されたし，たしかにこの患者の理想化には，倒錯構造に由来するものが多かったと思われる。しかし，そうした原始的防衛の一部をなすような理想化とは，質的に著しく異なる機能をもった理想化が働いてもいたのである。それは一方で，治療者の自己愛的な理想化とでも表現できる。「自分も先生のようになりたかった」というような，憧れの気持ちを，患者はしばしば語っていた。つまりその際には，治療者は，理想化された対象像としてだけではなくて，自己の一部分として取り扱われていたのである。さらにまた他方では，自我理想としての治療の理想化と呼べるものがあった。"社会的な規範"や"男としてのあり方・生き方"を具体的に指し示すような存在と見なされている。「一人前の男にならなければいけない。そうならなければいけない」という同一化の対象，モデルとしてとらえられていた。このような理想化とは，病理学的な防衛ではなくて，精神内界の構造化を促進させるという建設的・発達的機能を果たしていたのである。そしてそれこそ母子の分離・固体化のプロセスにおいて求められる父親の機能であったことは，明白であろう。こうした理想化を絆として，精神療法は，後述する「圧縮されたエディプス・コンプレックス」の解明へと導かれてゆく。

(4) ポルノへのこのような耽溺を，ただ単に欲望の代理満足の側面から位置づけるだけでは，倒錯構造の症例の理解には，まったく不十分である。つまりこの患者は，こうしたポルノを借用することによってのみ，欲望を脚色したり，視覚化したり，さらには"上演すること"(act-out：行動化)ができるようにまでなる。しかしながら，この患者が飽きもせずに，次から次へとポルノを買い漁るのは，実際のところ，彼の本当の欲望のシナリオを見出せていないためであったろう。そしていま述べたことと，正反対のことを指摘するようであるが，このポルノへの耽溺は，真の欲望を隠蔽しようとする努力という一面もあったのである。

(5) この用語を最初に使用したのは，「境界パーソナリティ組織体」の概念を提示したオットー・カーンバーグである。カーンバーグは，深刻な性格病理を有している多くの患者では，エディプス・コンプレックスのあり方が，神経症水準のそれよりも著しく口愛期的な色彩を帯びていることを見いだした。そしてメラニー・クラインの「早期エディプス」の認識を取り入れつつ，解明を試みたのである。つまり性格の病理が重篤の場合，口愛期の不安や葛藤を抱えたままで，時間的にエディプス局面を迎

える。その結果として，口愛期の不安や幻想によって，エディプス・コンプレックスが原始的な色彩を帯びてしまう事態に至る。このようなエディプスが，口愛期的なものと混合されたり，重複してしまう状態を，"圧縮されたエディプス・コンプレックス"と呼んでいる。

　筆者は，こうしたクライン‐カーンバーグの認識を共有してはいるが，これを倒錯の問題の中心に位置づけて，独自の観点から発展させ，その経緯の精神分析学的説明を試みている（文献13）。

文献

1) Donnerstein E, et al.（1984） Pornography and Sexual Aggression. Academic Press.
2) Groth, N., et al.（1982） Child molester: Clinical observations. Journal of Social Work and Human Sexuality 1: 129-144.
3) Kernberg, O.（1992） Aggression in Personality Disorders and Perversions. Yale University Press.
4) Klein, M.（1932） The Psycho-Analysis of Children. The Writings of Melanie Klein, Vol. 2.（小此木ほか編訳『児童の精神分析』メラニー・クライン著作集第2巻，誠信書房，1995.）
5) Klein, M.（1946） Notes on Some Schizoid Mechanisms. International Journal of Psycho-Analysis 27: 99-110.（小此木ほか編訳『妄想的・分裂的世界』メラニー・クライン著作集第4巻，誠信書房，1995.）
6) Langevin, R.（1985） Erotic Preference, Gender Identity, and Aggression in Men. Lawrence Erlbaum Associates.
7) Meltzer, D.（1973） Sexual of Mind. Scotland: Clunie Press.（古賀訳／松本監訳『こころの性愛状態』金剛出版，2012.）
8) 及川　卓（1983）「男性性確立の挫折と崩壊――性別同一性障害」．清水ほか編『青年の精神病理』第3巻，弘文堂．
9) 及川　卓（1983）「女性忌避――アブジェクションの原表現」．『現代思想』11(5)：203-211.
10) 及川　卓（1989）「"ジェンダーの病い"と精神分析の実践」．渡辺編『男性学の挑戦』新曜社．（本書1章）
11) 及川　卓（1990）「性別同一性とロールシャッハテスト――女装症の精神分析的心理療法とロールシャッハテスト（再テスト）の照合・対比」．『ロールシャッハ研究』32：55-69.
12) Oikawa, T.（1990） Schizohomosexuality. In: C. Socarides, et al.（eds.）, Homo-sexualities: Reality, Fantasy, and the Arts. pp215-244. International Universities Press.
13) 及川　卓（1997）「性倒錯」．大原ほか監『今日の精神科治療指針』星和書店．
14) 及川　卓・馬場謙一（1985）「分裂性同性愛（Schizo-Homosexuality）」．内沼編『分裂病の精神病理』第14巻，東京大学出版会．
15) 小此木啓吾・及川　卓（1981）「性別同一性障害」．懸田ほか編『現代精神医学大系第8巻　人格異常・性的異常』中山書店．
16) Stoller, R. J.（1976） Perversion: The Erotic Form of Hatred. Pantheon.

17) Stoller R. J. (1991) Pain and Passion: A Psychoanalyst Explores the World of S & M. Plenum.

Ⅵ　S＆M（サディズム・マゾヒズム）

受苦より歓喜へ？

16章 S&M（サディズム・マゾヒズム）の精神分析的精神療法

受苦より歓喜へ

（2000年発表）

はじめに

　サディズム・マゾヒズムは，1世紀以上前に Krafft-Ebing [29] によって試みられた，"性愛の病理"の名称化によって，登場した（1886年）[注1]。この一連の命名の作業から，多種多様な性愛の病理が産み出されたのである。その中にあって，サディズム・マゾヒズムは，非常に好評を博して，大衆的支持を得ることのできた，数少ないタームと言えよう。

　20世紀に入ると，サディズム・マゾヒズムは，哲学，文学，戯曲等々の人文・芸術領域における，中心的テーマ群の一つになった観すらある [10] [15] [28] [66] [注2]。日常生活の中にも，サディズム・マゾヒズムが，着実に浸透していることは，S&M雑誌，ポルノ映画，ヴィデオの氾濫を見れば，よくわかるだろう。そして世界中の大都市にいれば，S&Mクラブを見つけだすことは，さして難しいことではないはずである [注3]。そうした人々のニーズに応えて，サービスを提供するS&M産業・商売は，不況知らずだと聞いている。またさらに，サディズム・マゾヒズムの愛好家の組織化が行われ，自助グループも結成されている。

　こうしたサディズム・マゾヒズムの日常化（標準化）の現象と，従来，精神医学で論議された問題との間には，大きなギャップが存在していると，筆者は，つねづね感じていた。「性的マゾヒズム・性的サディズム」という精神医学の〈1項目〉と，日常生活におけるS&Mとは，何の接点もないままに，別次元に存在していたのである。長年，性的障害の臨床的研究に携わってきた筆者にとって，このような状態が続いていることは，学問的にも臨床的に

も，壁にぶつかっているような閉塞感を引き起こしていたのだった。

こうした行き詰まりを，打開したいと模索していた筆者にとって，Stoller[43)49)]による「臨床的エスノグラフィ」[(注4)]の方法論と知見は，実に驚きであった。まさしくそれは，臨床現場の視点と社会的視点とを統合する方法論である[9)]。このアプローチによって，サディズム・マゾヒズムを，一方においては，臨床的経験を尊重しつつ，他方においては，社会場面での観察も無視せずに，統合的に認識することが可能と思われる。本論文は，Stollerが1991年に公表したS&Mの臨床的エスノグラフィ『痛みと熱情——精神分析医によるS&M世界の解説』を大幅に取り入れて，さらに筆者の精神療法経験と調査・直接観察を踏まえて，構成されたものである。

これまでのところ，筆者が精神分析的に関与した「性的サディズム・性的マゾヒズム」のケースは，13例になる。サディズム5症例，マゾヒズム8症例に対して，精神分析的面接を試みた。簡単な，生き方レベルの心理相談から，抑うつ状態や不安症状に悩むケース，さらには，コントロールできない問題行動を抱えた難しいケースまで，臨床的には実に多彩であった。4～5回の精神力動的診断面接や心理テストだけで中断してしまったケースもあれば，長期にわたる精神分析的精神療法が継続されたケースもあった。意外なことに，いずれのケースも問題意識が強くあって，働きかけに対して協力的であった。筆者は，これらの13例の精神分析的アプローチをとおして，サディズム・マゾヒズムに関しての知見を深められたように思っている。

1. S&Mの世界
——S&Mサブカルチャーの臨床的エスノグラフィー——

(1) S&Mの構成要素

S&Mの世界は，部外者から見ると奇妙で支離滅裂に感じられるが，多くのS&M体験者やその擁護者たちが語るとおり，一定の"筋書き"と"様式"とを備えて，緻密に構築されている[55)65)]。精神療法の中で，患者から聞いた事柄(幻想や客観的な事実関係を含めて)，そしてS&M関係の情報提供者から得た資料をとおして，このことは筆者にも十分に納得がゆく。複雑さと混乱において圧倒するように見えて，S&Mの世界は，実は案外まとまりのある世界なのだ[20)69)]。体験者，観察者の話，また擁護者の諸説を，総合してゆくと，

いくつかの基本的な構成要素を見いだすことができる[72]。次に紹介するのは、TownsentによるS&Mの定義であるが、これは、筆者の臨床観察や資料とも、完全に一致している[51]。

① 主人と奴隷、女王様と下僕、という関係性。
② それぞれにとって快楽となるような、痛みの授受。
③ 一方、もしくは双方による、空想の実演。そして／または（and/or）、一方、かつ双方によって演技される役割の上演。
④ 相手からなされる意図的な、卑しめ・蔑み、そして辱め・貶め。
⑤ さまざまな形をとるにせよ、何らかのフェティシズムの存在。
⑥ 儀式化された相互作用の実演。その実演は、緊縛や鞭打ち（B&D）の情景（シーン）（注5）のように、一つの場合もあれば、複数の場合もありえる。

(2) S&Mの相互作用——テクニックとシーン——

こうしたS&M的相互作用は、第三者から見ると、途方もない技術と道具を使用して実行・実演されている。またそこに、筋書きと役割、さらに装置と情景が加わって、相乗効果をあげることになる。ここでは筆者の精神療法経験と情報提供者の資料、他の研究者の知見を総合して、S&Mの"技法"と"シーン"を、具体的に描き出してみよう。さらにここでは、Stollerによる臨床的観察を紹介しておきたい[65]。Stollerは、直接にS&M世界を実地調査した数少ない精神分析医であり、その研究報告は貴重である。それは筆者にとって、本稿を作成するうえで、大きな導き手となったものである。

a) テクニックと装置　S&M世界には、B&Dに始まって、目の眩むような数多くのテクニックと装置が準備されている。表1は、その一覧である。

b) "シーン"と空間——S&Mの究極の目的：変容と至福——　S&M的相互作用の具体的展開をとらえるために、ここでは体験者の手記・記述にもとづいて、さらに患者や情報提供者の話を補足しつつ、そのプロセスの再構成を試みてみたい。そうすることで、S&M幻想の熱情と意味とが、精神内的に深く理解できると思う。第三者からすると、あまりにもおぞましく感じられる多種多様な道具と装置は、すべて一つの目的、あるいは究極的な目的のために存在しているのである。それは精神的変容と至福への道程である。

1）S&Mの最も一般的で普遍的な構成要素は、緊縛と鞭打ち（B&D）にあ

る。ボトム（マゾヒスト）は，縛られ，手錠をはめられて，トップ（サディスト）によって鞭打たれる。まずここから，劇場の幕が開く（注6）。

2) その舞台には，特殊な道具とテクニック（**表1**を参照）が準備されていた。そうした道具とテクニックによって，いよいよ拷問の装置が稼働する。性器拷問という舞台では，内側に鋲の着いた革製のペニスリングが，特に人気があるようだ。「身の程をわきまえない」ボトムは，トップから，奴隷であることを思い知らされる。

3) 舞台は進行して，性器に続けて乳首への拷問が加わる。締め金が，ボトムの乳首に取り付けられ，トップは調節ネジで徐々に乳首を締め付けてゆく。ボトムにとって最適の痛さに調整する心得が，トップにはなくてはならない。いよいよ，痛みと快楽との融合が始まった。

4) ついには，S&M技法の最高級難度への挑戦が求められた。フィスト・ファッキング（拳による性交）である。ボトムもトップも，このウルトラCへの挑戦に熱中する。やがて挿入が貫徹されると，強度の悦楽感が激発する。

5) より劇的なシーンがさまざまに演出される。ボトムは，吊り下げられることになるが，とりわけ磔のシーンになれば，ボトムは殉教者である。異教徒のトップによって，十字架上で痛めつけられる。また医療シーンでは，外科医によって患者が切り裂かれる。完全な無力感へと突き落とされる一方で，それとは反対に，飛翔感が湧き出してくる。

6) 絶え間のない痛みが続いて，やがてトリップへと到達する。さまざまな麻薬を組み合わせることで，より効果的なトリップが得られる。身体感覚と自我意識は融合する。精神世界の極限へとたどり着いた感情と言えよう。そしてそこには精神的変容が，"至福"が待っている。

2. S&M行為の基本的前提

(1) S&Mプレイとは，あくまでも"合意と契約（consensus & contract）"にもとづく行為である[58) 65)]。それらを成立させる信頼関係が必要とされている。それは決してルーズなものではないし，S&Mプレイでは，"決まりごと"は，厳守されなければならない。S&Mの実行者は，つねにゲームのルール，プレイの限界を自覚している。

(2) S&M愛好とは，ゲイのもの，そして男性だけのもの，さらに男性だけ

表1 S＆M世界の"テクニック"と"シーン"の一覧

S＆Mの臨床的エスノグラフィ（文献65）にもとづき，及川が整理をして，一覧表に作成したもの。

《鞭打ち》 Whipping
・鞭（長い鞭，短い鞭，太い鞭，細い鞭，縄の鞭，革製の鞭，布製の鞭，組みひもで編んだような鞭，組みひものほつれた鞭，そしてまたそこに，結ぼれや鋲が付いている鞭，それの付いていない鞭）
・櫂（水かき板）　・つえ
・手（平手で，こぶし，手のひら，手の甲）
・細枝（一本のもの，束ねたもの）　・革帯
・鎖　・皮鞭　・ベルト　・乗馬用の鞭

《突き刺すこと》 Piercing
・クギ（尖った鋭いクギ，先の尖っていないクギ）　・針　・やり，矢
・貴金属製の装身具　・ナイフ
・十字架に磔にする

《入れ墨》 Tattooing	《乱刺法》 Scarification

《切り込むこと》 Cutting
・ナイフ　・カミソリ　・歯　・外科手術器具　・ハサミ

《吊し上げ》 Hanging
・身体を吊るす　・首に吊るす　・四肢から吊るす
・ワイアーから吊るす　・鎖から吊るす
・肉体に打ち込まれた道具に吊るす

《電気ショック》 Electric shocking
・それぞれに違ったショックの感覚をもたらしてくれるそれぞれに異なる機械（例えば，家畜を追うための突っつき棒，バイブレーター，医療用機械，マグネット発電機）

《拷問台上の牽引》 Stretching on racks
・それぞれに違った身体部分を牽引するための，さまざまに異なる機械　そして明らかに地獄的な残酷さの装置を表現するような，それぞれに異なる機械

《猿轡》 Mouth gagging	《監禁》 Imprisonment
・布　・粘着テープ	・檻
・口の中に押し込まれたボール	・真っ黒な暗闇（押入れ，目隠し，潜水鐘）
・張形	・マスク　・箱　・トランク　・棺桶
	・冷蔵庫　・樽　・荷造り箱

《意識変容》 Altered consciousness
・窒息状態　・麻酔状態　・首つり状態　・麻薬使用
・引き伸ばされ延長する苦しみの中　・アルコール酩酊　・溺れる

《ミイラのようにする，ぐるぐる巻きにする》 Mummification, cocooning
・緩めの革袋　・体にぴったりしたレザーの衣服
・プラスチック　・毛布　・メッシュの織物
・頭部あるいは全身にギプスをする　・ラテックス　・ゴム

《拷問のための鎧》	《くすぐり》
Iron-maidened	Tickling
	・羽根毛　・布　・指

《緊　縛》 Bondage
・ロープ　・麻ひも　・木綿糸　・ワイアー
・レザー　・布　・鎖　・ナイロンの靴下
・手錠　・鋼鉄製の手かせ，足かせ
・ゴム製のチューブ　・拘束衣　・馬具（例えば，子馬遊び）

以下のものによって
押し出された，保持された，摂取された
嗅がされた，汚辱された
《排泄物》　Excrement
・尿　・大便　・汗　・精液　・膣分泌液　・肛門をなめる
・浣腸　・カテーテル　・泌尿器と直腸へ異物を注入する

《毛の引き抜き・剃毛》	《燃やす，熱する》
Hair pulling or shaving	Burning
・頭髪　・眉毛　・まつげ	・焼き印を押す
・体毛　・陰毛	・熱いワックスをたらす

《レスリング》	《足での踏みつけ》
Wrestling	Stomping
・女性どうし　・泥	・ハイヒール　・素足

《自殺ではなくて，手首や足首を切る》
Nonsuicidal wrist and ankle slashing

《手足の切断を受けた人間》
〈女性が，手足の切断された突出部を，欲する〉
Amputees

《幼児化》　Infantilism
・おむつをあてがう　・添い寝をする　・哺乳ビンでの授乳

《窒息状態》〈呼吸の遮断〉
Asphyxiation : air deprivation
・潜水帽　・呼吸用のホースが付いたマスク　・ロープ
・ナイロンのストッキング　・手　・コルセット　・腹帯

《締め金じめ》	《こぶしの挿入》
Clamping	Fisting
・手術用の箝搾子	・肛門　・膣
（ギザギザがついているもの，ないもの）	
・洗濯挟み	

《足なめ》
Bootlicking

が熱中するもの，というイメージが定着してしまっているが，それは完全な誤解である。確かに S&M は，Hard Gay のような同性愛者をとおして，衆知のものとなった[22)][67)][70)]。しかしながら表立たない形にせよ，異性愛者においても，そして女性を含めて，S&M 愛好者は数多く存在している[6)][60)][65)]。S&M 愛好者は，同性愛・異性愛という性的方向性に拘束されるものではないし，男性・女性というジェンダーによっても限定されない。より正確に言えば，性的幻想を有する人間であるならば，普遍的な現象なのである[65)]。

(3) S&M マニアには，しばしば異常者，悪漢，犯罪者，偏執狂といった極悪なイメージが投げかけられる。あえてたとえるならば，ネオナチやオウム真理教のように，冷酷，残忍，狂信，破壊性を代表しているかのように，一般市民から思われがちであった。しかし実際は正反対であって，「S&M マニアに，暴力性はなくて，社会適応に心を砕いている」(Stoller)[65)]。ゲイ・ライター White の次の言葉が，そのことをよく物語っている。「S&M の性的行動が，人間であれば普通にもっている質の悪さの貯水池を，完全に空っぽにしてくれるのだろう，その結果，相対的に優しい人間として，彼らは立ち現れる」[71)] と。

(4) 部外者にとっては，実に意外であり，驚かされることであるが，S&M においては，直接的な暴力や危害を加えるようなことはしない。残酷な行為に及んだり，責め苦を与える必要もまったくない。心身が回復できないほどに，痛めつけられたり，まいってしまうことにも至らない。Stoller が，見事なまでに結論づけたように，「S&M の技巧とは，その劇場そのものに存在している。つまりそれは危害を加えたり，危険に満ちたことの，甘美なまでの模擬実演なのだ」[65)]。

3. S&M 世界と精神医学的「性的マゾヒズム・性的サディズム」

1，2節でとりあげた S&M 世界と，精神医学における「性的マゾヒズム・性的サディズム」は，いったいどのように関連するものなのであろうか。はたして，この両者は，完全に同一のものなのであろうか。あるいは重複しつ

つも，異質なものとして，存在するのだろうか。「一方は，精神医学の管理下にあって，病理学的状態にあり，他方は，半健康状態ながら，野放し」というほど，議論は単純ではないはずだ。ここでは，これまでの論議や見解を念頭に置きつつ，論点の明確化を図りたい。

(1)「苦痛を与える‐苦痛を与えられることで，性的に興奮する・高揚する」という意味では，確かに「サディズム・マゾヒズム」の人々は，実在している。しかしながら，そのすべてを，総体的に一つの臨床的カテゴリーに収められるほどには，こうした人々は一様でもなければ単一でもない。そこにはさまざまな人々がいて，多種多様なサディズム・マゾヒズムを追求していると見るのが，実態に最も近いと，筆者は考えている。

(2) どのような概念的操作を行ってみたところで，「こうした人々は，単一体としての分類，そしてその結果として診断を，保証し根拠づけてくれるほどには，十分に均質なグループを形成してはいない」[65] のである。例えば，抑うつ状態にも，さまざまなレベルと病型があるように，サディズム・マゾヒズムにも，豊富な臨床的ヴァリエーションが存在している。したがって，「性的マゾヒズム・性的サディズム」を，一つの臨床的単位・実体 (clinical entity) と見なすことには，どう考えても無理がありすぎる。むしろ症候群に近いものと想定しておくのが，妥当なのではないだろうか。

(3) 多くの関係者・観察者が，繰り返し強調するとおり，S&Mの人々に，特定の，かつ一定の精神医学的障害を見いだすことは困難である。このことは，筆者も同意せざるをえなかった，重大な人間的真実であった。

　こうした人々は，社会適応は順調で，学歴も十分，職業的にも有能，対人関係も好ましく，家庭生活も安定していた。さまざまな傾向の人がいるにしても，そしてそれぞれに悩みはあったにせよ，特定の，かつ一定の精神医学的問題を抱えていたわけではない[65)71)]。直接に会って話してみると，どこにでもいるような，だれでも知っているような，ごくごく普通の人々なのである(注7)。

　これまでの誤ったイメージとしては，次のようなものが代表的だろう。サディズム・マゾヒズムは，「すべて精神病的である」「たとえ，問題が表立っ

たものではなくても，前精神病的な状態にいる」「必ずや神経症的問題を併発させている」「社会生活上のトラブルを抱えて，深刻な不適応状態にある」等々である。これは，明白に先入観と呼ばれるものに属する。

(4) サディズム・マゾヒズムの人々を，最初から病理性と結びつけてしまう点では，精神分析的観点に立つ研究者・臨床家が，最も熱心なようである。ボーダーライン，倒錯的構造体，潜伏的な精神病，自己愛的システム，肛門期リビドーへの固着等々といった具合に，病理的な精神力動として，サディズム・マゾヒズムを，無条件に決めつけてしまいがちである。Stoller が指摘するとおり，こうした臨床的姿勢は，「多くの倒錯において，良好な機能が確固とした領域で存在していることにも，さらに続ければ，倒錯というラベルを貼れないような人々において，広範囲な領域での病理が出現していることにも，公平に取り扱っているとは，決して言えない」[65] ものである。

精神分析的立場に立つと，どうしても限られた少数の症例から，イメージを膨らませ，論議を進める傾向が大となる。やたらに精神力動の深いものに着目しては，そこにおける共通性を主張しやすい。つまり「根底にある幻想と不安は，同じであって，その表現の仕方が，それぞれで違うだけである」と。「サディズム・マゾヒズムのありとあらゆるものは，根底では同一のものであって，そこに現れている違いなどには重要性はない，と論じてしまうことは，真実を踏みにじっている」[65]。

4. 診断基準と鑑別

DSM-IV [1]，そしてそれに先行する DSM-III-R (1987) において提示された「性的マゾヒズム・性的サディズム」の臨床的記載と診断分類は，現時点における最良のものと筆者は評価している。そこでは，時代の変化や社会の動向をにらみ，さらに最新の調査報告や知見を取り入れて，記述がなされている。本項目は，DSM-IV にもとづいて，さらに DSM-III-R も若干参照しつつ，診断基準を提示した。

a. 性的マゾヒズム（Sexual Masochism）

(1) 診断基準（DSM-IV）

a）辱められる，打たれる，縛られる，それ以外の苦痛を受ける行為についての空想や性的衝動，そして行動の存在。その苦痛な行為は，実際に行われる行為であって，うわべや見せかけではない。しかも，こうした空想，衝動，行動からは，強烈な性的な興奮が引き出される。またこの傾向が，少なくとも6ヵ月間は，繰り返し続いている状態にあること[注8]。

b）こうした空想や性的衝動，問題行動は，当人にとって大きな悩みの要因となっている。それは臨床的に見て大きな問題というだけではすまないだろう。それらは，社会的，職業的不利益，生活面でのさまざまな損失をも当人に引き起こしているからである。

さらに診断の作業を進めるにあたって，筆者としては，次の2点も考慮されなくてはならないと考える。

c）**発達と経過**　マゾヒズムの空想は，小児期から存在している[注9]。このマゾヒズム空想を実行に移す時期は，それぞれの環境や条件によって異なるであろうが，大部分のマゾヒズムでは，遅くとも成人期の早い段階までに行動化をする。マゾヒズムの経過に関しては，慢性的であって，変化をすることはほとんどないと言われている。つまりマゾヒズム行為は，繰り返されていき，やがて性的パターンとして固定化してしまう。

d）**行為の度合いとその強弱**　マゾヒズム行為の度合いをほとんど変化させずに一定のレベルのままでいる人がいる。それとは異なり，取り巻く環境やストレス，また年齢などの要因によって行為の度合いを激しくさせる人もいる。あるいは，軽くなったり激しくなったり，行為の度合いに変動の幅をもつ人もいる。

(2) 鑑別診断，および留意しなくてはならない点

a）**他のパラフィリアとの関連性**　マゾヒズムは，フェティシズムや女装行為をしばしば伴うことがある。特にフェティシズムは，マゾヒズムの必要条件の一つに近く[注10]，フェティシズムと重なることが実際に多いはずである。しかしながら女装行為に関しては，女装症と混同されてはならない。

女装症における女装行為とは，性的快感を得る必要不可欠の手段，本質的行為となるものである[48]。しかしマゾヒズムでは，「虐げられること」「みじめな立場に立たされること」の象徴として，女装行為があるにすぎない。この両者には，根本的違いが存在している。さらに，マゾヒズムとサディズムとを共存させるケースがあることを見落としてはならない。

b) マゾヒズムの危険性と事故

マゾヒズムでは，性的快感を追求するあまりに，危険な事態を時として発生させてしまう。また繰り返されるマゾヒズム行為によって，知らず知らずのうちに問題にはまり込んでしまいかねない。その極端なケースが，低酸素渇望であろう（表1では，《窒息状態》）。この行為は，一人で行っていた場合や，麻薬を併用しながら行った場合などは，特に危険であると報告されている。事実，思いがけない手違いによって，死に至ったケースが少なからずあった。ここまで大事にならないまでも，マゾヒズムには，つねに危険と事故がつきまといがちである。

ここで説明したような，マゾヒズム行為中の事故やトラブルに関して，筆者が精神療法的面接を担当した一例を，紹介しておこう。

【症例1】Aさん　24歳　男性　大学生　独身　異性愛（若干の同性愛的傾向が見られる）　精神医学的問題あり――マゾヒズム行為中の事故とトラブルのために受診：5年間の精神分析的精神療法

Aさんは上京してから，アパートで一人暮らしをしている。4人兄弟の長男で，郷里には父母と祖父母が健在であり，そして下には弟と妹がいる。上の弟は大学生で，東京で別のアパートにいる。

Aさんは，すでに思春期のころから，マゾヒズムの空想で，オナニーを頻繁にするのが習慣になっていたという。大学入学後は，ポルノ雑誌やヴィデオを介して，マゾヒズムにますますのめり込むようになった。「特に，肛門をいじられたり，性器を痛めつけられるヤツ（行為）が，好きなんですよ」と，Aさんは面接中に幾度か語っていた（Aさんのケースは，表1の《突き刺すこと》にあたる）。

S&M雑誌でパートナーと知り合っては，ハードな行為を繰り返していた。いつものようにAさんは，パートナーから浣腸をされ，肛門をいじくられた後に，肛門の中にキュウリやソーセージを挿入された。その瞬間は熱中していて何も考えていなかった。しかし行為後になって，どうしても肛門の中の

異物が取り出せなくなってしまった。Aさんは不安と焦りで、救急車を呼び、病院で処置をしてもらうはめになった。しかしそのようなことがあっても、懲りないAさんは、またしても尿道に針金を差し込む、危険な性器プレイで楽しんでいた。

やがてAさんは、こうした性器プレイを繰り返したために、尿道をひどく傷つけてしまった。血尿が出たり、感染症までも引き起こしたのだった。再三にわたって、病院に通わなくてはならなくなったAさんを、その病院の外科医は不審に感じたのである。その外科医から、「君の場合は、体の問題ではなくて、心の問題です」と率直に指摘され、Aさんは筆者との精神療法を勧められたのであった。さらにAさんの場合は、留年を続けていて、将来の生き方を含むアイデンティティの問題も抱えていた。そうした背景があって、Aさんの精神療法は、長期に及んだ。

c) 自傷行為、自己敗北型パーソナリティ障害（傾向）、失敗神経症などとの関連性 自分自身の肉体を直接に傷つけるだけではなくて、自傷行為を繰り返す人々。自分にとって不利益となるような選択をしてしまったり、さらに自分から進んで挫折を招いたりする人々。こうした一連の行動は、これまで"マゾヒズム的"と形容されることが多かった。これは明らかに、FreudやLaforgueらの古典的精神分析の影響によるものである（注11）。しかしながら、このような自己敗北型パーソナリティ傾向（それは失敗神経症[31]の現代的表現）とマゾヒズムとは、それがたとえ精神力動的に関係していたとしても、明確に区別されるべき精神医学的問題のはずである。

(3) 症例と精神力動

【症例2】Bさん　26歳　男性　研究職　婚約中　異性愛　精神医学的問題なし──マゾヒズムと結婚への不安のため受診：2年間の精神療法

　Bさんは2人兄弟の長男で、下には妹がいる。父母は健在であって、父親は町工場の経営者、母親はBさんに大きな期待を寄せていた。Bさんは大学院を修了し、念願の研究職にも就いて、そろそろ将来の結婚について考えるようになった。結婚の約束を交わした女性と、5～6回セックスに失敗してしまい、Bさんはひどく悩むようになった。「私の場合、普通のセックスができないんです。彼女とではぜんぜん興奮しません」「勃起しないし、したとし

ても途中で萎えちゃうんです」「私を苛め,虐げてくれるような女性でないと,性的に興奮しません」と,筆者に悩みを打ち明けた。「このままでは,結婚生活が続かなくなってしまうようで,とても将来が心配です。何とか治せれば」と思い,筆者との精神療法を希望した。Bさんには,こうした性的な悩みと結婚への心配以外には,精神医学的問題はなかった。

S&M雑誌やヴィデオは無論のこと,近ごろBさんは,すでにサド・マゾクラブの常連ともなっていた。Bさんの性的イメージでは,支配的な女性からさんざん侮蔑と嘲笑を受けて,口答えも許されないままに,ついには彼女の足元にひざまずかされてしまう。「暴力的に扱われるのを望んでいません。"言葉で犯される感じ"が好きなんです」と,Bさんは説明する。

「私は,足フェチだと思います」と語るBさんは,「彼女の靴をなめさせられ,その足先をなめ回し,さらにはストッキングを口の中に突っ込まれたい」と欲望していた。踵の尖ったハイヒールのような靴が大好きで,その尖った先で,顔を踏みつけてほしい。ストッキングは臭い方がよいし,あの匂いが最高です」「こうした空想が満たされるときに,最高に性的に興奮するんです」と,Bさんはマゾヒズムを告白していた(Bさんは,**表1**の《足なめ,etc.》になるのだろう)。

■ Bさんの精神力動の要点

Bさんが,マゾヒズムにのめり込むのも,そしてまた普通のセックスに著しい困難を覚えて,さらに結婚生活に不安を感ずるのも,その原因は一つであった。つまりBさんには,母親との関係にさかのぼる,根深い女性への恐怖感が潜んでいたのである。Bさんのマゾヒズム幻想の中心には,つねに支配的で冷笑的な女性イメージが登場する。これは,まさしくBさんの無意識に潜んでいる,"phallic woman : phallic mother"(男根をもつ女性像・母親像[5)27)])の出現にほかならなかった。この"phallic woman"は,男性の性愛発達においては,普遍的に見いだすことのできる幻想である[50)]。さらに,この幻想は,女性への激しい恐怖と嫌悪をかきたてずにはおかない。とりわけセックスへの恐怖を男性に引き起こす。通常は性愛発達の過程で解消していくものであるが,ことBさんにおいては,その幻想が強大なままにとどまっていた。Bさんがセックスや結婚を回避するのは,女性との性的結合によってペニスを奪われる不安,去勢不安があるためである[5)]。

精神療法の展開で明白になったことは,Bさんの"男根をもつ女性像"に

関係する恐怖には，発達の早期の母子関係が，大きく影響していることだった。事実，Bさんの母親は勝ち気で，男勝り，Bさんに対しては，溺愛する一方で支配的な性格だったと聞いている。こうした母親像への恐怖を防衛するために，Bさんのマゾヒズムが形成されることになった。つまり，「恐怖の対象に対して，媚びへつらい，屈従し，嘲笑を甘受して，喜びを覚え，支配されることを歓喜する」という精神力動である。Bさんのマゾヒズムの精神力動の中核には，不安や恐怖を"性愛化する（erotization）[13)][30)][62)][63)]"という防衛機制が，存在していた。またそれは，かつて及川が女装症の精神分析の中で見いだした「攻撃的性愛化」に近いものである[39)][48)]。

b. 性的サディズム（Sexual Sadism）

(1) 診断基準（DSM-IV）

a) 犠牲者を，心理的・身体的に苦しめ（辱めも含む）て，性的興奮を得る行為についての空想，性的衝動，また行動の存在。しかもその行為は，実際に行われる行為であって，うわべや見せかけではない。さらに，これらの空想，衝動，行動からは，強烈な性的興奮が引き起こされる。またこのような傾向が，少なくとも6ヵ月間は，繰り返し続いている状態にあること(注12)。

b) こうした空想や性的衝動，問題行動は，当人にとって大きな悩みの要因となっている。それは臨床的に見て大きな問題というだけではすまないだろう。つまりそれらは，社会的・職業的不利益，生活面でのさまざまな損失をも，当人に引き起こしているからである。

さらに診断の作業を進めるにあたって，筆者としては，次の3点も考慮されなくてはならないと考える。

c) 発達と経過　　サディズムの空想は小児期から存在しているとの指摘がある。このサディズムの空想を実行に移す時期は，それぞれの環境や条件によって異なるであろうが，大部分のサディズムでは，遅くとも成人期の早い段階までに行動化をする。サディズムの経過に関しては，慢性的であって変化をすることはほとんどない，と言われている。つまりサディズムの性的行為は，繰り返されていき，やがて性的パターンとして固定化してしまう。

d) 行為の度合いとその強弱　　サディズム行為の度合いは，時間の経過とともに激しさを増していくと報告されている(注13)。サディズムの一部に

は，サディズム行為の度合いに変化がなくて，一定のレベルでサディズム行為を続けてゆく人もいる。このようなケースにおいては，サディズムの範囲をわきまえていて，性的パートナーに身体的危害を加えることにも限度があるだろう。しかしながら，大多数のサディズムにおいては，それまでの行為では物足りなくなり，しだいにサディズムの度合いを激しくさせていく。

e）合意と限度　　サディズムが，相手との性的合意を得ているかどうかは，臨床的観点から重要であることは言うまでもない(注14)。それだけにとどまらず，法律的，社会的，道義的な立場からも，きわめて重大である。サディズムが合意にもとづき，その範囲と限度をわきまえて行われている場合は，道義的・法律的問題が生ずることは，まずない。しかしながら，合意もなしに，さらには範囲と限度を考慮せずに実行されると，非常に深刻な事態を引き起こすことになる。たとえ，こうしたケースが，サディズム全体の中では少数例であったとしても，社会的反応は，厳重である。

(2) 鑑別診断，および留意しなくてはならない点

a）サディズムの非合意グループ　　サディズムのすべてが，つねに合意や約束にもとづいて行われているとは限らない。相手との合意もなしに，また相手の拒否や抵抗にもかかわらず，さらにその行為の限度も考慮せずに，サディズムを実行しようとするグループがある。こうしたサディズムを，"合意を旨とする"グループとは区別して，「非合意的サディズム」グループとして筆者は分類している。この非合意グループには，強姦（rape），性的暴力（sexual violence），死体性愛（necrophilia），快楽殺人（lust murder）が，部分的にせよ含まれる[7) 8) 53) 59)]。

しばしば生ずる誤解としては，これら一連の問題行動と非合意グループとが，単純に同一のものと考えられることである。こうした問題行動において，「危害・殺害を加えることによって性的興奮を得ている」，そしてまた「犠牲者の苦しむありさまを見ては，性的興奮を促進している」のであれば，それはサディズムとして十分に診断可能である。しかしながら，そうした危害を加えることでの性的興奮，犠牲者の苦しみでの性的満足の増大がなければ，その場合には，サディズムと分類することはできない。この点に関しては，臨床的に厳密でなくてはならないだろう。しかしながら，サディズムの重症例になればなるほど，性的な興奮，快感，満足という性愛的な側面よりも，

攻撃的，暴力的，破壊的な側面が前面に現れてくる。このようになってしまうと，もはやサディズムと暴力的，破壊的行動との境界線は限りなく不鮮明になってしまい，その区分は無意味になるだろう[16) 19) 54)]。

　b) **サディズム的パーソナリティ障害（傾向），反社会的パーソナリティ障害など，パーソナリティ障害との関連性**　他者に危害を加えて楽しんだり，ひたすら支配しようとしたりする人々に対して，サディズム的という形容詞が使われる。政治の世界における，冷酷で残忍な独裁者や，また身近な例では，威圧的で優越感を誇示したがる教師や警察官などに対しては，頻繁にこうした形容がなされる。しかしこのことと性的サディズムとは次元の異なる問題であろう。なぜならば，そうした行動の目的は性的興奮の追求にはないからだ。DSM-III-R で，暫定案として記載されていた，「サディズム的パーソナリティ障害」は，その意味でも興味深い名称であった（DSM-IV では，削除された）。

　さらに性的サディズムが，「パーソナリティ障害（personality disorders）」と重なったケースでは，複雑な問題行動や性的パターンをとることになる[25) 26)]。とりわけ「反社会的パーソナリティ障害」と結びついたとき，深刻な問題を引き起こすことは言うまでもないだろう。

(3) 症例と精神力動

【症例3】Cさん　31歳　男性　サラリーマン　独身　同性愛　精神医学的問題あり――サディズムと抑うつ状態：4年間の精神分析的精神療法

　営業マンであるCさんは，人当たりが柔らかく，とても激しいサディズムを想像できなかった。Cさんは同性愛者で，こうした自分の性的方向性については「今は，もう悩まなくなった」そうである。サディズムの傾向については，中学生のときにはっきりと自覚していたという。「20歳を過ぎたころには，ホモも，フェチも，S&Mも，一通りのことは経験済みでした」と語った。

　父親が商社の海外支店で勤務していたため，家族は父親と一緒に日本とアメリカとの間を往復していた。Cさんも，中学と大学はアメリカの学校を卒業している。兄弟関係は姉が一人いて，Cさんとは心理的に濃密である。「姉だけが，心を開ける唯一の存在です」と，筆者に打ち明けている。

　Cさんは，ここ5～6年，同性愛者のS&Mバーにしばしば通っていた。最

も好む相手のタイプはつねに決まっていた。それは「ちょっと気取っていて，プライドの高そうな奴。それもスーツをぴしっと決めていて，エリート・サラリーマン。政治だの芸術だのと，ハイソな話題を言いそうなインテリ風」であった。Cさんは，そういう相手に狙いを定めては，S&Mプレイに誘っていた。Cさんの得意のプレイは，「最初はこちらが下手に出てやって，相手に優越感を感じさせてやる。やがて服を着たままで縛り上げ，息のできないくらい締め上げ」てしまう。でかい態度を取っていたことを，懲罰し，這いずらせ，詫びさせ，プライドをずたずたにする。マゾの相手とノリがいいときには，「窒息寸前にまでなって，ついには放尿させたり便をもらさせたりしてしまうまでになった」が，「そのときが最高に感じた瞬間」と，Cさんは語っていた（**表1**を参照すると，Cさんは《緊縛，窒息，汚穢，etc.》にいる）。

このように華々しくサディズムを行っていながら，意外なことに「まったくの不感症です。射精をしても快感が起きません」「S&Mをしていても，このごろは勃起をしません」と，Cさんは悩んでいた。Cさんの性的不満足には，実は抑うつ状態が深く関係していたのである。そしてCさんが，筆者のもとを訪れた理由は，サディズムの問題もあるが，この点にあったのである。

Cさんの精神力動の要点

Cさんのサディズムにおいて最も特徴的な点とは，そのサディズムの対象への自己同一視を含んだ敵意と憎悪にあるだろう。Cさんがサディズムの幻想と感情を向ける人物は，その性格や雰囲気がCさんと実によく似ていた。そのアンビヴァレントな態度からは，Cさんの自己自身の一部を，パートナーが表象していることをうかがわせる。事実，似ている相手ほど，Cさんのサディズムは激しさを増したのであった。やがて精神療法を進める中で，サディズム行為が，Cさんの自己憎悪・自己敵視と深く結びついていたことが明らかになった。

Cさんは，一見したところ，高いプライドの持ち主であったが，自己評価は低くて，本当の意味で自信がもてなかった。Cさんの心の奥底には，弱くて，頼りなく，依存的であるために，支配を受けなくてはいけないという"無力な自分"が存在していたのである。サディズムは，Cさんにとっては，無力で支配を受ける立場を，逆転させる試みと言えよう。

このような自己憎悪の外在化に加えて，Cさんのサディズムにおいては，父親への復讐の感情が働いていることも見落としてはならないであろう。エ

リート商社員の父親は, 幼いCさんにとっては尊敬とひたすら畏敬する強大な存在であった。しかも「期待を達成できないと, 父親から馬鹿にされ, 侮蔑されました」と, Cさんは語っている。この父親からの侮蔑への反撃と逆襲という面も, Cさんのサディズムには存在している。同性愛者であり, 複雑なエディプス過程をとったことも, 父親との関係を緊張させたものにしたのであろう[27)54)]。

サディズム行為によって, 弱小で, 支配を受ける"無力な自分"を, 支配者と万能者へと, 変身させることができるのである。そして勝利感と優越感を獲得して, 無力さへの恐怖から解放されるのである。この"逆転"こそ, サディズム的精神力動の中心的モチーフと見なせるものである。こうした一連の防衛的操作を, Klein の「躁的防衛」の研究[27)] を参考にしながら, 及川は倒錯構造における「強者への逆転」と概念化した[39)]。

むすび──精神分析的考察:受苦から歓喜へ──

本論文は, 臨床的エスノグラフィの方法論に依拠しつつ, さらにS&M体験者の手記, S&M情報提供者からの資料, また筆者の精神療法記録などを総合することで, 論述されている。それらの構成的作業の過程から導き出された, サディズム・マゾヒズムに関しての筆者なりの見解と考察を最後に述べておきたい。

まず第1は,「方法論的問題」である。精神科臨床の現状を考えれば, サディズム・マゾヒズムの患者を診療する機会は非常に少ないであろう。そのために, ごく少数例の観察から, サディズム・マゾヒズムのイメージを, 膨らませてしまうことになりがちである。そこに, 旧態依然たる教科書的記述が加わって, 特定の傾向をもった「性的マゾヒズム・性的サディズム」像が形成される結果となってしまう。何もサディズム・マゾヒズムに限らず, すべての性的障害に関して言えることであろうが, 社会的広がりの中で, そして時代の動向に即して, 臨床的事実に向かい合う必要がある。その意味では, 本論文で活用した臨床的エスノグラフィは, 有効な道具となるはずである。

第2は,「精神力動的知見」である。サディズム・マゾヒズムの精神力動の本質は, すでに**4節**「診断基準と鑑別」の**a**「性的マゾヒズム」の **(3)**「症例と精神力動」, **b**「性的サディズム」の **(3)**「性的サディズム」「症例と精

神力動」の個所で指摘したとおり，ある始原的状況の"反復"と，その"優雅な逆転"にある。それは，発達早期に生じた外傷的体験や，あるいは外傷となった状況を，成人した後になって，人為的な演出と加工によって安全な形でやり直しているのである。つまりサディズム・マゾヒズムとは，この本来的な外傷の痛手を何とか乗り越えようとする，壮絶な努力と見なせるものである。

　Stollerは，「人生の初期に与えられた，痛ましい危害の影響力を反復する試みには，二通りの人々がいるようだ。一つは，危害を"ごっこ遊び"にしてしまう人々であり。もう一つは，実際に危害を加えてしまう人々である。この二つは，厳密に区別されなくてはならないだろう」と，指摘する[65]。筆者が最も関心を向ける点とは，このStollerの指摘にあるような，危害をごっこ遊びへと移行させる心理的プロセスにある。つまりそれは，外傷（苦痛）を快楽へと変容させる精神力動と呼べるであろう。確かに，そのすべてが，正常で健康的なプロセスではないにしても，苦しみを乗り越えようとする人間的試みの表現として，理解できるからである。そしてこの精神力動は，及川が同性愛の精神分析中に概念化した「修復的過程」とも大きく重なるようにも思われる[45]。

　こうした苦痛（外傷）を快楽へと変容させる精神力動とは，何もサディズム・マゾヒズムに限られたものではないことを思い起こす必要があるだろう。それは，例えば，飢餓状態，事故による大きな外傷と外科手術，末期癌の進行による激痛，さらにはヨガなどの修行行為，強制収容所の生存者，政治的拷問の体験者，臨死体験者においても，発見できる精神力動である。

　この論文を準備する中で，筆者が再三にわたって想起したのは，P. Janetによる宗教精神病理の研究『苦悩よりエクスタシーへ De l'angoisse a l'extase』(1926年）であった*。Stollerが，サディズム・マゾヒズム行為の中に，"宗教的秘儀"を感じ取ったように，筆者も，サディズム・マゾヒズムに，Janetの著書と共通するテーマを発見したのであった。サディズム・マゾヒズムの臨床的研究は，受苦を歓喜へと変容させる精神力動の手がかりとなる意味で，普遍性を有しているはずであろう。なぜならば，いかなる人間であっても，その人生の経路においては，さまざまな苦痛（外傷）が待ち構えており，それをどのようにして乗り越えるかに，人生の意義が関わっているからだ。その意味で，まさしく受苦から歓喜への精神力動は，それが部分的であるとし

ても，人間存在と創造にとっては不可欠なのである．

謝辞
　この論文の作成にあたっては，数名のS&Mの情報提供者（患者ではない）のご協力と助言を得ました．そこからもたらされたS&Mに関する貴重な情報や資料を，本論文の作成に際して大いに利用させていただきました．ここで，情報提供者の方々へ心から感謝を申し上げておきたいと思います．

注
(1) サディズム・マゾヒズムは，両方ともKrafft-Ebingによる造語であると，しばしば誤解されている．マゾヒズムは間違いなくKrafft-Ebingによる造語であるが，サディズムはそうではない．すでにその当時イギリスで流行していた言葉を，Krafft-Ebingが性愛の病理の命名化にあたって採用したのである[29]．
(2) 我が国においても，種村季弘のマゾッホについての卓抜な研究書（1978年）[66]が存在していることを，忘れてはならないだろう．筆者が思うには，種村によるマゾッホ研究は世界的水準に達しており，欧米のそれらと比較してもまったく遜色のないものである．精神医学的認識に束縛を受けない種村の思索は，この論文で提示したような臨床的エスノグラフィの知見と重なる部分が多く，逆に驚かされる．マゾヒズム，そしてサディズムへの深い理解に裏づけられ，しかもその"秘教的（esoteric）"な性質をも見抜いた種村の研究は，今後，臨床現場において再評価されてしかるべきものと，筆者は確信している．
(3) 情報提供者によると，日本の大都市には，ほとんどS&Mクラブが存在しているそうだ．東京では，利便性の良い主要な乗り換え駅（池袋，高田馬場，新宿，渋谷，恵比寿，五反田，上野）周辺に，S&Mクラブが営業している．このごろは，赤坂，六本木，中野，錦糸町，日暮里，町田等々，都内全域，さらには大宮，千葉といった近郊都市にまであまねく広まっているという．
(4) 「臨床的エスノグラフィ（clinical ethnography）」，あるいは「精神分析的エスノグラフィ（psychoanalytic ethnography）」の方法論と準拠枠，およびその実践的具体例に関しては，Stoller[9][64][65]，そして及川[38][41][42]の研究を参照のこと．
(5) "シーン"とは，S&Mサブカルチャーの中でしばしば使用されている言葉である．それは，1節の「(2) S&Mの相互作用――テクニックとシーン――」で，紹介するような「拷問台」「磔」「外科室」などの，性愛の特殊な台本を暗示するS&M業界用語である．"シーン"は，かつて及川が概念化した「倒錯のシナリオ」に近似した意味内容に思われる[46]．
(6) B&D（bondage and discipline）は拘束と調教を意味し，縄と鞭とを象徴する言葉．
(7) この点に関して，筆者の精神療法例を提示しておきたい．臨床例13例（マゾヒズム8例，サディズム5例）の中で，明白な問題を抱えていたのは8例であった．しかしそのうち3例は軽度の抑うつ状態（反応性の抑うつ）であり，他の5例は投薬や長期間の精神療法が必要とされるパーソナリティ障害に属していた（5例のうち，3例は他の精神科医によっても，同一の診断名が与えられている）．この数字はアメリカ

の観察事実と大きく食い違うような印象を与えるかもしれない。しかしながら 13 例中の 7 例は，サディズム・マゾヒズムの相談・治療のためではなくて，不安や抑うつがそもそもの受診の理由だったのである。つまり現在の日本では，明白な症状をもった人々しか治療機関を訪れないのである。そのためにこうした結果になったのであろう。とはいうものの，残りの 6 例には特定の問題がなかった。そのことにもより注意が払われてよいのではないだろうか。

(8) マゾヒズムを記述し定義する際に，従来 "身体的な痛めつけ" "苦痛 pain" が，あまりにも強調されるきらいがあった。これは臨床的慎重さを欠いた思い込みと誤解にほかならないと，筆者は考えている。この点について，ここでは訂正と補足説明をしていく必要があるだろう。そもそも，マゾヒズムの主要目的とは，"屈従 (submission)" と "恥辱 (humiliation)" にあるのであって，"苦痛" の追求にあるわけではない。

　すでに注 (1) においても指摘したが，マゾヒズムという用語を造語したのは，Krafft-Ebing である [29]。Krafft-Ebing による，最初のマゾヒズムの記載は，今日の研究レベルから見ても十分に納得できるものである。Krafft-Ebing によれば，マゾヒズムにある "征服を受けて，支配されたいという願望" とは，女性への依存性の裏返しであること。それはまた，女性との関係を維持したいという必死の努力でもあること。いたぶられ，玩ばれ，さらに "暴虐の限りを尽くされるという空想" は，愛する女性への結びつきやしがみつきを，性愛化したものにほかならないこと。Krafft-Ebing は，マゾヒズムの本質を，明らかに見てとったと言えるだろう。何と言っても，最も注目に値する点は，Krafft-Ebing が，屈辱と恥辱に着目したことにある [29]。

　その後のマゾヒズムの臨床研究では，この Krafft-Ebing の記載と着眼は，忘れ去られてしまい，苦痛の追求ばかりが，強調されることになった。この点に関しては，精神分析の立場に立った研究者もまったく同様であった [14] [32]。

(9) この点に関しては，小児精神医学，児童心理学の観察データを詳細に検討する必要が出てくるだろう。小児期のマゾヒズム空想や傾向は，はたして外部から認識できるものなのであろうか。あるいは何らかの手段 (心理テスト，遊び) を使用すれば，うかがい知ることが可能なのだろうか。いずれにせよ，未来のマゾヒストの特徴 (精神医学的サイン) とは，いったいどのようなものなのであろうか。

(10) 1 節の (1) 「S&M の構成要素」を参照。

(11) 精神分析理論においては，マゾヒズムという概念・用語にさまざまな意味を付与した。マゾヒズムは，性愛的障害としての性的マゾヒズムを指すだけにとどまらない。それは，女性的マゾヒズム，道徳的マゾヒズム，また陰性治療反応 [8] [68] (治療的マゾヒズム) 等々のように，精神力動的な文脈から拡大使用されている [17] [35] [68]。

(12) サディズムの定義と意味変容は，この 1 世紀の間でも，大きな動揺と変遷があるようである。この概念化の最初の時期においては，身体的な傷つけが，サディズムの中心的目的と見なされていた (Krafft-Ebing [29], Schrenk-Notzing [56])。やがて 20 世紀に入ると，ずいぶんとニュアンスが変わって，残酷さ冷酷さという感情面，心理面が強調されるようになる (Ellis [12], Karpman [24])。そのためにサディズムが，身体的な苦痛を与えようとしているのか，あるいは心理的に苦しめたいためなのかについて，論議の混同が生じてくるようになったのだった。やがて，概念内容の整理と明確

化が迫られて，DSM-III-R（1987年）（そして上記のようにDSM-IV〔1994年〕にお
いても）になると，「心理学的・身体的に苦しめ（辱めも含む）て psychological or
physical suffering, including humiliation, on the partner」という，表現に洗練された．
　しかしこの点に関しては，筆者も含めて，臨床家・研究者の一部から大きな疑問と
批判が表明されている．そもそも，「サディズムの目的とは，苦痛や辱めにあるので
はなくて，"支配（domination）""権力（power）"，そして"コントロール（操りたい）
欲望（desire to control）"にあるのではないだろうか」と．それでは，サディズムの
現代的定義を，ここで筆者なりに試みるとするならば，次のようにならざるをえない．
　繰り返され持続する行動と空想の存在．それは，支配とけなし，そして与える苦痛
によって，他者をコントロールしようという欲望と熱情．何よりも，それらによって
特徴づけられている．その目的とは，精神的満足と性的な興奮（オルガズムが伴おう
と，なかろうとにかかわらず）の追求にある．

(13) 　サディズム行為の深刻化・激烈化の指摘は，筆者の臨床経験からも十分に納得が
ゆく．ここで記述したような"一定のレベルで維持できるサディズム"とは，当然の
ことながら，自我の現実機能の高さを想定させる．また人格の統合水準も安定して
いるであろう[44)47)]．サディズム行為の度合いが激しくなる過程は，あたかもアルコ
ール依存，薬物依存のそれに似たものがあるようだ．

(14) 　サディズムを，合意と約束にもとづくグループと，それを無視するグループへと，
下位分類する試みに関しては，**4節**「診断基準と鑑別」**b**「性的サディズム」の **(2)**
「鑑別診断，および留意しなくてはならない点」の a）「サディズムの非合意グループ」
を参照されたい．そしてまた，前者のグループは，ゲームのルールを順守してその枠
をはみ出すことなく，サディズムを楽しむ人々となる．このグループに属するサデ
ィズムは，当然のことながら自我機能がある水準で維持され，幻想と現実との識別能
力をもち，そして衝動のコントロールが可能な人々の行為と見なせる[25)44)]．

文献

1) American Psychiatric Association （1994） Diagnostic and Statistical Manual of Mental Disorders, Fourth Edition. American Psychiatric Association Press.

2) Asch, S. S. （1988） The analytic concepts of masochism: A reevaluation. In: Glick, R. A. & Meyers, D. I. (eds.): Masochism: Current Psychoanalytic Perspectives. Hillsdale, NJ: Analytic Press.

3) 馬場謙一・及川　卓 （1988）「性別同一性役割（Gender Identity Role）」．西園編
『ライフサイクル精神医学』医学書院．

4) Blum, H. P. （1978） Psychoanalytic study of an unusual perversion. J. Amer. Psychoanal. Assn. 26: 785-792.

5) Böhm, F. （1926） Homosexualität und Ödipuskomplex: Beiträge zur Psychlogie der Homosexualität III. Internationale Zeitschrift für Psychoanalyse 12: 66-79.

6) Breslow, N., Evans, L. & Langley, J. （1985） On the prevalence and roles of females in the sadomasochistic subculture: Report of an empirical study. Arch. Sex. Behav. 14: 303-317.

7) Brittain, R. P. （1970） The sadistic murderer. Med. Sci. & Law 10: 198-207.

8) Calef, V. & Weinshel, E. M. (1972) On certain neurotic equivalents of necrophilia. Internat. J. Psycho-Anal. 53: 67-75.
9) Colby, K. M. & Stoller, R. J. (1988) Cognitive Science and Psychoanalysis. Hillsdale, NJ.: Lawrence Erlbaum Associates.
10) Deleuze, G. (1967) Présantation de Sacher-Masoch. Paris: Minui. (蓮實訳『マゾッホとサド』晶文社, 1973.)
11) de M'Uzan, M. (1973) A case of masochistic perversion and an outline of a theory. Internat. J. Psycho-Anal. 54: 455-467.
12) Ellis, H. (1913) Love and Pain. In: Studies in the Psychology of Sex, vol. 1. New York: Random House, 1936.
13) Fenichel, O. (1934) Defense against anxiety, particularly by libidinization. Collected Papers, vol. 1. New York: Norton, 1953, pp. 303-317.
14) Fenichel, O. (1945) The Psychoanalytic Theory of Neurosis, New York: Norton. (及川抄訳「神経症の精神分析理論 (6)・倒錯」.『季刊精神療法』5 (4): 72-80, 1979.「(8) 衝動神経症」『季刊精神療法』6 (2): 81-86, 1980.
15) Foucault, M. (1976) Histoire de la Sexualité Vol. I, La Volonté de Savoir. Paris: Gallimard. (渡辺訳『性の歴史・第1巻: 知への意志』新潮社, 1986.)
16) Freud, S. (1920) Beyond the pleasure principle. Standard Edition, 18: 7-64. London: Hogarth Press, 1955. (小此木訳「快楽原則の彼岸」『フロイト著作集・第6巻』人文書院, 1970.)
17) Freud, S. (1924) The economic problem of masochism. Standard Edition, 19: 157-170. London: Hogarth Press,1961. (青木訳「マゾヒズムの経済的問題」『フロイト著作集・第6巻』人文書院, 1970.)
18) Glenn, J. (1984) Psychic trauma and masochism. J. Amer. Psychoanal. Assn. 32: 357-386.
19) Green, A. (1983) Narcissisme de vie, narcissisme de mort. Paris: Minuit.
20) Green, C. & Green, G. (1974) S/M: The Last Taboo. New York: Grove Press.
21) Grossman, W. I. (1986) Notes on masochism. Psychoanal. Quart. 55: 379-413.
22) Kamel, G. W. L. (1983) The leather career: On becoming a sadomasochist. In: Weinberg, T. S. & Kamel, G. W. L. Buffalo (eds.): S and M. Buffalo, NY: Prometheus Books.
23) Kamel, G. W. L. & Weinberg, T. S. (1983) Diversity in sadomasochism four S&M careers. In: Weinberg, T. S. & Kamel, G. W. L. (eds.): S and M. Buffalo, NY: Prometheus Books.
24) Karpman, B. (1954) The Sexual Offender and His Offenses. New York: Juian Press.
25) Kernberg, O. (1992) Aggression in Personality Disorders and Perversions. New Haven, CT: Yale University Press.
26) Kernberg, O. (1995) Love Relations: Normality and Pathology, New Haven, CT: Yale University Press.
27) Klein, M. (1932) The Psycho-Analysis of children, The Writtings of Melanie Klein, Vol II. London: Hogarth, 1975.
28) Klossowski, P. (1947) Sade, ma prochain. Paris: Éditions du Seuil. (豊崎訳『わが隣

人サド』晶文社,1969.)
29) Krafft-Ebing, R. von (1886) Psychopathia Sexualis. Stuttgart: Ferdinand Enke.
30) Laforgue, R. (1930) On the erotization of anxiety. Internat. J. Psycho-Anal. 11: 312-321.
31) Laforgue, R. (1939) Psychopathology de l'échec, Paris: Payot.
32) Loewenstein, R. M. (1957) A contribution to the psychoanalytic theory of masochism. J. Amer. Psychoanal. Assn. 5: 197-234.
33) MacCulloch, M. J., Snowden, P. R., Wood, P. J. W. & Mills, H. E. (1983) On the genesis of sadistic behavior: The sadistic fantasy syndrome. Brit. J. Psychiat. 143: 20-29.
34) Mains, G. (1984) Urban Aboriginals. San Francisco.
35) Maleson, F. G. (1984) The multiple meanings of masochism in psychoanalytic discourse. J. Amer. Psychoanal. Assn. 32: 325-356.
36) Oikawa, T. (1990) Schizohomosexuality. In: Socarides, C. W. & Volkan, V. (eds.): Homosexualities: Reality, Fantasy, and the Arts. pp. 215-244. New York: International Universities Press.
37) 及川 卓 (1986)「女性的資質」. 詫摩監修『パッケージ 性格の心理・第3巻 問題行動と性格』ブレーン出版. (本書2章)
38) 及川 卓 (1990)「ジェンダーの変位——ヒジュラの Clinical Ethnography——」.『Imago』1 (2): 166-172, 青土社. (本書9章)
39) 及川 卓 (1990)「性別同一性とロールシャッハテスト——女装症の精神分析的心理療法とロールシャッハテスト(再テスト)の照合・対比」.『ロールシャッハ研究』32: 55-69, 金子書房.
40) 及川 卓 (1992)「セックスの臨床心理学」. 氏原ほか編『臨床心理学大事典』培風館.
41) 及川 卓 (1993)「(新宿)二丁目病」.『Imago』4 (12) 165-177, 青土社. (本書8章)
42) 及川 卓 (1994)「シャーマニスティックな性変容とメタ・ジェンダー学」.『Imago』5 (1): 113-147, 青土社. (本書10章)
43) 及川 卓 (1995)「ストラー博士との対話——ジェンダー・アイデンティティーの精神分析的研究」.『別冊・現代のエスプリ・精神分析の現在』241-257頁, 至文堂. (本書付論1)
44) 及川 卓 (1997)「性倒錯」. 大原・広瀬監修『今日の精神科治療指針』星和書店.
45) 及川 卓 (1997)「精神分析の視点から考える同性愛(伏見憲明のインタビューに応えて)」. クイアー・スタディーズ編集委員会『クイアー・スタディー'97』158-168頁, 七つ森書館. (本書付論2)
46) 及川 卓 (1998)「パラフィリア——精神分析的精神療法を試みた"小児愛"の一症例」. 風祭総編/牛島責任編集『精神科ケースライブラリー・第III巻』中山書店. (本書15章)
47) 及川 卓 (1999)「セックス依存症(Sexual Addiction)——第1報:その臨床的明確化と精神分析的アプローチ 第19回日本性科学会発表」.『性科学会雑誌』17(2) 163. (本書12章の1)

48) 及川 卓 (1999)「女装症 (Transvestism) ——ジェンダーの分割と変換 (splitting and transition) ——ジェンダー障害の精神病理 (第3報) 第22回日本精神病理学会発表」.『臨床精神病理』21 (1) (抄録集) 166-167.
49) 及川 卓 (2000)「R. J. ストラー」. 小此木総編集『精神分析事典』岩崎学術出版社.
50) 及川 卓 (2000)「共生不安」. 小此木総編集『精神分析事典』岩崎学術出版社.
51) 及川 卓・馬場謙一 (1985)「分裂性同性愛 (Schizo-Homosexuality)」. 内沼編『分裂病の精神病理』第14巻, 東京大学出版会.
52) 小此木啓吾・及川 卓 (1981)「性別同一性障害」.『現代精神医学大系・第8巻 人格異常・性的異常』中山書店.
53) Revitch, E. (1965) Sex murder and the potential sex murderer. Dis. Nerv. Syst. 26: 640-648.
54) Rosenfeld, H. (1965) Psychotic States: A Psychoanalytical Approach. London: Hogarth.
55) Schad-Somers, S. P. (1982) Sadomasochism. New York: Human Sciences Press.
56) Schrenk-Notzing, A. von (1895) Kriminalpsychologie und Psychopathologische Studie. Leipzig.
57) Scott, G. G. (1983) Dominant Women Submissive Men. New York: Praeger.
58) Smirnoff, V. N. (1969) The masochistic contract. Internat. J. Psycho-Anal. 50: 665-671.
59) Smith, S. M. & Braun, C. (1978) Necrophilia and lust merder: Report of a rare occurrence. Bull. Amer. Acad. Psychiat.& Law 6: 259-268.
60) Spengler, A. (1977) Manifest sadomasochism in males. Results of an empirial study. Arch. Sex. Behav. 6: 441-456.
61) Stein, M. H. (1965) States of consciousness in the psychoanalytic situation. In: Schur, M. (ed.): Drives, Affects, Behavior, vol. 2, 60-86, New York: International Universities Press.
62) Stoller, R. J. (1976) Perversion: The Erotic Form of Hatred. New York: Pantheon.
63) Stoller, R. J. (1979) Sexual Excitement. New York: Pantheon.
64) Stoller, R. J. (1985) Presentations of Gender. New Haven, CT: Yale University Press.
65) Stoller, R. J. (1991) Pain and Passion: A Psychoanalyst Explores the World of S & M. New York: Plenum.
66) 種村季弘 (1978)『ザッヘル・マゾッホの世界』桃源社.
67) Townsend, L. (1983) The Leatherman's Handbook II. New York: Modernismo.
68) Valenstein, A. F. (1973) On attachment to painful feelings and the negative therapeutic reaction. The Psychoanalytic Study of the Child 28: 365-392. New Haven, CT: Yale University Press.
69) Weinberg, M. S., Williams, C. J. & Moser, C. (1984) The social constituents of sadomasochism. Soc. Prob. 31: 379-389.
70) Weinberg, T. S. (1987) Sadomasochism in the United States.: A review of resent sociological literature. J. Sex Res. 23: 50-69.

71) White, E. (1980) States of Desire. New York: E. P. Dutton.
72) Williams, L. (1989) Hard Core: Power, Pleasure, and the "Frenzy of the Visible". Los Angeles: University of California Press.

＊326頁で筆者が連想し言及したピエール・ジャネ（Pierre Janet）の精神病理学上の大著『苦悩よりエクスタシーへ』（De l'angoisse à l'extase: Etudes sur les croyances et les sentiments. Paris: Félix Alcan, 1926）は，松本雅彦先生によって，『症例マドレーヌ——苦悶より恍惚へ』のタイトルで，みすず書房より2007年に翻訳刊行された。

あとがき

　本書の刊行を準備している時期（2015年8月〜10月）に、『日経ビジネス』『週刊東洋経済』『週刊ダイヤモンド』といった、一見したところ性的マイノリティとは縁遠いと思われた経済、金融、社会、政治の専門誌で、LGBTの特集が組まれていました。またこの「あとがき」を書いているその時に、NHKのテレビ番組で、LGBTについての放映がされていて、これはユングの言うところの「共時性」（深い意味を有した不思議な偶然の一致）なのだろうかと、一瞬の思いがよぎりました。

　私はこれらのことに驚いただけでなく、また日本社会の性的マイノリティ（LGBT）に対する見方や受け入れ方に、微妙な変化が生じていることを感じ取ったように思います。キリスト教文化圏とは異なる日本社会においては、欧米で出現したような激しい対立や闘争は起きずに、性的マイノリティの社会的・文化的受容は、穏やかな形で進行してゆくのだろうか。この性的マイノリティの受容に対する欧米社会と日本の違いは、興味深い人間学的テーマではないでしょうか。

　その一方で、小児性愛と結びついた事件・犯罪は絶えません。電車内痴漢行為は日常的な話題となってしまっています。これらの性的問題行動（性嗜好障碍：パラフィリア障碍）に対しては、道徳的・法的な処罰という視点だけではなくて、これらの問題行動が、精神医学的な障碍であることを理解し、処罰中心の対応から、治療中心の対応へと、認識を変えていく必要性を、私は主張してきました。

　さらにinternetという、これまでには想像すらできなかった人間関係の新たなツールの開発によって、ニュータイプの性嗜好障碍や性的問題行動が出現するようになってきました。こうしたinternet時代に生まれる新奇で新種の性嗜好の障碍にもより多くの注意を払いたいと思っています。

　私事になってしまい恐縮ですが、本書の刊行の年に、〈及川心理臨床研究室〉は、「開設25周年」を迎えることができました。臨床心理士によるプライベート・プラクティス（個人開業：私的相談室）の運営は、昔も今も容易な

ものではありません．いつまでも自立できないままでいた私を後押しし，プライベート・プラクティスへと決断させたのは，今は亡き母親でした．今更ながら母親の存在の大きさを実感します．また研究室開設後，長年にわたりさまざまな実務の処理を手助けしてくれた三浦英二氏にもここで御礼を述べておきたいと思います．

2015年12月

及川　卓

初出一覧

I 性別違和状態

1章 ジェンダーの病と精神分析臨床の実践——ジェンダー・クリニックの体験より——
　原題「"ジェンダーの病い"と精神分析臨床の実践」（渡辺恒男編『男性学の挑戦』109-155頁，新曜社，1989年）

2章 女性的資質——その病理性と創造性——
　原題「女性的資質——性的逸脱や倒錯の構造的な一要因について——」（詫摩武俊監修『パッケージ・性格の心理第3巻　問題行動と性格』236-250頁，ブレーン出版，1986年）

3章 性別違和状態の精神療法的展開——性別違和を生き抜く人々——
　原題「青年期性同一性障害の精神療法——青年期発達課題と性別違和状態——」（日本青年期精神療法学会『青年期精神療法』8巻2号3-14頁〔発行：南山堂〕，2011年）

付論1　R. J. ストラー博士との対話　ジェンダー・アイデンティティ研究の事始め——こうしてジェンダー違和の研究は出発した——
　原題「ジェンダー・アイデンティティーの精神分析的研究——ストラー博士との対話——」（小此木啓吾編『現代のエスプリ　精神分析の現在』241-257頁，至文堂，1995年）

II ゲイ・アイデンティティの形成

4章 同性愛の政治学
　原題「同性愛の政治学（その1）」（日本社会病理学会編『現代の社会病理Ⅴ』240-270頁，垣内出版，1990年）

5章 精神分析的ゲイセラピーは可能か　私の治療'86 ——一つの問題領域と一つの決断——
　原題「同性愛——一つの問題領域と一つの決断——」（『臨床精神医学』15巻6号〔特集：私の治療'86〕1019-1024頁，国際医書出版〔アークメディア〕，1986年）

付論2　伏見憲明氏との対談　日本の精神医学・心理学は，どのように同性愛に取り組んだか
　原題「精神分析の視点から考える日本の同性愛」（クィア・スタディーズ編集委員会『クィア・スタディーズ'97』158-168頁，七つ森書館，1997年）

6章 同性愛者アイデンティティの形成——Homosexual Identity Formation——
　原題「同性愛者アイデンティティーの形成過程」（精神病理懇話会宝塚口頭発表〔1981年〕。後に上記〔4章〕「同性愛の政治学（その1）」の後半部として掲載）

7章 同性愛恐怖症・再考
　原題「同性愛恐怖症・再考」（『IMAGO』5巻4号102-113頁，青土社，1994年）

付論3　シルヴァースタイン博士との対話　ゲイ・セラピーの悦び——人はいかにしてゲイになり，またゲイ・セラピストになるか，そしてHIVのことなど——

原題「ゲイ・セラピーの喜び——恋愛そしてエイズをめぐって——：シルヴァースタインとの対話」（『IMAGO』4巻11号184-199頁, 青土社, 1993年）

III ジェンダーの臨床的エスノグラフィー——社会学的・文化人類学的研究——
8章　二丁目病
原題「二丁目病——ゲイ・セックスの落とし穴——」（『IMAGO』4巻12号165-177頁, 青土社, 1993年）
9章　Hijula of India——インドのヒジュラ——
原題「ジェンダーの変位——ヒジュラの Clinical Ethnography——」（『IMAGO』1巻2号166-172頁, 青土社, 1990年）
10章　シャーマニスティックな性変容の過程——メタ・ジェンダー学の試み——
原題「シャーマニスティックな性変容過程とメタ・ジェンダー学」（『IMAGO』5巻1号133-147頁, 青土社, 1994年）

IV セックス病の新時代
11章　セックス依存症の臨床的解明
原題「セックス依存症——研究状況とトピックス——」（共著『こころとからだの性科学』123-139頁, 星和書店, 2001年）
12章　セックス依存症に苦しむ人々
第19回日本性科学会口頭発表（1999年）, 第20回日本性科学会口頭発表（2000年）, 第21回日本性科学会口頭発表（2001年）
13章　電車内痴漢行為——東アジア・メガシティに出現した新種の性嗜好障害——
第22回日本性科学会口頭発表（2002年）をもとに整理。

V 小児性愛の謎
14章　小児性愛の精神医学的解明と精神力動的理解
原題「小児愛」（松下正明総編集『臨床精神医学講座　S4：摂食障害・性障害』393-401頁, 中山書店, 2000年）
15章　小児性愛者の精神療法的アプローチ
原題「パラフィリア——精神分析的精神療法を試みた"小児性愛"の一症例——」（風祭元総編集／牛島定信専門編集『精神科ケースライブラリーIII　神経症・心因反応・人格障害』235-253頁, 中山書店, 1998年）

VI S&M（サディズム・マゾヒズム）——受苦より歓喜へ？——
16章　S＆M（サディズム・マゾヒズム）の精神分析的精神療法——受苦より歓喜へ——
原題「性的マゾヒズム・性的サディズム」（前掲〔14章〕『臨床精神医学講座　S4：摂食障害・性障害』402-420頁）

【著者紹介】
及川　卓（おいかわ・たく）
　1951年東京生まれ。
　1975年：法政大学文学部哲学科卒業。1982年：駒沢大学大学院博士課程心理学専攻修了。1976〜82年：慶應義塾大学医学部精神科助教授・小此木啓吾氏より精神分析的教育訓練を受ける。1979〜81年：精神分析セミナー事務局長。
　1976〜82年：斎藤病院において臨床心理士として臨床活動。
　1983〜94年：群馬大学教育学部講師、1987〜88年：金沢大学教育学部・大学院講師、1993〜94年：横浜国立大学教育学部講師（いずれも非常勤）。
　1990〜93年：Archives of Sexual Behavior, Editorial board（国際編集委員）。
　1991年：及川心理臨床研究室を開設、現在に至る。
　専攻　臨床心理学，精神分析学，セックスとジェンダーの臨床研究
　役職　日本性科学会認定セックスセラピスト，青年期精神療法学会理事
　主要論文・共著書　The Homosexualities: Reality, Fantasy, and the Arts（New York: International Universities Press），『家族精神医学』第3巻，『青年の精神病理』第3巻（いずれも弘文堂），『青年の精神療法』（金剛出版），『分裂病の精神病理』第14巻（東京大学出版会），『現代精神医学大系』第8巻，『「DSM-5」を読み解く』第5巻（いずれも中山書店）

ジェンダーとセックス
―― 精神療法とカウンセリングの現場から ――

2016（平成28）年2月15日　初版1刷発行

著　者　及　川　　卓
発行者　鯉　渕　友　南
発行所　㈱　弘　文　堂　　101-0062　東京都千代田区神田駿河台1の7
　　　　　　　　　　　　　　TEL 03（3294）4801　　振替 00120-6-53909
　　　　　　　　　　　　　　http://www.koubundou.co.jp

装　幀　松　村　大　輔
組　版　堀　江　制　作
印　刷　大　盛　印　刷
製　本　牧製本印刷

© 2016　Taku Oikawa. Printed in Japan.

JCOPY <（社）出版者著作権管理機構 委託出版物>
本書の無断複写は著作権法上での例外を除き禁じられています。複写される場合は、そのつど事前に、（社）出版者著作権管理機構（電話 03-3513-6969、FAX 03-3513-6979、e-mail: info@jcopy.or.jp）の許諾を得てください。
また本書を代行業者等の第三者に依頼してスキャンやデジタル化することは、たとえ個人や家庭内での利用であっても一切認められておりません。

ISBN978-4-335-65171-7